Patricia Aburdene · John Naisbitt

Megatrends: Frauen

Für meine Nichte Jennifer Jones.
Nach fast achtzehn Jahren des Wartens
können wir jetzt Seite an Seite
in eine Zukunft gehen,
die den Frauen gehört.

Inhalt

Vorwort

Dies ist ein Buch über starke Frauen in einer unvollkommenen Welt.

Ausgangspunkt unserer Überlegungen für *Megatrends: Frauen* war eine einfache Frage: Welche Trends müssen Frauen kennen, um jetzt und in der Zukunft mächtig sein zu können?

Wir durchforsteten Berge von Informationsmaterial und kamen schließlich zu dem Ergebnis, daß Frauen wissen müssen, wie *andere Frauen* gesellschaftliche, politische und wirtschaftliche Entwicklungen prägen. Und wir folgerten: Auch Männer benötigen diese Informationen, um in der heutigen Welt zu bestehen.

Lehrer reden viel mit Lehrern, Versicherungsvertreter mit Versicherungsvertretern, Baptisten mit Baptisten und Linke mit Linken. Wir wissen genau Bescheid darüber, was in der Firma, in dem Sportverein oder in der Partei, der wir angehören, vor sich geht. Selten aber haben wir die Möglichkeit, über diesen Gartenzaun hinauszublicken und uns einen Eindruck darüber zu verschaffen, was anderswo geschieht.

Bei den Frauen jedenfalls tun sich Dinge, die jedem Beobachter höchste Bewunderung abringen.

Frauen verändern die Welt, in der wir leben.

Im nachfolgenden erzählen wir die Lebensgeschichten von Frauen und beschreiben die Entwicklungen, die sie in Gang gesetzt haben. Wir zeigen auf, wie sie selbst notorisch sexistischen Institutionen — dem medizinischen Establishment nicht weniger als den Kirchen — die Stirn bieten, wir führen Beispiel um Beispiel dafür an, was Frauen in Bürgerinitiativen und Interessengruppen, als Unternehmerinnen, Politikerinnen, Vorstandsvorsitzende und Sportlerinnen leisten. Die Fülle der Beispiele läßt nur eine Schlußfolgerung zu: Für Frauen ist endlich die Zeit gekommen, ihren Teil der Macht zu über-

nehmen und ihre Talente und Fähigkeiten dort zu entfalten, wo sie es gerne möchten — und *wie* sie es möchten.
Die sich daraus ergebenden Veränderungen werden, egal ob Sie eine Frau oder ein Mann sind, wichtige Bereiche Ihres Lebens beeinflussen — Ausbildung und berufliche Laufbahn, Ehe und Freizeit, Geschäftsabschlüsse, Investitionen, Wahlkampagnen und Werbestrategien.
Als Frau haben Sie aus alledem sicher schon geschlossen, daß die Zeichen der Zeit nicht auf vornehmer Zurückhaltung stehen. Wenn Sie statt dessen die Ärmel hochkrempeln und zupacken, stehen Ihnen bessere Chancen als je zuvor offen.

Megatrends für Männer?

Dieses Buch richtet sich nur an Frauen — und an die Männer, die mit ihnen zu tun haben. Wenn Sie also weder Ehemann, Freund noch Vater sind und auch im beruflichen Umfeld keine wichtigen Berührungspunkte mit Frauen haben, werden Sie die für Frauen wichtigen Megatrends wenig oder gar nicht interessieren. Sie dürfen sich dann zu einer Minderheit von 2 Prozent aller Männer zählen.
In einer Zeit, in der Frauen und Männer nach einer tieferen, schöpferischen Ebene der Partnerschaft suchen und den Graben zwischen den Geschlechtern überwinden wollen, sollten Männer aus purer Notwendigkeit soviel wie möglich über die Trends und Veränderungen im Leben der Frauen erfahren. »Ob du's glaubst oder nicht«, meinte ein guter Freund, als er das Manuskript zu diesem Buch gelesen hat, »ich fand es mindestens genauso interessant wie meine Kollegin.«
Heute weiß man, daß Väter einen großen Einfluß darauf haben, ob ihre Töchter ein gutes Selbstwertgefühl aufbauen, ob sie Neugierde und Risikobereitschaft entwickeln und ob sie die ihnen offenstehenden Ausbildungs- und Karrierechancen wahrnehmen. Wir wollen mit dem Beispiel einiger der aktivsten und mächtigsten Frauen der Welt dazu beitragen, daß Väter ihren Töchtern zeitgemäße Ratschläge mit auf den Weg geben.
Stellen Sie sich einmal vor, Sie seien zum ersten Mal in Ihrem Berufsleben einer Frau unterstellt. Sicherlich möchten Sie schleunigst mehr über den weiblichen Führungsstil erfahren. Schließlich brau-

chen Sie Anhaltspunkte dafür, welche Erwartungen eine Frau an Sie stellen könnte und wie Sie Ihre berufliche Entwicklung optimal fortsetzen.

Aber auch als Unternehmer oder Freiberufler müssen Sie sich auf den weiblichen Markt, auf den weiblichen Teil der Bevölkerung und auf weibliche Kunden einstellen. Die Wirtschaftsseiten in den Zeitungen sind voll mit Beispielen dafür, was passiert, wenn **neue Bedürfnisse der Konsumentinnen** nicht zur Kenntnis genommen, unterschätzt oder mißverstanden werden.

Das fängt an bei bankrotten Einzelhändlern und hört bei Sportschuhherstellern, die 20 Millionen Dollar für eine Werbekampagne in den Sand setzten, noch lange nicht auf. Investoren mit Interesse an neuen — und damit riskanten — Ideen und Produkten, Automobilkonzerne, pharmazeutische Unternehmen, Nahrungsmittelhersteller, Manager der Bekleidungsindustrie, Werbefachleute, die Gesundheitsindustrie und Computer- und Elektronikfirmen, um nur einige wenige Beispiele zu nennen — sie alle setzen **Hunderte von Milliarden Dollar** aufs Spiel, wenn sie die Augen vor dem neuen Trend verschließen und aus Unwissenheit oder Bequemlichkeit an den Frauen vorbeiproduzieren.

Die Forderung nach Gleichberechtigung

Ausgangspunkt für dieses Buch ist die Gleichberechtigung der Frauen. Es stellt sich nun die Frage: Wie geht es weiter?

Damit wollen wir nicht behaupten, daß die Ziele der Frauenbewegung schon erreicht wären.

Männer, die mit dem Status quo der Ungleichheit sehr zufrieden sind, werden nicht über Nacht damit aufhören, ihre Macht zu mißbrauchen. Sexuelle Belästigung am Arbeitsplatz, der Sexismus in Institutionen und das erschreckende Ausmaß an Gewalt gegen Frauen sprechen eine nur allzu deutliche Sprache: Um die Gleichberechtigung muß noch gekämpft werden.

Durch und durch patriarchalische Institutionen, von den Parlamenten bis hin zur katholischen Kirche, werden sich auch ins 21. Jahrhundert hinüberretten. Nichtsdestoweniger werden sie immer mehr zu einem Symbol der Vergangenheit, wie vielversprechende Entwicklungen in Politik und Wirtschaft eindrucksvoll belegen:

- Das Parlament des Bundesstaates Arizona besteht zu 35 Prozent aus Frauen.
- Über fünf Millionen Unternehmerinnen beschäftigen mehr Mitarbeiter als die 500 größten US-Unternehmen.
- In der Bundesrepublik Deutschland wird mittlerweile jedes dritte Unternehmen von einer Frau gegründet.
- Die indische Self-Employed Women's Association Bank vergibt Kredite auch in »risikoreichen Fällen« und kann die erstaunliche Rückzahlungsquote von 96 Prozent vorweisen.

Die Gleichberechtigung der Frau ist noch nicht erreicht.
Trotzdem haben auch Frauen, die in wenig autonomen und gesicherten Verhältnissen leben, die nötigen Ressourcen in sich selbst gefunden, um zu handeln, Ziele zu erreichen, Veränderungen zu bewirken. Sie verwirklichen sie in der Politik, im Sport, im Gesundheitswesen. Sie sind Bischöfinnen und Premierministerinnen, sie engagieren sich für soziale Belange und gründen Umweltbewegungen, sie sind Sportlerinnen mit manchmal besseren Leistungen als ihre männlichen Kollegen, sie treten als Fernsehmoderatorinnen vor ein Millionenpublikum, sie führen Unternehmen und brillieren in den freien Berufen, und sie stellen beispielsweise in Deutschland 53,5 Prozent der Wählerschaft, in den Vereinigten Staaten sogar 54 Prozent.

Auch wenn die Gleichberechtigung noch immer mehr eine Utopie denn Realität ist, bewirken Frauen in den unterschiedlichen Bereichen, die in diesem Buch beschrieben werden, große Veränderungen. Sie schaffen nach und nach eine neue Wirklichkeit, neue gesellschaftliche Gegebenheiten, ein neues Paradigma. Sie beseitigen Schritt für Schritt die alte Ordnung, die noch auf der Vorherrschaft des männlichen Geschlechts, auf seinen Wertvorstellungen und seiner Macht beruht.

Damit gibt es derzeit zwei gegensätzliche, nebeneinander existierende Realitäten. Manche Feministinnen zeigen auf die noch bestehenden Ungerechtigkeiten und sagen: »Seht doch, nichts verändert sich.« Unserer Meinung nach wird sich der Trend zur Gleichberechtigung jedoch durchsetzen. Unser Buch dokumentiert, welche neuen Perspektiven diese Entwicklung eröffnet, und ist deshalb ein Buch über die Zukunft.

Kritische Masse

Das Konzept der »kritischen Masse« nimmt eine wichtige Stellung in diesem Buch ein.

»Der Begriff der ›kritischen Masse‹ stammt aus der Kernphysik, wo er als die (kleinste) Masse an radioaktivem Material definiert wurde, die notwendig ist, um eine nukleare Reaktion hervorzurufen«, schreibt Everett M. Rogers, Professor für Kommunikationswissenschaften an der Annenberg School for Communication, University of Southern California, Los Angeles, in *The Information Systems Research Challenge: Survey Research Methods,* herausgegeben von der Harvard Business School.

Zweitens bleibt laut Definition die nach Erreichen der kritischen Masse ausgelöste Reaktion aufrechterhalten.

Wann genau diese Reaktion ausgelöst wird und in welcher Stärke sie abläuft, hängt sowohl von der *Konzentration und Reinheit* des beteiligten radioaktiven Materials ab als auch von der Beschaffenheit des umgebenden Reaktionssystems.

Mit anderen Worten: Wichtig ist nicht nur die Menge des zugeführten Materials – es kommt auch auf seine Qualität und auf die Umgebungsbedingungen an.

»Beispiele für ›kritische Massen‹ – Situationen, in denen ein Prozeß nach Erreichen einer bestimmten Schwelle aufrechterhalten bleibt – lassen sich im Alltag andauernd beobachten«, fährt Rogers fort. »Es gibt sie in der Epidemiologie, in der Mode, im Kampf der Arten ums Überleben, in Sprachsystemen, in der Rassenintegration, an roten Ampeln, in Paniksituationen und *in politischen Bewegungen«* (Hervorhebung durch die Autoren).

Auch Soziologen befassen sich mit dem Konzept der kritischen Masse: Wie viele Menschen müssen (welche kritische Masse muß) ein neues Verhalten, ein neues Produkt oder eine neue Einstellung übernehmen, damit auch die Allgemeinheit sie akzeptiert?

Wann war die kritische Masse für den Durchbruch der Anrufbeantworter erreicht? Umfaßte sie 20 Prozent der Telefonkunden oder eher 40 Prozent?

Wie sah es mit der kritischen Masse für Telefaxgeräte aus? Unserem Wissen nach jedenfalls liegt die Zahl weit unter 50 Prozent.

Ebenso können wir mit Blick auf unser Buch fragen: Welche kriti-

sche Masse ist notwendig, damit die Gleichberechtigung auf allen Ebenen der Gesellschaft akzeptiert wird und unaufhaltsam voranschreitet?
Ein gesellschaftlicher Wandel findet immer dann statt, wenn die erforderliche kritische Masse erreicht wurde.
Das Konzept der kritischen Masse läßt sich gut am Bild einer Lawine illustrieren. Zunächst bewegen sich nur winzige Schneekristalle, die noch nichts von ihrer endgültigen Wirkung erahnen lassen. Aus Millionen werden Milliarden, das entscheidende Stadium wird erreicht, die Schneemassen lösen sich und stürzen zu Tale.
Das Erreichen der kritischen Masse hat erdrutschartige Auswirkungen und läßt einen Trend zum Megatrend werden. Ein bislang anerkanntes gesellschaftliches Paradigma erweist sich als nicht mehr sinnvoll und wird ersetzt.
Die Zeit für eine neue Idee ist reif.
Wie groß mußte die kritische Masse der berufstätigen Frauen werden, bis der Stellenwert der Familie in der Karriere oder das Problem der Kinderbetreuung endlich ernsthaft und auf breiter Ebene diskutiert wurden? Solcherlei Fragen werden wir im vorliegenden Buch aufwerfen.
Wie Everett Rogers in seinem bekannten und wichtigen Buch *The Diffusion of Innovation* nachgewiesen hat, müssen 13 Prozent eines Personenkreises eine neue Idee annehmen, damit sie dann von mindestens 84 Prozent ebenfalls übernommen wird, wobei der Zeitfaktor die Unbekannte ist. Rogers meint, daß die Schwelle für die kritische Masse bei *zwischen 5 und 20 Prozent* anzusiedeln sei.
»Sobald die ›kritische Masse‹ erreicht ist, verselbständigt sich der Veränderungsprozeß«, führt Rogers aus.
Wir glauben, daß die kritische Masse, die notwendig ist, um die Ziele der Gleichberechtigung endgültig durchzusetzen, schon erreicht wurde.

Die kritische Masse für die Demokratie

Die erste Demokratie der Neuzeit wurde 1776 in den Vereinigten Staaten eingeführt. Nach einem langwierigen, bisweilen auch stürmisch verlaufenden Prozeß, der mehr als 200 Jahre dauerte, befinden sich mittlerweile die meisten Länder der Welt zumindest auf

dem Weg zur Demokratie. Als die kritische Masse in den siebziger Jahren erreicht worden war, verdoppelte sich die Anzahl der demokratisch geführten Länder innerhalb eines einzigen Jahrzehnts.
1900 gab es nur 13 Demokratien auf der Welt. 1919 waren es 25. Der Trend zur Demokratie setzte sich in Schüben fort: Direkt nach dem Zweiten Weltkrieg war die Zahl der demokratisch regierten Länder wieder auf 13 zurückgefallen. Zu Anfang der siebziger Jahre war sie wieder auf etwa 30 angestiegen.
Im Rückblick scheint die kritische Masse in den siebziger Jahren erreicht worden zu sein: Die Zahl der demokratischen Länder hat sich weltweit in den achtziger Jahren auf über 60 *verdoppelt.* 1990 lebten zum ersten Mal in der Menschheitsgeschichte über 50 Prozent der Weltbevölkerung in einer Demokratie. Gegen Ende der Neunziger können die zum jetzigen Zeitpunkt noch instabilen Staaten der früheren Sowjetunion hinzugezählt werden. Am Ende des Jahrzehnts schließlich wird auch China, wenn die alte Garde einmal abgetreten ist, dazugehören — und dann leben 90 Prozent der Weltbevölkerung in einer Demokratie.

Wann ist es soweit?

Die entscheidende Frage lautet immer: »*Wann* wird die kritische Masse« erreicht? Den Frauen, von denen in unserem Buch die Rede ist, steht der Sinn jedenfalls nicht nach Warten. Sie haben die Dinge schon längst in die Hand genommen und verändern die Gesellschaft *jetzt.* Dabei hängen sie nicht der Utopie einer vollkommenen Welt nach, sondern sie setzen ihre Kräfte voll und ganz für das Machbare ein.
Es wäre nun aber ein grobes Mißverständnis, wenn es hieße: »Aburdene und Naisbitt sagen, die kritische Masse sei erreicht, also kann die Frauenbewegung abtreten. Wir brauchen keine Aktionen und Kampagnen mehr, wir rollen unsere Fahnen ein. Am besten wäre es, wir suchen uns ein schönes Plätzchen und warten auf die Lawine.«
Nein!
Die kritische Masse ist ein einfaches und gleichzeitig auch ein schwieriges Phänomen. Voraussagen über ihren Eintritt sind möglich, aber nie ganz zuverlässig. Selbst wenn die kritische Masse schon erreicht wurde, weiß niemand, wie lange es noch dauert, bis sich die

Veränderungen in ihrem Fahrwasser für alle sichtbar manifestieren. Eines aber ist sicher: Je mehr wir dafür tun, desto früher ist es soweit.
Manchmal bedarf es auch nur eines Auslösers, der unter normalen Umständen gar keine Folgen hätte. In den sechziger Jahren war im Süden der Vereinigten Staaten die kritische Masse zur Gründung der Bürgerrechtsbewegung schon vorhanden, als Rosa Park sich weigerte, im hinteren Teil eines Busses Platz zu nehmen. Niemand war auf den Gedanken gekommen, daß die kritische Masse vorhanden sein könnte — aber ein Funke genügte, um die Kettenreaktion auszulösen. Die Bürgerrechtsbewegung war geboren, auch wenn sie noch lange nicht das Ende des Rassismus bedeuten sollte.
Mit den Senatsanhörungen zur Überprüfung der Verfassungstreue von Clarence Thomas vor seiner Ernennung zum Richter des Obersten Gerichtshofs entstand eine ähnliche Situation. Das ausschließlich männliche Aufgebot an Senatoren erdreistete sich, den Umgang des Kandidaten mit Frauen beurteilen zu wollen. Ihr Vorgehen wurde zum Symbol für die männliche Vorherrschaft in der Politik. Die Affäre rief bei den Frauen mehr Empörung hervor als jedes andere Ereignis der jüngeren Vergangenheit. Sie beließen es aber nicht beim Ärger, sondern begannen zu handeln. Mehr darüber erfahren Sie in Kapitel 1.

Kritische Masse II

In der Frauenbewegung sind Einstellungen und Verhaltensweisen nicht die einzigen Faktoren, die den Ausschlag für die kritische Masse geben. Was würde passieren, wenn sich 40 Prozent der Bevölkerung für die Gleichberechtigung der Frauen ausspräche? Die Antwort hängt davon ab, was sie dafür tun würden. Genau dies ist Thema unseres Buches.
Mittlerweile ist nicht nur eine kritische Masse von Männern und Frauen erreicht, die die Ziele der Frauenbewegung für richtig halten — das ist wohl schon seit einem Jahrzehnt oder noch länger der Fall —, sondern es ist eine zweite kritische Masse von Frauen und ähnlich gesinnten Männern entstanden, die aus diesem Glauben heraus auch handeln, um die Gesellschaft und ihre Institutionen zu verändern.

Gegenkräfte

Wenn die kritische Masse für eine gesellschaftliche Veränderung erreicht wird, geschieht das natürlich nicht im luftleeren Raum. In jeder Gesellschaft sind auch Gegenkräfte am Werk, die Veränderungsprozesse zumindest verlangsamen.

»Ich hasse Anrufbeantworter.« Fast jeder hat das einmal gesagt, irgendwann aber letztlich seinen Widerwillen überwunden.

Dies sind die kleinen Dinge.

Wo es um echte gesellschaftliche Veränderungen geht, sind die Gegenkräfte viel mächtiger. Amtsinhaber, die an ihren politischen Funktionen festhalten; der Oberste Gerichtshof; ein Rechtssystem, das immer noch patriarchalisch geprägt ist; die mehrheitlich von Männern geführten Unternehmen aus der Liste der Fortune 500 – dies sind nur einige Stichworte, die erahnen lassen, wie stark der Gegenwind bläst.

Die Frauen wappnen sich, indem sie versuchen, die kritische Masse für eine echte Gleichberechtigung zu erreichen. In der Regel haben sie es mit Vertretern der alten Machtstrukturen zu tun, die nicht gerade erpicht darauf sind abzutreten. Früher oder später wird ihnen aber gar nichts anderes mehr übrigbleiben. Wenn die Zeit für eine Idee reif geworden ist, läßt sie sich durch nichts und niemanden mehr aufhalten.

Wir geben zu, daß wir Optimisten sind. Wir glauben aber auch, daß Gegenkräfte wie die gerade beschriebenen in allernächster Zukunft überrollt werden. Frauen und Männer schaffen dann endlich eine neue Realität, in der sie die Macht teilen – oder zumindest damit anfangen.

Frauen und ihre Macht

Wir stellen in diesem Buch die Frage: Was haben Frauen mit der Freiheit und Macht angefangen, die sie schon besitzen?

Die Antwort heißt: Sehr viel. Sie verändern die Welt, in der wir leben. In unserem Buch werden wir uns mit all den Bereichen befassen, in denen die Stärke der Frauen schon deutlich sichtbar geworden ist.

Die Senatsanhörungen von Clarence Thomas vor seiner Ernennung zum Richter am Supreme Court haben einmal mehr die tiefe Wut der Frauen geschürt, die durch sexuelle Diskriminierung, die Behandlung der Abtreibungsfrage und die unglaubliche Unsensibilität ihrer gewählten Vertreter entstanden war, und trieben sie zum Handeln. Millionen von Dollar flossen in die Kassen der sogenannten PACs (»Political Action Committees«), die zum Zweck der Wahlkampffinanzierung gegründet werden, und anderer Wahlkampffonds. Im März 1992 schließlich kam es zu einer ersten **erstaunlichen Demonstration politischer Macht:** Völlig überraschend errang Carol Mosley Braun einen Wahlsieg über den demokratischen Sentor Alan Dixon, Illinois, einen der elf Demokraten, der mit den Republikanern für die Ernennung von Clarence Thomas gestimmt hatte. Kurz danach wurde die Demokratin Lynn Yeakel als Kandidatin für einen Senatssitz nominiert. Sie setzte sich gegen den Republikaner Arlen Spector, Pennsylvania, durch. Dies ist nur ein Vorgeschmack auf eine Entwicklung, an deren Ende die **erste Präsidentin der Vereinigten Staaten** stehen wird.

In Deutschland sind die Frauen ebenfalls auf dem politischen Vormarsch: Waren im 11. Deutschen Bundestag erst 15,4 Prozent der Abgeordneten weiblich, zogen bei der Wahl Ende 1990 zum 12. Deutschen Bundestag bereits 135 Parlamentarierinnen ein, was einem Frauenanteil von 20,4 Prozent entspricht.

In der traditionellen Männerdomäne des **Sports** dominieren Frauen in den meisten Disziplinen. Sportforscher sagen voraus, daß Frauen spätestens 1998 die Zeiten der Männer im Marathon schlagen werden. Die Olympischen Winterspiele von 1992 setzten schon deutliche Zeichen: Die amerikanischen Frauen kehrten mit **sämtlichen fünf US-Goldmedaillen** in ihre Heimat zurück, insgesamt gewannen sie neun von elf amerikanischen Medaillen.

Die deutschen Sportlerinnen, die bei Olympia 1992 32,3 Prozent der Nationalmannschaft stellten, zeigten sich ebenfalls als höchst leistungsfähig: Sie holten 40,2 Prozent aller Medaillen – 33 von insgesamt 82.

Welches sind die zehn Laufbahnen und Branchen, die für Frauen am vielversprechendsten sind? Die Kandidatinnen stehen schon bereit. Der nächste Schritt heißt: Frauen rücken in Führungspositionen auf. Im Laufe der Zeit haben Managerinnen einen erfolgreichen Führungsstil entwickelt, der auf alle militärischen Anleihen verzichtet und statt dessen auf Unterstützung und Motivation der Mitarbeiter setzt. Einer seiner Bewunderer ist der Managementguru Peter Drucker, der überzeugt ist, daß dieser Führungsstil einfach **besser funktioniert.** Mittlerweile beschäftigen Frauen in über fünf Millionen Unternehmen — der Fortune-500-Liste des 21. Jahrhunderts — mehr Mitarbeiter als die Großunternehmen dieser immer wieder überschätzten Liste.

Während sich viele Frauen in der Wirtschaft und Politik einen Platz erobern, betreten andere in der **Religion** neues Terrain. Feministische Theologinnen lehnen es heute ab, daß immer nur von einem männlichen Gott die Rede ist. Sie legen die Bibel neu aus und arbeiten das religiöse Erbe der Frauen auf.

Während in Amerika 40 bis 50 Millionen Frauen aus der Generation der Babyboomer (der Menschen, die jener Zeit zwischen 1945 und 1964 entstammten, in der überall in der westlichen Welt viele, viele Kinder geboren wurden, von denen die Mehrzahl in einem für ihre Eltern manchmal unvorstellbaren Wohlstand aufwuchs) auf die Wechseljahre zusteuern und damit auch erhöhte **Gesundheitsrisiken** auf sich zukommen sehen, engagiert sich ein großer Teil von ihnen dafür, die finanziellen Mittel für die Brustkrebsforschung aufzustokken und eine bessere Aufklärung über Herz- und Kreislauferkrankungen zu betreiben. Letztere kosten mehr Frauen das Leben als alle Krebserkrankungen zusammen. Frauen, die seit Vietnam an keiner Demonstration mehr teilgenommen haben, gehen dafür auf die Straße und schwingen Spruchbänder.

In der Arbeitswelt hat sich ein neuer Archetypus herausgebildet: **Paare als Arbeitspartner.** Frauen und Männer bringen ihre Talente in ein Familienunternehmen ein und ergänzen sich gegenseitig im Finanzbereich, in der Planung und Verwaltung. Die harte Arbeit zahlt sich aus: Mehr Zufriedenheit, mehr Autonomie und Flexibilität und ein Millionenvermögen sind die Früchte.

In der **Mode,** die lange als Domäne der Frauen galt, haben männliche Designer den Frauen jahrzehntelang ihren Geschmack aufgezwungen. Heute jedoch heißen die erfolgreichsten und wachstumsstärksten Unternehmen in Amerika Liz Claiborne und Donna Karan. Und in Deutschland haben Designerinnen wie Jil Sanders, Uta Raasch oder Susanne Wiebe das Mode-Busineß längst im Griff. Denn eine kritische Masse von berufstätigen Frauen zwingt derzeit

die Mode- und Einzelhandelsindustrie, auf ihre Bedürfnisse einzugehen.
Nach Jahren unaufhaltsam erscheinender Zerfallserscheinungen beginnt auch in den **Familien** eine neue Ära. Studien und Umfragen ergeben übereinstimmend, daß die Berufstätigen es satt haben, alle Energien in die Firma zu stecken und ständig überlastet zu sein. Sie wollen mehr Zeit mit ihrer Familie verbringen. Die Frage ist nur, wie sie gleichzeitig ihren Lebensunterhalt sichern wollen. Damit werden sich Familien, Unternehmen und die Regierung noch eingehend auseinandersetzen müssen. Auch hier wieder hat eine kritische Masse von berufstätigen Frauen die Unternehmen gezwungen, endlich einmal zur Kenntnis zu nehmen, daß ihre Mitarbeiter auch Partner und Kinder haben.
Ebenso entschlossen gehen Frauen nun soziale Fragen an. Sie werden in **Interessengruppen** aktiv, engagieren sich in der Umweltschutzbewegung und vielen anderen neu entstandenen gemeinnützigen Gruppierungen. In der dritten Welt werden es die Frauen in den Dörfern und Innenstädten sein, die die schwierigsten Probleme ihrer Gesellschaft lösen. Auch der Gewalt gegen Frauen wird vehementer Widerstand entgegengesetzt, und die Täter müssen mit harten Strafen rechnen.
Die amerikanischen Frauen blicken mit Bewunderung auf ihre Geschlechtsgenossinnen, die in anderen Teilen der Welt als politische Führerinnen auftreten. Der Begriff **der Neuen Weltordnung** erhält eine ganz neue Bedeutung. Die Richtung ist schon eingeschlagen: Norwegen etwa wird von einer Frau geführt, ebenso wie alle drei politischen Parteien des Landes; in Nordeuropa geben Frauen das Tempo als Präsidentinnen und Premierministerinnen vor, in den Entwicklungsländern erzielen Frauen erstaunliche Fortschritte, in Panama City gibt eine quirlige Bürgermeisterin eine zweistündige Talk-Show im Radio, und in Myanmar (dem früheren Burma) bekam die inhaftierte Oppositionsführerin Daw Aung San Suu Kyi jüngst den Friedensnobelpreis zugesprochen.

Wie geht es weiter?

Unsere Vision sieht sehr positiv aus.
Es steht völlig außer Zweifel, daß Frauen bisher phänomenale Din-

ge erreicht haben. Nichts rechtfertigt die Aussage: »Das sind alles nur Äußerlichkeiten. Im Grunde sind Frauen so unterdrückt wie seit eh und je — oder sogar noch mehr. Die männlichen Machtstrukturen bleiben intakt; alles geht doch weiter wie immer. **Und es wird sich nie was verändern.«**

Das stimmt einfach nicht.

In unserer unvollkommenen Welt, in der es leider immer noch Sexismus, Gewalt, sexuellen Mißbrauch und das Problem der sexuellen Belästigung am Arbeitsplatz gibt, setzen starke Frauen ihren Fuß in die Bereiche, in die sie hineinwollen, und verändern sie. Davon sind alle Lebensbereiche betroffen, wie das vorliegende Buch Kapitel für Kapitel dokumentiert.

Die eisernen Verfechter der männlichen Vorherrschaft — von religiösen Fundamentalisten bis zu den obersten Bundesrichtern der USA — werden nichts unversucht lassen, das Rad der Geschichte für die Frauen um 200 oder 2000 Jahre zurückzudrehen. Sie werden vielleicht noch einige kleine Siege erringen, aber dauernder Erfolg wird ihnen versagt bleiben.

Verantwortlich dafür ist die kritische Masse, die einen Veränderungsprozeß ausgelöst hat, der sich nun verselbständigt hat. Es gibt einfach zu viele starke Frauen mit zu vielen männlichen Verbündeten, jüngeren wie älteren. Das Pendel hat zur Seite der Frauen ausgeschlagen.

Aber nicht nur das männliche Machtmonopol hat ausgedient. Eine weitere Realität verdichtet sich von Tag zu Tag. Millionen von Frauen in der ganzen Welt übernehmen wirtschaftliche und politische Macht, bauen neue Institutionen auf, bringen ihre eigenen Wertvorstellungen ein und leisten so ihren Beitrag zu einer humaneren Welt.

Was will dieser Megatrend?

Es geht nicht darum, daß Frauen das Ruder übernehmen und anstelle der Männer nun die Herrschaft ausüben. Es geht *nicht* um den Übergang vom Patriarchat zum Matriarchat. Unser Anliegen in *Megatrends: Frauen* ist die Partnerschaft.

Riane Eisler, Autorin des Buches *The Chalice and the Blade,* beschreibt zwei Prinzipien, nach denen Gesellschaften funktionieren können: das Herrschaftsprinzip und das Partnerschaftsprinzip.

»Das Herrschaftsprinzip beruht auf einer hierarchischen Ordnung, die ohne den Einsatz von Angst und Gewalt nicht auskommt. Das fängt damit an, daß die männliche Hälfte der Menschheit die weibliche beherrscht.«

Wenn Frauen (oder eine andere unterdrückte Gruppe) »an die Macht kommen«, besteht das Unrechtssystem trotzdem weiter. Beispiele dafür sind die Schreckensherrschaft im Frankreich des 18. Jahrhunderts oder die Kulturrevolution in China.

»Im Partnerschaftsmodell dagegen sind Gewalt oder Angst keine Herrschaftsinstrumente mehr. Statt dessen begründen sich menschliche Beziehungen auf *Gemeinsamkeiten«,* führt Eisler aus.

»Es geht nicht darum, daß Frauen die Macht übernehmen, sondern daß beide Geschlechter ihre Fähigkeiten für ein gemeinsames Ziel einsetzen – niemand ist überlegen oder unterlegen«, schreibt Eisler.

Dieser Gedanke nun ist tatsächlich revolutionär.

»Sollten wir jemals in einer wirklich pluralistischen Gesellschaft leben, in der individuelle Unterschiede frei zum Ausdruck gebracht und zum Wohle der Allgemeinheit eingesetzt werden, dann wäre die Partnerschaft zwischen Frauen und Männern der erste Schritt dazu«, meint sie.

Eine Frau, die das Manuskript zu *Megatrends: Frauen* las, bemängelte den häufigen Gebrauch des Wortes »Macht« oder »mächtig« im Zusammenhang mit Frauen. Sie assoziierte damit Gewalt (und bestätigte indirekt Eislers Herrschaftsmodell). »Ihr meint doch eigentlich Energie oder innere Stärke, aber nicht Macht«, sagte sie.

Im *Webster's College Dictionary* wird Macht jedoch definiert als »die Fähigkeit zu handeln; die Fähigkeit, etwas zu bewirken oder zu erreichen«. Genau in diesem Sinn verwenden wir das Wort, und so paßt es sicherlich auch zu den Frauen in unserem Buch. Energie und innere Stärke sind häufig die Quelle ihrer Macht.

Ein Versuch zur Synthese

In einem Zeitalter, in dem analytisches Denken und Spezialisierung eine so wichtige Rolle einnehmen, versuchen wir, »alles zusammenzuführen« und eine Übersicht und Synthese zu schaffen. Sicherlich

— das kann uns nicht völlig gelingen. Schon ein einzelnes Kapitel in *Megatrends: Frauen* bietet eigentlich genügend Stoff für ein ganzes Buch. Es war demzufolge unmöglich, alle Aspekte abzudecken. Sie werden manche Themen vermissen, die Sie erwartet hätten, und vergebens auf Namen warten, die eine Erwähnung wert gewesen wären. Mit dieser Schwierigkeit müssen wir als Generalisten leben, und wir hoffen, unsere Leser und Leserinnen akzeptieren dies ebenfalls.
Über eines sind wir äußerst glücklich: Die amerikanische Originalausgabe wurde völlig aktualisiert und eigens für den deutschen Markt überarbeitet. An dieser Adaption waren ausschließlich Frauen beteiligt. Maria Bühler hat die Übersetzung geliefert, Katrin Fehlau und Beate Henes-Karnahl haben eifrig recherchiert und an zahlreichen Stellen deutsches Datenmaterial einfließen lassen. Und betreut wurde dieses Projekt schließlich von seiten des ECON Verlags durch die Lektorin Bettina Eltner.

Über den Berg

Jahrtausendelang wurden Frauen unterdrückt. Sie mußten sich der männlichen Vorherrschaft beugen, sie wurden gefoltert, vergewaltigt und wie Vieh behandelt. Zeiten, in denen ihre Lage sich vorübergehend besserte, wurden von Phasen noch schlimmerer Unterdrükkung abgelöst. Im 20. Jahrhundert schließlich war die richtige Kombination der Faktoren da: Die kritische Masse kam ins Spiel.
Frauen haben noch nie so viel für sich erreicht wie heute. Die Zeiten sind zwar noch immer schwer für sie, doch eine positive Veränderung ihrer Situation zeichnet sich unaufhaltsam ab. Der Funke der weiblichen Stärke, Schönheit und Kreativität, der so lange begraben war, ist wiederentfacht worden und konnte sich wie ein Flächenbrand ausbreiten.
Es mag schwerfallen, diese Realität zu akzeptieren und wirklich daran zu glauben. Man wird über uns herfallen, sobald wir das Thema nur anschneiden.
Wir sind so daran gewohnt, uns mit der Unterdrückung und Benachteiligung der Frauen auseinanderzusetzen, daß wir ganz vergessen, uns mit dem nächsten Schritt zu beschäftigen, nämlich mit der Frage: Wie sieht eine Welt aus, in der Frauen Institutionen aufbauen

und gleichberechtigt neben Männern arbeiten, eine Welt also, in der Frauen männliche Strukturen verändern, mit denen sie nicht mehr leben können? Wie läßt sich eine solche Welt schaffen?

Trotz aller Ungewißheiten müssen wir damit anfangen.

Die Gleichberechtigung der Frau ist nämlich nicht das Ende, sondern erst der Anfang eines langen Weges. Die ganze Welt muß völlig umgestaltet werden, damit Frauen und Männer die Entwicklungsmöglichkeiten haben, die sie verdienen.

Die entscheidende Frage heißt also tatsächlich: Wie geht es weiter?

Wir hoffen, daß Sie in diesem Buch Anregungen erhalten, um Antworten darauf zu finden.

1 Frauen in der Politik – Der Weg zum Präsidentenamt

Zwei Jahrzehnte lang haben amerikanische Frauen politische Erfahrungen in der Basisarbeit gesammelt, ob als gewählte Mitglieder im kommunalen Schulausschuß oder als Parlamentsabgeordnete. Nun gelangen sie auch immer mehr in Ämter, die als Sprungbrett in die höchsten Führungspositionen gelten. Dabei haben sie nicht nur die Unterstützung der weiblichen Wählerschaft, die immerhin die Mehrheit der amerikanischen Bevölkerung darstellt, sondern auch die vieler Männer, die neue Führungsformen für notwendig halten. Eine neue Frauengeneration greift zu den Schalthebeln der Macht. Es sind Frauen, die heute um die vierzig Jahre alt sind und in den kommenden beiden Jahrzehnten als Gouverneurinnen, Abgeordnete und Senatorinnen in Erscheinung treten werden. Im Jahr 2008 werden mindestens 35 Prozent der Senatoren und Gouverneure weiblich sein. Möglicherweise steht dann sogar schon eine Frau an der Spitze der Vereinigten Staaten, zumindest aber werden Frauen ins Rennen um die Präsidentschaft geschickt.

Ist unsere Vision zu schön, um wahr zu werden? Wir hören schon den Aufschrei der Feministinnen und auch der Chauvinisten, die uns vorwerfen, wir würden die Welt durch eine rosarote Brille sehen.

Nach objektiven Maßstäben scheinen Frauen tatsächlich weit entfernt von jeder politischen Gleichberechtigung. Nur drei amerikanische Bundesstaaten werden von Frauen regiert. Gerade einmal zwei Frauen haben einen Sitz im US-Senat, und armselige 6,4 Prozent des US-Repräsentantenhauses sind weiblich. Diese Zahlen sind so eindeutig, daß sie unsere optimistische These eigentlich klar widerlegen. Oder etwa nicht?

Die »Fakten« sagen jedoch nichts aus über die Dynamik einzelner Entwicklungen, die über Jahrzehnte hinweg lautlos, aber zielgerichtet ihren Lauf genommen haben. Aus ihnen ist ein Trend entstanden, der schließlich nur noch einen Funken benötigte, um sich machtvoll im öffentlichen Bewußtsein auszubreiten. Dieser Funke war die Ernennung von Clarence Thomas zum Richter des Obersten Gerichtshofs. Zur Erinnerung: Nachdem Thorgood Marshall, der erste schwarze Richter des Obersten Gerichtshofs der USA, im Juli 1991 seinen Rücktritt erklärt hatte, nominierte der damalige Präsident Georg Bush den 43jährigen Richter Clarence Thomas als Nachfolgekandidaten, der ebenfalls der schwarzen Bevölkerungsminderheit angehört. Es folgten – wie gewohnt – die öffentlichen Anhörungen im Senat, als dann im Oktober 1991 die 35jährige schwarze Rechtsprofessorin Anita Hill in einer einstündigen Pressekonferenz eindrücklich und glaubwürdig von sexuellen Belästigungen ihres damaligen Vorgesetzten, Clarence Thomas, zwischen 1981 und 1983 berichtete. Die Anschuldigungen waren besonders brisant, da Thomas in seiner Eigenschaft als Vorsitzender der Kommission für Gleichberechtigung damit beauftragt war, Frauen vor Diskriminierung am Arbeitsplatz zu schützen und Verstöße zu ahnden. Thomas stritt jedoch alles kategorisch ab. Das parlamentarische Kreuzverhör (Dauer 38 Stunden) wurde zu einem spektakulären Medienereignis, das von allen großen amerikanischen Fernsehanstalten übertragen wurde. Mit knapper Mehrheit wurde die Nominierung des konservativen Juristen für den Obersten Gerichtshof schließlich dennoch bestätigt.

Die Lawine der politischen Einflußnahme der Frauen wäre sicherlich auch ohne dieses Ereignis losgetreten worden. Richter Thomas und der Richterausschuß des Senats wurden nur zufällig zum Dynamit, das 1992 die Explosion auslöste.

Die eigentliche Ursache waren sie nicht. Selbst der mächtigste Außenstehende kann keinen grundlegenden Wandel bewirken, wenn die äußeren Umstände nicht in die gleiche Richtung wirken. Im Jahr 1992 verfügten die Frauen in der Politik schon über eine etablierte Machtbasis auf einzelstaatlicher und lokaler Ebene. Gleichzeitig machte sich unter den Wählern, männlich wie weiblich, eine Politikverdrossenheit breit, die nicht zuletzt auf der Vetternwirtschaft der altgedienten Politiker beruhte und den Boden für neue Einflüsse bereitete.

In diesem Kapitel analysieren wir zehn wichtige Trends, an denen sich zeigen läßt, daß Frauen an der Schwelle zur *kritischen Masse* stehen – zum Wendepunkt, an dem Frauen und gleichgesinnte männliche Kollegen über Macht verfügen und zahlenmäßig stark genug sind, um an ihren Zielen zu arbeiten und einen Megatrend auszubauen, der *mehr Frauen in höhere Ämter* bringt.

Warum Frauen führen werden

Die nachfolgend beschriebenen zehn Trends kündigen einen für viele überraschenden Aufschwung politischer Macht an, der sich schon heute abzeichnet und den Frauen in den nächsten zehn Jahren bevorsteht:

① In jahrelanger beständiger Arbeit hat eine *kritische Masse* von Frauen eine starke Machtbasis in den Parlamenten der Einzelstaaten, in den Rathäusern und in den durch Wahl besetzten Regierungs- und Behördenpositionen der Einzelstaaten aufgebaut.

② 1992 kandidierte eine *Rekordzahl* von Frauen für ein politisches Amt – fast die Hälfte (rund 45 Prozent) von ihnen konnte einen Wahlsieg erringen.

③ Frauen entdecken *neue Wege zur Macht,* weil der US-Kongreß nur schwer einnehmbar ist: Zu hoch ist der Amtsbonus der fest im Sattel sitzenden Senatoren und Repräsentanten. Sie gehen statt dessen über andere Stationen: Als Bürgermeisterinnen in Großstädten, als Schatzministerinnen und Staatssekretärinnen der Einzelstaaten sind Frauen bestens gerüstet, in den Senat oder an die Spitze ihres Staats gewählt zu werden.

④ *Begrenzung der Amtsdauer.* Die Neueinteilung der Wahldistrikte und die Pensionierungen einiger Amtsinhaber haben 1992 dazu beigetragen, daß so viele Frauen wie noch nie zuvor die Hürde in den US-Kongreß nahmen. Auf lange Sicht gesehen, wird der immer lauter werdende Ruf nach einer Begrenzung der Amtsdauer Hunderte von Sitzen frei machen, um die sich dann weibliche Kandidaten bewerben können.

⑤ *Geld.* Geld garantiert heutzutage keinen Wahlsieg mehr. Kein Wähler fällt mehr auf einen Kandidaten herein, dessen größter Vorzug sein finanzieller Hintergrund ist. Paradoxerweise entwikkeln sich Frauen zu außerordentlich erfolgreichen Spendensammlerinnen in Wahlkämpfen. Fest steht: Qualifizierte Frauen werden jedenfalls nicht an Geldmangel scheitern.

⑥ *Clarence Thomas.* Die Affäre um seine Ernennung hat die Amerikanerinnen mobilisiert wie schon lange kein Ereignis mehr. 1992 kandidierten mehr Frauen als je zuvor für politische Ämter, und sie spendeten Rekordsummen für die von ihnen favorisierten Parteien und Interessenvertretungen – und 1994 werden sie das wieder tun.

⑦ *Die sogenannten Frauenfragen* – Erziehung, Abtreibung, Umweltfragen, Kinderbetreuung – sind keine mehr. Sie gehen heute jeden etwas an. Hier können Frauen mit Erfahrung, Selbstvertrauen, Engagement und klaren Positionen aufwarten.

⑧ *Frauen* stellen mittlerweile die Mehrheit in der Wählerschaft – und sie tendieren dazu, den weiblichen Kandidaten den Vorzug zu geben. Männer wiederum halten Frauen in der Politik meistens für wesentlich ehrlicher und sind bereit, ihnen eine Chance zu geben, zumal sie den Klüngel der etablierten Politiker mehr als satt haben.

⑨ Am *Persischen Golf* haben amerikanische Frauen ihr Leben aufs Spiel gesetzt. Diesem Einsatz wird auch der hartnäckigste Chauvinist Respekt zollen. Ihr Opfer macht einmal mehr deutlich, daß die politische Gleichberechtigung ein absolut legitimes Anliegen ist.

⑩ *Texas und Kalifornien.* Frauen verzeichnen die größten politischen Erfolge in diesen beiden größten und mächtigsten Staaten – aus denen außerdem schon viele Präsidenten hervorgegangen sind.

Dies sind also die Trends, die heute schon im kleinen Maßstab ihre Wirkung zeigen, selbst wenn dies angesichts der kläglich wenigen Frauen in politischen Spitzenpositionen nicht gerade offenkundig ist. Nimmt man die um sich greifende Politikverdrossenheit und die Wut der Frauen über die Affäre Clarence Thomas hinzu, dann wird deutlich, daß der Boden für revolutionäre Durchbrüche der Frauen in der Politik schon bereitet ist.

Deutschland hat zwar ein anderes politisches System als die Vereinigten Staaten von Amerika, aber die Trends sind sehr vergleichbar: Der Aufstieg der Frauen in der Politik ist unaufhaltsam. Die erste Ministerin der Republik wurde 1961 vereidigt: Elisabeth Schwarzhaupt, damals zuständig für das Gesundheitsressort – etwas ande-

res war wohl zu jener Zeit auch nicht vorstellbar. Doch Anfang der neunziger Jahre sind bereits vier von insgesamt neunzehn Ministern weiblich, und das sogar mit zwei ganz »unweiblichen Ressorts«: Dr. Irmgard Schwaetzer-Philipp zeichnet als Bundesministerin für Raumordnung, Bauwesen und Städtebau verantwortlich; das Bundesministerium der Justiz untersteht Sabine Leutheusser-Schnarrenberger.
In den Länderparlamenten, dem Sprungbrett in den Bundestag, ziehen ebenfalls zunehmend die Frauen ein: Von den insgesamt 1 878 Landtagsabgeordneten waren in der 11. Wahlperiode (Stand 10/1992) 406 Frauen und 1 472 Männer. Prozentual entspricht das einem durchschnittlichen Frauenanteil von 21,6 Prozent.
In den einzelnen Ländern sind die Frauen allerdings sehr unterschiedlich vertreten: Bremen hat die Nase vorn mit einem Frauenanteil von 35 Prozent, nur wenig dahinter liegt Schleswig-Holstein mit 34,9 Prozent, und an dritter Stelle rangiert Hamburg mit 31,4 Prozent. Die unrühmlichen Schlußlichter sind die Länder Baden-Württemberg – hier sind gerade 10,9 Prozent der Landtagsabgeordneten weiblich –, Bayern mit 14,2 Prozent und Thüringen mit 14,6 Prozent Frauen.

① Die Startlöcher sind besetzt

Die Legislative der Einzelstaaten als Machtbasis

In den siebziger Jahren blickte die Generation der Frauen im Alter zwischen zwanzig und dreißig auf die Politik und sah ein durch und durch von Männern beherrschtes System. »Das finden wir nicht richtig«, meinten viele. »Die Hälfte der politischen Ämter steht doch wohl den Frauen zu.«
Sie mußten aber lernen, daß Wunsch und Wirklichkeit zwei Paar Stiefel sind. Viele gingen tatsächlich in die Politik. Aber sie realisierten ihre politischen Ansprüche in den folgenden zwei Jahrzehnten hauptsächlich auf der lokalen Ebene – im Schulausschuß etwa oder im Stadtrat. Schließlich schafften sie den Sprung in die Legislative ihrer Staaten. Prominente Politikerinnen wie Pat Schroeder, Nancy Kassebaum und Geraldine Ferraro wurden in

hohe Positionen gewählt, aber sie blieben die Ausnahmen. Die meisten Frauen in der Politik entwickelten ihre Machtbasis, indem sie eine kritische Masse im Parlament ihres Einzelstaats aufbauten.

Jahr um Jahr und unaufhaltsam erhöhen nun weibliche Abgeordnete ihren Anteil in den Parlamenten. 1992 waren in Amerika 18,4 Prozent der *Abgeordneten in den Einzelstaaten* weiblich. Sie besetzten 300 Sitze in den Senatskammern und 1 075 Sitze in den Repräsentantenhäusern. Die Anzahl der Frauen in der Legislative der Einzelstaaten hat sich damit seit 1969 mehr als vervierfacht. Damals waren nur 4 Prozent der Sitze von Frauen besetzt.

Arizona hat mit 34,4 Prozent den höchsten Anteil an Gesetzgeberinnen. Maine und Washington können jeweils 32 Prozent vorweisen. Dabei ist die kritische Masse schon bei etwa 20 Prozent erreicht. Mit einer Präsenz von 20 Prozent können Frauen die Allianzen aufbauen, die es ihnen ermöglichen, sich an der Macht zu behaupten. In zehn Staaten liegt der Frauenanteil in den Parlamenten sogar bei 25 Prozent oder darüber: in Arizona, Maine, Washington, New Hampshire, Vermont, Colorado, Idaho, Hawaii, Kansas und South Dakota.

Die fünf Staaten mit dem niedrigsten Frauenanteil im Parlament (zwischen 5,7 und 7,4 Prozent) liegen im Süden der USA: in Alabama, Kentucky, Mississippi, Louisiana und Arkansas.

Das Parlament von Louisiana, das mit unrühmlichen 2,1 Prozent den Negativrekord hält, verabschiedete 1990 ein restriktives Anti-Abtreibungsgesetz, gegen das Gouverneur Buddy Roemer ein Veto einlegte. Im Parlament wurde das Veto jedoch wieder überstimmt, und nun beschäftigen sich die Gerichte mit dem Gesetz. Schatzministerin Mary Landrieu, die 1991 ohne Gegenkandidat wiedergewählt wurde und bis 1995 im Amt bleiben wird, prophezeite, daß dieser Prozeß die Frauen in Louisiana wachrütteln werde. Sie sollte recht behalten.

1991 wurden nämlich sechs weitere Frauen ins Repräsentantenhaus von Louisiana gewählt, so daß ihre Gesamtzahl mit neun Frauen dreimal so hoch war wie noch im Januar desselben Jahres. Die Abtreibungsgegner verloren fünf Sitze an Frauen und einige mehr an liberale Männer, die sich für die Entscheidungsfreiheit der Frauen in dieser Frage aussprachen. Die Wahlkampfmanagerin Harriet Tru-

dell meinte: »Die größte Genugtuung hat uns der Sieg über den Abgeordneten Carl Gunter bereitet, der über Inzestopfer einmal gesagt hatte: ›Auf diese Weise bekommt man doch auch reinrassige Rennpferde.‹«
Die demokratische Abgeordnete Melinda Schwegmann, ebenfalls eine Verfechterin des Rechts auf Abtreibung, schlug den Amtsinhaber Paul Hardy und wurde so die erste Vizegouverneurin von Louisiana.

Amerikas Zukunft

Auch wenn sie außerhalb ihres Aktionsradius noch wenig bekannt sein mag, sitzt heute schon die Führungsgarnitur von morgen in den US-amerikanischen Legislativen. Vier Frauen haben im Senat ihres Einzelstaates höchste Positionen inne: Ellen Craswell (Rep., Washington), Bonnie Heinrich (Dem., North Dakota), Jean Lloyd-Jones (Dem., Iowa) und Gwen Margolis (Dem., Florida). Zwei Frauen sind Sprecherinnen des Repräsentantenhauses: Jane Hull (Rep., Arizona) und Dee Long aus Minnesota, ein Mitglied der Democratic Farmer-Labor Party.
Die Demokratin Jackie Speier war die erste kalifornische Abgeordnete, die während ihrer Amtszeit ein Baby bekam, es mit zur Arbeit brachte und das Kinderbett in der Abgeordnetenhalle aufstellte. 1986 war sie ohne Unterstützung ihrer Partei gewählt worden, und schon nach einem Jahr im Amt wurde sie stellvertretende Fraktionsführerin. Speier gehört zu den qualifiziertesten und intelligentesten Politikerinnen, die sich mit Frauenfragen beschäftigen. So lautet jedenfalls das Urteil von Kate Sproul, Politikwissenschaftlerin, die für die kalifornische Gruppe der National Organization for Women das Abstimmungsverhalten der Abgeordneten analysiert.
Eine herausragende Position in der deutschen Politik hat Professor Dr. Rita Süssmuth als Bundestagspräsidentin inne. Rita Süssmuth hat insbesondere während ihrer Amtszeit als Ministerin für Jugend, Familie, Frauen und Gesundheit mehrfach deutlich unter Beweis gestellt, mit welchem Engagement sich eine Ministerin dem Thema Frauen und damit dem eigenen Geschlecht im positiven Sinne widmen kann.

Bürgermeisterin einer Großstadt

Im Amt der Großstadtbürgermeisterin hat eine Frau ausgezeichnete Möglichkeiten, eine Machtbasis aufzubauen. Während sie ihre Fähigkeiten in der Verwaltungsarbeit unter Beweis stellt und ihren Bekanntheitsgrad steigert, demonstriert sie gleichzeitig auch ihre Qualifikationen als zukünftige Gouverneurin, so wie die frühere Bürgermeisterin von San Francisco, Dianne Feinstein, die 1990 kandidierte – und ihr Ziel nur knapp verfehlte. Erfolgreiche Bürgermeisterinnen verdienen sich ihre Lorbeeren, indem sie unlösbare Probleme – von der Kriminalität und dem Drogenhandel über die Wohnungsnot bis hin zum Haushaltsdefizit – lösen.
Im Jahr 1992:

- wurden neunzehn der hundert größten Städte der USA von Bürgermeisterinnen regiert;
- regierten Bürgermeisterinnen 145 der etwa 900 Städte mit einer Einwohnerzahl von über 30 000 Menschen;
- wurden vier der acht kalifornischen Großstädte von Bürgermeisterinnen regiert;
- hatten San Diego, San Jose und Washington, D. C., eine Bürgermeisterin an ihrer Spitze. Diese drei Städte gehören zu den zwanzig größten in den USA. 1991 war sogar ein noch höherer Prozentsatz der Bürgermeister in den Großstädten weiblich gewesen: Vier der zehn größten US-amerikanischen Städte – Houston, San Diego, Dallas und San Antonio – wurden von Frauen regiert.
- In der deutschen Kommunalpolitik schieben sich die Frauen ebenfalls immer mehr nach vorn. Im Jahr 1990 gab es in Hamburg eine Präsidentin, in Bremen eine Vizepräsidentin und in Berlin eine Bürgermeisterin; das Land Baden-Württemberg konnte mit der EG-erfahrenen Politikerin Beate Weber als Oberbürgermeisterin von Heidelberg aufwarten, und in Bayern wurde Regensburg von einer Oberbürgermeisterin regiert. Die meisten Oberbürgermeisterinnen waren 1990 in Nordrhein-Westfalen zu finden: in Essen, Hagen, Hamm, Mülheim an der Ruhr und in Wuppertal. Im niedersächsischen Osnabrück stand ebenfalls eine Frau an der Stadtspitze, und Schleswig-Holstein konnte in Kiel und in Lübeck je eine Stadtpräsidentin vorweisen. Weitere 27 Frauen in

Bürgermeisterpositionen gab es zudem zwischen Nordseestrand und Alpenrand Anfang der neunziger Jahre.

Sharon Pratt Kelly, 48 Jahre alt, wurde in Washington, D. C., die erste Schwarze, die eine US-amerikanische Großstadt regierte. Im Gegensatz zu ihrem Vorgänger Marion Barry konnte sie eine schneeweiße Weste vorweisen. Sie vereinte 87 Prozent der Stimmen auf sich mit dem Versprechen, »die Schaufel in die Hand zu nehmen und aufzuräumen«. Barry, der gefilmt worden war, als er Crack zu sich nahm, hatte vor der Wahl noch geprahlt, Kelly zu schlagen sei doch ein Kinderspiel. »Es war ziemlich klar, daß alle einen Wechsel wollten«, sagte sie.
Kelly, Absolventin der Howard Law School, hatte eine hohe Führungsposition in einem Energieversorgungsunternehmen inne, als sie den Entschluß faßte, für das Bürgermeisteramt zu kandidieren. Sie ist geschieden, hat zwei Kinder und schloß 1991 ihre zweite Ehe. Kelly hat ein Haushaltsdefizit von 300 Millionen Dollar übernommen, sie kämpft gegen die höchste Mordrate der Nation und muß überdies die schlechte Stimmung in der Bevölkerung seit dem Barry-Verfahren 1990 ausbaden. Kelly, die eine Patenschaft für ein sechzehnjähriges Mädchen aus schwierigen Verhältnissen übernommen hat, konnte den Kongreß überzeugen, 100 Millionen Dollar zu überweisen, und wendete so die drohende Zahlungsunfähigkeit der Stadt ab. Kelly sieht Partnerschaften zwischen Vertretern des Staats und Privatpersonen als den Schlüssel dafür, das Blatt in der Stadt zu wenden.

Andere lokale Allianzen

Houston, die größte Stadt in Texas und Paradebeispiel männlicher Vetternwirtschaft, war zwischen 1981 und 1991 eine Bastion weiblicher Macht. In dieser Zeit nämlich war Kathy Whitmire Bürgermeisterin. Whitmire meinte: »Wenn das Macho-Image von Houston und dem Staat Texas durch die Wahl von Frauen in politische Ämter abgebaut werden kann, dann dürfte es mittlerweile verschwunden sein.«
Solange Whitmire in Houston, der viertgrößten Stadt der Vereinigten Staaten, amtierte, gab es eine Polizeichefin, eine Leiterin der

Distriktkrankenhäuser, eine Vorsitzende des Schulausschusses, eine Präsidentin der Handelskammer und eine Präsidentin der University of Houston.
Aber nicht nur in Houston hat sich ein Zentrum weiblicher politischer Macht gebildet: In Colorado, einem Staat, der wie kein anderer ein Vorreiter für politische Entwicklungen ist, wurden drei von fünf durch Wahl besetzte Posten auf einzelstaatlicher Ebene von Frauen eingenommen: Es gibt eine Schatzministerin, eine Generalanwältin und eine Staatssekretärin. Acht der dreizehn Sitze im Stadtrat von Denver gingen an Frauen. An der Spitze des Industrie- und Handelsverbandes von Colorado, der Handelskammer des Großraums Denver und des Verbandes für Wirtschaftsförderung in Colorado steht jeweils eine Frau. Zu den Zentren weiblicher Macht in der Kommunalpolitik gehören in Deutschland eindeutig die Großstädte Berlin, Hamburg und Frankfurt: Sie zeichnen sich durch einen besonders hohen Anteil an Senatorinnen beziehungsweise Dezernentinnen aus. In Frankfurt gibt es zudem eine Frau als Vorsitzende der Geschäftsführung der »Wirtschaftsförderung Frankfurt GmbH«, Gabriele Eick, gelernte Versicherungskauffrau.

Vetternwirtschaft auf Frauenart

Die Bürgermeisterin von San Diego, Maureen O'Connor (die nicht mehr kandidieren will), ist eine von vier Frauen im neunköpfigen Stadtrat. Ihr sind private Verbindungen eine sehr große Hilfe. Sie arbeitet eng mit Helen Copley zusammen, der renommiertesten Verlegerin in der Region, und mit der Philanthropin Joan Kroc, Mehrheitsaktionärin von McDonald's. Wenn gehandelt werden muß, tritt diese Dreierbande auf den Plan.
1988 wollte Kroc durch eine Schenkung über 18 Millionen Dollar die Gründung eines Hospizes für Aids-Erkrankte und andere todkranke Patienten ermöglichen. Sie erzählte der Bürgermeisterin von ihrer Absicht, und diese wandte sich an die Abgeordnete Lucy Killea mit der Bitte, eine entsprechende Gesetzesvorlage zu unterstützen. Zum Entsetzen aller legte Gouverneur Deukmejian sein Veto gegen die Vorlage ein, bis ein Brief der Verlegerin Copley ihm auf die Sprünge half.
1989 arbeiteten O'Connor, Copley und Kroc zusammen, um das

Soviet Arts Festival nach San Diego zu holen — eine Initiative, die der Stadt 7 Millionen Dollar einbrachte.
»Ich danke Gott jeden Morgen aufs neue, daß wir Joan Kroc und Helen Copley in San Diego haben«, sagt Bürgermeisterin O'Connor. »Sie scheuen keine Mühe. Was sie für diese Stadt tun, wozu sie ja in keiner Weise verpflichtet sind, ist weit mehr, als eine Bürgermeisterin von privater Seite je erwarten könnte.«

② Je mehr, desto besser

Immer mehr Frauen kandidieren für politische Ämter: Das ist ein erster Schritt. 1990 ließen sich acht Frauen für die Wahl zum Gouverneur aufstellen, gegenüber null im Jahre 1980. Für die Sitze in den Parlamenten der Einzelstaaten kandidierten 1990 genau 2064 Frauen — eine Rekordzahl.
1990 wurden 85 Frauen von ihren Parteien aufgestellt, um für wichtige Posten an der Spitze der Einzelstaaten ins Rennen geschickt zu werden:

- 19 Frauen kandidierten für das Amt des Vizegouverneurs;
- 17 Frauen wollten Staatssekretärinnen werden;
- 14 Frauen bewarben sich als Schatzministerinnen.

»Die meisten Frauen kandidieren für diese hohen Ämter erst, nachdem sie sich Sprosse für Sprosse auf der politischen Erfolgsleiter hochgearbeitet haben«, meint Ruth Mandel, Direktorin des Center for the American Woman and Politics an der Rutgers University in New Jersey. Diese Einrichtung analysiert die Vertretung der Frauen in der Politik auf lokaler, einzel- und bundesstaatlicher Ebene.
Etwa 2000 schwarze Frauen hatten 1990 ein politisches Amt inne. Seit 1970 hat sich die Zahl der gewählten Schwarzen um 400 Prozent erhöht, *die Zahl der schwarzen Frauen sogar um 1 400 Prozent.*
Wenn Frauen sich erst einmal aufstellen lassen, erzielen sie beachtliche Erfolge. Über die Hälfte der Kandidatinnen — 47 der 85, die 1990 für ein Wahlamt kandidierten — gewannen.
Das Jahr 1990 markierte aus vielen Gründen einen Wendepunkt für Frauen. Fünf der sechs Frauen, die in das Amt der stellvertretenden

Gouverneurin gewählt wurden, traten gegen andere Frauen an. Frauen wurden in acht Staaten an die Spitze der Erziehungsbehörde gewählt.
Iowa konnte mit sechs Frauen die bisher höchste Bewerberinnenzahl für Wahlämter verzeichnen. Iowa war auch der erste Einzelstaat, in dessen Verwaltung die Hälfte aller Ausschüsse und Kommissionen mit Frauen besetzt werden mußten. Solche Bestimmungen spielen eine entscheidende Rolle auf dem Weg der Frauen zur Macht: Oft ebnen sie den Weg in die Spitzenpositionen eines Staates.
»Frauen haben 1990 entscheidende Siege errungen, von Connecticut über Missouri bis Oregon. Jetzt können sie ihre gute Ausgangsposition nutzen, um noch weiter nach oben zu streben«, beurteilt Harriett Woods, Präsidentin des National Women's Political Caucus (NWPC), die Lage.
All dies geschah noch *vor* der Affäre um Clarence Thomas, vor dem großen Erdbeben, das die Frauen wachrüttelte und ihnen erbarmungslos vor Augen führte, daß sie mehr in die Politik eingreifen, kandidieren und Geld für Wahlkampagnen auftreiben mußten, falls sich etwas ändern sollte.
»Meine Telefone standen gar nicht mehr still, so viele Frauen und Männer riefen an, die fest entschlossen waren, 1992 mehr Frauen zu wählen«, sagte Ellen Malcolm, Leiterin von EMILY's List (EMILY steht für Early Money is Like Yeast: Früh spenden – viel bewirken). »Die Anhörungen des Richterausschusses haben deutlich gemacht, daß wir mehr Frauen im Senat brauchen.«
Unmittelbar nach den Anhörungen hatte Ellen Malcolm schon mit fünfzig Frauen gesprochen, die 1992 an einer Kandidatur interessiert waren.
Bei den Wahlen 1992 kandidierten schließlich 106 Frauen für das Repräsentantenhaus (47 gewannen), und elf Frauen bewarben sich für den Senat (fünf gewannen).

③ Neue Wege zur Macht

Im Jahr 1916, als Frauen in manchen Einzelstaaten noch gar kein Wahlrecht hatten, zog Jeannette Rankin, Republikanerin aus Montana, als erste Frau in den Kongreß ein. 75 Jahre später ist klar, daß die US-Amerikanerinnen *nicht* in ihre Fußstapfen getreten sind: 1992 halten die Frauen 28 und damit 6,4 Prozent der 435 Sitze im Repräsentantenhaus. Hinzu kommt Eleanor Holmes Norton als nichtstimmberechtigte Delegierte aus Washington, D. C. Mit Norton sind damit zwanzig Demokratinnen und neun Republikanerinnen im Unterhaus. »Der Kongreß ist eine der letzten Bastionen männlicher Vorherrschaft in der Politik«, meint Margaret Roukema (Rep., New Jersey).

Es ist unwahrscheinlich, daß die politische Karriere einer Senatorin, einer Gouverneurin oder gar der zukünftigen Präsidentin der USA über den Kongreß führt.

Frauen haben nämlich neue Wege zur politischen Macht erschlossen. Das Amt einer Großstadtbürgermeisterin haben wir schon angesprochen. Der Bekanntheitsgrad einer Bürgermeisterin in ihrem jeweiligen Staat etwa könnte ausschlaggebend für die Wahl zur US-Senatorin sein. Und ein Regierungsposten wie der einer Schatzministerin war schon mehr als einmal das Sprungbrett ins Amt des Gouverneurs.

Regierungsämter in den Einzelstaaten

1992 hatten sechzig Frauen ein Regierungsamt in den Einzelstaaten inne – das sind 18,1 Prozent der 332 Posten.

Drei Frauen, alle von ihnen sind Mitglieder der Demokratischen Partei, sind Gouverneurinnen und wurden im Jahr 1990 gewählt: Joan Finney in Kansas, Barbara Roberts in Oregon, Ann Richards in Texas.

- *Sieben* Frauen sind stellvertretende Gouverneurinnen, und zwar in Michigan, Iowa, Minnesota, Connecticut, Nebraska, Louisiana und Nevada.
- *Fünf* Frauen sind Generalanwältinnen in Colorado, Iowa, Nevada, Oklahoma und Virginia.
- In *vierzehn* Staaten sind Frauen Schatzministerinnen: Arkansas, Kalifornien, Colorado, Delaware, Idaho, Indiana, Kansas, Louisiana, Nebraska, Ohio, Oklahoma, Pennsylvania, Texas und Wisconsin.
- *Zehn* Staaten haben Staatssekretärinnen: Kalifornien, Colorado,

Connecticut, Iowa, Minnesota, Nevada, New Mexico, Rhode Island, South Dakota und Wyoming.

In den deutschen Bundesländern sind die Frauen an der Regierungsspitze ebenfalls schon ganz gut vertreten: 42 Ministerinnen auf Landesebene gab es im Sommer 1992. Mit fünf Ministerinnen führt das Land Hessen die Riege der Politikerinnen in verantwortungsvollen Aufgaben an: Dr. Annette Fugmann-Heesing, die beispielsweise kein Hehl daraus macht, auch Aufgaben als Mutter zu haben, Dr. Christine Hohmann-Dennhardt, Professor Dr. Evelies Mayer, Iris Blaul und Professor Dr. Heide Pfarr, die von Hamburg nach Hessen geholt wurde. Dr. Marianne Schultz-Hector, Helga Solinger und Brigitte Unger-Soyka stehen für Baden-Württemberg und Dr. Mathilde Berghofer-Weichner, die gleichzeitig Stellvertreterin des Ministerpräsidenten ist, für Bayern. Berlin hat mit Dr. Christine Bergmann, Professor Dr. Jutta Limbach und Ingrid Stahmer drei Senatorinnen; die Stadtstaaten Bremen und Hamburg haben jeweils vier Senatorinnen – Sabine Uhl, Irmgard Gaertner-Fichtner, Dr. Helga Trüpel sowie Eva-Maria Lemke-Schulte in Bremen, Dr. Lore Maria Peschel-Gutzeit, Rosemarie Raab, Dr. Christina Weiss und Traute Müller in Hamburg. Dr. Regine Hildebrandt und Marianne Birthler gehören der Ministercrew in Brandenburg an, in Mecklenburg-Vorpommern sind es Bärbel Kleedehn, Steffie Schnoor und Dr. Petra Uhlmann. Eine Solostellung unter den Ministern haben in Sachsen Stefanie Rehm, in Sachsen-Anhalt Petra Wernicke und in Thüringen Christine Lieberknecht. Niedersachsen hat gleich drei sehr bekannte Politikerinnen unter den Ministern: Helga Schuchardt, Monika Griefahn und Waltraud Schoppe, Vierte im Bunde ist Heidrun Alm-Merk. Über jeweils drei Ministerinnen freuen sich die Einwohnerinnen von Nordrhein-Westfalen – Anke Brunn, Ilse Brusis, Ilse Ridder-Melchers –, Rheinland-Pfalz – Dr. Rose Götte, Klaudia Martini, Jeanette Rott – und Schleswig-Holstein – Gisela Böhrk, Heide Simonis und Marianne Tidick.

Als Schatzministerinnen, Staatsrevisorinnen, Vizegouverneurinnen, Leiterinnen der Erziehungsbehörde, Steuerkommissarinnen und Amtsdirektorinnen für Arbeit und Landwirtschaft sammeln Frauen wichtige Erfahrungen, erhöhen ihren Bekanntheitsgrad und steuern die Startplätze für das Rennen um höhere Positionen an.

Der Amtsbonus

Die größte Hürde auf dem Weg in den Kongreß sind die etablierten Amtsinhaber. Sie wollen wiedergewählt werden und profitieren dabei von ihrem Amtsbonus — zumindest war das so bis 1992. Wer sie von ihrem Thron verstoßen wollte, hatte kein Zuckerschlecken vor sich.

»Typisch für Frauen ist nach wie vor, daß sie sich gegen alle möglichen Widrigkeiten durchsetzen müssen, bevor ihnen ein Erfolg vergönnt ist. Männer und Frauen stehen vor einer schwierigen Aufgabe, wenn sie die Amtsinhaber ablösen wollen ... Deren Erfolgsquote liegt bei über 90 Prozent. Andererseits sind Frauen ohnehin immer in der Rolle der Herausforderer«, meint Harriett Woods vom NWPC.

Natürlich wirkt sich der Amtsbonus auch zugunsten der Frauen aus. Von den 25 Frauen im Kongreß, die 1990 zur Wiederwahl kandidierten (drei davon als Senatorinnen), gewannen *alle*. Ein Amtsinhaber muß sich nicht erst noch Bekanntheit verschaffen, er kann Erfolge vorweisen und verfügt über ein Netz politischer Kontakte, das sich um die Beschaffung des nötigen Kleingelds für den Wahlkampf kümmert.

Damit bleibt Neulingen in den USA — einschließlich der Frauen — nur noch die Möglichkeit, die Todesanzeigen durchzusehen, Klatschspalten zu lesen oder auf den Titelseiten einschlägiger Blätter nach Politikern zu suchen, die bei den Wählern in Ungnade gefallen sind. Da ist es geradezu ein Trost, daß Kongreßabgeordnete mit Skandalen nicht geizen.

Das nächste Problem ist natürlich Geld. Wer in einem der großen Einzelstaaten für den Senat kandidiert, braucht einige Millionen Dollar. Eine Kandidatur für das Repräsentantenhaus ist nicht ganz so kostspielig, weil der geographische Wahlkampfradius kleiner ist.

»Frauen sagen nicht: ›Ich möchte Senatorin werden, ich besitze 5 Millionen Dollar, den Rest gibt mir mein Daddy, und außerdem habe ich eine Menge politischer Freunde‹«, meint Barbara Roberts, Gouverneurin in Oregon. »Statt dessen arbeiten sie sich Schritt für Schritt nach oben.«

Zumindest war das bisher so. Auch die Gouverneurinnen Roberts, Richards und Finney blicken auf eine solche Laufbahn zurück: Sie verschafften sich Respekt und Anerkennung, indem sie die drängenden Probleme in ihrem Staat und den Kommunen aufgriffen und lösten. Nachdem nun immer mehr Frauen ihre Talente als Spendensammlerinnen unter Beweis stellen und die Wahlkampfkonten beachtlich anschwellen lassen, eröffnen sich ihnen viele neue Wege.

Megatrend: Von der Basis nach oben

Eines Tages wird man vielleicht feststellen, daß all die politischen Hürden auf dem Weg nach Washington den Frauen sogar genützt haben. Wir leben in einer Zeit, in der die Einzelstaaten und Kommunen lernen müssen, ihre Probleme ohne Washington zu lösen. Warum sollten die Bürger bei der Wahl ihres Gouverneurs einen Politiker, der seine zweijährige Amtszeit nur in Sitzungssälen verbrachte, einer Kandidatin vorziehen, die ihre Ärmel hochgekrempelt hat, unter die Leute gegangen ist und im Parlament für die Wählerinteressen gekämpft hat?

Wir haben es schon in *Megatrends* gesagt: Der Kongreß ist eine unzeitgemäße Institution. (Wir haben uns in Washington mit dieser Aussage nicht gerade viele Freunde gemacht.) Dennoch bleiben wir dabei: Was wirklich zählt, ist das, was auf einzelstaatlicher und kommunaler Ebene passiert — also dort, wo die Frauen in den vergangenen beiden Jahrzehnten zu finden waren. Frauen haben ihren Beitrag in der Kommunalpolitik geleistet und sind dann Stufe für Stufe aufgestiegen.

Der Aufstieg in die Bundespolitik führt in Deutschland in aller Regel ebenfalls über die Kommunalpolitik, aber oft auch über die Parteipolitik, wie der Werdegang von Ministerin Irmgard Schwaetzer beweist: Die promovierte Apothekerin startete ihre Politkarriere in ihrem Wohnort Düren, wurde dann Vorsitzende des FDP-Bezirksverbandes Aachen und Mitglied des FDP-Landesvorstandes Nordrhein-Westfalen. Anschließend wurde sie Generalsekretärin ihrer Partei und übernahm dann das undankbare Amt der Schatzmeisterin. Mitglied des Bundestages ist diese Politikerin seit 1980, 1987 wurde sie als Staatsminister in das Auswärtige Amt geholt, 1991 übernahm sie als Bundesministerin das Wohnungsbauressort.

Neue Heldin im Repräsentantenhaus: Schatzministerin

Eine der besten Ausgangspositionen für den Sprung in ein höheres Amt ist das Schatzministerium. Wer in der Lage ist, den Bürgern einen ausgeglichenen Haushalt zu präsentieren, kann sich ihrer Anerkennung sicher sein und einen Pluspunkt vorweisen, der im Wahlkampf von unschätzbarem Wert ist. Derzeit gibt es in vierzehn Einzelstaaten Schatzministerinnen.

Wenn Frauen sich Schritt für Schritt hocharbeiten, entsteht eine Basis der Unterstützung, die ihnen später von großem Nutzen sein kann. Politische Beobachter führen als Beispiel die Gouverneurin von Texas, Ann Richards, an, die 1976 zur Kreisrätin des Landkreises Travis gewählt und 1980 in diesem Amt bestätigt wurde. 1982 wurde sie zur Schatzministerin von Texas gewählt, und 1990 konnte sie diesen Erfolg wiederholen. »Im Laufe der Jahre sprach sie immer mehr Frauen an und konnte so eine stabile Basis aufbauen«, erklärt Sharon Rodine, ehemalige Präsidentin des National Women's Political Caucus. »Sie meldete sich erst wenige Monate vor dem Wahltag folgendermaßen zu Wort: ›Ich bin eine Frau, gebt mir eure Stimme.‹«

Ein Amt als Schatzmeisterin, Staatssekretärin und Vizegouverneurin sind aussichtsreichere Wege zum Gouverneursamt als ein Sitz im Kongreß.

Neuer Weg: Staatssekretärin

Die politische Karriere der Gouverneurin Barbara Roberts nahm ihren Anfang, als festgestellt wurde, daß ihr Sohn an Autismus litt. Der Staat Oregon konnte Eltern mit solchen besonderen Problemen keinerlei Hilfen anbieten, so daß Roberts bald zur »Einfrauenlobby« wurde. Sie engagierte sich 1978 in der Kreiskommission des Landkreises Multnomah und von 1973 bis 1983 im Schulausschuß von Parkrose.

»Ich habe mich eigentlich um sämtliche Sonderprobleme im Erziehungswesen gekümmert und hatte Erfolg«, erinnert sie sich. Sie engagierte sich in einer Reihe von Ausschüssen, Kommissionen und Räten und gelangte schließlich ins Repräsentantenhaus. Dort war sie zwei Legislaturperioden lang Sprecherin und gewann dann die Wahl zur Staatssekretärin. Dieser Posten wiederum war ihr Sprungbrett zum Gouverneursamt.

Die erste Gouverneurin

Bis vor zwanzig Jahren war noch keine einzige Frau aufgrund eigener Kandidatur zur Gouverneurin eines US-Staates gewählt worden. Drei Frauen, nämlich Nellie Ross (Dem., Wyoming 1925–27), Miriam »Ma« Ferguson (Dem., Texas 1925–27 und 1933–35) und Lurleen Wallace (Dem., Alabama 1967–68) hatten bis dahin zwar das Gouverneursamt ausgeübt, aber sie waren nur für ihre Ehemänner nachgerückt, die gestorben waren oder sich nicht mehr zur Wiederwahl stellen konnten.
Somit war 1974 Ella Grasso, Demokratin aus Connecticut, die erste Frau, die im ganz normalen Verfahren zur Gouverneurin gewählt wurde und gleich einen haushohen Sieg davontrug. Sie stellte durch den gebührenfreien »Draht zu Ella« einen direkten Kontakt zu den Bürgern her und wurde 1978 wiedergewählt. Sie kämpfte für ein Gesetz der »gläsernen Kontrolle«, das den Bürgern die Möglichkeit gab, viele Regierungsaufgaben nachzuvollziehen und zu überprüfen. In den 28 Jahren, in denen sie im öffentlichen Leben stand, verlor sie keine einzige Wahl. »Ihr Name – einfach ›Ella‹ – war zum Umgangswort geworden«, steht in einem Dokument des Staates Connecticut zu lesen. Am 31. Dezember 1980 legte sie ihr Amt nieder, am 5. Februar 1981 verstarb sie. Ihr Vermächtnis lebt in einer neuen Frauengeneration weiter, die ihrem Beispiel begeistert folgt und die Basispolitik zum Ausgangspunkt ihrer Karriere macht.
In acht Staaten kandidierten Frauen für das Gouverneursamt und wurden gewählt.
Immer mehr Frauen werden auch ins einzelstaatliche Kabinett berufen. In zehn Staaten liegt der Anteil der weiblichen Kabinettsmitglieder bei einem Drittel oder darüber. Spitzenreiter ist der republikanische Gourverneur William F. Weld: 45,5 Prozent seiner Kabinettsmitglieder sind Frauen.

Machtbasis: Vizegouverneurin

Das Amt des stellvertretenden Gouvereurs – die Erkenntnis ist nicht gerade neu – birgt gute Chancen für einen weiteren Aufstieg. Es war seit jeher ein traditionelles Übungsfeld für zukünftige Gouverneure.

Neu ist jedoch die Tatsache, daß immer mehr Frauen in dieses Amt gelangen.

1990 präsentierte eine noch nie dagewesene Anzahl von männlichen Gouverneurskandidaten im Wahlkampf Frauen als Vizekandidatinnen. Neunzehn Frauen kandidierten für das Amt des Vizegouverneurs.

Bis heute haben 24 Frauen in 17 Staaten als Vizegouverneurinnen amtiert. Das bedeutet, daß in fast einem Drittel der Einzelstaaten Frauen ein Amt innehatten, das gemeinhin als Qualifikation für den Gouverneursposten gilt.

Die Demokratin Madeleine Kunin wurde Gouverneurin des Staates Vermont, in dem die Republikaner traditionell stark sind. Kunins Weg zur Macht führte aus dem Parlament ins Amt der Vizegouverneurin, wo sie zwei Wahlperioden blieb. 1982 verlor sie die Wahl zur Gouverneurin, war aber bei ihrem zweiten Anlauf 1984 erfolgreich. 1990 beschloß sie, auf eine vierte Periode zu verzichten.

Als Gouverneurin verdoppelte sie die Mittel für den Erziehungshaushalt, sie stellte ein neues Beurteilungsprogramm für staatliche Schulen auf die Beine, sie reformierte die berufliche Ausbildung, sie sorgte dafür, daß alle Schulen über eine einjährige Vorschule verfügten, sie rief Programme zur Früherziehung von drei- bis vierjährigen Kindern aus einkommensschwachen Familien ins Leben, und sie arbeitete mit privaten Institutionen zusammen, um Zuschüsse für die Schulreform zu beschaffen.

Der Erfolg all dieser Bemühungen blieb nicht aus: Nachdem die Gouverneurin Kunin sich dieser »Frauenfragen« angenommen hatte, wurde Vermont vom Children's Defense Fund als der kinderfreundlichste US-Bundesstaat bezeichnet. Außerdem wurde die Arbeit im Bereich Umwelt und Gesundheit als vorbildlich bezeichnet. Die Zeitschrift *Fortune* nannte Kunin eine der besten »Gouverneurinnen, die sich je für den Erziehungssektor stark gemacht haben«.

»Sie wird uns in bester Erinnerung bleiben, weil sie das Haushaltsdefizit abgebaut und sich für die Bereiche Energie, Umwelt und Erziehung stark gemacht hat«, meint Garrison Nelson, Politikwissenschaftlerin an der University of Vermont.

Kunin ist heute eine hervorragende Gastprofessorin am Radcliffe College und forscht, mit welchen Methoden Frauen in der Politik

und Regierung zum Erfolg kommen. Sie schreibt eine wissenschaftliche Untersuchung, die 1993 veröffentlicht werden soll.
»Ihr dürft euch nicht unterkriegen lassen ... Laßt euch den Mut nicht nehmen«, rät sie ihren Geschlechtsgenossinnen, die ihrer Meinung nach häufig den Fehler begehen, die eigenen Fähigkeiten zu unterschätzen. Sie ermutigt sie dazu, »Erfahrungen in Interessengruppen und kommunalen Einrichtungen nicht unter den Teppich zu kehren. Sie erfordern genau dieselben Talente, die auch in der Politik wichtig sind.«

④ Neueinteilung von Wahlbezirken, Pensionierungen und Beschränkungen der Amtszeiten

Nehmen wir einmal an, Sie widersprechen unserer These, daß ein Sitz im Kongreß keine entscheidende Rolle für den Werdegang der ersten Präsidentin der USA spielen wird. Dann dürfte Sie der Trend zur Begrenzung der Amtsdauer von Kongreßabgeordneten (oder anderen gewählten Politikern) interessieren. Begrenzungen der Amtsdauer »eröffnen jüngeren Frauen Chancen«, meint die republikanische Abgeordnete Jean Marie Brough aus Washington.
Die Beschränkung der Amtsdauer ist ein außerordentlich kontroverses Thema. Natürlich trifft eine solche Maßnahme auch Frauen, die an der Macht sind. Deshalb meint Ruth Mandel, Direktorin des Center for the American Woman and Politics: »Eine zeitliche Begrenzung würde den Frauen in diesem Land nur schaden. Die paar Frauen, die im Amt sind, haben wir bitter nötig.«
»Die ganze Diskussion geht doch in eine falsche Richtung«, meint dagegen Barbara Jordan, ehemalige Kongreßabgeordnete und Sonderberaterin für ethische Fragen im Team der Gouverneurin von Texas, Ann Richards. Jordan wäre es viel lieber, wenn endlich einmal die Höhe der Wahlkampfspenden begrenzt würde.
Wir sind da anderer Meinung. Die US-Amerikaner haben es satt, Abgeordnete in den Kongreß zu wählen, für die Washington nur eine Sprosse auf der Karriereleiter ist und nicht ein Mandat, um dem Gemeinwohl zu dienen. Wir glauben aber auch, daß eine zweijährige Amtszeit für den Kongreß zuwenig ist. Warum sollte man nicht per Verfassungsänderung die Amtsperiode auf drei oder vier Jahre mit

der Möglichkeit zur einmaligen Wiederwahl festsetzen? Danach könnte der oder die Abgeordnete andere Ämter ausüben oder die vorherige Tätigkeit wiederaufnehmen.
Der immer stärkere Ruf der Basis nach einer Begrenzung der Amtsdauer wird sich in den neunziger Jahren Gehör verschaffen. In Kalifornien, Colorado und Oklahoma gibt es diese Begrenzung schon. (In Kalifornien gilt sie für die Amtsdauer der Regierungsmitglieder.) Acht weitere Staaten haben entsprechende Gesetzesvorlagen vorbereitet. Weil für Frauen, die einen Sitz im Kongreß anstreben, die bisherigen Amtsinhaber die größte Hürde darstellen, wird gerade ihnen die Begrenzung der Amtszeit wie ein Geschenk des Himmels erscheinen.

Neueinteilung von Wahldistrikten

Durch die Neueinteilung der Wahldistrikte im Jahr 1992, die nach der Volkszählung von 1990 beschlossen wurde, entstehen neunzehn neue Sitze. Die großen Gewinner heißen Kalifornien (+7), Florida (+4) und Texas (+3). Arizona, Georgia, North Carolina, Virginia und Washington erhalten je einen zusätzlichen Sitz. Auch damit werden Frauen Türen geöffnet.

Pensionierungen

Mehrere Dutzend Amtsinhaber kandidierten 1992 im Rahmen der üblichen Fluktuationsprozesse nicht mehr. Was in der Öffentlichkeit jedoch weitgehend unbekannt ist: 167 Kongreßabgeordnete konnten 1992 in den Ruhestand gehen, ohne die Wahlkampfmittel der PACs zu verlieren. Das sind eher gute Nachrichten für Frauen. Einige Feministinnen warfen den Kongreßabgeordneten jedoch vor, daß sie ihre Rücktrittserklärung bis zur letzten Minute geheimgehalten hätten, um »ihren Kronprinzen zu küren«.
Die Meinungsforscherin Celinda Lake, 38 Jahre alt und Mitglied der Demokraten, ist hinter den Kulissen eine einflußreiche Figur. Sie arbeitet nur mit Klienten zusammen, die für das Recht der Frauen auf Abtreibung eintreten. Dazu gehörten auch zwei aussichtsreiche Kandidatinnen für den Senat. Eine von ihnen, Barbara Boxer, schaffte 1992 den Sprung in den Senat.

Aus Celinda Lakes Umfragen – und nicht nur aus diesen – geht hervor, daß sich nach den Anhörungen von Clarence Thomas eine starke Stimmung gegen die etablierten Amtsinhaber breitmachte. **Als Ergebnis der zusätzlich frei gewordenen Sitze und der Neueinteilung der Wahldistrikte standen an die hundert Sitze neu zur Wahl.** Zählt man noch eventuelle Pensionierungen und die allgemeine Empörung gegen die »Schurken in Washington« hinzu, dann wird nachvollziehbar, warum die Frauen im Jahr 1992 »Siege in historischen Ausmaßen« – so Lake – davontragen konnten.

⑤ Geld

Fragen Sie einen beliebigen Kandidaten für ein öffentliches Amt: Das große Problem heißt fast immer Geld. Effektive Wahlkampagnen sind unglaublich teuer. Geld ist und bleibt ein äußerst mächtiger Faktor in der Politik. Andererseits kann es nicht mehr *alleine* dafür verantwortlich gemacht werden, wenn Frauen den Sprung in ein Amt nicht schaffen. Dafür gibt es zwei einfache, auf den ersten Blick widersprüchlich erscheinende Gründe:

1. Frauen entwickeln ungeahnte Fähigkeiten darin, Wahlkampfspenden zu sammeln.
2. Wählerinnen und Wähler sind für die Rolle des Geldes in den Wahlkampagnen sensibler geworden.

Frank O'Brien, Fachmann für Briefkampagnen im Wahlkampf, meint, daß es weiblichen Kandidaten heute *besser* als ihren männlichen Kollegen gelänge, in ihren Briefen zum Spenden zu animieren. Frauen seien, so glaubt er, gegen die Enttäuschung durch die Politik geschützt, weil »die Geldgeber sie als eine besondere Art von Politikerinnen ansehen«.
Schon bevor die Ernennung von Clarence Thomas zum Richter am Supreme Court zu revolutionären Neuerungen in der Spendenbeschaffung durch Frauen führte, hatte es Anzeichen dafür gegeben, daß eine neue Frauengeneration bereit war, auf der politischen Szene in Erscheinung zu treten. Im Auftrag von Roger Craver, dem Präsidenten von Craver, Matthews, Smith, einer Agentur, die Briefkampagnen durchführt, stellte der Meinungsforscher Peter Hart fest,

daß Frauen unter 45 die »aktivsten und großzügigsten Spenderinnen für ›progressive‹ Organisationen sind«.
Es wird immer deutlicher, daß Geld allein keinen Wahlsieg garantiert: Frauen gewinnen selbst dann, wenn ihnen weniger Geld zur Verfügung stand, um sich und ihr Programm vorzustellen. Denn nicht selten schneidet sich ins eigene Fleisch, wer seinen Gegner mit schwindelnden Summen zu überbieten sucht.
Weibliche Kandidaten beklagten sich früher, daß sie weniger Wahlkampfspenden erhielten als Männer. Aber die Frauen haben aufgeholt. Es gibt mittlerweile 35 PACs (ohne die einzelstaatlichen Organisationen der nationalen Gruppen und ohne zweckgebundene PACs), die überwiegend für Kandidatinnen sammeln oder in der Hauptsache weibliche Spenderinnen haben, so das Center for American Women in Politics.
Die wichtigste Lektion, die daraus zu lernen ist, heißt: Frauen sind fähige Spendensammlerinnen im Wahlkampf. Frauen sammeln Milliarden Dollar für wohltätige Zwecke und wissen genau, wie sie dabei vorgehen müssen. Die Aufgabe der weiblichen Kandidatinnen besteht nun darin, dieses Talent auch für die Politik fruchtbar zu machen.
»Frauen besitzen viel Geld. Sie sind es nur nicht gewohnt, für Wahlkämpfe zu spenden«, meinte Dianne Feinstein, noch bevor ihr Wahlkampfetat durch den Fall Clarence Thomas um 25 Prozent anstieg. »Politik war eben noch nie weit oben auf ihrer Prioritätenliste.«
Das hat sich geändert.
Wer kann schon das Scheckbuch in der Handtasche lassen, wenn die Abgeordnete Patricia Schroeder fragt: »Wie viele von Ihnen haben einer politischen Kandidatin soviel Geld gespendet, wie Sie für Ihre letzte Garderobe ausgegeben haben?«
Wie widersprüchlich sind unsere beiden Aussagen über die Rolle des Geldes im Wahlkampf nun wirklich? Einerseits haben wir gesagt, Geld garantiere keinen Wahlerfolg, andererseits haben wir gezeigt, wie kompetent Frauen mittlerweile im Bereich der Spendenorganisation geworden sind. Wir können hier keinen Widerspruch feststellen. Sehen Sie es einmal so: Frauen haben große Siege mit begrenzten Mitteln errungen. Wie viele Wahlen werden qualifizierte Frauen erst gewinnen, wenn ihr Wahlkampfbudget hinter dem ihrer Rivalen nicht mehr nachsteht oder es sogar übersteigt?

⑥ Clarence Thomas

Clarence Thomas, Richter am Obersten Gerichtshof, und der US-Senat haben möglicherweise mehr für feministische Anliegen getan als die Zeitschrift *Ms.*, die National Organization for Women (NOW) und die auf der 1-Dollar-Münze abgebildete Frauenrechtlerin Susan B. Anthony zusammen.

Wenn Sie das für übertrieben halten, hören Sie, was Eleanor Smeal, ehemalige NOW-Präsidentin und Leiterin des Fund for a Feminist Majority, dazu sagt: »Der Senat hat in einer einzigen Woche deutlicher gezeigt, wie dringend mehr Frauen in dieser Institution benötigt werden, als sämtliche Feministinnen es in 25 Jahren vermochten.«

Der Aufmarsch männlicher Senatoren mittleren Alters, die Anita Hill ohne jede Sensibilität zum heiklen Thema der sexuellen Belästigung am Arbeitsplatz befragten – um dann Thomas als Richter zu bestätigen –, hatte die Frauen im Land so wütend gemacht, daß sie sich schworen, von nun an aktiver in die Politik einzugreifen und andere Frauen in ihrem Wahlkampf finanziell zu unterstützen.

Frauen, die bisher demokratisch gewählt hatten, waren besonders wütend auf ihre Parteigenossen, die mit den Republikanern für Thomas gestimmt hatten, und sie schworen sich, alle Kraft aufzubieten, um sie mit weiblichen Kandidatinnen vom Thron zu stoßen. Das war natürlich nicht einfach. Von den acht Frauen, die 1990 für den Senat kandidierten, wurde nur eine gewählt, nämlich Nancy Kassebaum.

Es begann schon bei den Vorwahlen. Der 64jährige Senator Alan Dixon aus Illinois, der seit 43 Jahren in keiner Wahl mehr unterlegen war, verlor im März 1992 die Vorwahl der Demokraten gegen Carol Moseley Braun, 44, eine ehemalige Abgeordnete von Illinois und nun Leiterin des Grundbuchamts im Landkreis Cook. Braun, eine sehr ausgeglichene und rhetorisch hochbegabte Newcomerin, war von Frauen favorisiert worden, die sich in ihrer Empörung über die Thomas-Affäre geschworen hatten, alles zu tun, damit sie die Wahl gewann. In dieser Vorwahl hatten 42 Prozent der Frauen das Parteienlager gewechselt und Braun ihre Stimme gegeben.

Im darauffolgenden Monat gewann die wenig bekannte Gründerin und Direktorin von Women's Way, Lynn H. Yeakel, 50, die Vorwahl der Demokraten in Pennsylvania und wurde für einen Senatssitz nominiert. Damit warf sie den Vizegouverneur Mark Singel aus dem Rennen, der die Unterstützung seiner Partei genossen hatte. Yeakel kandidierte aus Zorn über den republikanischen Senator Arlen Spector, der Anita Hill bei den Clarence-Thomas-Anhörungen einem unerträglichen Kreuzverhör unterzogen hatte.

Senator Arlen Spector schlägt bei der weiblichen Wählerschaft sicherlich keine Beliebtheitsrekorde. Janet Mason, Geschäftsführerin der NOW-Gruppe in Philadelphia, nennt ihn »einen Affront für jede Frau. Er ist wenig geeignet, unseren Staat zu repräsentieren. Wir haben alles getan, damit er nicht gewinnt.« Die altgediente Feministin Betty Friedan, Autorin des Bestsellers *Der Weiblichkeitswahn*, der zum Meilenstein in der Geschichte der Frauenbewegung wurde, meint: »Sein Verhalten war einfach unverzeihlich. Die Art und Weise, wie er Anita Hill fertigmachen wollte, kommt einer Kriegserklärung gegen alle Frauen gleich.«

Der Spendenorganisator Roger Craver teilte Senator Charles Robb aus Virginia, dem Vorsitzenden des Komitees der Demokraten für die Senatswahlen, mit, daß sein Unternehmen den Vertrag mit dem Komitee aufkündigte. Craver nannte die Art und Weise, wie die Demokraten die Senatsanhörungen handhabten, »ein *unüberwindbares Hindernis für die Weiterführung unserer Tätigkeit als Wahlkampffinanzierungsberater des Komitees*.«

Die Wochen und Monate nach den Anhörungen im Oktober 1991 verliefen für die Wahlkämpferinnen sehr ereignisreich:

- EMILY's List brachte durch Briefkampagnen innerhalb von zwei Wochen nach den Anhörungen 300 000 Dollar auf. Am Tag nach dem Auftritt der Gründerin Ellen Malcolm am 22. März 1992 in der Sendung *60 Minutes* — in der berichtet wurde, daß die Mitgliederzahlen sich von 3 000 auf 6 000 verdoppelt hatten — gingen bis 16 Uhr 2 000 Anrufe in ihrem Büro ein.
- Beim National Women's Political Caucus kamen 85 000 Dollar zusammen, als eine einseitige Zeitungsannonce erschien, in der ein nur aus Frauen bestehendes Richterkomitee fragte: »Und wenn es so wäre?«
- Der Women's Campaign Fund verzeichnete eine Zunahme der Spenden aus Briefkampagnen um 50 Prozent.

- Der Fund for the Feminist Majority und die National Organization for Women verbuchten einen Spendenzuwachs um etwa 30 Prozent.

EMILIY's List fühlte sich durch den Erfolg so ermutigt, daß die Organisation nach den 1,5 Millionen Dollar, die sie 1990 aufbrachte, sich das ehrgeizige Ziel setzte, für das Jahr 1992 3 Millionen Dollar für wahlkämpfende Frauen zu sammeln.
In Minnesota haben Frauen die Kampagne »Eine Million für Minnesota« ins Leben gerufen, weil sie eine Million Dollar sammeln wollen, um 1994 eine starke demokratische Kandidatin ins Rennen gegen den republikanischen Senator Dave Durenberger schicken zu können. Schon vor ihrer ersten offiziellen Zusammenkunft hatte die Gruppe, deren stellvertretende Präsidentin Nina Rothschild ist, Zusagen über 122 000 Dollar erhalten. »Die Leute haben von uns gehört und wollten uns unterstützen«, meint Frau Rothschild. Sie ist fest davon überzeugt, ihr ehrgeiziges Ziel innerhalb des geplanten Zeitraums erreichen zu können.
Eine Gruppe prominenter republikanischer Frauen rief die WISH-Liste ins Leben: Women in the Senate and House — Frauen in den Senat und ins Repräsentantenhaus. Die Gruppe wurde gegründet, um republikanischen Frauen, die sich für das Recht auf Abtreibung einsetzten, zur Wahl zu verhelfen.

⑦ Die sogenannten »Frauenfragen«

Umwelt, Erziehung, Kinderbetreuung und Abtreibung sind schon längst keine reinen »Frauenfragen« mehr. Es sind Fragen der Allgemeinheit. »Es gibt eigentlich gar keine Frauen- und Männerthemen mehr«, meinte March Fong Eu, Kaliforniens Staatssekretärin, als sie für ihre fünfte Amtsperiode kandidierte und plötzlich überzeugend argumentierte: »Im Grunde geht es doch für alle um die Verbesserung der Lebensqualität.«
Im Laufe der Jahre sind Politikerinnen sehr kompetent in den »typischen« Frauenressorts geworden. **Schon 1987, so ergab eine Umfrage für den National Women's Political Caucus, gaben die Wähler den weiblichen Mandatsträgerinnen bessere Noten für die Bereiche Kin-**

derbetreuung, Erziehungswesen sowie Hilfe für die Armen. (Männern schrieb man hingegen mehr Kompetenz in »technischen Fragen« zu — Rüstungskontrolle und Wirtschaft. Hoffentlich rücken die Kongreßabgeordneten Pat Schroeder, die sich einen Namen im US-Militärausschuß gemacht hat, und Carla Hills, Expertin für Außenhandel, dieses Bild in der Öffentlichkeit noch zurecht. In Deutschland stellt die SPD-Frau Ingrid Matthäus-Meier, die als erstes weibliches Mitglied des Bundestages Sprecherin ihrer Partei für Finanzfragen geworden ist, seit 1988 kompetent unter Beweis, daß Finanzsachen keineswegs nur Männersache sind.)
So hat sich in der Zwischenzeit auch einiges in der Einstellung der Wähler geändert. Die Meinungsforscherin Celinda Lake befragte im Auftrag von NWPC, EMILIY's List und Women's Campaign Fund 1600 Wähler/innen. Die Außen- und Verteidigungspolitik, in der Frauen als schwach galten, hat mittlerweile *an Bedeutung eingebüßt.* Dafür bewerteten die Befragten innenpolitische und gesellschaftliche Fragen weit höher.
Weibliche Abgeordnete in den Repräsentantenhäusern der Einzelstaaten kümmern sich aktiv um die Anliegen der Frauen, wie 1991 eine Befragung von mehr als 1000 Abgeordneten ergab, die das Center for the American Woman and Politics (CAWP) durchführte. Die meisten Demokratinnen räumten Fragen wie Kinderbetreuung und Frauenrechte hohe Priorität ein, während die Republikanerinnen solche Fragen immer noch *für wichtiger hielten als die Männer aller beider Parteien.*
»Es ist ganz klar: Ohne Frauen in der Gesetzgebung hätten wir keine Kinderbetreuung, keinen Mutterschaftsurlaub, keinen Mutterschutz, kein Umweltbewußtsein«, meint Jane Danowitz vom Women's Campaign Fund.
Frauenfragen sind politische Fragen geworden, und Frauen sind in besonderem Maße dafür qualifiziert, sich mit diesen Fragen zu befassen.
Frauen bringen frischen Wind in die Behandlung dieser Bereiche. Die Gouverneurin von Oregon, Barbara Roberts, nennt sich eine Umweltschützerin, sagt aber auch: »Ich habe den Umweltgruppen immer gesagt, sie haben keinen Grund zur Selbstzufriedenheit, wenn die Leute ihren Arbeitsplatz, ihr Zuhause und ihre Existenz verlieren.«

Abtreibung

Frauen halten die Abtreibungsfrage für wichtiger als Männer, und zwar unabhängig davon, welchen Standpunkt sie persönlich vertreten. Dies geht aus einer Studie des CAWP hervor. Als die Republikanerin Mary Tambornino aus Minnesota die Vorwahl zur Kandidatur für den Senat verlor, wechselte sie das Lager und unterstützte die Demokratin Judy Traub. Das war ihr immer noch lieber, als sich an die Seite des Kandidaten ihrer eigenen Partei, eines erklärten Abtreibungsgegners, zu stellen.

Die deutschen Politikerinnen und Politiker sind sich in Fragen der Abtreibung sehr uneinig, aber auch die Politikerinnen unter sich, wie die jüngste Diskussion im Juni 1992 im Bundestag unter Beweis gestellt hat. Unter der Federführung der engagierten FDP-Politikerin Uta Würfel wurde ein parteienübergreifender Gruppenantrag von FDP und SPD zur Reform des § 218 mit Fristenlösung gestellt. Diese neue Fristenlösung beinhaltete einen straflosen Schwangerschaftsabbruch in den ersten drei Monaten, wenn sich die Frauen vor der Abtreibung beraten lassen. Dieser Gruppenantrag wurde im Deutschen Bundestag ganz knapp verabschiedet: mit 356 Stimmen — 332 wären dazu nötig gewesen. Durchgegangen ist der Antrag mit 32 Stimmen aus dem konservativen Lager: Sieben Frauen und 25 Männer der CDU stimmten zu! Doch die CDU/CSU zog mit der verabschiedeten Fristenlösung vor das Verfassungsgericht nach Karlsruhe, das ein Inkrafttreten dieser Fristenlösung erst einmal stoppte.

Die National Abortion Rights Action League (NARAL) in den USA hat sich zum Ziel gesetzt, mehr als eine Million Menschen zu mobilisieren, die für das Recht auf Abtreibung sind, und für die Wahlen im Jahr 1994 mindestens 4 Millionen Dollar aufzubringen. »Ich habe deutlich das Gefühl, daß unsere Nation sehr viel Zeit darauf verschwendet hat, das Selbstbestimmungsrecht der Frauen zu beschneiden. Viel wichtiger wäre es doch gewesen zu überlegen, wie man die Notwendigkeit von Abtreibungen von vornherein verhindern könnte«, meint NARAL-Präsidentin Kate Michelman.

Mit der Entscheidung des Obersten Gerichtshofs der USA im Fall Webster erhielt der Staat Missouri die Befugnis, das Recht auf Abtreibungen zu beschränken, womit auch anderen Staaten Tür und

Tor für ähnliche Gesetzesänderungen geöffnet wurden. Bis zum Januar 1992 waren sechzehn Staaten in Sachen Abtreibung tätig geworden. Kalifornien und Florida *bestätigten das Recht auf Abtreibung.* Washington, Nevada, Maryland und Connecticut verabschiedeten Gesetze zum *Schutz des Abtreibungsrechts,* Utah und Louisiana hingegen ein *Abtreibungsverbot.* Michigan, South Dakota, Nebraska, Mississippi, Pennsylvania, Ohio, West Virginia und South Carolina beschlossen *Einschränkungen.*

»Die Leute halten vielleicht das Problem der sexuellen Belästigung am Arbeitsplatz nicht für ein Wahlkampfthema«, sagt die Meinungsforscherin Gerry Chervinsky aus Massachusetts, »aber das Thema Abtreibung bringt sie bestimmt an die Wahlurnen.« 1990 waren die Gouverneurswahlen in Florida und Texas durch die Abtreibungsfrage stark polarisiert, wobei die Befürworter den Sieg davontrugen. In Kansas und Pennsylvania dagegen gewannen die Abtreibungsgegner. Manche Beobachter behaupten sogar, die Abtreibungsfrage habe die Republikaner schon ihre Gouverneurssitze in Virginia, New Jersey und Texas gekostet.

Die Beschränkung des Abtreibungsrechts durch den Obersten Gerichtshof hat den Organisationen, die das Recht auf Abtreibung erhalten möchten, viele neue Mitglieder und ein wesentlich erhöhtes Spendenaufkommen eingebracht. Die Philanthropin Peg Yorkin aus Los Angeles spendete der Feminist Majority Foundation 10 Millionen Dollar, wahrscheinlich die größte Spende an eine Frauenrechtsorganisation überhaupt. Damit soll ein »feministischer Beraterstab« ausgestattet werden, dessen erstes Projekt darin bestehen wird, den amerikanischen Frauen die Abtreibungspille RU-486 zugänglich zu machen. Yorkin meint dazu: »Ich möchte die Feministinnen und Frauen überall wachrütteln. Jede von uns muß alles tun, was in ihren Kräften steht, um den Angriff auf die Rechte der Frauen abzuwehren.«

⑧ Die Macht der Wählerinnen und die Neue Wählerschaft

Es gibt heute mehr Wählerinnen als Wähler. Historisch betrachtet gingen mehr Männer als Frauen an die Wahlurnen. Aber seit Anfang der achtziger Jahre hat sich diese Entwicklung umgekehrt. In der Präsidentschaftswahl von 1988 gaben 6,8 Millionen mehr Frauen als Männer ihre Stimmen ab. Frauen stellen 54 Prozent der Wählerschaft. Und Frauen, die vielleicht schon mit Vorurteilen zu kämpfen hatten oder sich gegen sexuelle Belästigungen wehren mußten, sind entschlossen, kompetenten weiblichen Kandidaten eine Chance zu geben.

Politische Beobachter stimmen zu: 1990 verhalfen Wählerinnen vielen weiblichen Kandidaten zum Wahlsieg.

Frauen haben ebenso wie Männer die etablierten Politiker satt. Sie stellen neue Anforderungen an Führungspersönlichkeiten, die gerade weibliche Kandidaten in besonderem Maße erfüllen. Laut einer Umfrage der NWPC glauben die meisten Wähler, daß Kandidatinnen ehrlicher und einfühlsamer als ihre männlichen Pendants sind.

Von deutschen Wählerinnen kann keineswegs behauptet werden, daß sie den weiblichen Wahlkandidaten zum Erfolg verhelfen: Bei der letzten Bundestagswahl im Jahr 1990 wählten 37,8 Prozent aller Frauen die CDU (die Männer zu 35,3 Prozent), aber nur 33,6 Prozent der Frauen die SPD. Dieses Wahlergebnis kam zustande, obwohl nur ein knappes Viertel (23,6 Prozent) der CDU-Wahlkandidaten Frauen waren, aber bei der SPD ein reichliches Drittel (31 Prozent).

Eine neuere Umfrage im Auftrag des NWPC, des Women's Campaign Fund und EMILY's List ergab, daß in Amerika Frauen im Wahlkampf als unbestechliche Außenseiter gesehen werden, die einen Wandel anstreben und versuchen, Regierungsarbeit für die kleinen Leute zu machen.

Außerdem akzeptiert die amerikanische Wählerschaft allmählich den Gedanken, von Frauen geführt zu werden. Laut einer NWPC-Umfrage meinte schon 1987 die Hälfte der Wähler, eine Frau eigne sich genausogut zum Präsidentenamt wie ein Mann. Vor allem Demokraten, Schwarze, Stadtbewohner, jüngere Wähler, Ledige und die meisten weiblichen Wähler fanden, daß auch Frauen das Zeug zur Präsidentin hätten. In einer Meinungsumfrage hat das Allensbach-Institut ermittelt, daß sich 42 Prozent aller Befragten eine Frau statt einen Mann als deutschen Bundeskanzler vorstellen können. Die Sozialdemokratin Anne-Marie Renger und die Christ-

demokratin Rita Süssmuth wurden dabei am häufigsten als mögliche Kandidatinnen für das Bundeskanzleramt genannt.
Männer wählen lieber Männer, stellte Celinda Lake in einer neuen Umfrage fest (was uns nicht überrascht). 35 Prozent der demokratischen Frauen sagten, daß sie einer Kandidatin der Republikaner den Vorzug geben würden, wenn diese gegen einen Demokraten antrete. Nur 21 Prozent der Republikanerinnen würden dasselbe im umgekehrten Fall tun. **Eine Demokratin, die für das Recht auf Abtreibung eintritt und gegen einen republikanischen Abtreibungsgegner kandidiert, führt bei sämtlichen Befragten mit zehn Punkten Vorsprung.**
Als die Befragten die Erfolgschancen der weiblichen und männlichen Kandidaten einschätzen sollten, wurden Frauen mit durchschnittlich sieben Punkten niedriger als Männer bewertet.
Frauen in der Politik sagen, daß die »Frage des Durchsetzungsvermögens« sie oft vor Probleme stelle. Sie versuchen ihre Wähler zu überzeugen, daß sie neben allem Einfühlungsvermögen auch in der Lage sind, in Fragen wie Drogen und Kriminalität hart durchzugreifen. Geraldine Ferraro, die vor ihrer Kandidatur für den Kongreß Staatsanwältin war, gewann ihre erste Wahl mit dem Slogan: »Endlich eine harte Demokratin.«
Die Gouverneurin von Oregon, Barbara Roberts, die schon oft kontroverse Positionen eingenommen hat, rät den Frauen: »Zeigt, daß ihr mutig seid ... und bleibt bei eurer Meinung.« Sie empfiehlt ihnen des weiteren bei der Verteidigung ihrer Positionen mit eigenen Erfahrungen zu argumentieren. Wenn sie zum Beispiel gefragt würde, warum sie die Umsatzsteuer unterstütze, antworte sie: »Sehen Sie mich an: Ich war fünfzehn Jahre lang im Geschäftsleben tätig und habe vier Jahre lang im Schulfinanzierungsausschuß mitgearbeitet. Ich kann Ihnen ganz genau sagen, warum die Umsatzsteuer Vorteile bringt.«

⑨ Operation Desert Storm

Amerikanische Frauen haben ihr Leben aufs Spiel gesetzt, um Saudi-Arabien zu verteidigen und Kuwait zu befreien. Laut Verteidigungsministerium waren am Golf 32400 Frauen im Einsatz. Damit lag der Frauenanteil in der Truppe bei 6 Prozent. Die Organisation Women in Military Service for America Memorial Foundation, Inc., spricht sogar von 34 000 bis 35 000 Frauen. Frauen waren bewaffnet und wurden näher an der Front eingesetzt als in jeder anderen kriegerischen Auseinandersetzung zuvor.

Weibliche Soldaten flogen Hubschraubereinsätze und brachten mitten durch feindliches Feuer Nachschub in den Irak und nach Kuwait. Im Februar 1991 nahmen zwanzig Pilotinnen am größten Hubschrauberangriff in der Geschichte teil und transportierten Männer, Kraftstoff und Munition fünfzig Kilometer weit in den Irak hinein. Majorin Marie Rossi, die an dieser Mission teilgenommen hatte, kam kurz darauf beim Absturz ihres Hubschraubers in Saudi-Arabien ums Leben.

Insgesamt starben fünfzehn amerikanische Frauen am Golf. Zwei Frauen, eine Lastwagenfahrerin und eine Chirurgin bei der Luftwaffe gehörten zu den 25 Truppenangehörigen, die in Kriegsgefangenschaft der Iraker gerieten. Beide wurden mit dem Purple Heart für Verletzungen im Kampf ausgezeichnet. Ihr Einsatz wurde anerkannt und führte zu neuen Gesetzgebungsinitiativen, die zumindest auf eine teilweise Aufhebung der Beschränkungen für Frauen im Kampfeinsatz abzielten.

Die Frauen, die am Persischen Golf dienten und starben, bewiesen ihrer Nation Mut, Kompetenz und Erfahrung — all dies sind auch zentrale Voraussetzungen für politische Führungsaufgaben.

Auch früher schon hatten Frauen am Krieg teilgenommen und ihr Leben geopfert, vor allem im Vietnamkrieg, in dem nach Auskunft des Verteidigungsministeriums 7 500 Frauen, die meisten von ihnen Krankenschwestern, dienten. 400 000 Frauen, viele davon Freiwillige, dienten im Zweiten Weltkrieg.

In der »Operation Wüstensturm« jedoch waren die Frauen sichtbar. Sie kämpften und waren dabei keine vereinzelten Ausnahmen. Niemand konnte ihren Einsatz und ihre Opfer übersehen.

Frauen sind zwar eine Minderheit in den Streitkräften, aber sie bilden eine große Minderheit: 1990 waren 2 043 704 Armeeangehörige im aktiven Dienst einschließlich der Armee, Flotte, Luftwaffe und Marineinfanterie. Davon waren etwa 11 Prozent Frauen, also 227 018. Dies ist der höchste Prozentsatz von Frauen im aktiven Wehrdienst auf der Welt.

Dienst am Golf

Weder erwarten die Frauen am Golf eine Sonderbehandlung, noch erhielten sie eine: »Hier bist du keine Frau mehr — du bist ein Soldat wie alle anderen«, sagte Specialist Foy Harries von der Nationalgarde Alabama. Meria Sanders, Private First Class, erzählt, daß die Männer in ihrer Kompanie »genauso grün wie wir selbst waren ... [Sie] waren noch nie im Krieg gewesen, abgesehen vielleicht von solchen Kleinigkeiten wie Panama oder Grenada.«

Aber das Wüstenkönigreich war kaum eine geeignete Bühne für den ersten militärischen Großeinsatz von Frauen. Der saudischen Regierung wurde alleine schon beim Gedanken an weibliche Soldaten ganz anders, und sie nannten sie »Männer mit weiblichen Zügen«. Als wäre es nicht genug, gegen »Saddam« zu kämpfen, mußten die Frauen am Golf auch noch mit den Vorurteilen der Alliierten fertig werden.

Natürlich kämpften in den saudiarabischen Truppen keine Frauen. Schließlich ist es ein Land, in dem Frauen nicht Auto fahren dürfen, vom Wahlrecht ganz zu schweigen. Neun kuwaitische Frauen wurden in den Vereinigten Staaten militärisch ausgebildet, aber der Krieg war zu Ende, bevor sie ihr Training abgeschlossen hatten.

Im Krieg dienten die amerikanischen Frauen ihrem Land und zeichneten sich in einer Situation aus, in der ein Alliierter noch die wenigen Rechte eines Soldaten beschneiden konnte. Ihre einzige Vorbereitung darauf war ihre hervorragende Ausbildung gewesen.

Frauen im Kampf

Im August 1991 stimmte der Senat einer Gesetzesvorlage des Repräsentantenhauses zu, das die Abschaffung eines Gesetzes aus dem Jahr 1948 vorsah, nach dem Pilotinnen keine Kampfeinsätze fliegen durften. Bis dahin waren auch die meisten anderen Kampfeinsätze den weiblichen Soldaten verboten gewesen, was zu merkwürdigen Situationen geführt hatte: Frauen *befehligten* Einheiten, in denen sie nicht kämpfen durften, und sie bildeten Männer für Missionen aus, die sie selbst nicht durchführen durften.

Aber »Kampfeinsätze« sind der Schlüssel für Beförderungen. »Gesetze, die den Frauen Kampfeinsätze verbieten, schützen Frau-

en nicht. Sie schützen Frauen nur vor Beförderungen«, schrieb die Abgeordnete Pat Schroeder (Dem., Colorado).
Das neue Gesetz, laut Schroeder ein »Salut von 21 Schuß für die Frauen im Wehrdienst«, gilt zwar für alle vier Bereiche des Dienstes mit der Waffe, verbietet aber immer noch 99 Prozent der Frauen Kampfeinsätze, was viele frustriert. »Ich habe mich für die Armee gemeldet und nicht für die Pfadfinderinnen«, meinte Hauptmann Leola Davis, Befehlshaberin einer Kompanie für schweres Kampfgerät. Eine Umfrage der Zeitschrift *Newsweek* ergab, daß erstaunliche 79 Prozent der Amerikaner es befürworten würden, wenn Frauen sich auch für Kampfeinsätze melden dürften.
Nachdem der Präsident das Gesetz unterzeichnet hatte, wurde eine Kommission ins Leben gerufen, die innerhalb von achtzehn Monaten eine Bestandsaufnahme anfertigen sollte. Obwohl Frauen nun für bestimmte Kampfeinsätze zugelassen waren, veränderte sich wenig an der bisherigen Situation. »Sie schieben die Sache auf die lange Bank«, war aus einer Quelle zu hören.
Viele westeuropäische Länder haben kein derartiges Kampfeinsatzverbot für Frauen. In Kanada wurden 1989 die Gesetze abgeschafft, die Frauen vom Kampf ausgeschlossen hatten. Von nun an konnten Frauen sämtliche militärischen Aufgaben — abgesehen von U-Boot-Einsätzen — wahrnehmen. In Norwegen dürfen Frauen auch Besatzungsmitglieder in U-Booten und Kampffliegerpilotinnen sein. Dänemark, die Niederlande und Belgien lassen Frauen für einige Kampfaufgaben zu.
Der pensionierte Brigadegeneral Evelyn »Pat« Foote räumt ein, daß Militärs Frauen wohl deshalb ausschließen wollen, »weil sie etwas dagegen haben, daß sie mitreden«.
»Solche Entscheidungen werden von älteren Männern getroffen, die für die Einstellung der jüngeren wenig Verständnis haben«, kommentiert Lawrence Korb, ein Militärexperte, die Situation. »Sie haben mit Frauen nie Fußball gespielt und sind nie mit ihnen zur Schule gegangen.«
Trotzdem sprechen sich die meisten Männer beim Militär für Frauen aus, meint General Foote, »weil sie wissen, wie gut sie sind«. Douglas Kennet, Oberst der US-Air-Force und Mitarbeiter im Pentagon, meint, daß die Luftwaffe »ohne Frauen keinen Krieg führen und erst recht nicht gewinnen könnte«.

⑩ Kalifornien und Texas

Frauen legen in den beiden Staaten am meisten Macht zu, die über die höchsten Einwohnerzahlen, das schnellste Wachstum und die größte wirtschaftliche Potenz verfügen — nämlich in Kalifornien und in Texas, also diejenigen Staaten, aus denen schon viele Präsidenten hervorgegangen sind.

Kalifornien, der Heimatstaat von Richard Nixon und Ronald Reagan, und Texas, Heimat von Lyndon Johnson und Wahlheimat von George Bush, sind wohl auch für die politische Macht von Frauen ein guter Ausgangspunkt. Ann Richards aus Texas und Dianne Feinstein aus Kalifornien haben in zwei vielbeachteten Gouverneurswahlen im Jahr 1990 kandidiert. Richards wurde die erste Gouverneurin in ihrem Staat. Feinstein verlor mit einem achtbaren Ergebnis, erhielt jedoch nach den Wahlen im November 92 einen Sitz im Senat.

Mehr als in allen anderen Staaten haben sich in den beiden Trendsetterstaaten Kalifornien und Texas weibliche Bürgermeister von Großstädten einen hohen Bekanntheitsgrad verschafft.

Viele finden es eine Ironie der Politik, daß ausgerechnet Texas mit seinem Image des engverschworenen männlichen Establishments so viele weibliche Führungspersönlichkeiten hervorgebracht hat. Diese Frage wird der Gouverneurin Ann Richards sicherlich oft gestellt. »Die alten Jungs in Texas haben die Pioniermentalität von früher bewahrt«, meint sie dazu. »Sie glauben, wenn du genauso hart arbeitest wie sie und außerdem ein wenig Grips im Kopf hast, verdienst du es auch, daß man dir hilft. Und es ist ihnen egal, ob du eine Frau oder ein Mann bist, Hauptsache, du machst deine Arbeit.«

Richards wichtigste Berater für Bildungs-, Wirtschafts- und Umweltfragen sind Frauen. Barbara Jordan etwa ist ihre Sonderberaterin für ethische Fragen. Richards Stabschefin, Mary Beth Rogers, war vorher stellvertretende Schatzministerin gewesen. Fast die Hälfte der 973 Ernennungen, die Richards vornahm, gingen an Frauen. In ihrer zweiten Amtswoche nahm sie sich zwei Behörden vor und forderte Rücktritte — mit Erfolg. Sie bekommt etwa 7000 Briefe wöchentlich, fast viermal soviel wie ihr Vorgänger.

»Sie ist mit mehr Freude bei der Arbeit als jeder andere Gouverneur, den ich vor ihr kannte«, meint George Christian, Pressesekretär im

Weißen Haus unter Lyndon Johnson und einflußreicher Lobbyist in Austin. Er kennt sämtliche Gouverneure, die Texas in den letzten vierzig Jahren regiert haben.

Der Megastaat Amerikas

Die Volkszählung aus dem Jahr 1990 hat es an den Tag gebracht: Einer von acht Amerikanern lebt in Kalifornien. Damit gibt es mehr Kalifornier als Kanadier. Nach der Neugliederung der Wahldistrikte entsandte Kalifornien sieben zusätzliche Abgeordnete in den Kongreß, also im Jahr 1993 insgesamt 52. Es ist die größte Delegation in der Geschichte der USA; sie ist sogar größer als die der anderen sechzehn Staaten des Westens zusammen. Qualifizierte Kandidatinnen für diese Sitze erhöhten den weiblichen Anteil an der Delegation. **Kalifornien hat nun, im Januar 1993, sieben Senatorinnen nach Washington entsendet (das sind vier Senatorinnen mehr als noch 1992).**

Die Stärke der weiblichen Kandidatinnen in Kalifornien bestätigt wieder einmal die Trendsetterrolle dieses Staates für die Nation. Celinda Lake meint, daß in Kalifornien mehr Frauen gewählt werden als anderswo, weil der Bildungsstand der Frauen hoch sei, weil sie gut verdienten, weil relativ viele Frauen berufstätig seien und das Durchschnittsalter der Bevölkerung insgesamt relativ niedrig sei.

Frauen, auf die man achten sollte

Wer kann schon Spekulationen widerstehen, wie die erste Präsidentin der USA heißen wird? Wird es eine Republikanerin oder eine Demokratin sein? Wird sie eine ehemalige Vizepräsidentin sein? Ist sie heute schon auf die nationale Bühne getreten, oder wird es eine Unbekannte sein, die sich gerade irgendwo als Bürgermeisterin bewährt oder den Haushalt eines Einzelstaats in Ordnung bringt?

Wir glauben, daß es keine festen Anhaltspunkte dafür gibt, um eine Voraussage über die erste Präsidentin der Vereinigten Staaten zu treffen. Sie dürfte aber, wie wir meinen, eine hochkompetente Politikerin sein, die Respekt auf lokaler oder regionaler Ebene genießt und die national noch wenig bekannt ist. Sie leistet harte Arbeit in der Legislative eines Staates, im Amt der Schatzministerin, als Vizegouverneurin oder Großstadtbürgermeisterin. Sie ist jedoch schon fest entschlossen, Gouverneurin eines großen Staats zu werden. Wenn sie das geschafft hat, etwa Mitte der neunziger Jahre, wird sie ihren Mangel an internationaler Erfahrung mit mutigen Maßnahmen im Außenhandel und in der Wirtschaftsförderung ausgleichen.

Sie wird die weiblichen Wähler von sich überzeugen, auf den Wunsch der Öffentlichkeit nach einer neuen Art der politischen Führung eingehen, sie wird von der Clarence-Thomas-Affäre profitieren, weil es leichter geworden ist, Wahlkampfspenden zu beschaffen, und die drohende Beschneidung des Abtreibungsrechts wird ihr weitere Wählerinnen in die Arme treiben. Vermutlich tritt die erste Präsidentin der USA im frühen 21. Jahrhundert auf die nationale Bühne. Sie wird die Trends auf ihrer Seite wissen und die Auguren der öffentlichen Meinung in Erstaunen versetzen . . . und der Rest wird, wie es so schön heißt, Geschichte sein.

2 Sport – Der Sprint der Frauen

Durch ihre mangelnde sportliche Betätigung seien Frauen, die jetzt um die Dreißig oder Vierzig sind, im Berufsleben entscheidend benachteiligt. Das jedenfalls wurde ihnen immer gesagt, denn Sport fördere den Kampfgeist und die Bereitschaft, im Team zu arbeiten. Lerne American Football, wenn du erfolgreiche Unternehmensstrategien entwickeln willst, lautete das typisch amerikanische Rezept. Doch obwohl viele Frauen Ratschläge dieser Art nicht beherzigten, wurden sie zu einer kritischen Masse am Arbeitsplatz. Ein gewisser Zusammenhang zwischen unternehmerischem und sportlichem Erfolg scheint dennoch zu bestehen.

Heute, nachdem ihr beruflicher Erfolg von niemandem mehr angezweifelt wird, ziehen Millionen von Frauen, die sich vorher nie sportlich betätigt haben, in die bislang von Männern dominierten Sportarenen ein. Sie besiegen ihre Angst, trainieren mit Disziplin und entdecken die Kraft, Kompetenz, Ausdauer und das Selbstvertrauen, um sich neue Ebenen persönlicher und beruflicher Erfolge zu erschließen.

Die Vorteile des Sports sind hinlänglich bekannt. Man fühlt sich einfach besser, hat mehr Selbstachtung und ist kreativer. Einer Untersuchung der California State University zufolge haben Sportlerinnen ein positiveres Selbstbild als Nichtsportlerinnen. 87 Prozent aller Eltern glauben, daß Sport für Jungen und Mädchen gleich wichtig ist.

Aber Teamwork und Kampfgeist sind nicht die einzigen Vorteile. Mariah Burton Nelson, ehemalige College- und Profibasketballspielerin und Autorin des vielbeachteten Buchs *Are We Winning Yet? How Women are Changing Sports and Sports are Changing Women,* sagt, Sport fördere »Ausdauer, Mut, Willenskraft, Geduld, Bescheidenheit, Intelligenz und Selbstvertrauen«.

Welche Frau wollte heute solch lebensbejahende Eigenschaften nicht gerne besitzen oder zumindest an ihrer Tochter sehen? Wird ein modern denkender Vater diese Wesensmerkmale nicht bei seiner Tochter ebenso wie bei seinem Sohn fördern?
Wir wollen den Begriff Kampfgeist damit keinesfalls ad acta legen. Frauen mußten im Wettbewerb mit anderen Frauen und Männern bestehen, damit sie die Jobs bekamen, die sie heute haben, und sie werden auch in diesem Jahrzehnt wieder mit anderen um bessere Positionen konkurrieren. Wettbewerb inspiriert jeden. Wenn ein Champion wie Susan Butcher im Hundeschlittenrennen von Iditarod gegen Männer antritt und sie besiegt, lernen die Mädchen daraus, daß Jungs nicht *immer* die besseren Sportler sind. Und alle übrigen Frauen freuen sich mit ihr über ihren Erfolg.
Vorbilder wie die deutsche Triathlonsportlerin Astrid Benöhr, die den Weltrekord im Doppel-Ultra hält und Mutter dreier Kinder ist, ermutigen zudem Frauen weltweit, sich in außergewöhnlichen Sportarten zu betätigen.
Kampfgeist ist eine Sache, Aggression eine andere. Manche schätzen den Sport, weil er Frauen den gewissen »Killerinstinkt« lehrt. Der Psychologe Dr. Michael G. Weiss vertritt die These, daß Sportlerinnen »aggressiv und manchmal sogar feindselig sein müssen ... und um Erfolg im Berufsleben zu haben, müssen sich die meisten Frauen ähnliche Eigenschaften aneignen«.
Vielleicht. Aber das klingt so, als beurteile Weiss Sport und Geschäftsleben nach Machomaßstäben, von denen viele Männer schon wieder abgekommen sind. Heutzutage verändern Frauen nicht nur die Arbeitswelt, sondern sie führen auch weibliche Werte in sportliche Bereiche ein: die Sorge um das Wohlbefinden der Athleten zum Beispiel anstelle der »Gewinnen ist alles«-Mentalität. Der Titel des Buches von Mariah Burton Nelson sagt es ja schon: Der Sport verändert die Frauen, aber die Frauen verändern auch den Sport.
Durch Schlagworte wie »Kampfgeist« und »Teamwork« wird der Massencharakter unserer Industriegesellschaft zudem überbewertet. Wie wichtig ist Teamwork für einen überdurchschnittlich kreativen, unabhängigen Menschen? Was ist, wenn man nicht mit anderen, sondern mit sich selbst wetteifern will?
Sport schafft Vertrauen, in diesem Punkt herrscht Einigkeit. Das

Wissen, daß sie einen starken Gegner im Tennis schlagen, drei Tage in der Wildnis überleben oder mit ihren Skiern eine steile Piste herunterfahren kann, gibt einer Frau psychologische Überlegenheit, die sie anderswo kaum in diesem Ausmaß erfährt. Durch aktiven Sport entwickeln Frauen Führungsqualitäten, mit denen sie im mittleren Management glänzen oder sogar den Sprung in die oberen Führungsetagen schaffen: Gibt es eine bessere Vorbereitung auf eine Führungsposition, als 1. die eigene Angst zu überwinden, 2. seine körperlichen Reserven zu mobilisieren und 3. Disziplin und Risikobereitschaft einzuüben?

Der Boom im Frauensport

Eine Umfrage der amerikanischen Zeitschrift *Sports Illustrated* von 1991 zeigt, daß 69 Prozent aller amerikanischen Frauen an Sport- oder Fitneßaktivitäten teilnehmen. Sechs von den sieben am meisten verbreiteten Fitneßaktivitäten werden in der Mehrzahl von Frauen betrieben: Aerobics, Gehen, Körpertraining mit Geräten, Gymnastik, Schwimmen und Fahrradfahren. Bei der siebten, dem Joggen, macht der Anteil der Frauen immerhin 37,5 Prozent aus. Auch Langlauf und Wandern, die beide zu den Top Ten im Sport zählen, werden in der Hauptsache von Frauen betrieben.
Gewichtheben, Joggen, Radfahren und Basketballspielen sind Sportarten, in denen mehr Frauen als Männer neu anfangen. Fast die Hälfte der *Golfanfänger* sind ebenfalls Frauen — allein im Jahr 1990 waren es über **eine Million.**
Seit 1972 ein Gesetz namens Title IX in Amerika in Kraft trat, das jede Diskriminierung aufgrund des Geschlechts in öffentlich geförderten Bildungseinrichtungen verbietet, ist die Anzahl der sporttreibenden Schülerinnen und College-Studentinnen in die Höhe geschnellt. Heute betreiben nahezu zwei Millionen High-School-Schülerinnen eine Schulsportart; das bedeutet eine Steigerung von über 500 Prozent. Auch die Anzahl sportlich aktiver College-Studentinnen ist gestiegen: von 50 Prozent vor der Verabschiedung des Gesetzes auf heute 85 Prozent.
Die Liebe zum Sport kennt dabei keine Altersgrenzen, wie die folgenden Beispiele zeigen:

- Katie Zubricky, 6, hat in Colorado bereits sechs der 56 Berggipfel über 4000 Meter bestiegen. Ihr Ziel ist es, an jedem Geburtstag einen »Viertausender« zu erklettern. Die Zeitschrift *Women's Sports & Fitness:* »Statt Puppen sammelt Katie Berggipfel.«
- Von 1989 bis 1990 ist die Zahl golfspielender Mädchen (Alter 12 bis 17 Jahre) um knapp 100 Prozent auf 410000 gestiegen.
- Kitty Porterfield aus Virginia, die mit dem Rudersport begann, als sie Anfang Vierzig war, konnte bereits mehrere Titel erringen.
- Ruth Rothfarb war schon stolze 72 Jahre alt, als sie mit dem Laufen anfing. 1990 nahm sie am Boston Marathon teil. Mit 89 Jahren konnte sie auf insgesamt elf erfolgreich beendete Marathonläufe zurückblicken.

Ältere Frauen stehen hinter den Männern ihrer Altersgruppe nicht zurück, obwohl sie erst viel später mit dem Sport anfangen. »Aktive« Frauen ab 50 trainieren viermal wöchentlich, Männer gleichen Alters viereinhalbmal. In ihrer Jugend haben 41 Prozent der Frauen Sport getrieben, gegenüber 77 Prozent der Männer. Insgesamt waren 19 Prozent aller älteren Frauen aktive Sportlerinnen, verglichen mit 25 Prozent bei den Männern. Die Oktoberausgabe von *Women's Sports & Fitness* von 1991, in der es ausschließlich um ältere Frauen ging, die aktives Bergsteigen, Fallschirmspringen und Eishockey betreiben, war die erfolgreichste ihrer Geschichte.

Alte Favoriten und der Reiz des Neuen

Frauen suchen sich Sportarten aus, die traditionell *nicht* zu den weiblichen gehören:

- Die erste Weltmeisterschaft im Frauen**eishockey** wurde im Jahr 1990 durchgeführt.
- Im Jahr 1991 holte sich Patty Wagstaff als erste Frau den gesamtamerikanischen Titel im **Kunstfliegen.** »Ich war schon immer eine Abenteurerin«, so Patty Wagstaff, »es ist aufregend und sehr, sehr schwierig.«
- Karyn Marshall, Finanzanalytikerin an der New Yorker Börse für P. R. Herzig & Co., stemmte 110 Kilogramm und stellte damit im

Jahr 1989 einen neuen Weltrekord bei den Weltmeisterschaften im **Gewichtheben** der Frauen auf.

- Schon in der ersten Hälfte unseres Jahrhunderts stellte die deutsche Sportfliegerin Elly Beinhorn zahlreiche Flugrekorde auf – ein Beweis dafür, daß mutige Frauen sich schon immer gerne in männlichen Sportarten bewährten.

Rugby, eine harte, körperlich anstrengende Sportart mit viel Körperkontakt, wurde lange Zeit als Männerdomäne angesehen. Vor zwanzig Jahren gab es in den USA drei weibliche Rugbyteams, heute gibt es bereits 162 Vereine. In Frankreich wurde 1965 der erste Frauenrugbyclub gegründet, in England spielten Frauen 1983 erstmals Rugby. Mittlerweile gibt es dort 115 Frauenclubs mit 2 000 Spielerinnen. Die britische Sportorganisation Sports Council bezeichnet Frauenrugby als die Sportart, die sich derzeit am schnellsten ausbreitet. Die englische Rugbyspielerin Karen Almond drückt es so aus: »Ich liebe den Angriff, die Schlammschlacht und das gemeinsame Duschen.«

Ganz heiß wird zur Zeit auch das Frauen**boxen** gehandelt, ein Sport, der Kraft und Ausdauer erfordert und dem Körper zu einer besseren Sauerstoffverwertung verhilft. Etwa 150 der 400 Boxer im Gleasons's Gym in Brooklyn und die Hälfte der Boxer im Bodies in Motion im Westen von Los Angeles sind Frauen.

»Man bringt Arme, Beine, Bauch, Brust und Rücken in Form und hat gleichzeitig ein hervorragendes Training für Herz und Gefäße«, schwärmt Stephanie La Motta, Tochter des früheren Mittelgewichtschampions Jake »Raging Bull« La Motta. »Boxen verbessert die Hand-Augen-Koordination, das Körpergefühl und die Reflexe«, so Stephanie, die mit zwölf Jahren zu boxen anfing und heute als Trainerin in Los Angeles arbeitet. »Wer gegen den Sandsack boxt und an irgend etwas anderes denkt, bekommt ihn unweigerlich an den Kopf geknallt.«

In Deutschland allerdings ist Boxen als Wettkampfsport für Frauen verboten: Das Training ist dagegen erlaubt und macht ihnen Spaß. Der Amateur-Boxverband zählte denn auch 1991 bereits 6 579 Frauen unter seinen Mitgliedern.

Denkt man ans **Angeln,** taucht wahrscheinlich automatisch ein männlicher Angler vor dem geistigen Auge auf. Dabei gibt es 14 Millionen Anglerinnen in den USA, die in Binnengewässern angeln, und 3,5 Millionen, die zum Fischen aufs offene Meer hinausfahren. In zwei professionellen Anglervereinigungen, Bass'n Gal und Lady Bass, frönen ausschließlich Frauen diesem Sport.

Während eine neue Generation von Frauen eher frauenuntypische Sportarten betreibt, haben die alten Lieblingsdisziplinen nichts an Popularität verloren. 2,8 Millionen Mitglieder verzeichnet die internationale Organisation für Frauenbowling »Women's International Bowling Congress«. Etwa 45 000 Frauen nahmen 1991 am jährlich stattfindenden Turnier in Cedar Rapids, Iowa, teil. Ihr Durchschnittsalter: 53 Jahre.

Etwa 12 Millionen Frauen spielen Volleyball, die zweitbeliebteste Mannschaftssportart der US-Amerikanerinnen. Der College-Sportverband NCAA bietet stolze 722 Volleyballprogramme für Frauen an, gegenüber 52 Programmen für Männer.

Dem US-amerikanischen Sportverband National Sporting Goods Association (NSGA) zufolge hat bei den amerikanischen Frauen ab 25 die Sportart Gehen den Schwimmsport von Platz eins der Beliebtheitsskala verdrängt.

- Etwa 37,8 Millionen Frauen betreiben Gehen als Sportart.
- 21,1 Millionen Frauen gehen regelmäßig schwimmen.
- 14,7 Millionen Frauen fahren Rad.
- 13,4 Millionen Frauen betreiben Aerobics.
- 12,6 Millionen Frauen trainieren mit Gewichten.
- Etwa 11 Millionen Frauen laufen/joggen.
- 7,8 Millionen Frauen wandern.

Ein Vergleich der NSGA-Studien von 1984 und 1990 über die beliebtesten Frauensportarten ergibt rückläufige Zahlen bei Aerobics, Racquetball (einer Art Squash), Laufen bzw. Joggen und Tennis. Dafür sind Bergwandern, Basketball, Golf, Abfahrtslauf und Fußball auf dem aufsteigenden Ast.

Eine andere, von Gallup durchgeführte Umfrage bestätigt die Ergebnisse der NSGA- Studie und stellt fest: »Die Malträtierung des eigenen Körpers durch Gewaltläufe und stramme Aerobic-Kurse scheint mehr und mehr abgelöst zu werden durch den Fußweg zur Arbeit und . . . Radfahren.«

Marathon, Biathlon, Triathlon und Pentathlon

Mag sein, daß Selbstkasteiung nicht mehr gefragt ist. Andererseits aber wächst die Zahl der Sportlerinnen, die keine Strapaze scheuen und immer neue Herausforderungen suchen. Natürlich wollen sie ihre Leistungen auch in immer mehr Wettkämpfen — Stichwort Olympia — unter Beweis stellen.

Im Jahr 1966 wollte Roberta Gibb am Boston Marathon teilnehmen und wurde belehrt, daß Frauen »physiologisch nicht für solche Distanzen geeignet« seien. 1967 bekam Katherine Switzer beim Boston Marathon als erste Frau eine offizielle Rückennummer. Ein Veranstaltungsmitarbeiter versuchte, sie nach den ersten Kilometern aus dem Rennen zu werfen, doch sie kam trotzdem ins Ziel. Noch bis zum Jahr 1972 wurde Frauen die offizielle Teilnahme am Boston Marathon verweigert. 1992 waren unter den 9 628 Teilnehmern 1 893 Frauen, das sind fast 20 Prozent.

Die Teilnahme von Frauen am New York Marathon schnellte von 36 (von insgesamt 303 Teilnehmern) im Jahr 1975 auf 5 635 bei insgesamt 25 845 Marathonläufern im Jahr 1991 hoch.

Der erste olympische Frauenmarathonlauf fand erst im Jahr 1984 statt. Joan Benoit Samuelson, die Gewinnerin, hätte mit ihrer Siegeszeit dreizehn der zwanzig letzten Marathonläufer im olympischen Männermarathon geschlagen.

Winterbiathlon ist eine Kombination aus Langlauf und Gewehrschießen. Beim Sommerbiathlon wird das Skifahren durch Laufen ersetzt. 1991 fanden annährnd hundert dieser Veranstaltungen in den USA statt. 1992 gingen zum ersten Mal in der Geschichte der Olympischen Spiele Frauen in dieser Disziplin an den Start.

Women of Iron — Eiserne Frauen — ist die erste US-amerikanische Organisation für weibliche Triathleten und Duathleten. Für die Gründerin Andra-Nina Davis bedeutet der Name soviel wie einen eisernen Willen zu besitzen, ohne den »Ironman« zu spielen. Im Jahr 1992 stieg die Mitgliederzahl auf nahezu 5 000 an. Auch die Zahl der Triathletinnen in Deutschland wird von Jahr zu Jahr größer: Gehörten dem Triathlon-Verband 1989 erst 1 400 Frauen an, so waren es zwei Jahre später bereits 500 Frauen mehr, die ihre Begeisterung für die sportliche Kombination aus Schwimmen, Radfahren und Laufen entdeckt haben.

Wer nach einem Marathon noch Energie übrighat und sich mit Triathlon nicht zufriedengeben will, kann sich beim fünf Sportarten umfassenden Pentathlon verausgaben. Diese Kombination aus Laufen, Schwimmen, Fechten, Schießen und Reiten war entstanden, weil man Kuriere auf die Probe stellen wollte, ob sie auch nahezu ausweglosen Situationen gewachsen seien. Lori Norwood gewann diesen Wettbewerb bei den Modern Pentathlon Championships als erste amerikanische Frau und zweite amerikanische Teilnehmerin. Sie hofft, daß diese Sportkombination im Jahr 1996 erstmals olympische Frauendisziplin sein wird.

Die Superstars im Tennis

Der Boom im Frauensport ist nicht zuletzt auch dem Profitennis zu verdanken, das einem breiten Fernsehpublikum Bilder anmutiger, schwitzender Athletinnen ins Haus liefert. Tennis bringt auch weibliche Superstars hervor.

- Billie Jean King, Publikumsliebling seit ihrem Sieg über Bobby Riggs im »Kampf der Geschlechter«-Match von 1973, gewann zwanzig Wimbledontitel, davon sechs im Einzel, und gründete Open Tennis, den Profiwettkampf der Frauen, die Women's Tennis Association und die Women's Sports Foundation.
- Martina Navratilova, ebenso unabhängig wie unerschrocken, gewann 1990 zum neunten Mal den Titel im Dameneinzel in Wimbledon und stellte damit einen neuen Rekord auf.
- Chris Evert führte mit 157 Titeln im Einzel die Bestenliste aller Männer und Frauen im Profitennis an. 1992 wurde sie von Martina Navratilova abgelöst, die noch immer zu den stärksten Spielerinnen gehört.
- Steffi Graf war gerade neunzehn Jahre alt, als sie 1988 im Dameneinzel in Wimbledon siegte. 1992 kann sich die Nummer zwei der Weltrangliste bereits mit 67 Turniersiegen schmücken.

Tennis ist eine der wenigen Sportarten, in denen Frauen heute mehr Geld als Männer verdienen können. 1989 betrug das Preisgeld der damaligen Nummer eins im Frauentennis, Steffi Graf, 1 963 905 Dollar. Damit verdiente sie mehr als Stefan Edberg, die damalige Nummer eins im Herrentennis, der 1 661 491 Dollar einnahm. Monica

Seles brachte es 1991 sogar auf die Rekordsumme von 2,5 Millionen Dollar. Und Gabriela Sabatini erzielt mittlerweile Werbeeinnahmen von mehr als 5 Millionen Dollar pro Jahr.

Stereotypen bröckeln: Sind Männer die besseren Sportler?

Wenn Frauen eine Sportart erlernen wollen, müssen sie häufig erst negative Stereotypen und Erfahrungen aus der Kindheit bekämpfen. Das erfordert Risikobereitschaft. Damit ist nicht so sehr gemeint, daß sie sich realen Gefahren aussetzen. Vielmehr geht es um das Risiko, sich der Lächerlichkeit preiszugeben, einen Mißerfolg zu erleben oder Schaden am Selbstwertgefühl zu nehmen. Der Glaube, daß Männern die Sportlichkeit in die Wiege gelegt wird, während die meisten Frauen eher zum Trampel geboren sind, faßt schon in frühester Kindheit Wurzeln. Aber stimmt das wirklich? Sind Männer die besseren Sportler?

Männer sind in der Regel stärker und größer als Frauen. Das weiß jedes Kind. Männer sind daher auch in Sportarten, für die man diese Eigenschaften benötigt, erfolgreicher als Frauen, so Mariah Burton Nelson. American Football und Basketball etwa »leben von dem, was die Natur den Männern mitgibt«, sagt Nelson. Kraft sei zwar wichtig im Sport, werde aber »als alles entscheidender Faktor bei den meisten Sportarten überbewertet«.

Zwar hätten beide Geschlechter ihre Vor- und Nachteile, so Nelson, doch weibliche Körpermerkmale würden zumeist *gegen* statt für die Frauen arbeiten. Ein Beispiel: Die Tatsache, daß Frauen kleiner und leichter als Männer sind, hat noch keinen Mann daran gehindert, Jockey zu werden.

Der eigentliche »Vorteil« des Mannes besteht darin, daß er ein Leben lang Sport treibt. »Die Überlegenheit männlicher Athleten wird als selbstverständlich angesehen ... weil Männer ihr Leben lang sportlich gefördert werden und weil man ihnen eingetrichtert hat, sie seien das stärkere Geschlecht«, erklärt Nelson, und weiter: »Vergleicht man einen durchtrainierten Mann mit einer durchtrainierten Frau, so schrumpft der Vorsprung, den Männer aufgrund ihrer Kraft haben.«

Pat Harris, 42 Jahre alt, durfte während ihrer Schulzeit an der Oxon Hill High School in Maryland Ende der sechziger Jahre kein Basketball spielen, weil sie ein Mädchen war. Heute trainiert sie die Uniauswahl im Herrenbasketball — als erste Frau ihres Bundesstaates. Pat Harris, die sechzehn Jahre lang Mädchenmannschaften trainierte, sagt, daß sie sämtliche vorgefaßten Meinungen über Bord werfen mußte.

Sie räumt ein: »Ich dachte, Jungen würden schneller lernen als Mädchen, doch dem war nicht so. Ich dachte, Jungen würden eine größere Geschicklichkeit entwickeln, doch auch das war nicht der Fall. Schließlich dachte ich, Jungen wären die besseren Abwehrspieler, aber dann mußte ich mit ganz normaler Manndeckung anfangen. Die Mädchen, die ich vorher trainiert hatte, beherrschten viel kompliziertere Abwehrmanöver.«

Weibliche Vorteile

Bei einer wachsenden Anzahl von Wettkämpfen, vor allem solchen, die ein Höchstmaß an Ausdauer verlangen, wie Langstreckenschwimmen, Hundeschlittenrennen und Supermarathon, treten Männer und Frauen als gleichwertige Konkurrenten gegeneinander an — und siehe da, die Frauen gewinnen.

Es geht gar nicht darum, Triumphe über Männer zu feiern (so viele sind es auch wieder nicht, daß die Frauen es sich leisten könnten, arrogant zu werden). Nebenbei bemerkt zeugt es auch nicht gerade von Sportsgeist, andere nach einer Niederlage herabzusetzen. Aber sollte man es den Frauen nach Jahrtausenden männlicher Dominanz nicht einfach einmal gönnen, ihre mit Mut, Ausdauer und harter Arbeit erkämpften Siege gebührend zu feiern?

Der Abstand verringert sich

Bei Langstreckenwettkämpfen wie Supermarathon, Triathlon und Radrennen sind Frauen dabei, den Abstand zwischen Topathleten und -athletinnen zu verringern:

- Im 1989er Radrennen »Race Across America« fuhr Susan Notorangelo als erste Frau durchs Ziel und erreichte mit ihrer Zeit von

9 Tagen, 9 Stunden und 9 Minuten Platz sieben in der Gesamtwertung. Mit dieser Zeit hätte sie beim 1987er Rennen den **ersten Platz** in der Gesamtwertung errungen.

- Beim 1988er »Ironman«-Triathlon auf Hawaii, einer mörderischen Mischung aus Schwimmen, Radfahren und Laufen, errang Paula Newby-Fraser den ersten Platz bei den Frauen und wurde Elfte in der Gesamtwertung. Mit ihrer Zeit von 9:01:01 hätte sie **alle Männer** bei sämtlichen Ironman-Triathlons vor 1984 **hinter sich gelassen.**
- Erin Baker ging 1989 beim Triathlon im Jahr 1988 als elfte Teilnehmerin durchs Ziel. Ihre Zeit lag nur knapp **eine Minute** unter der des männlichen Vorjahressiegers.

Wenn der gegenwärtige Trend anhält, werden Frauen zukünftig bei Wettkämpfen wie dem Triathlon die Langstreckenrekorde halten.

»Die Bedeutung und die Konsequenzen ... dieser herausragenden Leistungen faszinieren viele Männer, und nicht wenigen flößen sie insgeheim Angst ein«, schreibt C. J. Olivares Jr., Herausgeber der Zeitschrift *Triathlet.* »Sollte es eines Tages etwa möglich sein, daß Männer und Frauen in einer neuen, offenen Liga gegeneinander antreten?«

Sogar auf den Kurzstrecken, bei denen Männer aufgrund ihres Kraftvorsprungs immer noch im Vorteil sind, wird der Abstand kleiner. Florence Griffith-Joyners Weltrekord über 100 m im Jahr 1988 lag mit 10,49 Sekunden nur etwa **eine halbe Sekunde** unter dem 1991er Rekord von Carl Lewis, der 9,86 Sekunden lief.

Zwei Wissenschaftler von der University of California in Los Angeles, Dr. Brian Whipp und Dr. Susan Ward, haben Daten analysiert, die siebzig Jahre lang im Männer- und Frauensport zusammengetragen worden waren. Ihre Prognose lautet: Im Jahr 1998 werden Frauen den Marathon gleich schnell oder sogar schneller laufen als Männer, und auf Kurzstrecken wie dem 200-m-Lauf werden sie bis zur Mitte des 21. Jahrhunderts mit den Männern gleichziehen. Die Ergebnisse der Studie wurden in der britischen Zeitschrift *Nature* veröffentlicht.

Grundlage für diese Zukunftsprognosen der Wissenschaftler bilden Statistiken wie diese: Die Zeiten im Frauenmarathon haben sich seit 1955 um 61 Prozent verbessert, verglichen mit 18 Prozent bei den Männern.

Auch die Männer sind schneller geworden und werden sich auch weiterhin steigern. Aber: »Die Leistungen der Frauen haben sich **zwei- bis dreimal so schnell** verbessert wie die der Männer«, schreibt Natalie Angier in einem Artikel über diese Prognosen in der *New York Times,* »und zwar in einem kerzengeraden, linear verlaufenden Anstieg.«
Sportler, Trainer und Physiologen, die solch gewagte Prognosen anzweifeln (oder auch bestätigen), gibt es natürlich immer. Und zumindest ein Marathonveranstalter scheint angesichts der bevorstehenden Entwicklung ziemlich aus der Fassung geraten zu sein. Fred Lebow heißt der Mann, und er ist Präsident des New York Roadrunner's Club. Er sagt: »Die Frauen werden die Männer niemals überholen. Im Leben nicht. Nie und nimmer.«
Mach dir nichts draus, Fred.
Wissenschaftler Whipp werden solche Reaktionen kaum überraschen: »Wenn die Prognosen sich aufgrund des Datenmaterials nicht geradezu aufgedrängt hätten, hätte auch ich sie für unglaubhaft und haarsträubend gehalten.«

Der Durchbruch

Während die Sportwelt dieses Thema noch heiß debattiert, laufen die Frauen sich warm und gewinnen Wettkämpfe. Frauen werden Gesamtsiegerinnen im Marathon, im 50- und 100-Meilen-Lauf und im 24-Stunden-Lauf.
Beim New Yorker 24-Stunden-Lauf Sri Chimnoy TAC/USA im Jahr 1989 trug Ann Trason aus Oakland den Sieg über ihre weiblichen und männlichen Mitstreiter in der 143-Meilen-Distanz davon, sie stellte einen Weltrekord über 100 Meilen auf und war die erste Frau, die einen gemischten nationalen Wettkampf gewann. Platz vier des Rennens wurde ebenfalls von einer Frau belegt, von Sue Ellen Trap aus Florida.
Beim 100-Meilen-Ausdauerlauf der Weststaaten, bei dem Flüsse überquert und Steigungen von mehr als 5 000 Metern und Gefälle von mehr als 7 000 Metern überwunden werden mußten, war sie 1991 die Erstplazierte bei den Frauen (zum dritten Mal in Folge) und belegte in der Gesamtwertung Platz neun. Die Zeitschrift *City Sports* schrieb damals: »Auf den ersten vierzig Kilometern lag

noch Schnee, mit 4 bis 6 Meter breiten Verwehungen. Dann stiegen die Temperaturen bis auf 45° C ... man traf auf Bären, Pumas und Koyoten.«

Schwimmen

Bei Langstreckenwettbewerben im Schwimmen sind Frauen den Männern bereits überlegen. Die Kalifornierin Penny Dean hält den Ärmelkanalrekord schon seit 1978. Diana Nyad schwamm 1975 die 45 Kilometer um Manhattan Island in Rekordzeit und löste damit Byron Somers ab, der die bis dahin gültige Bestzeit *etwa fünfzig Jahre zuvor* erschwommen hatte. Shelley Taylor-Smith gewann das Schwimmen um Manhattan in den Jahren 1987, 1988 und 1989. Den Gesamtsieg beim Schwimmen in der Beringstraße und der Magellanstraße hält die Kalifornierin Lynne Cox, die 1973 einen Weltrekord im Kanalschwimmen aufstellte.
Mit ihrer Rekordzeit über 400 m Freistil aus dem Jahr 1988 schlug Janet Evans den 1968er Weltrekord von Mark Spitz um mehr als zwei Sekunden.
»Wer weiß, wie die Olympischen Spiele von 1988 ausgegangen wären, wenn die dreifache Goldmedaillengewinnerin Janet Evans ihre beste Disziplin, die 1 500 m Freistil, hätte schwimmen dürfen?« fragt Mariah Nelson. Ihr Coach Bud McAllister meint dazu: »Sie hätte alle um 25 Sekunden geschlagen.« Aber es war eben keine olympische Disziplin für Frauen.

Das Iditarod-Rennen

»Mein Ziel war nie, erste oder beste Frau zu werden«, sagt die Gewinnerin von Iditarod, Susan Butcher. »Es mußte schon der Titel ›bester Hundeschlittenfahrer‹ überhaupt sein.«
Viermal gewann Susan Butcher das mörderische 1 850 Kilometer lange Alaskarennen, das von Anchorage nach Nome führt, und hielt bis 1992 den Streckenrekord. Sie lebt in Eureka (14 Einwohner), 160 Kilometer südlich des nördlichen Polarkreises, und ist die einzige, die ausschließlich mit Hunden ins Rennen geht, die sie selbst großgezogen und ausgebildet hat. Die Zeitschrift *Outdoor Life* schrieb in einem ausführlichen Bericht über Susan Butcher: »Die anderen

Schlittenfahrer sind immer überrascht über die Sanftheit, mit der Susan Butcher ihre Hunde behandelt, und sie rätseln darüber, wieso die Hunde für sie ihr Letztes geben.«

Doch das ist eigentlich nicht verwunderlich, denn Butcher kümmert sich um die Hunde vom Moment ihrer Geburt an, trainiert sie und spielt mit ihnen. »Die Hunde sollen begreifen, daß ich alles für sie tue«, sagt sie. »Sie vertrauen mir und wissen, daß ich ihnen nie etwas abverlangen würde, was sie nicht leisten könnten.«

Susan Butcher war nicht die erste Frau, die das Iditarod-Rennen gewann. Diese Ehre gebührt Libby Riddles, die 1985 Siegerin wurde. Es war dasselbe Jahr, in dem Butcher einer trächtigen Elchkuh auf der Strecke begegnete. Sie tötete zwei Hunde, verletzte dreizehn weitere und griff auch Butcher an, die sie zwanzig Minuten lang mit einer Axt in Schach hielt, bis endlich einer ihrer Mitstreiter auftauchte und das Tier mit einem Schuß erlegte. Butcher, die seit 1978 bei jedem Rennen dabei war, schied bei diesem natürlich aus.

1991 gingen Butcher und ihr Rivale Rick Swenson mit je vier Siegen ins Rennen. Butcher führte mit einer Stunde Vorsprung, als 120 Kilometer vor dem Ziel ein schwerer Schneesturm aufkam. Während sie sich dafür entschied, Schutz zu suchen, fuhr Swenson weiter und siegte.

Swenson, der Susan Butchers Leistungen aus Neid gerne herunterspielt, sagte dazu: »Mit vier Siegen auf dem Buckel fängt sie jetzt vielleicht an, etwas zu verweichlichen.« Als die Zeitschrift *Sports Illustrated* 1991 einen Artikel über Frau Butcher schreiben wollte, verweigerte Swenson jeglichen Kommentar: »Jedesmal, wenn ich ein Interview zum Thema Butcher gebe, stehe ich am Ende da wie ein Trottel.«

Segeln

Als erste Frau in der Geschichte stellte Florence Arthaud im Jahr 1990 einen neuen Weltrekord bei der Transatlantiküberquerung auf. Ebenfalls als erste Frau gewann sie den Route de Rhume, einen Wettbewerb im Einzelsegeln, der von St. Malo in Frankreich nach Pointe-a-Pitre auf Guadeloupe führt.

Ihre Chance, die männlichen Konkurrenten abzuhängen, kam, als das anstrengende Rennen sich hinzog — ein Zeitpunkt, zu dem auch Läuferinnen oft den entscheidenden Vorsprung sichern können. Doch gerade, als sie dicht davor war, die Führung zu übernehmen, brach der Funkkontakt ab, der Autopilot gab seinen Geist auf, und zu allem Überfluß fing sie plötzlich noch an zu bluten. Trotzdem fuhr sie weiter, übernahm die Führung und verbesserte den alten Rekord um acht Stunden. Bleibt noch hinzuzufügen, daß sie die ganze Zeit über wegen eines Bandscheibenvorfalls einen Stützkragen getragen hatte.

»Ich glaube, daß Frauen in mir ihren Freiheitsdrang verwirklicht sehen«, sagte Florence Arthaud. »Auf dem Meer bin ich völlig unabhängig . . . Ich habe meinen Traum verwirklicht . . . Es gibt nicht viele Menschen, die das von sich behaupten können.«

Isabelle Autissier ist die erste Frau, die alleine um die Welt segelte. Beim BOC Challenge kam sie auf den sechsten Platz. Ihre Zeit: 139 Tage, 4 Stunden, 48 Minuten. Sie sagt: »Je größer das Boot und je länger das Rennen, um so leichter ist es für eine Frau, denn um so mehr Köpfchen braucht man.«

Ebenso hat die Deutsche Gudrun Calligaro, von Beruf ist sie Chefsekretärin, bewiesen, daß eine Weltumsegelung auch Frauensache sein kann.

Sportschießen

Sportschießen ist der einzige vom US-amerikanischen College-Sportverband NCAA zugelassene Sport, in dem Männer und Frauen direkt gegeneinander antreten können. Im Jahr 1989 gewannen Frauen erstmals den NCAA-Wettbewerb im Kleinkaliber- und Luftgewehrschießen. 1990 wurden fünf der ersten acht Plätze im Luftgewehrschießen von Frauen belegt.

Billard

Bei den Billardweltmeisterschaften in Birmingham, England, traten 1991 erstmals Frauen und Männer gemeinsam im gemischten Doppel an. »Es braucht seine Zeit«, so der ehemalige Billardweltmeister Steve Davis, »aber eines Tages wird eine Frau Weltmeisterin sein.«

Schulsport

Es ist beeindruckend, wie Frauen beim Laufen, Schwimmen und im Triathlon gegen Männer antreten. Was aber wäre, wenn Frauen schon von klein auf die Gelegenheit hätten, Sport zu treiben? Die nächste Generation von Frauen wird es wissen.

Angaben der National Federation of State High School Associations zufolge waren vor der Verabschiedung von Title IX im Jahr 1972 nur 7 Prozent der Mädchen in einer Schulmannschaft. 1991 war ihre Zahl auf 36 Prozent gestiegen. Heute spielen annähernd zwei Millionen Mädchen in Schulmannschaften, das bedeutet eine Zunahme um 500 Prozent seit 1971. Die Anzahl sporttreibender Jungen blieb dagegen seit 1980 gleich und beträgt etwa 3,4 Millionen.

Annähernd 400 000 High-School-Schülerinnen spielen Basketball, die bei weitem beliebteste Sportart. Leichtathletik und Volleyball folgen auf Platz zwei mit jeweils mehr als 300 000. Über 200 000 Mädchen spielen Softball, eine Baseballart mit weicherem und größerem Ball. Für Tennis, Fußball und Geländelauf haben sich mehr als 100 000 Mädchen entschieden.

Anita de Frantz, Präsidentin der Amerikanischen Amateursportvereinigung NCAA und Mitglied des Internationalen Olympischen Komitees, wandte sich in einer Rede an die männliche Zuhörerschaft und sagte: »Für jeden von Ihnen gab es im Sport schon Momente, in denen einfach alles gelang, in denen Sie perfekt gefangen oder perfekt zugespielt haben. Jetzt müssen wir dafür sorgen, daß auch jedes Mädchen und jede Frau solche Augenblicke erleben können. Darauf hat einfach jeder Mensch ein Recht.«

Little League

1974 wurde die Little League, die amerikanische Jugendliga im Baseball, gezwungen, ihre Tore auch für Mädchen zu öffnen. Aber was geschah? Man gründete eine Softballiga, die Mädchen vom Baseball fernhalten sollte. Nancy Winnard, eines der ersten Mädchen, das in der Little League spielen durfte, mußte 1975 aus einem Spiel ausscheiden, weil sie nicht den vorgeschriebenen Unterleibsschutz trug. Es ist kaum zu glauben, aber die Little League kann nur Zahlen darüber vorlegen, wie viele Mädchen sich für

Softball entschieden haben, nicht darüber, wie viele heute Baseball spielen.

College-Sport

Noch im Jahr 1972 war der College-Sportverband NCAA (der gegen die Verabschiedung von Title IX gekämpft hatte) eine reine Männerorganisation. Heute sind ein Drittel der organisierten College-Sportler Frauen, und auch an der Spitze des NCAA steht eine Frau:

- 1962 spielten 16 000 Frauen in College-Mannschaften. 1991 war diese Zahl auf stattliche 158 000 angewachsen.
- Die beliebtesten Sportarten bei den College-Schülerinnen sind Basketball, Volleyball, Tennis und Geländelauf.

Und nun kommen wir zu den Top ten des Frauensports am College. Die Zahlen geben an, wieviel Prozent der Colleges die jeweilige Sportart für Frauen anbieten:

1. Basketball	96,2
2. Volleyball	90,6
3. Tennis	88,8
4. Geländelauf	82,1
5. Softball	70,9
6. Laufwettbewerbe	68,6
7. Schwimmen/Tauchen	53,6
8. Fußball	41,3
9. Rasenhockey	29,4
10. Golf	25,8

Vor der Verabschiedung von Title IX flossen nur 2 Prozent des Sportbudgets in Frauenprogramme. Heute sind es etwa 30 Prozent. Vor 1972 gab es praktisch keine Sportstipendien für Frauen. Schätzungsweise 10 000 Frauen erhielten im Herbst 1991 aufgrund von Sportstipendien Zugang zum College.
Die Sportlerinnen haben meist eine sehr gesunde Einstellung zum Sport; sie sehen ihn als *Teil* einer ganzheitlichen College-Erfahrung,

die auch den akademischen Erfolg einschließt. College-Trainer sagen, daß 90 bis 95 Prozent der Sportlerinnen die Abschlußprüfung bestehen, im Gegensatz zu etwa 50 Prozent eines normalen Anfängerjahrgangs. Eine von *USA Today* durchgeführte Untersuchung von 257 Basketballprogrammen der 1. Liga ergab, daß 60 Prozent der weiblichen Spieler die Abschlußprüfung bestehen und damit um einiges besser abschneiden als ihre männlichen Studienkollegen insgesamt (48 Prozent) oder die männlichen Spieler (46 Prozent).
Sara Lee war das erste US-amerikanische Unternehmen, das dem NCAA im Jahr 1990 eine größere Summe (6 Millionen Dollar) spendete, die ausschließlich zur Förderung von College-Sportlerinnen bestimmt war. (Kein unüberlegter Schachzug übrigens, denn 75 Prozent der Sara-Lee-Produkte werden ausschließlich von Frauen gekauft.)
Das College-Basketball der Frauen verzeichnete einen Publikumszuwachs von einer Million und stieg von drei Millionen im Jahr 1985 auf vier Millionen im Jahr 1990. Seit 1991 überträgt der amerikanische Fernsehsender CBS den Big 10-SEC Challenge, das wichtigste Frauenturnier. Mimi Griffin, Sportjournalistin bei CBS und Inhaberin einer Marketingagentur, findet, daß Frauenbasketball häufiger auf dem Fernsehschirm zu sehen sein sollte.
»Es ist kein Geheimnis, daß Geld die Fernsehprogramme bestimmt«, sagt sie und berichtet, daß weibliche Basketballzuschauerinnen über ein Durchschnittseinkommen von 30 000 US-Dollar verfügen und einen hohen Bildungsstand haben. »Ich glaube nicht, daß die Leute im Sender, die für die Übertragungsrechte der College-Basketballspiele zuständig sind, etwas von Zuschauerstrukturen verstehen.«

Olympia den Profis

Dem US-amerikanischen olympischen Team von 1988 gehörten annähernd 2 500 Frauen an, also etwa 25,8 Prozent des gesamten Aufgebots; 1984 waren es noch 22,8 Prozent gewesen.
55 der 161 US-amerikanischen Sportler, die bei den Winterspielen von 1992 an Medaillenwettkämpfen teilnahmen, waren Frauen, das sind rund 34 Prozent. Wie schon erwähnt, gewannen Frauen alle fünf

Goldmedaillen der USA und neun der elf Medaillen, die das US-amerikanische Team insgesamt holte.
Bei den Olympischen Sommerspielen von 1992 gab es zwar wieder einige neue Frauenwettbewerbe – wie Gehen, Judo, Windsurfen und Wildwasserslalom mit Kanu und Kajak. Dennoch hieß es bei einem Drittel aller olympischen Wettkämpfe immer noch »nur für Männer«. Beim modernen Fünfkampf, Gewichtheben, Wasserball, Eishockey, Ringen und Fußball gab es zwar Weltmeisterschaften für Frauen, als olympische Disziplinen sind sie jedoch für Frauen tabu.
Synchronschwimmen und rhythmische Gymnastik sind die einzigen reinen Frauenwettbewerbe. Laut Anita de Frantz, Mitglied des Olympischen Komitees von 1992 und Gewinnerin einer olympischen Medaille im Jahr 1976, stehen ausgerechnet diese Disziplinen immer an erster Stelle, wenn es im männerdominierten IOC ums Streichen geht. Anita de Frantz: »Ich behaupte, das liegt daran, daß es die Sportarten sind, von denen sie am wenigsten verstehen oder bei denen sie wahrscheinlich am schlechtesten abschneiden würden.«
Anita de Frantz wird als »die mächtigste Frau – ja die mächtigste Person überhaupt – im Amateursport der USA« bezeichnet. Sie ist die erste Amerikanerin und die erste amerikanische Schwarze im IOC.

Sport in den Medien

Anita de Frantz' Amateursportstiftung AAC verdankt ihre Gründung einem Überschuß von 93 Millionen US-Dollar, der nach den Olympischen Spielen von 1984 zu verzeichnen war. 1991 und 1992 veröffentlichte der AAC unter ihrer Leitung zwei Berichte, die sich mit dem Frauensport und der Medienberichterstattung beschäftigten: *Gender Stereotyping in Televised Sports* und *Coverage of Women's Sports in Four Daily Newspapers (USA Today, Boston Globe, Orange County Register* und *Dallas Morning News)*. Heraus kam folgendes:

- Dem Männersport wurden 92 Prozent, dem Frauensport 5 Prozent der Sendezeit gewidmet. Geschlechtsneutrale Themen bekamen 3 Prozent der Zeit.

- In Zeitungsartikeln betrug das Verhältnis der Berichterstattung über Männersport und Frauensport 23 zu 1.
- In 52,7 Prozent der Fälle nannten Fernsehkommentatoren die Tennisspielerinnen beim Vornamen, während sie sich bei den männlichen Spielern nur in 7,8 Prozent der Fälle dazu hinreißen ließen.
- Sportlerinnen wurden im Fernsehen häufig als »Mädchen« bezeichnet, während die Sportler in keinem einzigen Fall als »Junge« tituliert wurden.
- Auf 92,3 Prozent der Sportfotos waren Männer zu sehen.

Von den Zeitungen brachte dem Bericht zufolge *USA Today* die mit Abstand meisten Berichte und Fotos aus dem Frauensport.
Eine spezielle Untersuchung darüber, wie häufig der Frauensport im Vergleich zum Männersport in den deutschen Medien berücksichtigt wird, gibt es nicht. Allerdings hat sich das Frauenreferat des Deutschen Sportbundes mit dieser Frage auseinandergesetzt: Hier schätzt man, daß von der Berichterstattung im Fernsehen 7 Prozent auf die Sportlerinnen entfallen. Die Printmedien widmen den Frauen mit 15 Prozent ihrer Sportberichte wesentlich höhere Aufmerksamkeit. Es gibt heutzutage bedeutend mehr Frauen, die Sportprogramme im Fernsehen machen oder Sportartikel schreiben: Immerhin sind rund 6 Prozent aller deutschen Sportjournalisten weiblich. Werden sie auf eine umfassendere Berichterstattung im Frauensport drängen, oder geben sie sich mit dem Status quo zufrieden?

Der Golfboom

G. K. Chesterton bezeichnete Golfspielen als »teure Art des Murmelspiels«. Mark Twain fand, es sei eine Möglichkeit, »sich einen schönen Spaziergang zu verderben«. Trotzdem gehört Golf in den USA zu den Sportarten mit den höchsten Wachstumsraten. Alleine zwischen 1986 und 1990 gab es acht Millionen neue Golfer. Vor allem Frauen werden von der neuen Lust am Golfen gepackt:

- Der National Golf Foundation zufolge ist die Hälfte der Golfanfänger weiblichen Geschlechts; 1990 betrug ihr Anteil 43 Prozent.

Seit 1986 waren mindestens 40 Prozent der neuen Golfer Frauen.

- Allein zwischen 1989 und 1990 kamen 1,2 Millionen Amerikanerinnen zum Golfsport.
- Fast ein Viertel der 28 Millionen Golfspieler in den USA sind Frauen.
- Die Anzahl der Golfspielerinnen in den USA erhöhte sich von 4,5 Millionen im Jahr 1986 auf 6,5 Millionen im Jahr 1990.

Aber — wie schon erwähnt — mehr als die Hälfte des Zuwachses ist erst seit 1989 zu verzeichnen.
Das bedeutet, daß es — falls der gegenwärtige Trend anhält — im Jahr 1993 bereits acht Millionen Golfspielerinnen geben wird.
In Deutschland herrscht ebenfalls ein Golfboom unter dem weiblichen Geschlecht: Die Golfclubs verzeichneten in ihren Mitgliedszahlen bei den Mädchen von 1990 bis 1991 eine Steigerung um 15,2 Prozent — bei den Jungen waren es lediglich 12,78 Prozent mehr. Auch bei den Erwachsenen drängten im gleichen Zeitraum die Frauen mit einer Zunahme von 15,35 Prozent geringfügig stärker zum organisierten Golfsport als die Männer (15 Prozent).
Etwa 10 Prozent der Frauen geben an, sich bei männlichen Golfern manchmal unwillkommen zu fühlen. Falls dem so ist, kann man den Männern nur raten, sich auf die neuen Gegebenheiten einzustellen. Alles deutet nämlich darauf hin, daß die Frauen auf den Golfplatz gekommen sind, um zu bleiben.
Wer sind nun die Frauen, die heute Golf spielen?
Ältere Frauen, Hausfrauen, Teenager — sie alle gehören zu den Golfanfängern. Die Zahl der Golfspielerinnen zwischen zwanzig und dreißig Jahren erhöhte sich zwischen 1986 und 1990 um 50 Prozent. Das Durchschnittsalter der Golfspielerin liegt jedoch bei 43 Jahren; 72 Prozent der Golferinnen haben ein College besucht oder einen akademischen Titel erworben.
John Jacob ist mit seinen Practical Golf Schools mit Sitz in Arizona größter Anbieter von Golfkursen im Land. Allein 1991 verzeichneten seine Schulen 100 000 Schüler. Der Anteil weiblicher Kursteilnehmer schnellte von 5 Prozent im Jahr 1984 auf 40 Prozent im Jahr 1991 hoch.
Was Golfspielen unter anderem so beliebt macht, ist die Tatsache, daß es auch dann Spaß macht, wenn man die Zwanzig schon weit

überschritten hat. Golf kommt auch für Spieler in Frage, deren Knie und Gelenke durch Skifahren und Laufen schon lädiert sind. »Die heute Dreißig- bis Fünfzigjährigen haben sich bei Tennis und Rakketball verausgabt und ihre Marathonläufe schon hinter sich gebracht; jetzt machen sich die ersten Verschleißerscheinungen bemerkbar«, sagt Shelby Futch, Direktor und Mitbegründer der John-Jacob-Golfschulen.

Geschäft oder Vergnügen?

Nur etwa 6 Prozent der weiblichen Golfer haben aus geschäftlichen Gründen mit dem Golfspiel angefangen; ihr Anteil ist bei den jungen Frauen am größten. So verdoppelt sich bei Frauen um die Dreißig die Wahrscheinlichkeit, daß sie Golf aus geschäftlichen Gründen spielen.

Beverly Robsham, Präsidentin eines Bostoner Outplacement-Unternehmens (dessen Aufgabe es ist, gefeuerte Führungskräfte an neue Arbeitgeber zu vermitteln), fing mit dem Golfspielen an, nachdem die Einladungen ihrer Kunden über die Jahre hinweg immer spärlicher geworden waren. Die 52jährige ist mittlerweile »verrückt nach diesem Spiel«. Im Büro hat sie sich eine Art Miniaturgolfplatz nur zum Putten eingerichtet. Durch den Golfsport, so sagt sie, öffneten sich ihr die Türen zu drei Unternehmen, mit denen sie geschäftliche Kontakte knüpfen konnte.

Janet Thompson, Marketingleiterin bei Mazda Motor, USA, sagt: »Nicht die Geschäfte, die man auf dem Golfplatz abschließt, sind das Entscheidende, sondern die Beziehungen, die man aufbaut ... und die später zu Freundschaften werden.«

Manche Frauen sehen im Golfsport eine gute Chance, um Geschäftskontakte mit älteren Geschäftsleuten aufzubauen. Ann Dean von der Bostoner Shawmut Bank glaubt, daß Golf »wirklich sehr hilfreich ist bei der Überwindung von Barrieren, vor allem im Hinblick auf ältere, männliche Kunden ... Es ist ein Spiel, das verbindet und gleichzeitig die Gelegenheit bietet, geschäftliche Dinge zu besprechen.«

Beim derzeitigen Boom im Frauengolf werden Geschäftsabschlüsse auf dem Golfplatz in Zukunft wohl zunehmend von Frau zu Frau getätigt werden.

In Bethesda, Maryland, wurde im Mai 1991 die erste Golfveranstaltung für weibliche Führungskräfte abgehalten. Ausgerichtet wurde das Ereignis, an dem 150 Frauen teilnahmen, von Mazda, mit dem Ziel, die spielerischen Fähigkeiten der Frauen zu verbessern. Für 1992 plant Mazda weitere sechs oder sieben dieser Veranstaltungen in verschiedenen Städten.

»Ich möchte das Golfspiel für geschäftliche Zwecke nutzen«, sagt Cathleen Black, Chefin des Verbands amerikanischer Zeitungsverleger. »Vier Stunden auf dem Golfplatz können in geschäftlicher Hinsicht sehr produktiv sein.«

Mary Lou Bohn, Leiterin der Abteilung Kommunikation bei Titleist and Foot-Joy Wordlwide in New Bedford, Massachusetts: »Die meisten meiner Freunde fangen jetzt an, Golf zu spielen. Sie haben herausgefunden, daß ... eine Menge verschiedener Leute auf dem Platz stehen.«

»Ich trainiere jeden Tag und spiele jedes Wochenende«, sagt Joanne Beyer, Maklerin aus Bellevue, Washington, die aus geschäftlichen Gründen mit dem Golfspielen anfing und dann nicht mehr davon loskam. »Golf ist ein phantastisches Hobby und hat mir geschäftlich sehr geholfen ... bei jeder sich bietenden Gelegenheit reiche ich meine Visitenkarten herum.«

»Golf betreibe ich hauptsächlich zu meinem ganz persönlichen Vergnügen«, berichtet die golfbegeisterte Wiesbadener Trainerin Marlen Theiß und ergänzt, »ergibt sich auf dem Green ein beruflicher Kontakt, freue ich mich natürlich darüber.« Marlen Theiß bietet übrigens speziell für Frauen ein »Brain-and-Body-Seminar« an: eine Intensivkombination aus Rhetorik und Golf. Wenn das kein Beweis dafür ist, daß in Deutschland zunehmend mehr Busineß-Frauen gerne Golf und Geschäft verknüpfen!

Das größte Problem besteht für die Frauen darin, die nötige Zeit und Geduld zum Lernen zu finden. »Man muß schon zwei Jahre dafür investieren«, sagt Jane Blalock, Exstar der LPGA-Turniere. Profigolferin Julie Ann Cole: »Das Einlochen macht 43 Prozent des Spielergebnisses aus. Hundert Meter vor dem Loch müssen Frauen einfach besser sein als Männer, weil sie den Ball nicht so weit schlagen können.«

Frauen, die schon einmal von männlichen Golfern aufgezogen worden sind, sollten sich Juli Inkster aus Los Altos, Kalifornien, zum

Vorbild nehmen. 1990 schlug sie 85 männliche Profigolfer und gewann damit als erste Frau das Spalding-Invitational-Profigolfturnier in Pebble Beach, das einzige Profiturnier übrigens, bei dem Männer und Frauen gegeneinander antreten können.

Die Trainerszene

Seit der Verabschiedung von Title IX, dem Gesetz über die Gleichberechtigung von Schülern und Schülerinnen im Sport, sind die Chancen der Sportlerinnen zwar gewachsen, jedoch haben weibliche Trainer an Boden verloren. Im Jahr 1972 wurden 90 Prozent der Frauenmannschaften von Frauen trainiert und betreut. Bis 1991 sank ihr Anteil an den 5 718 Trainern von Frauenmannschaften der NCAA-Schulen auf unter 50 Prozent und in den College-Sportverwaltungen sogar auf 15,9 Prozent. Natürlich ist gleichzeitig die Anzahl der Frauenmannschaften seit 1972 dramatisch gestiegen. Trotzdem sind viele Frauen verärgert darüber, daß mit zunehmendem Prestige und der steigenden kommerziellen Bedeutung des Frauensports mehr und mehr Männer die Trainerjobs bekommen. Liegt es vielleicht daran, daß Männer erfahrener sind? Die Antwort muß nein heißen, glaubt man einer Studie von Cynthia Hasbrook, University of Wisconsin in Milwaukee, aus dem Jahr 1990. Ihrzufolge stehen Frauen nämlich den Männern in nichts nach, was ihre Qualifikation, ihre Erfahrung und ihre Trainingsarbeit betrifft.

Es gibt aber noch einen weiteren Aspekt: Viele Sportlerinnen *wollten* bisher einfach lieber von Männern trainiert werden. Die Sportpsychologin der University of Minnesota, Mary Jo Kane, hat festgestellt, daß Topathletinnen Männer für die besseren Trainer halten.

Linda Delano, Leiterin der Abteilung Frauensport an der Hamline University in St. Paul, sagt, daß »Frauen so daran gewöhnt sind, einen Mann als Trainer vor sich zu sehen, daß sie gar nichts anderes mehr erwarten«. Und Cynthia Hasbrook von der University of Wisconsin meint, daß »Sport auch weiterhin eher mit Männern als mit Frauen assoziiert werden wird«, sollten Frauen zukünftig nicht stärker als Trainerinnen in Erscheinung treten.

»Frauen sollen einfach den bestmöglichen Trainer bekommen, egal ob Mann oder Frau«, sagt Ann Koger, Trainingsleiterin der Tennis- und Volleyballabteilungen am Haverford College in Pennsylvania.

Und auch Tara VanDerveer, Cheftrainerin der Frauenbasketballmannschaft an der Stanford University, die schon zu nationalen Ehren kam, meint: »Geschlecht, Rasse oder Alter sollten für die Trainerqualitäten nicht ausschlaggebend sein. Wichtig ist allein die Qualifikation.«

Aber es gibt trotzdem ein Argument, das dafür spricht, daß Frauen von Frauen trainiert werden.

Ann Koger meint: »Eine qualifizierte Frau ist meiner Meinung nach einem ebenso qualifizierten Mann vorzuziehen. Frauen kümmern sich mehr um andere ... Sie tragen außerdem dazu bei, daß die Frauen sich gegenseitig respektieren und Freude am Training haben.«

»Nach der Verabschiedung von Title IX dachten viele Trainerinnen, sie müßten den männlichen Trainingsstil imitieren, sich also lautstark Gehör verschaffen, nur in den Kategorien Sieg oder Niederlage denken und einen möglichst schroffen Umgangston pflegen. Inzwischen aber erkennen sie, daß sie auch auf ihre Art erfolgreich sein können.«

Frauen trainieren Männer

Die Anzahl von Frauen, die Männer trainieren, ist verschwindend gering. Den Zahlen vom Januar 1992 zufolge werden nur 86 der 847 College-Programme des NCAA von Frauen geleitet. Sieben davon sind in der 1. Liga, 21 in der 2. Liga und 58 in der 3. Liga.

- Bernadette Locke, Assistenztrainerin der Herrenbasketballmannschaft an der University of Kentucky, ist die einzige weibliche Assistenztrainerin einer Männermannschaft von Rang.
- Amy Machin-Ward, ehemalige gesamtamerikanische Meisterin aus North Carolina, war 1992 bei ihrem Eintritt in die Regis University in Denver die erste Frau, die eine männliche Fußballmannschaft trainierte.
- Barbara Hedges, Leiterin der Sportfakultät an der University of

Washington in Seattle, deren Fußballmannschaft in der Saison 1991/92 die Nummer eins der USA war, ist die erste Frau in dieser Position und die einzige Frau, deren Abteilung mit einer Erstligamannschaft des NCAA aufwarten kann. Sie stellt Trainer für Frauen- und Männermannschaften ein.

»Eine Frau war im Weltall. Frauen sind Staatsoberhäupter. Sie machen einfach alles – aber als Trainerinnen sollen sie nichts taugen? Das will mir nicht in den Kopf«, so Tara VanDerveer, Trainerin am Stanford College.
Die Zeitschrift *Glamour* regte an, eine Frau zur Trainerin einer prominenten Herrenbasketballmannschaft zu ernennen, und lieferte die Namen einiger qualifizierter Kandidatinnen gleich mit.
Wenn eine Frau dann eine der großen Herrenmannschaften trainiert, so VanDerveer, wird es wie mit den Schallgrenzen im Laufsport sein: »Sind sie erst einmal durchbrochen, ist es gar keine so große Sache mehr.«

Sportmanagement – Die neue Art, Karriere zu machen

Obwohl Frauen im Trainingsbereich Männern gegenüber an Boden verlieren, sind einige wenige in jüngster Zeit ins Sportmanagement aufgestiegen. Judith Sweet, 44, Sportdirektorin an der University of California in San Diego, wurde 1991 zur ersten weiblichen Vorsitzenden des NCAA gewählt. Jetzt hofft man, daß ihre exponierte Stellung in diesem wichtigen Verband es anderen Frauen erleichtern wird, gute Trainerjobs zu bekommen. »Für mich ist wichtig, daß Frauen und Minderheiten gebührend berücksichtigt werden«, sagt sie.

- Elaine Wellington von den Red Sox ist die erste weibliche stellvertretende Geschäftsführerin eines Baseballteams der Profiliga; sie setzt Spielerverträge auf, wacht über die Einhaltung der Geschäftsabschlüsse und sorgt dafür, daß Spielerverkäufe korrekt abgewickelt werden.
- Susan O'Malley, seit 1991 Vorsitzende des Basketballteams

Washington Bullets, ist eine der hochrangigsten Frauen im Profisport.

- Im Deutschen Sportbund gehören dem insgesamt neunzehnköpfigen Präsidium immerhin zwei Frauen an: Erika Dienstl als Vizepräsidentin und Dr. Inge Berndt, verantwortlich für den Frauensport.

Sportlerinnen, deren Namen man sich merken sollte

Königin der Berge

Die Japanerin Junko Tabei bestieg im Jahr 1975 als erste Frau der Welt den Mount Everest. Sie ist überzeugt, daß sie es nicht geschafft hätte, wenn sie einen männlichen Bergführer gehabt hätte. »Eine Frau steht den Strapazen, die eine andere Frau durchmachen muß, unsentimental gegenüber. Ein Mann dagegen wäre niemals in der Lage, eine Frau bis an ihre Grenzen zu treiben. Aber meine Kameradinnen im Team haben genau das getan.«
Nach der Besteigung des Vinson-Massivs in der Antarktis war sie die erste Frau, die die höchsten Erhebungen in sechs der sieben Erdkontinente bezwang. »Wenn ich sterbe, möchte ich zurückblicken und wissen, daß mein Leben interessant war. Ich möchte eine ganz persönliche Lebensgeschichte hinterlassen.«

Jockeystars

1991 waren etwa 13 Prozent der 2733 registrierten Jockeys in den USA Frauen. Der Star unter ihnen ist Julie Krone, die in ihrer bisherigen Laufbahn mehr als 40 Millionen Dollar verdiente. Bis zum Frühjahr 1992 hatte sie insgesamt 2383 Rennen gewonnen. Nachdem sie 1990 wegen eines gebrochenen Armes aussetzen mußte, hatte sie 1991 wieder eine große Saison.
Paul Moran schrieb in *Newsday:* »Krone reitet mit einem Mut und Elan, der sich auf die Pferde zu übertragen scheint. Die Tiere gehen voll auf ihre Waghalsigkeit, ihre schnellen Entscheidungen und ihren starken, entschlossenen Finishstil ein, ganz gleich in welcher Situation.«

»Sie kann es mit jedem Jockey dieses Landes aufnehmen«, sagt der beste Reiter aller Zeiten, Bill Shoemaker, Krones Idol. Er muß es wohl wissen. 1988 schlug Krone ihn beim Canterbury Downs in Minnesota. Shoemaker, der seit einem Autounfall im Jahr 1991 an Armen und Beinen gelähmt ist, wird nachgesagt, er fahre seinen Rollstuhl, »als reite er auf John Henry, dem Pferd, das zweimal als ›Pferd des Jahres‹ ausgezeichnet wurde«.

Aufschlagspezialistin

Michelle Gilman war 1991 die Nummer eins in der Women's Pro Raquetball Association, der Profiorganisation für Frauenracketball, einer Abart des Squash. Mit ihrem Aufschlag, der 265 Stundenkilometer erreicht, gewann sie 1989 fünf nationale und internationale Racketballtitel. Die 21jährige ist bereits jetzt Anwärterin auf die Racquetball Hall of Fame, in die nur die berühmtesten und besten Spieler der USA aufgenommen werden. Das Mindestalter liegt allerdings bei 35 Jahren, so daß Michelle sich noch vierzehn Jahre gedulden muß!

Abenteuer

Die American Women's Trans-Antarctic Expedition war die erste reine Frauenexpedition durch die Antarktis und die erste Expedition, in der weder motorbetriebene Fahrzeuge noch Hundeschlitten eingesetzt wurden. Die 2 735 Kilometer lange Tour begann im Oktober 1991. Die Frauen bewegten sich auf Skiern fort, zogen rund 90 Kilo schwere Schlitten mit Proviant und kämpften dabei mit Temperaturen bis zu minus 50° C und Windgeschwindigkeiten bis zu 160 km/h. Zusätzlicher Proviant wurde unterwegs deponiert.

Frauen und Abenteuerreisen

Etwa 10 Prozent der Urlaubsreisen fallen in die Kategorie Abenteuerurlaub, für die es in den USA mehr als 5 000 Ausstatter und Veranstalter gibt. Reine Frauenreisen werden dabei immer beliebter; in Deutschland gibt es derartige spezielle Angebote bisher noch nicht.

Patricia Hubbard, Herausgeberin des Magazins *Outdoor Woman,* sagt: »Wenn Frauen an strapaziösen Touren teilnehmen, überlassen sie häufig den Männern die Führung. Bei reinen Frauentouren muß zwangsläufig jede eine Aufgabe übernehmen. Die Teilnehmerinnen bekommen dadurch den Hauch des Abenteuers erst so richtig zu spüren.«
»Wenn man nur mit Frauen unterwegs ist, läßt man sich nicht so leicht einschüchtern«, sagt Sally McCoy, die bei North Face für die Abteilung Ausrüstung zuständig ist. Sie hat bereits Touren für berufstätige Frauen organisiert und berichtet: »Es sind ganz unterschiedliche Teilnehmerinnen dabei, von Rucksacktouristinnen bis hin zu Frauen, die noch nie ein Zelt von innen gesehen haben.«

- Die Reiseagentur »Overseas Adventure Travel« aus Cambridge in Massachusetts bietet »Abenteuerreisen für Frauen quer durch die Kulturen« nach Tibet, Nepal, Bolivien und zu den Massai an.
- »Outdoor Vacations for Women Over 40«, eine Reiseagentur für Frauen über vierzig mit Sitz in Groton, Massachusetts, bietet Segelkurse in Key West, Florida, und Floßfahrten in Costa Rica an.
- »Womentrek« aus Seattle eröffnete im Jahre 1983; das Eröffnungsangebot: die erste Frauenfahrradtour durch China, geleitet von Bonnie Bordas. Heute bietet die Agentur Trips durch mehr als 30 Länder an.

Frauen kehren von den Touren mit dem Gefühl zurück, etwas vollbracht zu haben. »Unser Triumphgeschrei beim Durchfahren reißender Stromschnellen hallte noch nach, als die Zivilisation uns längst wiederhatte«, schreibt Hollis Giammatteo, Dozentin an der Antioch University in Seattle, nach einem Flußtrip mit Womantrek, und weiter: »Wir haben unsere Kräfte gespürt, vereint und erprobt.«
Die Frauensegelschule »Womanship« aus Annapolis, Maryland, die Niederlassungen in Chesapeake Bay, Florida, im Nordwesten und im Nordwestpazifik unterhält, besteht gerade einmal sieben Jahre und wurde im Jahr 1991 schon mit dem Titel »Zweitbeste Segelschule der USA« ausgezeichnet.
»Woodswomen« organisiert seit 1977 Hundeschlitten-, Kanu-, Wander-, Floß-, Ski- und Fahrradtrips für Frauen, und zwar im Mittleren

Westen der USA, in Nepal, Alaska, dem Grand Canyon, den Alpen und Mexiko. Die Teilnehmerinnen, die unterschiedliche Vorkenntnisse mitbringen, sind zwischen zwanzig und über siebzig Jahre alt.
Debbie Sturgess, Mitarbeiterin beim Reiseveranstalter Challenges in Glendale, Arizona, sagt über ihre Agentur: »Wir bieten eine Mischung aus Heilbad und Abenteuer. Abends ist Luxus angesagt, mit vegetarischen Gourmetmenüs im 5-Sterne-Restaurant, tagsüber tobt man sich im Freien aus.« Challenges bietet Fahrrad-, Kajak- und Wandertouren in Arizona und Vulkanbesteigungen auf der Hawaii-Insel Maui an.
»Gesundheitsbewußte Menschen wollen nicht einfach nur herumsitzen«, weiß Pat Halty, deren Agentur für Abenteuerreisen »All Adventure Travel« in Boulder, Colorado, mit 150 Kunden anfing und jetzt, vier Jahre später, mehr als tausend zählt. »Die Dreißig- bis Fünfzigjährigen wollen weder Kreuzfahrten machen und fünf Kilo zunehmen noch den lieben langen Tag faul in der Sonne braten. Auch viele ältere Leute gehen lieber jeden Tag wandern, als von Kathedrale zu Kathedrale gekarrt zu werden.«

Frauenwochen

»Frauen gehen ans Skifahren anders ran als Männer«, erklärt Elissa Slanger, die 1975 zum ersten Mal Skikurse nur für Frauen veranstaltete. »Ihnen sind beim Skifahren andere Werte wichtig, und sie unterscheiden sich von den Männern auch in puncto Kraft und Stil.«
Inzwischen werden in jedem größeren Skiort Kurse von Frauen für Frauen angeboten, die von drei Tagen bis zu einer Woche dauern und in denen positive und konstruktive Kritik geübt wird. In kleinen Gruppen, die nach Vorkenntnissen gestaffelt sind, fahren die Frauen fünf Stunden am Tag Ski; immer neu gesteckte Ziele, Unterrichtseinheiten und Videoaufzeichnungen helfen ihnen beim Lernen.
Janet Spangler, Gründerin der »Women's Ski Experience« in Okemo Mountain in Ludlow, Vermont, sagt, Frauen scheuten das Risiko der Niederlage. Spangler: »Sie warten meist erst, bis sie eine Technik perfekt beherrschen, bevor sie zum nächsten Schwierigkeitsgrad übergehen.« Spangler versucht, die Frauen dazu zu bringen, den

Begriff »Angst« durch »Nervenkitzel« zu ersetzen. Ihrer Meinung nach kann man durchs Skifahren lernen, schwierige Situationen oder solche, vor denen man zurückschreckt, zu meistern, anstatt immer wieder vor den eigenen vermeintlichen Grenzen zu kapitulieren.
Als die 45jährige Bonnie Jones sich für einen Frauenskikurs anmeldete, hatte sie schon zwanzig Jahre lang nicht mehr auf Skiern gestanden. Der Kurs machte ihr Mut, sich auch an steilere Abhänge zu wagen. Sie sagt: »Ich merkte, daß ich noch nicht zu alt dafür war und mit meinen Fähigkeiten ganz zufrieden sein konnte.«
Annie Vareille Savath, Direktorin der Telluride-Skischule in Colorado, sagt: »Unser ursprüngliches Ziel war es, das Interesse der Frauen am Skifahren zu wecken, aber wir haben weit mehr erreicht als das. Die Frauen kommen jedes Jahr wieder, um neue Freundschaften zu schließen und den nächsten Schwierigkeitsgrad in Angriff zu nehmen.«
Die Skischule bietet drei- und fünftägige Frauenkurse an. Ihre Ziele sind: 1. den Spaß am Skifahren zu erhöhen und die Technik zu verbessern, 2. Selbstbewußtsein durch Angstüberwindung zu schaffen, 3. moderne Techniken zu vermitteln, 4. negative Gedanken zu verscheuchen, 5. Körper und Geist zu einer Einheit werden zu lassen und 6. zum Entstehen neuer Freundschaften beizutragen.

Ausrüstung und Werbung

Im Jahr 1991 gaben Frauen in den USA 21,2 Milliarden Dollar für Sportschuhe und -bekleidung aus, Männer dagegen nur 19,8 Milliarden. Die Statistik dürfte all diejenigen überraschen, für die immer noch die Männer die Sportfreaks sind.
Es ist also ein Markt mit riesigem weiblichen Kundenpotential. Leider kommt er mit den Ansprüchen der Konsumentinnen noch nicht ganz zurecht.

- Mit 400 Millionen verkauften Paaren pro Jahr machen Sportschuhe ein Drittel des Schuhumsatzes der USA aus; die Hersteller bieten sie jedoch nur in einer Weite an.
- Patricia Hubbard von der Zeitschrift *Outdoor Woman* fragt, wie »die Hersteller von Anglerbekleidung darauf kommen, daß Frau-

en beim Angeln ausgerechnet Jacken bevorzugen, die mit Blümchenstoff gefüttert sind«.

»Frauen fangen an, sich stark zu fühlen, und sie trauen sich etwas zu«, sagt Sally Edwards, Gründerin der Ladenkette Fleet Feet, die mit Sportschuhen und -bekleidung einen Jahresumsatz von 15 Millionen US-Dollar macht. Frauen wollen Werbung, die diese Botschaft herüberbringt, doch in den meisten Fällen wird dieses Ziel weit verfehlt. »Ein Werbespot, der ein Model im Lycra-Anzug zeigt, wurde wahrscheinlich vom männlichen Teil der Werbeagentur und der Sportartikelfirma ausgesucht«, so Kathy Button, Leiterin der Marketingabteilung von Converse.

Charlotte Moore arbeitete an der enorm erfolgreichen Werbekampagne »Just do it« mit, die von der Agentur Weiden und Kennedy für Nike produziert wurde. Vorher, so sagt sie, »gab es sehr viele Männerteams bei uns, deren Kampagnen bei Männern gut ankamen. Was Frauen anging, waren sie ein Flop.«

Etwa 30 Prozent aller von Nike produzierten Schuhe und Bekleidungsartikel werden von Frauen gekauft, und diesen Marktanteil will Nike jetzt noch erhöhen. In Werbeanzeigen, die sich an Frauen richten, wird Selbstwertgefühl mit Sport verknüpft. Die Marketingverantwortlichen von Nike zeigen sich sehr zuversichtlich, daß diese Kampagnen Frauen ansprechen und den Marktanteil vergrößern helfen; darauf deuten auch die 45 000 positiven Zuschriften hin, die das Unternehmen bislang erhielt.

Zumindest einigen Herstellern scheint inzwischen also ein Licht aufgegangen zu sein, und sie fangen an, den weiblichen Kundenkreis für den Sportartikelmarkt zu entdecken.

Missy Park, die früher für North Face und Fisher Mountain Bike gearbeitet hat, gründete die Firma Title 9 Sports, die über einen Versandkatalog Produkte anbietet, die nur für Frauen bestimmt sind. Sitz ihres Unternehmens, das jeden Artikel an Frauen fünf verschiedener Figurtypen testet, ist Berkeley, Kalifornien. »Von zehn Produkten, die wir uns ansehen, nehmen wir vielleicht eins ins Programm«, sagt sie.

Julie Whiteaker, Produktmanagerin beim Sportbekleidungshersteller InSport, sagt: »Wir glauben, daß im weiblichen Kundenkreis das bessere und langfristigere Marktpotential liegt. Die Statistiken beweisen, daß genau dort die Wachstumsraten zu finden sind.

Wie Frauen den Sport verändern

Sport erhöht das Selbstwertgefühl, das Wohlbefinden und die Kompetenz der Frauen. Doch damit nicht genug. Ebenso wie Frauen den Führungsstil in der Wirtschaft erneuern und die Vorstellung von einem weiblichen Gott in die theologische Diskussion einführen, verändern sie auch den Sport, in den sie Fürsorge, Kooperation und Toleranz einbringen.

Sportlerinnen können sich ohne Schwierigkeiten in Frauen einfühlen, die bei ihren ersten Versuchen in einer Sportart ausgelacht wurden und sich deshalb nie wieder dieser Schmach aussetzen wollten. Alle sollen Spaß am Sport haben, vom ungelenken Anfänger bis hin zur durchtrainierten Athletin.

Trainerinnen verfahren eher nach dem von Frances Hesselbein, dem weiblichen Managementguru, geprägten Satz: »Ich bin dagegen, daß es Stars gibt.« Ihr Ziel ist es, alle Mitglieder einer Mannschaft zu fördern.

Susan Schafer, Unternehmensberaterin aus Colorado, hielt einen Vortrag vor der Women's Basketball Association und stützte ihre Ausführungen auf die alte Maxime: Frauen, benehmt euch wie die Männer. Doch damit kam sie nicht durch. Die Trainerinnen lehnten das Männermodell von vornherein ab und fragten sie, ob sie denn keine anderen Ideen anzubieten habe.

Mariah Nelson beschreibt das weibliche Konzept im Sport wie folgt:

- Das Kriegs- und Feindbilddenken wird abgelehnt.
- Der Gedanke, daß man durch Erniedrigung alles aus einem Sportler herausholen kann, wird ebenfalls zurückgewiesen.
- Gewaltlosigkeit wird unterstützt; Spiele werden unterbrochen, sobald jemand verletzt ist.
- Die Selbstachtung der Spieler wird gefördert; sie werden ermutigt und unterstützt.
- Niemand wird ausgeschlossen; die Regeln werden den Fähigkeiten des einzelnen angepaßt.

Die neue Generation von Sportlerinnen kann vor allem den von Vince Lombardi geprägten Satz »Gewinnen ist nicht alles, es ist das einzige« nicht akzeptieren, wie übrigens auch Lombardi selbst, der seine Aussage noch zu Lebzeiten zurücknahm. »Ich wäre verdammt froh, wenn ich diesen Satz nie gesagt hätte ... Ich habe bestimmt nicht gemeint, die Sportler sollten sich um menschliche Werte und Moral nicht mehr scheren.«

Aus »Gewinnen ist alles« wurde »Dabeisein ist alles«.

Ein gutes Beispiel dafür ist Katie Donovans Trainerschule. Hier wird eine Trainingsphilosophie vermittelt, bei der die Sportler an erster Stelle stehen und danach erst der Sieg. Mehr als 100000 zumeist männliche Trainer haben an den Kursen teilgenommen. Nach anfänglicher Skepsis, so berichtet sie, konnte sie am Schluß doch immer fast alle auf ihre Seite ziehen. Auch Emotionen sind nicht verpönt. Die Männer kommen zu ihr und sagen: »Ich habe alles falsch gemacht. Ich habe meinen Jungs nur geschadet.«

Wie der Sport die Frauen verändert

»Der Fußball hat meine ganze Persönlichkeit verändert«, berichtet Shari La France vom World's Oldest Women Soccer Team aus Minneapolis. Die 30- bis 54jährigen Frauen bekamen Lust zum Fußballspielen, als sie ihre Töchter auf dem Platz sahen. La France: »Seit ich Fußball spiele, habe ich einfach mehr Selbstvertrauen, ich bin selbstsicherer geworden; das überträgt sich auch auf andere Lebensbereiche.«

Als sie mit dem Tennisspielen anfing, war die heute 44jährige Donna Coombs, die inzwischen eine führende Position in der Marketingabteilung des Burbank Hospital in Massachusetts innehat, etwa dreißig Jahre alt und arbeitete als Sekretärin für den stellvertretenden Krankenhausleiter. Sie wurde eine wirklich gute Spielerin. »Ich habe mit Leuten aus der Verwaltung und mit Ärzten gespielt, fast alles nur Männer, und eine stattliche Anzahl von Spielen gewonnen«, sagt sie, »und nach einiger Zeit merkte ich, daß die Leute mich auf einmal mit anderen Augen sahen.« Auf einmal wurde sie beachtet und respektiert.

»Mein Chef traute mir plötzlich viel mehr zu. Er sah, wie entschlossen und kämpferisch ich sein konnte.« Kurze Zeit später empfahl er

sie für ein internes Führungs-/Kommunikationsseminar, das ihr den Weg in die oberen Führungsetagen ebnete. »Durch den Sport habe ich erfahren, daß ich kämpferisch genug bin, um Erfolg zu haben.«
Die Rennfahrerin Lyn St. James sagt, ihr kämpferischer Fahrstil habe sie von einem schüchternen jungen Mädchen zu einer selbstbewußten Geschäftsfrau gemacht. Sie ist die erste Frau, die das internationale Camel-GTO-Rennen gewann, und sie hält 21 Geschwindigkeitsrekorde. Mit ihrem Rundenrekord von knapp 342 Stundenkilometern steht sie an der Spitze des Frauenrennsports.
»342 Stundenkilometer! Ich kann es kaum fassen, daß eine Frau so schnell sein kann«, so der erstaunte Ausruf ihres Interviewpartners Mike Haffner. Lyn St. James gab zurück: »Na ja, wissen Sie, der Wagen wußte nicht, daß ich eine Frau bin.«

Erfolg durch Risiko

Als die Anwältin Sue Cobb im Jahr 1988 eine Einladung der Wyoming Centennial Everest Expedition annahm, war die Mutter zweier Kinder bereits fünfzig Jahre alt und besaß fünf Jahre Klettererfahrung. Sie hatte die Chance, den Gipfel als erste US-amerikanische Frau zu bezwingen. Sie wußte, daß die enormen Strapazen der Tour das krasse Gegenteil des bequemen Lebens im Kreis ihrer Lieben sein würden, und sie war gespannt. Bei aller positiven Zuversicht resümierte sie im nachhinein: »Es ist völlig unmöglich, sich vorher seelisch auf das einzustellen, was einen erwartet. Man kann es sich einfach nicht vorstellen.«
Sie hatten mit Lawinen, eisigkalten Frühwinterstürmen und Sauerstoffmangel zu kämpfen; mehr als sieben Wochen befanden sie sich in 5000 Metern Höhe, und mehrere Tage waren sie sogar in über 6000 Metern Höhe. Da sie keine Sherpas mitgenommen hatten, mußten sie Ausrüstung und Proviant selber tragen.
Dreimal litt Sue Cobb an Unterkühlung; sie kämpfte gegen die totale Erschöpfung und gegen den Sauerstoffmangel an, dessen Auswirkungen sich nur schleichend bemerkbar machen und der die Urteilsfähigkeit fatal beeinträchtigen kann. Als das Team gerade das Basislager verlassen wollte, um die letzte Etappe zum Gipfel in Angriff zu nehmen, erfuhren sie, daß Stacy Allison aus Portland, USA, bereits als erste Frau den Gipfel erreicht hatte.

1 000 Meter vor dem über 9 000 Meter hohen Gipfel schließlich war Sue Cobb gezwungen aufzugeben. Der Rückweg zum 24 Kilometer entfernten Basislager, den sie allein und geschwächt antrat, war lebensgefährlich. Nachdem Oktoberstürme einsetzten und die höher gelegenen Lager zerstörten, mußte die Expedition zur Enttäuschung aller offiziell abgebrochen werden.
Heute, da Sue Cobb sich von den Strapazen erholt hat und vor Optimismus strotzt, ist sie eine glückliche, dynamische Frau. Jungen Menschen gibt sie auf den Weg: »Laßt euch nie von der Angst zu versagen lähmen. Viele Menschen versagen nur deshalb, weil sie Angst vor der Meinung anderer haben, selbst dann, wenn sie die anderen gar nicht kennen. Geht unbeirrt den Weg, den ihr für richtig haltet.«
Wer ein Risiko eingehe, erlebe entweder eine rasante Fahrt nach oben, auf die Höhen des Erfolgs, oder lande ganz unten im Keller der Enttäuschung; in jedem Fall aber habe man sein Alltagsleben enorm bereichert, meint sie. Sue Cobb hat aus den in ihrem Fall sogar lebensbedrohlichen Risiken der Bergtour ein hohes Maß an körperlicher und emotionaler Sicherheit mitgebracht: Sie wußte auf einmal, wieviel ihr der Ehemann und die Kinder bedeuteten und wieviel Fürsorge und Unterstützung sie von ihren Freunden und Teamkollegen bekommen hatte. Hat sie sich seither wieder einer so großen Herausforderung gestellt? »Noch nicht«, sagt sie und lächelt.
Im Frühjahr 1992 bestieg Catherine Destivelle als erste Frau die Eigernordwand, »eine gigantische Kalksteinmauer«, wie sie sagt. Sie brauchte dazu mehr als sechzehn Stunden. *Associated Press* berichtete: »Die meiste Zeit kletterte sie den vereisten Fels mit ihren bloßen Händen hinauf.«

Ein neuer Weg an die Spitze der Karriereleiter

Wir alle glauben, daß der Weg nach oben von ständigem Auf und Ab begleitet ist. Niemand kann voraussagen, wann der Erfolg sich einstellt. Fünf glanzlose Jahre harter und ausdauernder Arbeit – und der große Durchbruch ist vielleicht geschafft. Aber wehe dem, der zu lange zuviel arbeitet – er bricht zusammen, ist erschöpft und ausgebrannt.

Ganz im Gegensatz zu dem, was gemeinhin angenommen wird (und was man durch Studien zu belegen versucht), sind wir der Meinung, daß Frauen, die fünf Jahre ihres Lebens der Kindererziehung widmen, ihrer Karriere nicht im mindesten schaden. Ein gutes Beispiel dafür ist die Deutsche Birgit Breuel, die 1992 zur Managerin des Jahres gewählt wurde. Die Präsidentin der Treuhandanstalt hat drei Söhne. Auseinandersetzungen um die Schulpolitik führten während ihrer Familienphase zum politischen Engagement, dann zum Eintritt in die CDU und vier Jahre später zur Mitgliedschaft in der Hamburger Bürgerschaft. Im Jahr 1978 wurde sie als Wirtschaftsministerin nach Niedersachsen berufen. Vorstandsmitglied der Treuhand in Berlin wurde sie 1990; nach der Ermordung von Präsident Rohwedder wurde sie einstimmig zur neuen Präsidentin gewählt.

Ein Berufsleben kann manchmal fünfzig Jahre umspannen – von 22 bis 72. Nach den Wechseljahren entwickeln Frauen oft so viel Energie, daß sie die Arbeit von drei Jahren in einem Schaffen, und das zu einem Zeitpunkt, da ihre männlichen Kollegen, die dreißig Jahre lang treu und brav zur Arbeit gegangen sind, sich müde und ausgelaugt fühlen.

Es wird viel über die mangelnde Präsenz der Frauen in den oberen Führungspositionen geredet. Gleichzeitig machen sich die Angehörigen des mittleren Managements, in dem in Amerika die Generation der Babyboomer nun besonders zahlreich vertreten ist, schon Sorgen über den harten Konkurrenzkampf um die Toppositionen, der ihnen bevorsteht. Wäre es nicht Ironie in Vollendung, wenn der *schnellste* Weg zum Chefsessel über den zeitweiligen Ausstieg führen würde? Dann könnten Sie sportliche Erfolge erkämpfen anstatt Ihr Betriebswirtschaftsstudium abzuschließen, einen der höchsten Berge der Erde besteigen, einen Marathonlauf erfolgreich beenden oder es im Golfspiel zur Meisterschaft bringen – und am Ende würden Sie mit beruflicher Befriedigung belohnt.

Was wäre, wenn das daraus erwachsene Selbstvertrauen und die neu erworbene Risikobereitschaft das Tüpfelchen auf dem I wären, durch das man sich von der breiten Masse abhebt – ganz gleich, ob der Sport auch für Geschäftskontakte genutzt wird oder nicht?

Im Geschäftsleben zählen heute die Führungsqualitäten des einzelnen mehr als alle Führungstechniken und Managementstrategien zusammen. Auf Persönlichkeit, Mut und Integrität kommt es an.

Auf durchschaubare, unkreative Workaholics können die Unternehmen heutzutage dankend verzichten. Der Erfolg winkt dort, wo eine Führungskraft Risiken eingeht und ihre individuellen Talente und Qualitäten weiterentwickelt. Der Sport könnte den Frauen dabei helfen, neue Wege nach oben zu entdecken.

3 Frauen im Berufsleben – Chancen, Führung und Gleichgewicht

Wann immer wir den Megatrend »Jahrzehnt der Frauen im Management« ansprechen und uns nicht von der Voraussage abbringen lassen, daß Frauen noch in den neunziger Jahren den Durchbruch in die Topetagen der Wirtschaftsunternehmen schaffen, passiert dasselbe. Unsere – durchaus begeisterten – Zuhörer erheben folgenden Einwand: Warum gibt es nicht schon *jetzt* mehr Frauen, die an der Spitze der 500 größten US-Gesellschaften, den *Fortune* 500, stehen?

Eines steht fest: Seit dem Abtritt von Liz Claiborne und Katharine Graham, die in den Ruhestand gingen, führt nur noch eine einzige Frau das Zepter in einem *Fortune*-500-Unternehmen: Linda Wachner, Chief Executive Officer von Warnaco, eine herausragende Führungspersönlichkeit. Ist das nicht schon Beweis genug dafür, könnte man fragen, daß Frauen in der US-amerikanischen Wirtschaft den Sprung nach oben einfach nicht schaffen? Heißt das nicht, daß sie ihn auch niemals schaffen werden?

Aber es kommt noch schlimmer. Laut einem Bericht, der 1991 von der Feminist Majority Foundation veröffentlicht wurde, gab es in den *Fortune*-500-Unternehmen unter den 6502 Führungskräften auf Vice-President-Ebene oder darüber lediglich 175 Frauen.

Weiter hieß es in dieser Studie: Es werde »475 Jahre« dauern, bis Frauen im Management den Männern gleichgestellt seien. Haben die Pessimisten recht? Ist das, was so greifbar erscheint, tatsächlich unerreichbar? Werden den Frauen die Vorstandssessel in der amerikanischen Wirtschaft auf ewig versperrt bleiben? Wir sind fest davon überzeugt, daß das *nicht* der Fall ist.

Natürlich haben wir Verständnis dafür, daß die Feminist Majority – von der in diesem Buch noch häufiger die Rede sein wird – geradezu die Pflicht hat, Unternehmen so eindringlich wie möglich darauf hinzuweisen, daß mehr Frauen in Führungspositionen gelangen sollten. Aber hier von einem Zeitraum von 475 Jahren zu reden ist schlicht lächerlich. Diese Zahl ergibt sich, wenn man so tut, als verliefe die Entwicklung linear und bei gleichbleibendem Tempo. Doch kein Sozialwissenschaftler glaubt heute noch daran, daß sich Veränderungen linear vollziehen. Vielmehr erfolgen sie schubweise, manchmal kehren sie sich sogar wieder um, und plötzlich entsteht eine kritische Masse, die revolutionäre Umschwünge herbeiführt. Beispiele dafür sind Osteuropa, die Sowjetunion und das Unrechtssystem der Apartheid.

Es geht aber noch um etwas anderes: Unserer Meinung nach ist es höchste Zeit, die *Fortune*-500-Liste selbst einmal kritisch unter die Lupe zu nehmen.

Wir geben zu bedenken:

① Die Liste der 500 größten US-Unternehmen mißt wirtschaftlichen Erfolg mit einem überholten und einseitigen Standard. Die aufgenommenen Unternehmen stellen *nicht* den dynamischsten, ja nicht einmal den größten Teil der US-amerikanischen Wirtschaft dar. Kleine bis mittlere Unternehmen erwirtschaften nämlich einen weit größeren Anteil am US-amerikanischen Bruttosozialprodukt als die *Fortune* 500.

② Mehr als fünf Millionen Frauen führen heute mit großem Erfolg kleine bis mittlere Unternehmen, und das in Wachstumsbranchen, aus denen die Topunternehmen der Zukunft erst noch hervorgehen werden.

③ Die heutige *Fortune*-500-Liste wird keine Ähnlichkeit mit der Liste von 2002 haben. Die derzeitigen Topmanager verabschieden sich in den neunziger Jahren in den Ruhestand. Direkt unter ihnen steht die Riege der 35- bis 45jährigen Managerinnen — eine geballte Ladung weiblichen Talents, die nur darauf wartet, bis zum Ende des Jahrzehnts die Spitzenpositionen im Management zu besetzen.

Vorstandsvorsitzende und andere Topmanager sind in den meisten Großunternehmen *gezwungen,* mit 65 Jahren in den Ruhestand zu treten, oft noch früher. Damit werden Positionen für jüngere Führungskräfte frei, unter denen auch viele Frauen sind.

»Sehen Sie sich doch einmal die Belegschaft eines beliebigen Großunternehmens unterhalb des obersten Zirkels von etwa zwanzig Leuten an«, bestätigt Lester Korn von Korn/Ferry International, »die nachfolgende Führungsebene besteht zu 50 Prozent aus Frauen.«

Heute sind diese Frauen bereit, den entscheidenden Schritt zu tun. Nach Korn dürften sie die oberen Positionen zwischen 1995 und 2000 einnehmen. Diese Frauen gehören einer Generation an, dazu noch der Generation der Babyboomer, für die zum ersten Mal eine lebenslange Vollzeitkarriere außer Haus eher die Regel denn die Ausnahme ist. Sie können also um das Jahr 2000 mit einer Berufserfahrung von 25 bis 30 Jahren aufwarten. Regina Herzlinger, Professorin an der Harvard Business School, meint, daß um das Jahr 2010 *ein großer Teil* der Vorstandssessel in den Gesellschaften der *Fortune* 500 von Frauen besetzt sein werden.

Es ist an der Zeit, daß Frauen die Aufnahme eines Unternehmens in die *Fortune*-500-Liste nicht mehr als alleiniges Maß für geschäftlichen Erfolg ansehen. Größer heißt nicht besser. Die *Fortune* 500 sind bestenfalls ein antiquiertes Erfolgssymbol. Schlimmstenfalls repräsentieren sie einen stagnierenden, sich durch seine bürokratische Schwerfälligkeit selbst behindernden Sektor des US-amerikanischen Wirtschaftslebens.

Wir haben auch schon Ersatz für die *Fortune* 500, nämlich eine schlagende Statistik: **1992 werden Frauen in ihren Unternehmen mehr Arbeitnehmer beschäftigen als die *Fortune* 500.** Während in den *Fortune*-500-Unternehmen seit 1980 schon vier Millionen Arbeitsplätze abgebaut wurden, entstanden in den Firmen der Frauen Jahr für Jahr neue Arbeitsplätze. Außerdem schaffen letztere überwiegend Arbeitsplätze in den Vereinigten Staaten, während die für die *Fortune* 500 vorliegenden Zahlen auch Arbeitsplätze im Ausland beinhalten. Dies hat eine neue Untersuchung ergeben, die von Cognetics, Inc., in Cambridge, Massachusetts und der National Foundation of Women Business Owners durchgeführt wurde.

Von den rund 3,2 Millionen Unternehmen in Deutschland wird ein Sechstel von Frauen geführt. Etwa 110 000 Unternehmerinnen bieten mehr als zehn Mitarbeitern Arbeitsplätze oder haben einen Jahresumsatz, der die Millionengrenze übersteigt.

An diesen Fakten kommt niemand vorbei.

Wo Frauen erfolgreich sind — und wie

Dieses Kapitel, das umfangreichste überhaupt in *Megatrends: Frauen,* spricht drei Themenbereiche an: Chancen, Führung und Gleichgewicht.

Zunächst beschreiben wir die immensen **Chancen,** die Frauen heutzutage in der Berufswelt haben. Ob Sie einen Vorstandssitz anstreben, Gastronomin werden wollen oder eine Karriere im Gesundheitswesen in Angriff nehmen — die nachfolgenden Trends, die wir herausgefiltert haben, werden Ihre Berufsplanung beeinflussen. In einer Zeit, in der erstaunliche drei von vier Unternehmensgründungen durch Frauen erfolgreich verlaufen, beschreiben wir auch, wo sich diese unternehmerischen Aktivitäten in den neunziger Jahren konzentrieren werden. Während Frauen Schlagzeilen machen, weil sie Männerdomänen einnehmen und als Sportreporterin glänzen oder sich als Polizeichefin bewähren, vollzieht sich der Wandel in anderen Bereichen unspektakulärer: Vielleicht sind auch Sie überrascht, wenn Sie erfahren, welche Aufstiegschancen und finanziellen Möglichkeiten ein traditionell weiblicher Beruf wie Krankenschwester — allerdings erst in den USA — neuerdings wieder bietet.

Aufgrund der stärkeren Beteiligung der Frauen am Wirtschaftsleben hat sich ein neues **Führungs**konzept entwickelt, das niemand mehr ignorieren kann. Der autoritäre Führungsstil nach militärischem Vorbild hat ausgedient. An seine Stelle tritt ein Führungsverhalten, das Mitarbeiter in ihrem Selbstvertrauen bestärkt und unterstützt, wodurch wiederum Produktivität und Gewinne steigen. Von Peter Drucker bis Tom Peters applaudieren auch die männlichen Managementgurus dem weiblichen Führungsstil. Er wird in diesem Kapitel noch ausführlich dargestellt.

Nicht wenige bezahlen ihren Erfolg jedoch mit einem hohen Preis: Sie sind chronisch überarbeitet und dem »Burnout«-Syndrom, dem totalen Ausgebranntsein, gefährlich nahe, sie schaden ihrer Gesundheit, und für zwischenmenschliche Beziehungen bleibt keine Energie mehr übrig. Die nächste große Herausforderung für Millionen von Frauen heißt nun, den Erfolg zu wahren und gleichzeitig eine Lebensweise zu suchen, die ein besseres Gleichgewicht zwischen Beruf und Privatleben ermöglicht. Wir beschreiben die für die zukünftige Entwicklung wichtigen Daten und Fakten und zeigen

Rollenmodelle und Unternehmensziele, die Frauen auf diesem Weg helfen können.

Karrierechancen für Frauen – unsere Hitliste

In welchen Karrieren haben Frauen denn nun tatsächlich die meisten Chancen? Welches sind die vielversprechendsten Branchen? Die besten Geschäftsideen? Nachfolgend finden Sie zehn Bereiche, die aus unterschiedlichen Gründen äußerst attraktiv sind.

① Ihr Traumjob
② Topmanagerin/Unternehmerin
③ Gesundheitswesen
④ Finanzwesen
⑤ Traditionelle Frauenberufe im Wandel
⑥ High-Tech/Naturwissenschaft und Technik
⑦ Gastronomie und Nahrungsmittelbranche
⑧ Freie Berufe
⑨ Männerdominierte Berufe
⑩ Medien und Kunst

① Ihr persönlicher Traumjob **Erfüllung**
Die hinlänglich bekannten Hitlisten mit den aussichtsreichsten Berufen gehen immer nur auf die Nachfrageseite ein: Wie viele Wirtschaftsprüfer, Chirurgen oder Lehrer braucht die Wirtschaft im Jahr 2010 oder in irgendeinem anderen Jahr? Wir werden derartige Berechnungen zwar auch in unsere Analyse einbeziehen, aber gleichzeitig in den umfassenderen Kontext der Megatrends einbinden.
Eines jedoch sei vorausgeschickt: Die Erfordernisse der Gesellschaft sollten nicht alleine bestimmen, welche Richtung Sie einschlagen. Wo blieben sonst Ihre eigenen Bedürfnisse, Talente und Wünsche, die Entfaltung und Weiterentwicklung Ihrer Persönlichkeit?
Wenn Ihr Traumberuf Modedesignerin oder Fernsehmoderatorin heißt, ist es dann wirklich noch so wichtig, welchen Berufen das größte Wachstumspotential zugeschrieben wird? In vielen Traumbe-

rufen sind in den neunziger Jahren überhaupt keine Wachstumsraten zu erwarten, und der Wettbewerb wird ganz bestimmt mörderisch.
In der Berufswahl halten wir es trotzdem für das beste, seinem Herzen zu folgen, auch wenn das im Augenblick der Entscheidung »unrealistisch« erscheinen mag. Aber wer Spaß an der Arbeit hat, ist erwiesenermaßen auch erfolgreicher. Und wenn sich die Voraussagen der Wirtschaftswissenschaftler (oder der Zukunftsforscher) als falsch erweisen sollten, haben Sie keine Zeit mit einer Tätigkeit verschwendet, die Sie nur langweilt.
Regel Nummer eins heißt deshalb: Verwirklichen Sie Ihren Traum.
Der Titel eines spannenden, gut geschriebenen Buches von Marsha Sinetar drückt genau dies aus: Do What You Love, the Money will Follow – Wenn die Arbeit Spaß macht, kommt der Erfolg von alleine. Die Autorin zeigt Schritt für Schritt, wie Sie Ihren beruflichen Traum in die wirtschaftliche Realität umsetzen können.

② Topmanagerin/Unternehmerin **Macht und Erfolg**

Es gibt zwei Wege, die auf die höchste Managementebene führen: 1) Der Aufstieg im Unternehmen: Sie erstellen einen Fünf- oder Zehnjahres-Plan und erwerben in dieser Zeit die erforderlichen Qualitäten für eine Führungsposition, die Sie im Jahr 1998 oder 2003 erreicht haben möchten; oder 2) Sie gründen gleich eine eigene Firma.
Beide Wege werden von einer rapide ansteigenden Zahl von Frauen beschritten werden.
Das Bureau of Labor Statistics (BLS) veröffentlicht regelmäßig eine Liste mit den Berufen, in denen die *meisten neuen Arbeitsplätze* geschaffen werden. »Geschäftsführer und obere Führungskräfte« stehen weit oben auf Platz sechs. Zwischen 1990 und 2005 werden in den Vereinigten Staaten 600 000 *zusätzliche Manager* und obere Führungskräfte benötigt, womit ihre Zahl auf 3,7 Millionen ansteigt, so die Prognose des BLS.
Für deutsche Frauen ist die Zukunft nicht weniger positiv: Nach Prognosen von Wirtschaftsforschungsinstituten fehlen hierzulande bis zur Jahrtausendwende rund 500 000 Manager auf allen Führungsebenen. Allein das wird die Unternehmen aller Größenordnungen dazu veranlassen, verstärkt unter den Mitarbeiterinnen nach Führungsnachwuchskräften zu suchen – eine Chance, die sich Frauen nicht entgehen lassen sollten.

Besonders bemerkenswert ist die Tatsache, daß in Amerika vielen Berufen ein hohes Wachstum vorausgesagt wird, die weder ein hohes Prestige noch viel Geld einbringen — Hausmeister und Hausangestellte, Kellner und Kellnerinnen und Büroangestellte.

Unternehmerinnen im Aufwind

Von Frauen geführte Unternehmen gehören zu den am schnellsten wachsenden Segmenten der US-Wirtschaft. Die Small Business Administration (SBA), ein Finanzierungsinstitut für die mittelständische Wirtschaft, zählt etwa fünf Millionen solcher Unternehmen und sagt voraus, daß Frauen im Jahr 2000 knapp 40 Prozent (andere sagen sogar: dic Hälftc) dcr Klcinuntcrnchmen führen.

Doch zunächst sind die näheren Einzelheiten der Untersuchung der National Foundation of Women Business Owners wichtig. Im Jahr 1990 standen elf Millionen Menschen in von Frauen geführten Unternehmen in Lohn und Arbeit, während die *Fortune* 500 mit 12,3 Millionen Beschäftigten aufwarten. Aber die Zahl der Arbeitsplätze in den *Fortune*-500-Unternehmen wird jährlich um *mindestens* 200 000 bis 300 000 verringert. (Seit 1980 waren es jährlich 400 000 Arbeitsplätze.) Obwohl keine genauen Angaben zur Verfügung stehen, steht jedenfalls fest, daß Frauen als Firmeninhaberinnen Jahr für Jahr neue Arbeitsplätze schaffen, neue Firmen gründen oder expandieren und dies auch weiterhin tun werden. Selbst wenn die Unternehmerinnen seit 1990 keinen einzigen neuen Beschäftigten eingestellt hätten — eine völlig irreale Annahme —, wäre 1992 immer noch der Wendepunkt, an dem ihre Firmen mehr Mitarbeiter beschäftigen als die *Fortune* 500.

Die Zeitschrift *Entrepreneurial Woman* kommt zur Feststellung, daß Kalifornien, Arizona, Colorado, Florida, Illinois, Massachusetts, Minnesota, New York, Pennsylvania und Wisconsin die zehn Staaten sind, in denen Frauen die höchsten Erfolgsaussichten haben, wenn sie eine Firma gründen. Ihre geschäftlichen Erfolge dürften auch den letzten Zweifler überzeugen. (Die neuen Zahlen, welche die Small Business Administration demnächst vorlegt, werden noch spektakulärer sein.)

Wie erklärt sich der Erfolg?

Der Kongreßausschuß für die mittelständische Wirtschaft hat einen

Bericht erstellt, der ganz erstaunliche Zahlen über den geschäftlichen Erfolg der Frauen enthält und der tendenziell genauso für die deutschen Unternehmerinnen gilt:

Von 1982 bis 1987 *meldeten weniger als ein Viertel* der von Frauen geführten Unternehmen *Konkurs* an, gegenüber vier von fünf aller US- amerikanischen Unternehmen. Frauen gehen zwar Risiken ein, sind dabei aber vorsichtig und gehen »strategisch« vor. Je schwieriger die Lage wird, desto mehr Kräfte entdecken sie in sich selbst und desto entschlossener sind sie, sich durchzubeißen. Dies ergab eine Untersuchung der Avon Corporation und des Instituts New Work Decision.

Selbst uns machen so viele Erfolgsmeldungen schon wieder skeptisch. Doch viele andere Quellen bestätigen die Zahlen. Unternehmerinnen haben mit *größerer Wahrscheinlichkeit Erfolg,* meint Janet Harris-Lange, Präsidentin der National Association of Women Business Owners, weil Frauen sich und anderen eingestehen, wenn sie Hilfe brauchen. Außerdem verstehen sie es besser, sich mit den richtigen Leuten zu umgeben.

»Mit derselben Kraft, die eine Frau mobilisieren würde, um ihr Kind aus einer Gefahr zu retten, würde sie auch ihr Geschäft vor dem Ruin bewahren«, meint Beatrice Fitzpatrick, Gründerin und Präsidentin der American Women's Economic Development Corporation in New York, die in den vergangenen fünfzehn Jahren 100 000 Frauen beraten oder weitergebildet hat.

Eva-Maria Roer, Geschäftsführerin der DT Bad Kissingen und Unternehmerin des Jahres 1990 in Deutschland, erklärt sich den Erfolg von Unternehmerinnen aus ihrer eigenen Einstellung heraus: »Ein Unternehmen zu führen hat mit viel mehr zu tun als mit Geld und Verantwortung. Für mich ist es auch eine Liebeserklärung an alle, die mitwirken. Und für das, was man liebt, kämpft man engagiert.«

Der Markt ist da

»Frauen sind häufiger als Männer der Ansicht, daß Teamentwicklung und Konsensbildung zu den Dingen gehören, die mit dem Unternehmen wachsen und deshalb nicht von heute auf morgen kommen können«, hat Edward Moldt von der Wharton School of Finance and Management, University of Pennsylvania, festgestellt.

Seiner Meinung nach wird es bald Unternehmerinnen geben, die Jahresumsätze von 50 bis 100 Millionen Dollar vorweisen, und die ersten von ihnen – so seine Überzeugung – werden demnächst Milliardenumsätze erzielen.

»Das geht Schritt für Schritt«, sagt er. »Man hat ein Geschäft, das ganz gut läuft, und eines Tages sagt man sich: ›Ich kann mehr als nur das.‹ Die nächste Stufe wird also in Angriff genommen. So war es bei den Männern ja auch ... Es dauert einfach eine gewisse Zeit, bis man sich daran gewöhnt hat, eine Firma zu führen.«

Die wachstumsstarken Branchen – Finanzdienstleistungssektor, Gesundheitswesen, Technologie – und viele kleinere Nischen, von der Gastronomie über die Tischlerei bis zur Kunst, ziehen Unternehmer an, die das Zepter selbst in die Hand nehmen wollen, und zwar sofort.

Es empfiehlt sich jedoch nicht, einen angehenden Geschäftsmann oder eine Geschäftsfrau zu beraten, was für eine Firma er oder sie gründen soll. Die meisten haben sowieso schon genaue Vorstellungen – sie wollen eine Marktlücke schließen durch ein Produkt, das ihnen am Herzen liegt, oder eine Dienstleistung, in der sie besonders auftrumpfen können. Und wer hat mehr Bedürfnisse, die von der Industrie und dem Dienstleistungsgewerbe noch nicht einmal zur Kenntnis genommen wurden, als berufstätige Frauen? Es gibt eine ganze Palette von Produkten und Serviceleistungen, für die es einen Markt, aber kein ausreichendes Angebot gibt. Von der Kinderbetreuung bis zu Fertigmenüs für die Mikrowelle wartet eine Unmenge von gewinnträchtigen Nischen nur darauf, entdeckt zu werden.

Berufstätige Frauen – ein Marktpotential

Vorsichtigen Schätzungen zufolge wenden berufstätige Eltern über 15 Millionen Dollar pro Jahr für die Betreuung ihrer Sprößlinge auf. Infolge des derzeitigen Mini-Babybooms wird sich diese Zahl schon bald verdoppelt haben.

In den Vereinigten Staaten gibt es laut Auskunft des Erziehungsministeriums 80 000 öffentliche Betreuungseinrichtungen und weitere 118 000 registrierte Betreuungsangebote. Aber das derzeitige Angebot deckt nicht einmal die Hälfte des Bedarfs, so Scholastic, Inc., Herausgeber von *Pre-K Today.*

In der Kinderbetreuung liegt also ein großes Potential. Daneben gibt es in der Branche aber auch einen Markt für Unternehmen, die *Daten und Informationen* aus dem Betreuungsbereich sammeln, verwalten und vermitteln.
Suzanne Schmidt gründete in Bridgewater, New Jersey, die Monday Morning, Inc., um »Profesionalismus in eine Branche zu bringen, in der bisher das Prinzip der Heimarbeit herrschte«. Sie vermittelt erfahrene Betreuer/innen, die höchstens fünf Kinder bei sich zu Hause versorgen. Suzanne Schmidt hat mittlerweile 150 Betreuer alleine aus New Jersey in ihrer Kartei. Seit 1990 vergibt sie Franchiserechte und hat nun Niederlassungen in New York, Chicago und Washington, D. C. 1991 konnte sie einen Umsatz von 2 Millionen Dollar vorweisen.

Beispiel Special Care
Zwei Ursachen sind für den derzeitigen Boom in der häuslichen Pflege und Betreuung verantwortlich: Es gibt immer mehr ältere Menschen, und die Ausgaben im Gesundheitswesen müssen gesenkt werden.
Jean Griswold ist Gründerin und Chefin von Special Care, einem Unternehmen mit Sitz in Philadelphia, das Pflegedienste für Alte, Behinderte und Kinder anbietet. Mittlerweile haben schon siebzehn Franchisenehmer in acht Staaten die Idee übernommen. Griswold selbst ist durch multiple Sklerose an den Rollstuhl gefesselt und der beste Beweis dafür, daß eine solche Krankheit kein unüberwindbares Hindernis für eine entschlossene Unternehmerin sein muß. »Unternehmerin bin ich mit dem Verstand, nicht mit dem Körper«, meint sie. Als Frau eines Pfarrers wußte sie aus eigener Anschauung in der Gemeinde, wie bitter nötig ältere Menchen ohne Angehörige ein wenig Gesellschaft haben. Während Krankenschwestern bei einem Hausbesuch nur kurze Zeit bleiben können, helfen die über 3 000 Krankenschwestern von Special Care den Pflegebedürftigen beim Baden und Einkaufen, sie leisten ihnen Gesellschaft — und sie sind rund um die Uhr einsatzbereit.

③ Gesundheitswesen — Wachstum und Fürsorge

Wer einen Blick auf die Wachstumsbranchen der neunziger Jahre wirft, dem muß — zumindest was die Vereinigten Staaten betrifft —

sofort die Gesundheitsindustrie ins Auge fallen. Es ist eine Branche mit einem Umsatzvolumen von 800 Milliarden Dollar jährlich, das demnächst die *Billionengrenze* erreichen wird. Im Gesundheitswesen steckt eine Fülle von beruflichen Möglichkeiten — ob für den Techniker oder Arzt, den ungelernten Arbeiter oder promovierten Forscher, den Verwaltungsangestellten oder Marketingprofi.

1990 wurden in den USA 8,4 Millionen Beschäftigte im Gesundheitswesen gezählt. *Allein* 1990 nahm die Beschäftigtenzahl um 7,7 Prozent zu — das ist die größte Steigerung, die in einer großen *Berufskategorie* überhaupt erzielt wurde. Und alles deutet auf eine Fortsetzung dieser Entwicklung hin.

Das Bureau of Labor Statistics hat ausgerechnet, daß sechs der zehn am schnellsten wachsenden Berufsgruppen zwischen 1990 und 2005 im Gesundheitsbereich liegen werden: Personal für die Hausbetreuung, persönliche Pflege, Physiotherapeuten, medizinische Assistenten, Techniker in der Radiologie und Arztsekretärinnen.

Diese Arbeitsplätze nehmen — in *Prozenten* ausgedrückt — am schnellsten zu. Die absolute Anzahl der neu geschaffenen Arbeitsplätze ist noch beeindruckender. Die Zahl der medizinischen Assistenten wird um 74 Prozent steigen, was ein Plus von 122 000 Arbeitsplätzen bedeutet.

Vor allem der Bedarf an Krankenschwestern ist unglaublich groß. Die Vereinigten Staaten benötigen bis zum Jahr 2005 sage und schreibe 767 000 zusätzliche Krankenschwestern. Die Steigerung reicht — in Prozenten ausgedrückt — noch nicht für die Plazierung als die »am schnellsten wachsende« Berufsgruppe, doch in diesem Fall wäre das sowieso eine sinnlose Unterscheidung.

Schon heute fehlen 17 000 Apotheker, und diese Zahl wird sich laut SRI International in den kommenden fünfzehn Jahren noch verdoppeln. Der Jahresdurchschnittsverdienst liegt bei über 40 000 Dollar. Es ist nur noch eine Frage der Zeit, bis dieser Mangel die Einkommen in die Höhe treiben wird.

Die technische Entwicklung, die zunehmende Zahl alter Menschen und die hohen Investitionenin das Gesundheitswesen sind zuverlässige Garanten dafür, daß der Bedarf an Arbeitskräften steigen wird. »Durch die Fortschritte in der Medizin durchlaufen die Patienten mehr Tests und Diagnosemethoden, sie nehmen mehr Medikamente ein, sie konsultieren häufiger einen Facharzt, und bei der Behand-

lung kommen mehr Mittel und Methoden zum Einsatz als früher«, meint Valerie A. Personick, Wirtschaftswissenschaftlerin beim BLS. Normalerweise vernichten technologische Neuerungen Arbeitsplätze. Nicht jedoch in der Gesundheitsindustrie. Dort werden immer *mehr* Techniker gebraucht. Dazu meint Connie R. Curran, Gesundheitsberaterin und Krankenschwester: »Zum einen sind die Krankheiten schwerer als früher, zum anderen muß die Krankenschwester auch die ganze Technik im Griff haben.«
»Solange immer mehr Geld in die Gesundheitsfürsorge fließt, werden auch mehr Arbeitskräfte benötigt«, bekräftigt Wirtschaftswissenschaftler Eli Ginzberg, Columbia University.
Die hier genannten Trends treffen bisher für Deutschland noch nicht zu. Das Wort vom Pflegenotstand geht um. Krankenschwestern und Arzthelferinnen fehlen gerade deshalb, weil die Frauen scharenweise berufsfremd arbeiten. Mangelnde Zukunftsaussichten, schlechte Bezahlung und wenig Anerkennung sind die Hauptgründe, warum hierzulande immer weniger dazu bereit sind, in diesem Bereich zu arbeiten. Wenn nun – wie wir annehmen – der Mangel an Berufstätigen im Gesundheitswesen noch größer wird, dann müssen notgedrungen auch die Gehälter steigen (Gesetz der Marktwirtschaft) und die Wertschätzung dieser Berufe zunehmen. Anders ausgedrückt: Die Gesundheitsindustrie wird auch in Deutschland – wenn vielleicht auch noch nicht in absehbarer Zukunft, so doch zumindest mittelfristig – zu den Wachstumsbranchen zählen.

Unternehmerin in Sachen Gesundheit
Im Jahr 1983 klemmte sich Karen Behnke, 26 Jahre alt, einen Stapel von Statistiken unter den Arm, die aufschlüsselten, welche Kosten den Arbeitgebern aus den Krankenzeiten ihrer Mitarbeiter entstanden, und stellte sich damit beim Personalleiter von California's Pacific Gas & Electric vor. Sie unterbreitete ihm einen Vorschlag, den er nicht ablehnen konnte: Für den Preis einer ärztlichen Untersuchung der leitenden Angestellten wollte sie ein komplettes Vorbeugungsprogramm liefern. Execu-Fit Health Programs war geboren. Zweck des Unternehmens: Entwicklung, Verkauf und Lieferung von Fitneßprogrammen für Unternehmen.
»Ich überzeugte ihn davon, daß er mit dem Geld, das ihn der Herzanfall eines Mitarbeiters kosten würde, zehn Jahre lang mein Pro-

gramm bezahlen konnte«, sagt sie. »Ich bin einfach losgegangen und habe das Programm verkauft. Danach habe ich mich an die individuelle Ausarbeitung gemacht«, erzählt Behnke. »Dann habe ich Nächte damit verbracht, die speziellen Gesundheitsrisiken eines jeden Beschäftigten zu analysieren und in mein Programm einzubauen.«
Drei Jahre später – inzwischen hatten sich noch zwei Ärzte aus Los Angeles an Behnkes Firma beteiligt, die als medizinische Berater fungierten – warf Execu-Fit Gewinne ab. Im August 1991 verkaufte Behnke ihr Unternehmen an PacifiCare, eine der größten betrieblich finanzierten Krankenversicherungseinrichtungen in Kalifornien, blieb aber noch Präsidentin. Execu-Fit hat mittlerweile über hundert Unternehmen als Kunden gewonnen.
Karen Behnkes Execu-Fit ist nur der Prototyp für die Millionen neuer Firmen, die in den neunziger Jahren im Gesundheitswesen entstehen werden.

④ Finanzdienstleistungen **Karriere für Eilige**

Eine Frau, die eine Karriere im Finanzwesen anstrebt, hat den Erfolg schon halb in der Tasche. Schließlich hat niemand etwas gegen handfeste finanzielle Gewinne einzuwenden, nicht einmal ein erzkonservativer Haudegen. »Im Bank- und Finanzdienstleistungssektor fanden die Frauen ein freundliches Klima vor«, sagt Personalberater Lester Korn. **Trotzdem sind Frauen nur mit 2 bis 5 Prozent an den Warenbörsen vertreten.**
Die Zeitschrift *Working Woman* hat den Beruf der internationalen Wirtschaftsprüferin als heißen Karrieretip für 1991 gehandelt. Frauen, die sich für diesen Job entscheiden, profitieren gleichzeitig noch von Megatrends wie dem Aufstieg des pazifischen Raums und der Einführung des gemeinsamen EG-Binnenmarkts.
Im Finanzwesen hat man gute Chancen, schneller als anderswo ins Topmanagement vorzustoßen, meint John Challenger, Vice President des Outplacement-Unternehmens Challenger, Gray & Christmas, das entlassene Führungskräfte mit neuen Arbeitgebern in der Wirtschaft zusammenbringt. Judy C. Lewent, 42 Jahre alt und Finanzleiterin bei Merck & Company, dem größten Arzneimittelkonzern der Welt, ist das beste Beispiel für diese Aussage. Sie verwaltet eine Milliarde Dollar in den Rentenfonds des Konzerns und eine weitere Milliarde Dollar, die in Investitionen fließt.

Businessweek befragte männliche und weibliche Absolventen der zwanzig renommiertesten Business Schools und stellte fest, daß die Gehaltsunterschiede im Finanzwesen am geringsten waren — dort verdienten Frauen nur 3,3 Prozent weniger als Männer.
Ein Drittel der 74 qualifizierten Vollzeitbeschäftigten in der Forschungsabteilung von Shearson Lehman Brothers sind Frauen. Shearsons hochkarätige Marktanalystin Elaine Garzarelli, die den Wallstreet Crash im Oktober 1987 und den Haussemarkt 1991 voraussagte, soll satte 1,5 Millionen Dollar im Jahr verdienen.
Frauen sind vor allem in Bereichen erfolgreich, in denen *meßbare* Ergebnisse erzielt werden können, meint die Betriebswirtschaftlerin Judy B. Rosener, die sich mit Führungsfragen beschäftigt und auf deren Arbeit wir noch näher eingehen werden. Eine von Rosener befragte Managerin meinte, ihr Führungsstil stieße bei Kollegen weder auf Verständnis noch auf Gegenliebe, aber »gegen die Gewinne, die ich erwirtschafte, haben sie nichts einzuwenden«.
Im Finanzwesen sind auch Frauen gut aufgehoben, die den Weg in die Selbständigkeit gehen wollen.
»Auf dem Markt für Bundesstaatsanleihen kommt man seit 1990 nicht mehr an uns vorbei«, sagt Phylis M. Esposito, die mit Robin L. Weissmann, Sandra Alworth und Aimee Brown den etablierten Häusern den Rücken zudrehte und die Artemis Capital Group gründete. Neue Klienten haben natürlich höchste Priorität. Da paßt es, wenn die neue Firma nach der griechischen Göttin der Jagd benannt wird.
In Deutschland haben selbständige Frauen in den Finanzdienstleistungen ebenfalls die Nase vorn: Der von der Münchnerin Svea Kuschel in den achtziger Jahren gegründete Arbeitskreis Versicherungs- und Finanzexpertinnen für Frauen ist so erfolgreich wie noch nie.
Frauen haben durchaus auch Fortschritte im männerdominierten Bereich der Venture-Capital-Gesellschaften gemacht, die in Innovationen mit hohen Ertragschancen, aber auch hohem Verlustrisiko investieren. Patricia Cloherty leitet die Patricof & Company in New York und ist damit die erste Frau im Vorstand der National Venture Capital Association.
Der Analysedienst für Investmentfonds Morningstar hat festgestellt, daß 70 von 800 Aktienfondsverwaltern weiblichen

Geschlechts sind. Das hört sich nicht gerade überwältigend an. Aber immerhin ist die Zahl der weiblichen Disponenten seit 1983 rapide gestiegen — damals gab es nur eine einzige Disponentin.
Beth Terrana, 34 Jahre alt, verwaltet den sechstgrößten Aktienfonds der Vereinigten Staaten, den Fidelity Equity Income Fund mit einem Volumen von 4,5 Milliarden Dollar.
Elizabeth Bramwell kann sich des besten Langzeitergebnisses für einen von Frauen verwalteten Fonds rühmen. Der Wert ihres Fonds, Gabelli Growth, ist seit Beginn im Jahr 1987 bis 1991 um 114 Prozent gestiegen. »Am wichtigsten ist es, früh zu reagieren und Prognosen zu erstellen, die einen dorthin bringen, wo andere noch nicht sind«, meint Bramwell.
Fiona Biggs, Managerin des Dreyfus Strategic World Investing Fund mit einem Volumen von 25 Millionen Dollar, hat vergleichbare »globale Investitionsfonds mit auswechselbarem Portefeuille« — Aktien, Anleihen und Sicherheiten — schon weit abgeschlagen, wobei mindestens 25 Prozent des Portfolios außerhalb der Vereinigten Staaten gehalten werden. Zum Ende des Geschäftsjahres im Oktober 1990 war der Wert ihres Fonds um 7,3 Prozent gestiegen, während der ihrer Wettbewerber insgesamt um 5,6 Prozent gesunken war. Lipper Analytical Services führt Biggs an erster Stelle unter den globalen Fonds. Ein solcher Erfolg läßt sich mit einer ungestörten Nachtruhe jedoch nicht vereinbaren: Um 1.55 Uhr wird Fiona Biggs aus Japan geweckt und um 4.30 Uhr noch einmal aus Europa.
»In Wall Street gibt es eine Art ausgleichender Gerechtigkeit«, meint Nola Falcone, Managerin des Evergreen Total Return Fund mit einem Volumen von einer Milliarde Dollar, die auch schon mit sexistischen Beleidigungen potentieller Kunden konfrontiert wurde. »Wer Erfolge vorweisen kann, wird auch belohnt.«

⑤ Traditionelle Frauenberufe — Alte Werte/Neues Prestige

Es gab einmal eine Zeit, in der eine tüchtige Karrierefrau die Wahl hatte, Krankenschwester, Sekretärin oder Lehrerin zu werden. Das war's. Als sich aber Millionen von Frauen Zugang ins Geschäftsleben und in die freien Berufe verschafften, erhöhte sich die Nachfrage nach kompetenten Kräften in den traditionellen Frauenberufen. Entsprechend stiegen die Löhne und Gehälter sowie der Status —

eine Entwicklung, die auf Deutschland, wie bereits erwähnt, nicht in diesem Maße zutrifft.
Es ist an der Zeit, die »traditionellen« Frauenberufe unter neuer Perspektive zu sehen. Was ist heute noch daran am Makel und an den Vorurteilen, die diesen Berufen anzuhaften scheinen, weil sie einer ambitionierten Frau früher nur den Weg in die Sackgasse eröffneten? Manchen wird es wird leichtfallen, bei der Antwort auf diese Frage objektiv zu bleiben: Alte Etiketten haften gut. Aber es ist an der Zeit, die Berufsbilder einmal zu überprüfen, denn in den neunziger Jahren werden – zumindest in den USA – Krankenschwestern, Lehrerinnen und Sekretärinnen beispiellose Chancen geboten.
Bleibt zu hoffen, daß dieser Trend sich auch möglichst bald in Deutschland breitmacht. Aber noch ist es so, daß die sogenannten typischen Frauenberufe von der Gesellschaft als weniger bedeutend angesehen werden als die üblichen Männerberufe.
Als die Zeitschrift *Working Woman* den Beruf der Krankenschwester 1988 zum »schlechtesten Beruf des Jahres« kürte, hatte Ellen Baer, Professorin für Krankenpflege von der University of Pennsylvania, genug. »Der Feminismus muß mehr wollen, als den Frauen gleichen Zugang in alle Berufe zu eröffnen. Feministische Ziele werden erst dann wirklich erreicht sein, wenn die traditionellen Frauenberufe — wie etwa die Krankenpflege — die Wertschätzung und die gesellschaftliche Anerkennung bekommen, die sie verdienen«, schrieb sie in einem Artikel in der *New York Times*.
»Professionelle Krankenpflege erfordert Verstand, eine gute Ausbildung, Urteilsvermögen, Stärke, Erfindungsreichtum und die Fähigkeit, innerhalb von Sekundenbruchteilen Entscheidungen zu fällen«, schrieb sie weiter. »Ich sehe mich als überzeugte Feministin, aber ich werde niemals einen Feminismus aktzeptieren, der um seines eigenen Fortschritts willen alle fürsorgenden Funktionen der Frauen negieren will.«
Dasselbe gilt für andere »weibliche Domänen«. Neben Schulen haben auch Krankenhäuser und Unternehmen ihre Arbeitsplätze umgestaltet, um Autonomie, Verantwortungsbewußtsein und die Zufriedenheit am Arbeitsplatz zu erhöhen und kompetente Mitarbeiter zu gewinnen.

Krankenschwestern
Im Jahr 2005 wird die Anzahl der examinierten Krankenschwestern in den USA die 2,5-Millionen-Grenze erreichen. Das bedeutet gegenüber 1,7 Millionen Krankenschwestern im Jahr 1990 eine Steigerung um 44 Prozent. Die meisten Berufsanfängerinnen — 80 Prozent — sind laut eigener Aussage mit ihrer Arbeit »zufrieden«, so die National League of Nurses.
Durch den Mangel an qualifiziertem Pflegepersonal sind die Jahresdurchschnittsgehälter von Stationsschwestern in den USA 1991 auf 34 500 Dollar gestiegen. Diese Statistik verbirgt jedoch, daß hier viele erfahrene Krankenschwestern, Verwaltungsangehörige und das Lehrpersonal an den verschiedenen Ausbildungseinrichtungen weit mehr verdienen.

- Die Topkrankenschwestern in Großstädten verdienen 50 000 bis 65 000 Dollar jährlich, berichtet *The American Journal of Nursing.*
- Eine Anästhesie-Assistentin kann ohne weiteres 100 000 Dollar jährlich verdienen, berichtet die Zeitschrift *Working Woman,* die sich wieder rehabilitierte, indem sie diesen Spezialberuf 1991 auf ihre Hitliste setzte.
- Professorinnen für Krankenpflege verdienen laut Auskunft der American Association of Colleges of Nursing über 60 000 Dollar. Eine Krankenpflegeprofessorin, die ihren Titel an einer der renommierten privaten Ausbildungseinrichtungen erworben hat, kann sogar auf über 100 000 Dollar kommen.
- Pflegedienstleiterinnen verdienen *durchschnittlich* 62 300 Dollar. In Anbetracht des Verdienstes der kompetentesten Stationsschwestern in den Städten und der Anästhesie-Assistentinnen kann man sich vorstellen, daß die bestbezahlten Krankenschwestern in dieser Kategorie auf eine sechsstellige Summe kommen.

Bei solchen Einkommen wäre es nicht verwunderlich, wenn der Beruf der Krankenschwester auf der Liste des Bureau of Labor Statistics an achter Stelle stünde (das BLS veröffentlicht jedoch keine solche Liste; wir haben die einzelnen Berufe einfach in der Reihenfolge ihrer Bezahlung angeordnet). Die größte Überraschung wartet aber auf Platz neun: der Arzt. Der Unterschied war zwar nicht groß, aber immerhin verdienten Krankenschwestern 7 Dollar pro Woche mehr als Ärzte. Hier muß hinzugefügt werden, daß die besprochene

BLS-Statistik die niedergelassenen Ärzte — die am besten verdienen — nicht einbezieht, sondern nur die angestellten Ärzte, die in Krankenhäusern, den Einrichtungen der betrieblich finanzierten Krankenversicherung und anderen Institutionen arbeiten. Zu dieser Kategorie gehören jedoch 63 Prozent der Ärztinnen. Und hier fanden in jüngster Vergangenheit dramatische Verschiebungen statt: 1986 verdienten die Ärztinnen in dieser Kategorie noch 50 Dollar pro Woche *mehr* als die Krankenschwestern. Damit ist es vorbei.

1991 wurden Krankenschwestern in den USA besser bezahlt als angestellte Ärztinnen.

Dies ist ein ganz erstaunliches Zeichen für den Wandel im Gesundheitswesen — und ein Beweis dafür, wie der Mangel an Arbeitskräften den Gehältern Beine macht. Deutsche Krankenschwestern sind da bei weitem schlechter dran. Sie können nur hoffen, daß der amerikanische Trend nach Deutschland überschwappt. Bisher gibt es allerdings noch keine Anzeichen dafür — obwohl auch hier der Mangel an Pflegepersonal bereits heute über alle Maßen groß ist und noch größer werden wird. Selbstverständlich sollten Krankenschwestern gut verdienen. Annette McBeth, Vice President im Immanuel-St. Joseph's Hospital in Mankato, Minnesota, geht davon aus, daß 50 bis 60 Prozent der Einnahmen einer Klinik letztendlich der Arbeit der Krankenschwestern zu verdanken sind.

Die Zufriedenheit der Krankenschwestern mit ihrem Arbeitsplatz stieg erheblich an, nachdem die Krankenhäuser ihre Aufgaben neu organisiert hatten. Schwestern für die Primärbetreuung tragen nun, genau wie die Ärzte, 24 Stunden am Tag die Verantwortung für einen Patienten. Sie sind für ihn also von der Aufnahme bis zur Entlassung zuständig und arbeiten dabei mit den Ärzteteams zusammen. Am Beth Israel Hospital in Boston ist die Leiterin des Pflegedienstes, Joyce Clifford, mit dem ärztlichen Direktor gleichgestellt.

Das Konzept des »Case Management«, das im New England Medical Center schon 1985 eingeführt wurde, sieht vor, daß ein Patient vom behandelnden Arzt und einem Schwesternteam aufgenommen wird. »Im Grunde haben damit die Krankenschwestern eine neue Stellung im Gesundheitswesen«, meint Karen Zanders, die eine Beratungsfirma für Case-Management-Fragen führt.

Praktizierende Krankenschwestern, also examinierte Schwestern mit einer weiterführenden Ausbildung in einem Spezialfach, gibt es

in allen fünfzig US-Staaten. Die American Academy of Nurse Practitioners schätzt, daß insgesamt etwa 30 000 praktizierende Krankenschwestern tätig sind.
Wenn in diesem Jahrzehnt und darüber hinaus bis zum Jahr 2005 tatsächlich 700 000 zusätzliche Krankenschwestern benötigt werden, steigt natürlich auch die Anzahl prestigeträchtiger Positionen. Es werden mehr Professoren und anderes Lehrpersonal gebraucht, und auch die Pflegeverwaltung wird interessante Stellen bieten.
Pflegedienstleiterinnen werden immer mehr Krankenhausposten übernehmen, die ganz oben in der Hierarchie angesiedelt sind, und dabei erfolgreich mit Finanzleitern und anderen Führungskräften konkurrieren. Die Bewerberinnen mit der praktischen Erfahrung und Ausbildung liegen deshalb so gut im Rennen, weil sie weit besser als die Betriebswirtschaftler über den Krankenhausablauf Bescheid wissen. Um für den Posten aber wirklich qualifiziert zu sein, sollten Krankenschwestern/Managerinnen jetzt damit anfangen, ihr verwaltungstechnisches Wissen durch zusätzliche Qualifikationen im Finanzwesen und Marketing abzurunden.
Die Krankenhäuser bieten auch in Deutschland vielen Frauen einen Arbeitsplatz: 1988 arbeitete jede sechzehnte Berufstätige in diesem Bereich, der insgesamt nur 3 Prozent aller Beschäftigten umfaßt. Allerdings liegen die Gehälter für Krankenschwestern keineswegs im oberen Drittel der Einkommenspyramide. Und die Tendenz, sich für Pflegeberufe zu interessieren, ist abnehmend: Von 1987 auf 1988 ging die Zahl der auszubildenden Pflegekräfte um 4 Prozent zurück. Eine positive Bilanz kann für Ärztinnen gezogen werden: Hielten sie 1968 gerade einen Anteil von 17 Prozent im medizinischen Berufsstand, hatten sie sich 1988 bereits auf 25 Prozent hochgearbeitet. Und durch die Wiedervereinigung bedingt, liegt der Anteil der Ärztinnen mittlerweile sogar bei knapp 34 Prozent.

Unterrichtswesen

Während die Krise von Bildung und Erziehung in aller Munde ist, sind die Gehälter und das berufliche Ansehen der Lehrer in den USA kräftig gestiegen. Vance Grant vom US-Erziehungsministerium schätzt, daß die Vereinigten Staaten in den kommenden Jahren 200 000 zusätzliche Lehrer jährlich an den öffentlichen Schulen benötigen werden. Andere Schätzungen liegen sogar noch höher

und veranschlagen einen Bedarf von knapp zwei Millionen zusätzlichen Lehrern bis zum Jahr 2000. Aber das ist noch nicht alles: Auch die Colleges im Land benötigen zusätzliche Lehrkräfte. Ein Drittel aller derzeitigen Professoren mit unkündbaren Verträgen wird im Jahr 2000 im Ruhestand sein.
Im »Career in Teaching Program« in Rochester, New York, können Lehrer als Mentoren bis zu 70 000 Dollar verdienen. Lehrer mit Magisterabschluß und mehreren Jahren Berufserfahrung brachten es 1992 auf durchschnittlich 48 600 Dollar, wobei manche jedoch auch 60 000 Dollar oder knapp darunter verdienten. 1991 erhielten Berufsanfänger 28 935 Dollar, das sind 50 Prozent mehr als 1987.
Das Mentorenprogramm in Rochester geht neue Wege, um frischgebackenen Lehrern zu einem guten Berufsstart zu verhelfen. Der Mentor steht jeweils mehreren Teilnehmern mit seinem Sachverstand und seiner Erfahrung zur Seite, hilft ihnen, Ziele zu entwikkeln, und kontrolliert ihre Fortschritte.

Sekretärinnen
Bis zum Jahr 2005 werden in den Vereinigten Staaten 250 000 zusätzliche Sekretärinnen benötigt. Außerdem entsteht im Gesundheitswesen ein zusätzlicher Bedarf von 158 000 Sekretärinnen und im Rechtswesen von 133 000 Sekretärinnen. Für beide Bereiche gibt es eine eigene Sekretärinnenausbildung. Trotzdem will dieser Beruf partout nicht auf den Hitlisten der Topberufe erscheinen. Denn genau die Frauen, die diese Listen erstellen, haben vor 20 oder 25 Jahren hart dafür gekämpft, nicht in der »Sackgasse« des Sekretärinnenberufs zu landen, nur weil es die einzige Tätigkeit in der Wirtschaft war, die Frauen überhaupt offenstand.
Laut einer Untersuchung des Nachrichtenbriefs *Nine to Five,* herausgegeben von der Dartnell Corporation in Chicago, verdient eine Topsekretärin in New York City 75 000 Dollar jährlich. Eine erfahrene »Privat«sekretärin in anderen Großstädten kommt auf 50 000 Dollar; in bundesdeutschen Großstädten können die absoluten Topsekretärinnen durchaus um die 100 000 DM pro Jahr verdienen. Die Privatsekretärin des Vorstandsvorsitzenden eines Großunternehmens (500 sind es alleine schon in unserer ungeliebten *Fortune*-500-Liste) hat Macht, Prestige und eine Reihe von Vergünstigungen — und einen Verdienst in sechsstelliger Höhe.

Wer wollte noch bestreiten, daß die Sekretärinnenkarriere ein heißer Tip ist, wenn für einen Manager der mittleren Ebene in einer so topaktuellen Branche wie der Computerindustrie oft auch nicht mehr als 60 000 Dollar drin sind?
Während der Vorarbeiten zu diesem Kapitel haben wir Sekretärinnen gefragt, was sie davon hielten, daß wir ihren Beruf als Karriereberuf einstuften. Sie äußerten große Vorbehalte. Es sei nicht das Geld und auch nicht die Arbeit, meinten sie. Beides könne durchaus befriedigend sein. Das Problem sei aber der Mangel an Anerkennung und Prestige. Kein Wunder, daß sich 62 Prozent der 1991 befragten Sekretärinnen eine andere Berufsbezeichnung wünschten. 52 Prozent würden sich nach Aussage der Professional Secretaries International lieber als Führungsassistentin bezeichnet sehen.
Es ist höchste Zeit, daß qualifizierte Frauen heute die Berufe wieder aufwerten, die sie *selbst* seit 1968 oder 1972 mit dem Bannstrahl der Verachtung belegten. Mittlerweile haben erfolgreiche Frauen am eigenen Leib erfahren, was eine gute Sekretärin wirklich leistet. Sie unterstützen ihre Forderung nach angemessener Bezahlung, respektieren ihren Wunsch, nicht mehr Sekretärin, sondern Führungsassistentin genannt zu werden, und vor allem anderen bringen sie ihr die Anerkennung entgegen, die sie verdient.

⑥ High-Tech/Naturwissenschaft **Revolutionäre Neuerungen/Prestige**

Ob Deborah A. Coleman von Apple, Sandy Kurtzig, Gründerin und Chief Executive Officer bei ASK Computer, oder Gisa Schultze-Wolters bei IBM Deutschland – sie alle haben mit ihrer Superkarriere die Aufmerksamkeit der Medien auf sich gezogen und sind positive, erfolgreiche Vorbilder für Millionen von Frauen in High-Tech-Industrien. Mary L. Good, Senior Vice President of Technology bei Allied Signal, ist eine der wenigen weiblichen Topwissenschaftlerinnen in einem US-Großunternehmen. Sie war 25 Jahre in der Forschung tätig, bevor sie ins Geschäftsleben einstieg. Kathryn A. Braun, Executive Vice President bei Western Digital Corporation, einem Computerhersteller in Irvine, Kalifornien, hat die zweithöchste Position in der Gesellschaft inne und ist zweifellos die aussichtsreichste Anwärterin auf die erste.

Das bedeutet nicht, daß Frauen in der High-Tech-Branche automatisch auf den Chefsessel zusteuern. Eine Untersuchung bei 29000 High-Tech-Unternehmen ergab, daß lediglich 5 Prozent der Führungskräfte auf Vice-President-Ebene oder darüber Frauen waren. Nur 3,3 Prozent der Chief Executive Officers und 1,9 Prozent der Presidents waren Frauen. Dies entspricht ungefähr den Zahlen, die wir von den Gesellschaften der *Fortune* 500 kennen.

Stehen die High-Tech-Industrien also auch nicht besser da als die *Fortune* 500, was die Chancen der Frauen angeht? Diese Schlußfolgerung wäre allzu voreilig. Die Zahlen des Bureau of Labor Statistics für 1991 weisen nach, daß immerhin zwei der bestbezahlten Berufe für Frauen — Informatikerin und Systemanalytikerin — dem Bereich Wissenschaft und Technik angehören. Frauen besetzen im High-Tech-Bereich zwar keine Toppositionen, aber ihr Einkommen kann sich sehen lassen.

In diesem Zusammenhang ist auch wichtig, daß sich laut BLS-Statistik die Kluft in der Bezahlung — Informatikerinnen erreichten im Schnitt 89 Prozent der Gehälter ihrer männlichen Kollegen — bei keinem anderen lukrativen Topberuf noch weiter verringert hatte.

In den Vereinigten Staaten werden bis 2005 etwa 366000 zusätzliche Systemanalytiker und Informatiker benötigt. Das entspricht einer Steigerung von etwa 79 Prozent gegenüber dem Jahr 1990. Finanziell ist eine Karriere in diesen Berufen wohl die lohnendste von all denjenigen, denen ein überdurchschnittliches Wachstum vorausgesagt wird. Außerdem werden noch über 300000 zusätzliche Programmierer gebraucht.

Barbara Jones, 41 Jahre alt und Systemanalytikerin bei Keane, Inc., in Boston, Massachusetts, stand vor zwölf Jahren nach einer Scheidung mit zwei Kindern alleine da und mußte ihre Ausbildung im Worcester Polytechnic Institute selbst finanzieren.

»Mein Abschluß in Informatik ist das Beste, was ich mir je angetan habe«, meint sie. »Die Computerindustrie ist so vielfältig, da ist es leicht, eine Nische zu finden, in der man sich richtig fit machen und durch Spezialwissen glänzen kann. Ich sehe es als Herausforderung, auf dem neuesten Stand der Technik zu bleiben. Ich würde jeder jungen Frau mit etwas Interesse an Computern empfehlen, in diesen Bereich zu gehen. Sie wird es nicht bereuen.«

Den Frauen, die einen Doktortitel in einer naturwissenschaftlichen oder technischen Disziplin vorweisen können, werden sich viele Chancen in der Forschung und freien Wirtschaft eröffnen.

Mathematik: Die Gleichung geht auf

Die Lehrer, die ständig mahnten: »Lernt das Einmaleins«, hatten recht.

Frauen, die mindestens ein College-Jahr lang Mathematik belegt hatten, verfügten über ein höheres Einkommen als andere Frauen und über ein genauso hohes wie Männer in bestimmten Berufen; in manchen Berufsgruppen überrundeten sie sogar die Männer, stellte das US-Erziehungsministerium in einer Untersuchung fest. Fast zwanzig Jahre lang hatte das Ministerium dazu über 12000 High-School-Absolventen aus dem Jahr 1972 im Auge behalten, die ans College gegangen waren.

Trotzdem beendete ein gutes Fundament in der Mathematik die Diskriminierung auf dem Gehaltsstreifen noch lange nicht automatisch: In 26 Berufskategorien verdienten Frauen weniger als Männer. Wenn man jedoch bedenkt, daß die Lohn- und Gehaltsunterschiede insgesamt immer noch bei über 25 Prozent liegen – in Deutschland erzielten die angestellten Frauen in den Bereichen Industrie und Handel im Jahr 1988 sogar nur 64,2 Prozent der Gehaltshöhe der Männer –, sind die Ergebnisse der Studie aus dem amerikanischen Erziehungsministerium beeindruckend.

Die 3M Corporation schickt alljährlich Wissenschaftlerinnen in die Schulen von Minneapolis, um die Schüler, vor allem Mädchen, in ihrem Interesse an den Naturwissenschaften zu bestärken. An dem nun schon seit zwölf Jahren bestehenden Programm TECH (Technical Teams Encouraging Career Horizons) sind 150 Wissenschaftler und 60 Schulen beteiligt. Honeywell in Minneapolis führt ein ähnliches Programm durch, das »Women in Technology« heißt.

In Deutschland war das Unternehmen MBB, Messerschmitt-Bölkow-Blohm, eines der ersten, das unter dem Motto »Technik ist auch Frauensache« auf Frauenförderung im Industriebetrieb setzte. Und auch IBM hat die Nase vorn: Die Firma hat ein Stipendium für junge Frauen in der Naturwissenschaft ins Leben gerufen.

»Naturwissenschaftler galten als öde und langweilig«, meint John Stangl, Lehrer in der achten Klasse an der Maplewood Middle

School in der Vorstadt St. Paul. »Und dann sitzen die Kinder in der Klasse, und herein kommt eine ganz normale Frau im Kostüm.« Ihm zufolge habe sich die Beteiligung an den Chemiekursen seit Beginn des TECH-Programms verdoppelt.

Frauen kommen in die von Männern dominierten Bereiche, weil sie mehr Geld verdienen wollen, meint Christine Matiland, College-Expertin bei der National Education Association. »Wenn ich noch mal am College wäre«, sagt sie, »würde ich im Hauptfach auf jeden Fall Mathematik/Naturwissenschaften studieren.«

⑦ Die Nahrungsmittelbranche

Allabendlich steht in Millionen von Haushalten ein Essen auf dem Tisch, das von Frauen gekocht wurde. In den Topküchen der Welt dagegen traute man Frauen in kulinarischer Hinsicht bisher nicht soviel zu. Bis 1970 waren im Culinary Institute of America im Hyde Park, New York, keine Frauen zugelassen. Heute stellen Frauen 20 Prozent der Ausbildungsteilnehmerinnen.

Im Raum San Francisco gibt es mehr Küchenchefinnen, Restaurantbesitzerinnen oder Partnerinnen in Unternehmen des Gastronomiegewerbes als in jeder anderen amerikanischen Stadt. Frauen führen mehr als zwanzig Restaurants der Spitzenklasse und überflügeln damit ihre Kolleginnen in New York oder Chicago. »Es würde mich gar nicht überraschen, wenn hier sogar mehr Frauen als Männer ein Restaurant besäßen«, meint der Schriftsteller Anthony Dias Blue.

Alice Waters, die 1971 das Chez Panisse in Berkeley eröffnete, ist für viele Geschlechtsgenossinnen ein großes Vorbild. »Man hat mich immer gewarnt, daß die Gastronomie eine Domäne der Männer sei«, erinnert sich Donna Nicoletti, Absolventin der California Culinary Academy, die das Undici führt. »Aber hier fand keiner etwas dabei, daß auch eine Frau in der Küche stand.«

In der Gastronomie herrscht einhellig die Meinung, daß Frauen und Männer beim Kochen und im Management einen unterschiedlichen Stil pflegen. »Frauen haben das instinktive Bedürfnis, andere zu versorgen, zu nähren, sich um sie zu kümmern«, meint Alice Waters. »Und in einem Restaurant geht es doch um gutes Essen. Einer Küchenchefin ist es wichtiger, zufriedene Gäste zu haben, als sich im Licht der Öffentlichkeit zu sonnen.«

Nora Pouillon vom Restaurant Nora's in Washington, D. C., Michela

Larsen vom Restaurant Michela in Boston und Lydia Shire vom Restaurant Biba gehören ebenfalls zur aufstrebenden Generation von Küchenchefinnen, die die kulinarischen Erwartungen ihrer anspruchsvollen Kundschaft voll und ganz erfüllen. Auch am deutschen Gastro-Himmel steigen zunehmend die weiblichen Stars auf — erinnert sei an Margarethe Bacher, Doris-Katharina Hessler oder Dörte Gothe.

Naturkost und die Mikrowelle

»Wenn eine Zutat nicht verderben kann, sollte man die Finger davonlassen, und wenn ihr Name unaussprechlich ist, sollte man sie nicht essen«, rät Sandy Gooch, Chefin von Mrs. Gooch's Natural Foods, einer der größten Naturkostladenketten der Vereinigten Staaten mit einem Umsatz von 80 Millionen Dollar im Jahr 1991. Sie besitzt sieben Geschäfte im Raum Los Angeles. *The Wall Street Journal* nannte die Kette ein »Unternehmen der Zukunft«.

Wie bei vielen anderen Unternehmerinnen stand auch bei Sandy Gooch ein persönliches Bedürfnis am Anfang ihrer Karriere im Jahr 1977: Sie vertrug die chemischen Zusätze in Lebensmitteln nicht und dachte, daß es anderen doch auch so gehen müsse. Obwohl Geldverdienen nie ihr einziges Ziel war, sagt sie: »Der Gedanke ist mir nie gekommen, daß die Sache schiefgehen könnte.«

Mary Anne Jackson, Gründerin von My Own Meals, Inc., in Deefield, Illinois, sagt: »Die Idee drängte sich mir förmlich auf.« Wie alle Mütter wünschte sich Jackson schnell und einfach zuzubereitendes, gesundes Essen für ihre Kinder. Sie wußte, daß es einen Markt für naturbelassene Kindergerichte in der Mikrowelle geben mußte. Heute macht ihr Unternehmen Millionenumsätze, es wächst um *mehrere hundert Prozent* im Jahr und ist mit Einrichtungen des Militärs und der Regierung gut ins Geschäft gekommen. Die Produkte werden in tausend Supermärkten in fünfzehn Staaten verkauft.

Jackson, 39 Jahre alt und Mutter von drei Kindern, berichtet, daß Unternehmerinnen auch heute noch auf viele Schwierigkeiten stoßen, wenn sie Investoren für eine Unternehmensgründung suchen. Einer der Interessenten hatte sie gefragt: »Was passiert mit meinem Geld, wenn Sie schwanger werden?«

Mary Anne Jackson ließ sich jedoch nicht entmutigen, und es gelang ihr, achtzig Teilhaber zu gewinnen, die 2,5 Millionen Dollar investierten.

⑧ Die freien Berufe

Recht und Medizin sind nicht gerade neue Bereiche für Frauen, aber sie bieten weiterhin vielversprechende Karrierechancen. In den USA sind 40 Prozent der Absolventen in den juristischen Fakultäten Frauen, in den medizinischen sind es ein Drittel.

Der Frauenanteil bei den Ärzten ist laut Bureau of Labor Statistics (BLS) mittlerweile auf 26,6 Prozent gestiegen, in Deutschland sogar auf knapp 34 Prozent. Frauen stellen darüber hinaus die Hälfte der neuen Primärbetreuungsärzte, die auf Fachgebieten wie der Familienbetreuung tätig sind. Gerade in diesen Bereichen sind die Patienten-Arzt-Kontakte am engsten.

Frauen zeigen, daß Ärzte ihre Rolle als Halbgott in Weiß auch aufgeben und mitfühlende Zuhörer sein können. Sie beteiligen die Patienten soweit wie möglich an Therapieentscheidungen, anstatt — wie so viele Männer vor ihnen — ihre Autorität auszuspielen. Schließlich bringen Ärztinnen naturgemäß mehr Interesse für frauenspezifische medizinische Fragen auf. Die American Medical Association, deren Angaben von denjenigen der Regierung leicht abweichen, zählt 104 000 Ärztinnen.

Nun wird aber immer wieder von einer Ärzteschwemme geredet; und in den seltensten Fällen schaffte der Arztberuf in den letzten Jahren noch den Sprung in eine Karrierehitliste.

Warum führen wir ihn dann an dieser Stelle auf? Es gibt drei Gründe dafür: 1) Das Einkommen ist weiterhin relativ hoch (vor allem bei den niedergelassenen Ärzten). 2) Der Gesundheitssektor gehört zu den wenigen Bereichen, denen ein starkes Wachstum vorausgesagt wird, und damit haben auch selbständige Ärzte lukrativere Chancen. 3) In der Medizin haben sich Fachgebiete herausgebildet, die für Ärztinnen besonders interessant sind — dabei denken wir vor allem an die medizinische Betreuung erwachsener Frauen.

In einer Zeit, in der die Sensibilität für frauenspezifische Fragen in der Medizin steigt, möchten auch mehr Frauen zu einer Internistin, einer Allgemeinärztin oder Gynäkologin gehen anstatt zu einem männlichen Kollegen. Wenn junge Ärztinnen erst einmal die schwierigen Anfangsjahre hinter sich gebracht und einen festen Stamm von Patientinnen gewonnen haben, werden auch ihre Einkommen erheblich steigen — um so mehr, als sich gleichzeitig auch der Megatrend Wechseljahre auswirkt.

Rechtsanwältinnen sind jedenfalls schon dabei, ihre Ernte einzufahren. Laut BLS-Statistik von 1991 verdienen in den USA Rechtsanwältinnen von allen berufstätigen Frauen am meisten (mittleres Arbeitseinkommen pro Woche). Gerade als man dachte, der Bedarf in den Vereinigten Staaten sei nun absolut gedeckt, hieß es wieder, die Nachfrage nach Rechtsanwälten und Richtern werde zwischen 1990 und 2005 um 35 Prozent steigen.

Die besten Karten haben Rechtsanwältinnen in San Francisco, wie eine Umfrage des *National Law Journal* ergab. Danach waren 13,5 Prozent der Teilhaber und 40,2 Prozent der Angestellten in den Kanzleien der Stadt weiblich. Das sind mehr als in New York, wo etwa 10 Prozent der Teilhaber Frauen sind. An zweiter Stelle, was Teilhaberinnen und Angestellte anging, lag Boston. Chicago und Dallas folgten auf Platz drei und vier in bezug auf Teilhaberinnen. Nach Teilhabern und Angestellten gerechnet, landeten Los Angeles und Washington, D. C. auf Platz drei. Die Städte mit dem niedrigsten Frauenanteil an Teilhabern waren New York, Cleveland und Houston.

Auf der von *Working Woman* erstellten Liste mit den Topberufen für Frauen erschienen auch die Anwältin für Umweltrecht und für Konkursrecht. Es ist interessant, wie sehr die Einkommen in den beiden Bereichen variieren. Umweltrechtsexperten fangen bei Bundesbehörden mit 26 000 Dollar an, während sie in Unternehmen oder Kanzleien gleich zwischen 45 000 und 50 000 Dollar nach Hause bringen.

Als Seniorpartner in einer großen Firma verdient ein Anwalt für Umweltrecht zwischen 200 000 und 400 000 Dollar. Das ist viel Geld, möchte man meinen. Dabei haben wir von den Konkursanwälten noch gar nicht gesprochen.

Konkursanwälte stehen 1991 mit ihrem Einkommen auf Platz eins der Liste von *Working Woman*.

Sie steigen mit einem Jahreseinkommen von 60 000 bis 90 000 Dollar ein und machen sich dann mit dem Gedanken vertraut, als Seniorpartner/in in einem Spitzenunternehmen einmal die erkleckliche Summe von einer Million Dollar zu verdienen. Das Thema der Liste von 1991 hieß: »Gute Aussichten in schlechten Zeiten«. In diesem Fall schien das Motto besonders treffend.

⑨ Der Einbruch in Männerberufe **Herausforderung**

Ein traditioneller Männerjob ist gewiß nicht jederfraus Sache. Wenn sich aber die Richtige dazu entschlossen hat, kann sie reich belohnt werden. Sie findet Erlösung von der Langeweile des Büros und verdient außerdem nicht schlecht. Eine Frau mit entsprechenden Ambitionen muß zwei Übel gegeneinander abwägen: Sexuelle Belästigungen sind fast vorprogrammiert, aber dafür verlangt auch niemand von ihr, daß sie im Kostüm erscheint.

Eine Analyse der Repräsentation von Frauen in den traditionellen Männerberufen gibt nicht gerade zu Jubel Anlaß. Die Zahlen bewegen sich mal bei 1 Prozent, in einem anderen Beruf wieder bei 5 und in *manchen Fällen auch* bei 11 Prozent.

- 1,5 Prozent der 200 000 Berufsfeuerwehrleute in den Vereinigten Staaten sind Frauen.
- Nur 4 Prozent der Flugzeugpiloten und Navigatoren sind laut BLS Frauen.
- 14 Prozent der US-Vollstreckungsbeamten waren 1991 weiblich, gegenüber 9,5 Prozent im Jahr 1983. Bei der Polizei sind Frauen mit 11 Prozent vertreten und als Angestellte in den Haftanstalten mit 18 Prozent.
- 1990 waren 5 Prozent der Sportreporter in Rundfunk und Fernsehen Frauen, so die Association for Women in Sports Media. Aber diese 500 Frauen waren immerhin schon *doppelt* soviel wie 1988.

Die Zahlen mögen zunächst entmutigend sein. Trotzdem sollte man nicht vergessen, daß jedes einzelne Prozent dazu beiträgt, die Gesellschaft von der Wurzel her zu verändern. Die Polizistin, die ihr Leben aufs Spiel setzt, die Sportredakteurin, die sexuelle Belästigungen im Umkleideraum zur Sprache bringt, die Zimmermann-Auszubildende, die sich Respekt bei den Bauarbeitern verschafft — jede einzelne von ihnen stellt tagtäglich das überkommene Frauenbild in Frage. Und damit erweisen sie allen Frauen einen Dienst.

1990 wurde Elizabeth Watson Polizeichefin in Houston und damit die erste Frau, die an der Spitze einer großen US-Polizeitruppe stand. Zehn Jahre zuvor hatte man ihr einen leitenden Posten noch verweigert, weil das »ein zu harter Job für eine Frau» sei. Als sie Lieutenant wurde, gab es »Buhrufe und Pfiffe«, erzählt sie. »Aber es

dauerte nicht lange, bis die Polizeisergeanten merkten, daß ich sehr hart arbeitete, auch wenn sie mich nicht mochten.«
1992 löste jedoch Bob Lainer die bisherige Bürgermeisterin Kathy Whitmore ab. Zu seinen ersten Amtshandlungen gehörte die Versetzung von Chief Watson auf einen anderen Posten.
In Deutschland gab es bereits 1986 in Köln eine Polizeivizepräsidentin: Dr. Barbara Krebs-Bludau; ein Jahr später wurde in Leverkusen Gertrud Barbara Bergkemper-Marks — hochschwanger — Polizeipräsidentin, und 1990 ernannte das Land Baden-Württemberg in Karlsruhe mit Hildegard Gerecke seine erste Polizeipräsidentin.

Das Baugewerbe
Der Frauenanteil im Baugewerbe der USA liegt bei 1 bis 2 Prozent. In Manhattan sind 4 Prozent der 100 000 Beschäftigten im Baugewerbe weiblich. Kalifornien möchte gerne 20 Prozent Frauen in die Ausbildungsverhältnisse im Bau bekommen. 1989 lag die Zahl bei 11 Prozent, gegenüber 8 Prozent im Jahr 1983. Von den 51 000 Ausbildungsplätzen im kalifornischen Baugewerbe sind etwa 6 000 mit weiblichen Lehrlingen besetzt.
Erstaunlicherweise waren im Jahr 1990 laut Auskunft des Arbeitsministeriums 13,2 Prozent der Führungskräfte im Baugewerbe Frauen. Zusammen mit den weiblichen Handwerkerteams, denen die Gunst der Hausbesitzerinnen sowieso sicher ist, können sie viel dazu beitragen, daß noch mehr Frauen der Weg ins Handwerk geebnet wird.
Julia A. Stasch, eine ehemalige Sekretärin, ist jetzt President der Stein & Company, einer der größten Bauträgergesellschaften von Chicago. Als Vice President setzte sich Stasch 1985 dafür ein, daß mehr Bauarbeiterinnen eingestellt wurden: »Wir baten die Bauunternehmen darum, auch Frauen zu beschäftigen, und sie sagten: ›Aber gerne, nur haben die Gewerkschaften gar keine Frauen‹«, erzählt Stasch. »Die Gewerkschaften wiederum sagten: ›Aber gerne, nur wollen die Bauunternehmen keine Frauen.‹«
Also nahm Julia Stasch die Sache selbst in die Hand. 1989 gründete sie einen nur aus Frauen bestehenden Ausschuß, in dem verschiedene Interessengruppen vertreten waren, die Handwerkerinnen für Bauprojekte rekrutierten, schulten und vermittelten. Auf der Baustelle eines 27stöckigen Bürogebäudes, das im Auftrag der Regie-

rung errichtet wurde, wären normalerweise nicht mehr als fünf Frauen zu finden gewesen. Bei Stein & Company waren es 82 *Handwerkerinnen,* mehr als auf jeder anderen Baustelle bisher. Stasch setzt nun ihren Einfluß ein, um mehr Frauen für den Bau eines 40stöckigen Gebäudes zu bekommen.

⑩ Kunst und Medien

Rufen Sie sich Regel Nummer eins noch einmal in Erinnerung, nämlich den eigenen Traumberuf zu verfolgen. Für eine wachsende Zahl von Frauen heißt das, in der Kunst und in den Medien zu arbeiten.

Für Marin Alsop stand schon mit elf Jahren fest: Sie wollte Dirigentin werden. Von ihren Lehrern bekam sie zu hören: »Mädchen werden so etwas nicht.« Unbeirrt verfolgte sie jedoch ihren Traum. Heute dirigiert sie das Symphonieorchester von Eugene, Oregon. Sie war die erste Frau, die die Boston Pops in ihrer 105jährigen Geschichte dirigierte.

Eine ganze Generation von Frauen verschafft sich heute Zutritt zur Dirigentenszene, berichtet *Maestra* (nicht Maestro!) Alsop, und fügt hinzu: »Es kann nur noch besser werden für Dirigentinnen.«

Das berufliche Glück ist natürlich vollkommen, wenn der Traumberuf sich gerade im Aufwind befindet. Verständlicherweise wünschen sich das die meisten angehenden Künstler oder Künstlerinnen. Im Fahrwasser des Trends »Die Renaissance der schönen Künste«, den wir in unserem Buch *Megatrends 2000* beschrieben haben, haben jedenfalls schon viele Frauen, die sich von ihrem Traum nicht abbringen ließen, den Weg nach ganz oben geschafft.

Alleine aus dem Jahr 1991 stammen folgende Erfolgsmeldungen:

- Kathy Halbreich wurde zur Direktorin des progressiven Walker Art Center in Minneapolis ernannt, das internationalen Ruf genießt.
- Sian Edwards wurde musikalischer Direktor und Dirigent der English National Opera.
- Jo Anne Akalaitis trat die Nachfolge von Joseph Papp als Leiterin des New York Shakespeare Festival an.
- Agnes Gund wurde zur Präsidentin des Museum of Modern Art gewählt.

- Deborah Borda wurde Vorsitzende der New Yorker Philharmoniker.
- Die Komponistin Shulamit Ran gewann den Pulitzerpreis für ihre Symphonie.
- Lynne Cooke wurde Kuratorin des Dia Center for the Arts, einer der wohlhabendsten Einrichtungen für zeitgenössische Kunst in den USA.

Mehr und mehr werden beispielsweise auch in Deutschland Museen von Frauen geleitet: Als Generaldirektorin der Museen der Stadt Köln zeichnet Dr. Hiltrud Kier verantwortlich, Direktorin des Hessischen Landesmuseums in Darmstadt ist Dr. Sybille Ebert-Schifferer, und in Dresden leitet Karin Nitzschke das Buchmuseum der Sächsischen Landesbibliothek.

Frauen im Fernsehen

1991 begann Catherine Crier von CNN mit *Crier & Company,* einer dreißigminütigen Live-Show, in der täglich drei bis vier Politikerinnen, politische Beobachterinnen und Wissenschaftlerinnen (gelegentlich auch ein männlicher Kollege) zu Wort kamen, die über wichtige Themen in der amerikanischen Gesellschaft sprachen. Jahrelang hatten die Zuschauer rein männliche Diskussionsrunden (gelegentlich aufgelockert durch eine Alibifrau) über sich ergehen lassen. Dies war nun die erste Show in einem nationalen Sender, in der Tag für Tag nur Frauen diskutierten. Sie setzten ein Zeichen für die neunziger Jahre.

CNN hat ohnehin eine führende Stellung eingenommen, was Frauen vor der Kamera angeht. Hanna Storm in der Sportberichterstattung und Christiane Amanpour haben mit ihren Berichten vom Golfkrieg einige Veränderungen im öffentlichen Bewußtsein bewirkt. Ein weiteres Verdienst des CNN schließlich ist es, daß Frauen nicht wie Fotomodelle aussehen müssen, um eine Chance zu haben, der Öffentlichkeit präsentiert zu werden. Statt dessen treten ganz normale, hart arbeitende Journalistinnen auf.

Der Kritiker Walter Goodman schrieb dazu in der *New York Times:* »Jedem, der die Feier (Januar 1992) zum 40. Geburtstag der Sendung *Today* bei NBC gesehen hat, muß doch der Unterschied zwischen dem Team von Jane Pauley, Katie Couric und Faith Daniels

und dem Team von Gene Shalit, Joe Garagiola und Willard Scott ins Auge gesprungen sein.« Goodman schloß seinen Artikel mit der Feststellung, daß »es als Zeichen der Fairneß und Vernunft zu werten ist, wenn auf dem Bildschirm immer mehr Journalistinnen erscheinen, die ein gewisses Alter überschritten haben und mit anderen Vorzügen als einem aufsehenerregenden Äußeren aufwarten«.
Oprah Winfrey, Sally Jesse Raphael und Joan Rivers gehören zu den Frauen, die sich in der Männerdomäne des Fernsehjournalismus den Weg nach oben erkämpft haben. Vorreiterinnen im deutschen Fernsehjournalismus sind beispielsweise Barbara Dickmann, Ulrike Wolf, Gabriele Krone-Schmalz wie auch Sabine Christiansen.
Früher befürchteten Frauen in derartig exponierten Jobs Nachteile, wenn sie sagten, daß sie verheiratet waren. Nun wird schon beinahe erwartet, daß sie ihre Schwangerschaften öffentlich bekanntgeben. In den Sendern stellte man nämlich fest, daß genau zu dem Zeitpunkt, zu dem Jane Pauley und Joan Lunden in den Mutterschaftsurlaub gingen und dann wieder zurückkehrten, die Einschaltquoten *stiegen.* Heute sehen die Sender keinen Grund dazu, den Mutterschaftsurlaub ihrer Journalistinnen in irgendeiner Weise herunterzuspielen. Die Sender verleihen dem »Mommy Track«, dem Karriereweg für Frauen, eine neue Bedeutung.

Regisseurinnen
»Lillian Gish sagte einmal, das Regieführen sei ›kein Job für eine Dame‹«, schreibt Larry Rohter in der *New York Times,* und »Hollywood hat nur allzu freudig Beifall geklatscht«. Aber in den neunziger Jahren gab es einen geradezu explosionsartigen Anstieg der Zahl weiblicher Regisseure. Schon die folgende Liste spricht Bände. Sie führt zehn der zwanzig Frauen auf, die seit 1990 Regie geführt haben:

Martha Coolidge, *Ramblin' Rose;*
Randa Haines, *The Doctor* (Regisseurin von *Gottes vergessene Kinder*);
Penny Marshall, *Zeit des Erwachens* (Ihr *Big* spielte mehr als 100 Millionen Dollar ein);
Nora Ephron, *This Is My Life;*
Amy Heckerling, *Kuck mal, wer da spricht;*

Barbra Streisand, *Herr der Gezeiten;*
Jodie Foster, *Wunderkind Tate;*
Jennie Livingston, *Paris is Burning;*
Joan Micklin Silver, *Stepkids;*
Lili Fini Zanuck, *Rush.*

Bis in die achtziger Jahre hinein gab es praktisch keine weiblichen Regisseure. Bei 7332 Spielfilmen, die zwischen 1939 und 1979 in Hollywood gedreht wurden, haben nur vierzehn Frauen Regie geführt. 1990 wurden 23 von 406 Spielfilmen von Frauen gedreht. Auch das sind lediglich 5 Prozent, aber immerhin wächst die Zahl nun schneller als zuvor.

»Vor fünf Jahren gab es drei Regisseurinnen«, meint Nora Ephron. »Heute sind es über zwanzig. Das sind noch viel zuwenig, aber die Wende zeichnet sich zumindest schon ab.«

In der Filmszene etabliert haben sich die deutschen Filmemacherinnen Doris Dörrie mit *Männer,* Margarethe von Trotta mit *Bleierne Zeit* oder Helma Sanders mit *Deutschland, bleiche Mutter.* Und nicht nur als Regisseurinnen machen die deutschen Frauen von sich reden, sondern auch als Produzentinnen wie etwa die Berlinerin Regina Ziegler.

Frauen fangen endlich an, mehr als nur Alibifunktion in der Filmszene zu erfüllen. Martha Coolidge meint, mittlerweile gebe es so viele Regisseurinnen, daß »auch der letzte begreifen muß: Nicht alle Frauen sind gleich; wir bieten verschiedene Perspektiven an, die sich von denen der Männer unterscheiden und auch untereinander vielfältig sind.«

Künstlerinnen

Auch bei den Künstlerinnen geht es bergauf. Noch in den sechziger und siebziger Jahren stieß man bei einer Tour durch die Kunstgalerien von New York City höchst selten auf die Ausstellung einer Künstlerin. Der Wandel wurde in den achtziger Jahren eingeleitet, und heute sind in den USA Frauen fast ebensohäufig wie Männer in den Ausstellungen noch unbekannter Künstler vertreten.

»Im vergangenen Jahrzehnt wurden Künstlerinnen in allen westlichen Ländern aktiver, erfolgreicher und sichtbarer als je zuvor«, schreibt Nancy Heller in ihrem Buch *Meisterwerke Künstlerinnen.*

1990 wurde Jenny Holzer einstimmig von sieben Kritikern und Kuratoren als Repräsentantin der Vereinigten Staaten zur prestigeträchtigen Biennale in Venedig geschickt. Damit wurde zum ersten Mal seit 93 Jahren die Arbeit einer Frau auserkoren. Die Krönung ihres Erfolgs war dann die Verleihung des großen Preises der Biennale. Andere Künstlerinnen, die an vorderster Front des Kunstgeschehens stehen – die Amerikanerinnen Barbara Kruger, Rebecca Horn, Laurie Anderson und Cindy Sherman oder die Deutsche Elvira Bach, um nur einige Namen zu nennen –, brachten es in den achtziger Jahren zu weltweiter Anerkennung.

Verlagswesen

Die meisten Schlüsselfiguren im Verlagswesen sind Frauen, ebenso die besten Literaturagenten und Autoren. Phyllis Grann, Chief Executive Officer von Putnam und Mutter von drei Kindern, gehört zweifellos zu den fünf einflußreichsten Figuren in der amerikanischen Verlagsszene. Linda Grey ist President von Bantam. Turtle Bay Books hat eine Frau als President, nämlich Joni Evans, und das Redaktionsteam besteht ebenfalls aus Frauen. Auch unser amerikanischer Verlag, Villard, ein Geschäftsbereich von Random House, hat eine weibliche Verlegerin, Diane Reverand.
Sehr rührig im deutschen Verlagsgeschäft sind Angelika Jahr und Aenne Burda, die sich aus Altersgründen allerdings zunehmend aus dem aktiven Geschäft zurückzieht.
Frauen spielen ebenso im Zeitschriftenwesen eine wichtige Rolle. Frances Lear rief Lears »Für die Frau, die nicht von gestern ist« ins Leben. Seit 1991 verlegt Lida Valk das *Time*-Magazin.

Werbung

»Immer mehr Frauen steigen in der Werbebranche in Machtpositionen auf«, berichtet die *New York Times*.

- Im Mai 1991 wurde Rochelle Lazarus President der New Yorker Niederlassung von Ogilvy & Mather Worldwide, einer der größten Werbeagenturen des Landes mit einem Jahresumsatz von 700 Millionen Dollar.
- 1991 wurde Susan Gillette President der Niederlassung von DDB Needham in Chicago.

- Im gleichen Jahr wurde Helayne Spivak Executive Creative Director bei Young & Rubicam.

Der Kommentar von Lori Spano, President von Advertising Women in New York und Ackerley Airport Advertising: »Was lange Zeit zum Greifen nahe war, haben wir endlich erreicht.« Im April 1992 schließlich trat Charlotte Beers als Vorsitzende und Chief Executive Officer an die Spitze von Ogilvy & Mather Worldwide.

Nummer elf?

Ein Beruf, der nicht auf unserer Hitliste erscheint, ist der einer Beraterin in Sachen sexueller Belästigung am Arbeitsplatz. Gerade als die Affäre um die Ernennung des Richters Lawrence Thomas unzählige Frauen zum politischen Handeln trieb, kam auch das Thema der sexuellen Belästigung am Arbeitsplatz zur Explosion. Unter der Oberfläche hatte es schon lange gebrodelt.

- Eine *Newsweek*-Umfrage ergab, daß 21 Prozent der berufstätigen Frauen schon einmal sexuell belästigt wurden; 42 Prozent kannten eine Frau, die belästigt wurde.
- Die Hälfte der 500 oder mehr Mitglieder der American Management Association mußte sich in den vergangenen fünf Jahren mit diesem Thema befassen.
- Schon 1988 berichtete *Working Woman,* daß es in 90 Prozent der Unternehmen der *Fortune* 500 zu sexuellen Belästigungen gekommen war; in einem Drittel der Fälle wurden Gerichtsverfahren eingeleitet.
- Die bisher »detaillierteste« Studie über das Problem wurde 1987 vom U.S. Merit Board, einer Bundesbehörde, durchgeführt. 8500 Beschäftigte wurden dabei befragt. Das Ergebnis: 35 Prozent der Frauen waren beleidigenden Äußerungen, 28 Prozent vieldeutigen Blicken und 26 Prozent unerwünschten Berührungen ausgesetzt gewesen.

Diese Zahlen aus einer zuverlässigen Erhebung mit einer hohen Befragtenzahl zeigen, daß das Problem der sexuellen Belästigung am Arbeitsplatz allgegenwärtig ist – aber damit sagen wir Ihnen nichts Neues, weil Sie entsprechende Erfahrungen schon selbst gemacht oder von Freundinnen darüber gehört haben:

- Eine INFAS-Umfrage aus dem Jahr 1984 über »Sexuelle Belästigung am Arbeitsplatz« spricht eine ganz deutliche Sprache: Frauen sind ihr weltweit ausgesetzt. Von den befragten Frauen in Deutschland hatten 40,8 Prozent schon einmal eine sexuelle Belästigung erlebt, 59,1 Prozent sogar schon mehrmals.
- Berufstätige Frauen sind sexuellen Belästigungen mehr ausgesetzt als nicht berufstätige.
- In 52 Prozent der Fälle gingen die sexuellen Belästigungen von einem Kollegen aus, in 35 Prozent von einem Vorgesetzten, in 11 Prozent von einem Kunden und in 6 Prozent aller genannten Vorfälle von einem Untergebenen.

Seit neuestem jedoch können die Unternehmen, denen das Problem ohnehin seit einem Jahrzehnt bekannt ist, nicht mehr einfach den Kopf in den Sand stecken. Zunächst einmal trauen sich mehr Frauen als zuvor, überhaupt aufzumucken. Der weite Grund sind die neuesten Gesetzesänderungen in den USA: Seit 1991 können die Opfer auf Schadenersatz in Höhe von 50 000 bis 300 000 Dollar klagen, je nach Größe der Arbeitgeberfirma.
Außerdem wurde die Definition des Tatbestands erheblich erweitert, nachdem 1986 der wegweisende Fall *Meritor Savings Bank v. Vinson* vor dem Obersten Gerichtshof der USA zur Entscheidung kam. Bisher galt der Beweis für die sexuelle Belästigung erst dann erbracht, wenn das Opfer nachweisen konnte, daß ihm oder ihr ein Nachteil entstanden war. Eine Frau sollte etwa darlegen, daß sie entlassen oder nicht befördert wurde, wenn sie sich weigerte, mit ihrem Chef zu schlafen. 1986 jedoch erweiterte der Oberste Gerichtshof die Definition der sexuellen Belästigung und hielt sie schon dann für gegeben, wenn ein »feindseliges Arbeitsumfeld« es einer Beschäftigten schwermachte, ihrer Arbeit nachzugehen. Gleiches gilt natürlich auch für männliche Beschäftigte.
In Deutschland gibt es zwar eine Reihe von Schutzvorschriften im Arbeits- und Dienstrecht sowie im Zivil- und Strafrecht, eine spezielle Regelung für die sexuelle Belästigung am Arbcitsplatz besteht aber noch nicht. Aus umfassenden Untersuchungen in Deutschland

und in anderen Mitgliedsstaaten der Europäischen Gemeinschaften geht jedoch hervor, daß die bestehenden Regelungen allein leider keinen umfassenden rechtlichen Schutz vor sexueller Belästigung am Arbeitsplatz gewährleisten. Deshalb hat der Rat der Europäischen Gemeinschaften im Mai 1990 eine Entschließung zum Schutz der Würde von Frauen und Männern am Arbeitsplatz angenommen. Im Anschluß daran hat die Kommission der Europäischen Gemeinschaften im November 1991 eine entsprechende Empfehlung sowie einen Verhaltenskodex über praktische Verhaltensregeln und Maßnahmen zur Bekämpfung sexueller Belästigungen am Arbeitsplatz verabschiedet.

Die Bundesregierung hat bereits einen Gesetzesentwurf zum Schutz der Beschäftigten in der Privatwirtschaft und im öffentlichen Dienst von Bund, Ländern und Gemeinden vor sexueller Belästigung am Arbeitsplatz vorgelegt. Er soll als eigener Artikel in das Gleichberechtigungsgesetz aufgenommen werden. Auch die Oppositionsparteien haben einen entsprechenden Antrag gestellt.

Mit diesem Gesetz soll klar zum Ausdruck gebracht werden, daß sexuelle Belästigung am Arbeitsplatz eine Verletzung der arbeitsvertraglichen Pflichten bzw. ein Dienstvergehen darstellt. Die Beschäftigten haben durch ihr Verhalten zu einem Arbeitsklima beizutragen, in dem die persönliche Integrität und die Würde aller Beschäftigten respektiert werden. Insbesondere tragen Vorgesetzte dafür Verantwortung, daß in den ihnen unterstellten Bereichen dieses Arbeitsklima gefördert und sexuelle Belästigung vermieden wird.

Gleichzeitig soll aber – und das ist wohl das Ausschlaggebende – den Betroffenen ein gesetzlicher Regelungsmechanismus an die Hand gegeben werden, um sich gegen sexuelle Belästigung am Arbeitsplatz in geeigneter Weise zur Wehr zu setzen. Sie sollen die Möglichkeit der Beratung durch eine Vertrauensperson erhalten und außerdem soll ein spezieller Verfahrensweg für Beschwerden festgelegt werden.

Aus diesen Entwicklungen folgt, daß es im Interesse eines jeden Unternehmens liegt, sexuelle Belästigungen von vornherein zu unterbinden.

Wie soll ein Unternehmen das tun? Eine Möglichkeit heißt »Bewußtseinsbildung« am Arbeitsplatz und entsprechendes Training. Opfer und potentielle Opfer sollen Selbstbewußtsein entwickeln, wirkliche

Belästigungen sollen von harmlosem Scherz unterschieden werden können, das Arbeitsklima soll offener und besser werden. Jede Maßnahme in dieser Richtung wird dem Unternehmen helfen, eine Menge Geld zu sparen.

Es geht aber um weit mehr als nur Geld. Susan Webb ist Präsidentin der Pacific Resource Development Group, Inc., einer Beraterfirma mit Sitz in Seattle. Sie bietet Trainings zum Problembereich der sexuellen Belästigung an, in denen die Teilnehmer lernen, wie sie Schwierigkeiten verhindern oder lösen können.

Ihrer Meinung nach kommen sexuelle Belästigungen die Unternehmen nicht nur in finanzieller Hinsicht teuer zu stehen. Auch die Produktivität und das Betriebsklima leiden, und die Einstellung und Einarbeitung neuer Mitarbeiter verschlingen viel Energie.

»Jede einzelne Maßnahme, mit der man ein Gerichtsverfahren wegen sexueller Belästigung verhindern kann, ist ihr Geld wert«, sagt sie.

- Die Unternehmensberatung First Seminar in Boston verzeichnet ein deutlich verstärktes Interesse an ihren »Sexual Harassment«-Seminaren.
- Die American Management Association hat unmittelbar nach den Anhörungen von Richter Thomas einen Kurs zum Thema »Sexuelle Belästigung am Arbeitsplatz« begonnen, der ein positives Echo fand.
- James W. Wimberly, Rechtsanwalt in Atlanta und Experte für Arbeitsrecht, erhält immer mehr Anfragen von Arbeitgebern, die wissen wollen, welche Politik sie in der Frage der sexuellen Belästigung einschlagen sollen.

Während das US-amerikanische Gesetz noch ein »feindseliges Umfeld« und »einen nachgewiesenen Nachteil« gegeben sehen will, bietet Webb eine einfache Definition für den Tatbestand der sexuellen Belästigung an: **»absichtliche und/oder wiederholte sexuelle Verhaltensweisen (einschließlich mündlicher Äußerungen), die nicht willkommen sind, nicht gewünscht oder nicht erwidert werden«.**

Im Grunde geht es um die Ausübung von Macht, so Webb: Wer einen anderen Menschen belästigt, geht davon aus (ob bewußt oder nicht),

daß er oder sie mehr Macht hat. Andernfalls könnte der oder die Belästigte ja einfach sagen: »Schluß« – und der Spuk wäre vorbei.
DuPont erntet aus den unterschiedlichsten Ecken viel Lob für den vierstündigen Workshop »Eine Frage des Respekts« zu diesem Problem. Über 300 Beschäftigte wurden zu Trainern geschult, die den Workshop nun mittlerweile mit 70 000 von den 95 000 US-amerikanischen Beschäftigten des Unternehmens durchgeführt haben. Die Teilnehmer erfahren, welche Unternehmenspolitik in dieser Frage gilt, wie das Verfahren zur Meldung von Belästigungen funktioniert und daß es eine rund um die Uhr besetzte telefonische Beratung im Unternehmen gibt. Außerdem werden Videos präsentiert, die ausgiebig diskutiert werden.
»Kein Beschäftigter soll daran zweifeln, daß das Unternehmen hinter ihm steht«, sagt Dar De Sabatino, beratender Mitarbeiter von DuPont. »Es gibt nie eine Rechtfertigung dafür, daß die Integrität eines Menschen angetastet wird.«
Das Konzept bei DuPont war so erfolgreich, daß das Unternehmen eine neue Firma gegründet hat, Respect, Inc., um »Eine Frage des Respekts« auch anderen Unternehmen anzubieten.

Der neue weibliche Führungsstil

»Die Führungspyramide«, haben wir in unserem Buch *Megatrends* geschrieben, »wurde gelobt und verdammt, aber es ist ihren Kritikern nie gelungen, sie durch eine bessere, erfolgreichere Struktur für die Unternehmensführung zu ersetzen.« Das war 1982. In der Zukunft, so lautete unsere Schlußfolgerung, »werden Organisationen nach dem Netzmodell funktionieren«.
In dem Buch *Megatrends des Arbeitsplatzes* (1989) haben wir nach Beispielen für einen neuen Managertyp gesucht und sind dabei auf einige herausragende Führungspersönlichkeiten gestoßen. In Zukunft, so sagten wir, wird es zu den wichtigsten Aufgaben eines Managers gehören, »ein Klima zu schaffen, in dem der einzelne Mitarbeiter sich persönlich und beruflich weiterentwickeln kann«.
Dann kamen in den achtziger Jahren der Wandel der Vereinigten Staaten von der Industrie- zur Informationsgesellschaft und die

zunehmende Abhängigkeit von der Weltwirtschaft. In einer Zeit des Umbruchs und der Krise gründeten immer mehr Frauen kleine und mittlere Unternehmen. Weder konnten sie Erfahrungen im Sport oder im Militär vorweisen – den wirtschaftlichen Metaphern für das Industriezeitalter –, noch nahm sie jemand an die Hand und zeigte ihnen den Weg, den die Männer gegangen waren. So blieb den Frauen nichts anderes übrig, als sich auf ihren eigenen Instinkt zu verlassen.

In dieser Zeit wurde den Frauen immer wieder geraten, die »männlichen« Strategien nachzuahmen. Aber die alten Führungsmethoden funktionierten nicht mehr, und niemand wußte, was an ihre Stelle treten sollte. Damit hatte die Stunde der Kreativität geschlagen. Wer gute Ideen hatte, konnte so ungehindert wie noch nie zuvor mit ihrer Umsetzung experimentieren.

Viele fragten sich: »Was würde *mich* denn motivieren?« Ergebnis dieser Überlegungen war ein Führungsstil mit zwei wesentlichen Merkmalen: Die Mitarbeiter werden respektiert und unterstützt, und es wird versucht, ein kreatives, »Denkfabrik«-ähnliches Klima im Unternehmen zu schaffen. Findige Manager und Managerinnen dachten sich Netzwerke, Gitter und verknüpfte Strukturen aus, die an die Stelle der altehrwürdigen Pyramide traten.

Dieses neue Konzept ist nun als »weiblicher Führungsstil« in aller Munde.

Vereinfachende Beschreibungen des »Managers der Zukunft« dekken sich in geradezu unheimlicher Weise mit den Vorstellungen der Frauen über die Führungsarbeit. Während sich ein Heer von Unternehmensberatern an der Aufgabe aufrieb, den männlichen Managern ihre autoritären Methoden auszutreiben, hatten die Frauen damit keine Probleme: Für sie war das neue Konzept ganz selbstverständlich.

Da ließ sogar die Anerkennung der männlichen Managementgurus nicht lange auf sich warten. Peter Drucker ist fest davon überzeugt, daß Frances Hesselbein, ehemalige Vorsitzende der Girl Scouts of America und herausragende Vertreterin des neuen Führungsstils, »jedes beliebige Unternehmen in Amerika führen könnte«. Tom Peters, Autor des Buches *Auf der Suche nach Spitzenleistungen,* rät allen Männern, »die ihren Arbeitsplatz gerne behalten wollen«, sich mit den weiblichen Führungsmethoden zu beschäftigen.

»Wir haben einen anderen Führungsstil als Männer«, sagt die Unternehmensberaterin Jean Vancey aus Denver. »Und wir stellen fest, daß die Produktivität steigt, wenn wir ihn praktizieren.« Sämtliche Eigenschaften, die in Führungskreisen mittlerweile als erwünscht gelten, sagt sie, »Offenheit, Vertrauen, ständige Weiterbildung, Einfühlungsvermögen und Verständnisbereitschaft«, sind auch Attribute des weiblichen Führungsstils.
Eines wollen wir jedoch klar hervorheben: Es geht nicht darum, »nett« zu sein. Die Sorge um den Mitarbeiter darf nicht dazu führen, daß die Objektivität leidet. In manchen Fällen ist einem Mitarbeiter tatsächlich am besten gedient, wenn man ihm kündigt, ihn anschreit, ihm strikte Disziplin abverlangt oder eine Auseinandersetzung mit ihm durchsteht – eine verbale, versteht sich.
Unsere Begeisterung für den weiblichen Führungsstil rührt daher, daß er die **besseren** Methoden anbietet, um Produktivität und Gewinne zu steigern. Wer glaubt, es reiche aus, »sich um die Mitarbeiter zu kümmern«, um es im Geschäftsleben zu etwas zu bringen, ist ein sicherer Kandidat für den Konkursrichter.

Wie sieht der neue Führungsstil aus?

Wie sieht der neue Führungsstil nun in der Praxis aus? Weibliche Führungskräfte leben nach »weiblichen Wertvorstellungen«, so heißt es. Aber wie schlägt sich das im *Führungsverhalten* nieder? Wie setzt eine Managerin die Verhaltensweisen, die sie im Laufe ihrer Sozialisation erworben hat, in wertvolle berufliche *Qualitäten* um?
Seit über zehn Jahren arbeiten wir an einer Gegenüberstellung von traditionellen und neuen Führungsmethoden. Unsere Darstellung ist noch lange nicht vollkommen (das werden Sie an manchen Wiederholungen erkennen), aber unsere Zuhörer fanden sie dennoch immer sehr interessant. Nun haben wir versucht, die einzelnen Verhaltensweisen einander zuzuordnen, weil wir gerne wissen wollten, ob sich daraus typische Muster ableiten ließen. Vielleicht gab es ja drei, vier oder auch mehr zentrale Merkmale des weiblichen Führungsstils, denen sich die restlichen Verhaltensweisen dann zuordnen ließen. Die Gegenüberstellung im folgenden zeigt das Ergebnis unserer Überlegungen: die fünf zentralen Merkmale des neuen Führungsstils.

Traditionelles Management	**weiblicher Führungsstil**
Ziel: Kontrolle	Ziel: Veränderung
Grundlage: Erteilung von Anweisungen	Fördern/Wissen weitergeben
Rangordnung	Verbindungen
Weiß alle Antworten	Die richtigen Fragen stellen
Zieht Grenzen	Mitarbeiter in ihrer Selbstachtung bestärken
Gibt Vorgaben	Vorbild sein
Fordert Disziplin	Kreativität fördern
Hierarchie	Netzstrukturen aufbauen
Verlangt »Respekt«	Mitarbeiter »machen den Mund auf«
Leistungsbeurteilung	Vertrag über vereinbarte Ziele
Automatische jährliche Gehaltserhöhung	Zahlung nach Leistung
Vorbild Militär	Vorbild Lehren
Mitarbeiter in Habtachtstellung	Günstige Entwicklungsbedingungen
Sanktionen	Belohnung
Oben/unten	Horizontal
»Folgendes ist zu tun«	Was ist das Beste für den Mitarbeiter?
Geschäftsergebnisse	Vision
Abgeschlossenheit: Information = Macht	Offenheit
Kasernenhofmethoden	Motivation
Befehl und Gehorsam	Selbstachtung der Mitarbeiter fördern
Wenig Zeit für Mitarbeiter	Unbegrenzte Zeit für Mitarbeiter
Starr	Flexibel
Oben	Im Zentrum
Mechanistisch	Ganzheitlich
Unpersönlich/objektiv	Persönlich

Traditionelles Management	weiblicher Führungsstil
Selbstachtung der Mitarbeiter stärken	
Management	Führerschaft
Sanktion	Belohnung
Verlangt »Respekt«	Freie Meinungsäußerung
Kasernenhofmethoden	Motivation
Setzt Grenzen	Bestärkt Mitarbeiter
Fordert Disziplin	Weiß Kreativität zu schätzen
»Folgendes ist zu tun«	Was ist das Beste für den Mitarbeiter?
Geschäftsergebnisse	Vision
Unternehmensstrukturen	
Kontrolle	Veränderung
Rang	Verbindungen
Hierarchie	Netz
Starr	Flexibel
Automatische jährliche Gehaltserhöhung	Zahlung nach Leistung
Leistungsbeurteilung	Vertrag über vereinbarte Ziele
Mechanistisch	Ganzheitlich
Ressortdenken	System
Wissensvermittlung	
Anweisungen erteilen	Fördern
Vorbild Militär	Vorbild Lehren
Fragen	
Weiß alle Antworten	Stellt die richtigen Fragen
Vorbild	
Erteilt Anweisungen	Ist Vorbild
Offenheit	
Hält Mitarbeiter in Habtachtstellung	Schafft günstige Entwicklungsbedingungen
Oben/unten	Horizontal
Informationen kontrollieren	Informationen zugänglich machen

Bilden Sie Ihren persönlichen Stil aus

Mit Sicherheit wird Ihnen der Erfolg versagt bleiben, wenn Sie versuchen, einen Führungsstil zu imitieren, sei es der eines Mannes oder der einer Frau. Jede Frau muß ganz allein ihr eigenes Konzept finden.
Dabei kann es eine Hilfe sein, sich mit dem Vorbild erfolgreicher Frauen zu beschäftigen oder auch mit männlichen Leitfiguren, die Sie schon einmal zu Bestleistungen motiviert haben. Übernehmen Sie dann die Verhaltensweisen, mit denen Sie gut zurechtkommen, und legen sie die anderen ad acta.
Dies ist ein ganz wichtiger Punkt: Sie müssen herausfinden, welche Methoden Ihnen liegen und welche Ihnen überhaupt nicht zusagen. Die Politik der offenen Tür, von weiblichen Führungskräften angeblich so gerne praktiziert — »Frauen scheinen Unterbrechungen gar nicht so übelzunehmen. Sie sehen darin eine Chance, Informationen auszutauschen und Beziehungen zu pflegen« —, ist dem weiblichen Teil des Autorenteams dieses Buches schlicht ein Greuel. Sie zieht die Tür ohne Schuldgefühle hinter sich zu und dreht dann noch den Schlüssel um. Schreiben ist eine Führungsaufgabe, die am besten auf ganz »unweibliche Art« erledigt wird.

Die neue Generation weiblicher Führungskräfte

Judy B. Rosener, Professorin an der Graduate School of Management in Irvine, University of California, hat männliche und weibliche Führungskräfte mit vergleichbaren Aufgaben, vergleichbarer Ausbildung und ähnlichem Alter untersucht. Ihre Schlußfolgerung, veröffentlicht in der *Harvard Business Review,* lautet, daß Frauen und Männer durchaus unterschiedlich führen.
Männer sehen ihre Aufgabe darin, gute Leistungen zu belohnen oder mangelhafte Leistungen zu sanktionieren, meint sie. Sie sind das, was der Historiker James McGregor Burns »transaktionale Führungspersönlichkeiten« nennen würde.
Weibliche Führungskräfte dagegen versuchen, die individuellen Interessen und Bedürfnisse der Mitarbeiter zu berücksichtigen und diese gleichzeitig für die Unternehmensziele fruchtbar zu machen. In Burns' Terminologie sind sie »transformationale« Führungsper-

sönlichkeiten (wobei Rosener den Begriff der »interaktiven Führung« vorzieht).
Weibliche Führungskräfte:

- beziehen Mitarbeiter in die Entscheidungsfindung ein;
- teilen Macht und Informationen;
- fördern das Selbstwertgefühl der Mitarbeiter;
- begeistern andere für ihre Aufgaben.

Frauen haben mit hoher Wahrscheinlichkeit in solchen Unternehmen Erfolg, die sich schnell verändern oder schnell wachsen. »In Zeiten des Umbruchs können alle profitieren«, schreibt sie. Frauen haben auch in Unternehmen gute Karten, die gut ausgebildete junge Akademiker anstellen und die Individualität ihrer Mitarbeiter respektieren.
Man kann es auch unverblümter ausdrücken, wie Edward M. Moldt von der Wharton School of Finance and Management: »Viele Männer benehmen sich immer noch wie auf dem Kasernenhof. Das funktioniert aber nicht mehr annähernd so gut, wie es mal der Fall war.« Weil Frauen einen partizipativen Stil bevorzugen, gelingt ihnen die Zusammenarbeit mit Menschen viel besser, die es nicht mögen, »herumkommandiert zu werden«.

Der Faktor Empowerment

Kein anderes Wort wird häufiger in den Mund genommen, um den weiblichen Führungsstil zu beschreiben, als »Empowerment«. Aber was genau bedeutet es? Wie sieht es aus, wenn das Modewort in konkretes Verhalten umgesetzt wird?
Wir definieren den Begriff folgendermaßen: Empowerment wird einem Mitarbeiter zuteil, wenn er so viel Selbstvertrauen am Arbeitsplatz entwickeln kann, daß er zu eigenverantwortlichem Handeln fähig ist. Vorgesetzte wiederum setzen Vertrauen in das Urteilsvermögen ihrer Mitarbeiter und unterstützen ihre Entscheidungen. Fehler sind für sie kein Anlaß zur Schadenfreude oder Degradierung, sondern eine Chance, um Wissen weiterzugeben und dazuzulernen.
Wie diese Definition zeigt, ist das Konzept des Empowerment keine

Einbahnstraße. Es bezieht sich auf die Führenden ebenso wie auf die Geführten.

Donna J. Goya ist Senior Vice President in der Personalabteilung von Levi Strauss, wo Empowerment der Mitarbeiter ein festgeschriebenes Unternehmensziel ist. Ihre Kollegen behaupten, sie sei die lebende Verkörperung dieses Gedankens. Vielleicht ist das so, weil Goya eine Kunst beherrscht, mit der viele andere Manager nicht viel anfangen können — die Delegation. Gussie Stewart, ehemals im Vorstand für Lohn- und Gehaltspolitik zuständig, meint, Goya delegiere »auf eine Art und Weise, daß man sich *sehr verantwortlich und gleichzeitig sehr bestärkt* fühlt«. Goya war an der Entwicklung des Aids-Aufklärungsprogramms von Levi Strauss beteiligt, das zu den ersten seiner Art in der Wirtschaft zählte.

Der Führungsvorteil der Frauen

Sally Helgesen beschreibt in *Frauen führen anders* detailliert den Arbeitstag von vier Frauen in Führungspositionen: Dorothy Brunson, President von Brunson Communications; Frances Hesselbein, ehemalige Vorsitzende der Girl Scouts of America; Nancy Badore, Executive Director des Executive Development Center von Ford, und Barbara Grogan, Chief Executive Officer von Western Industrial Contractors.

Ebenso wie Rosener beschreibt Helgesen Frauen, die sich die Spielregeln der Männer in der Geschäftswelt *nicht* aneigneten. Statt dessen setzten sie voll auf ihre »weiblichen« Stärken. Sie hatten durchschlagenden Erfolg, indem sie andere unterstützten und anleiteten, eine offene Informationspolitik betrieben, zur Partizipation einluden und ganz allgemein günstige Voraussetzungen für ein positives, kollegiales Arbeitsklima schufen.

Führungsqualitäten: Ergebnis der weiblichen Sozialisation

Viele Merkmale des Führungsstils von Frauen sind schon in ihren geschlechtsspezifischen Rollen verwurzelt. Die fürsorgende Rolle etwa — die ein ausreichendes Maß an Objektivität nicht ausschließt — ist eine der Grundlagen dafür, Mitarbeiter zu unterstützen und ihre Weiterentwicklung in die richtigen Bahnen zu lenken.

Nach dem großen Knall zwischen John Sculley und Steve Jobs herrschte Aufruhr bei Apple Computer. Debbie Biondolillo, die damalige Personalleiterin, stand vor der schwierigen Aufgabe, den Verkauf und Vertrieb umzustrukturieren und die damit verbundenen Entlassungen vorzunehmen. Aber sie sorgte dafür, daß niemand auf der Straße landete. »Ich habe noch nie jemanden das tun sehen, was sie getan hat«, erinnert sich ein Mitarbeiter. »Sie hat sich einfach menschlich verhalten.«

Frauen wissen ein Lied von arroganten männlichen Vorgesetzten zu singen. Sie wissen, wie es *nicht* sein soll. Die Grundlage für wirkliche *Offenheit* ist Demut – ein Begriff, den viele Frauen nur ungern als Wert bezeichnen würden. Er bedeutet: »Mein Ego steht nicht auf so tönernen Füßen, daß ich den Allwissenden spielen muß. Laß mich auch deine Vorschläge hören.«

Frauen können besser zwischen den Zeilen lesen, meint Judith Hall, Psychologieprofessorin an der Northeastern University in Boston und Expertin für geschlechtsspezifische Unterschiede. »Von Frauen erwartet man gemeinhin, daß sie in zwischenmenschlichen Beziehungen kompetenter sind; sie unterstützen, gehen auf andere ein, fühlen mit«, sagt sie.

Die oft als typisch weiblich bezeichnete Fähigkeit, mit uneindeutigen Verhältnissen zurechtzukommen und verschiedene Anforderungen gleichzeitig zu vereinbaren, ist eine grundlegende, aber unterschätzte Führungseigenschaft. Männer, die sich darauf versteifen, Befehle von oben zu erteilen und deren Ausführung zu kontrollieren, sind in unserer schnellebigen Wirtschaft, in der es auf Information und Flexibilität ankommt, zum Scheitern verurteilt.

Sally Helgesen schreibt: »Die Mutterschaft wird immer mehr als eine exzellente Schule für Führungskräfte angesehen, da in beiden Bereichen oftmals die gleichen Fertigkeiten erforderlich sind: Organisationstalent, rationelle Arbeitsplanung, die Abwägung zwischen widerstreitenden Ansprüchen; die Fähigkeit, anderen etwas beizubringen, sie anzuleiten und zu beaufsichtigen sowie unvorhergesehene Zwischenfälle zu meistern und Informationen weiterzugeben.«

Die Hierarchie und das Netz

Schon zu Beginn ihrer Untersuchung stellte Helgesen fest, wie sehr Frauen die »tradionellste aller Unternehmensstrukturen ablehnen — die hierarchische Pyramide«. Weibliche Führungskräfte, sagt sie, »sehen sich lieber mittendrin im Unternehmen anstatt ganz oben, denn die Spitze ist für sie gleichbedeutend mit Einsamkeit und Isolation«.

Wenn das Prinzip des Empowerment das wichtigste Merkmal des weiblichen Führungsstils ist, dann folgt gleich darauf die Fähigkeit, die dafür notwendige Unternehmensstruktur zu schaffen.

Eine Managerin, die eine solche Unternehmensstruktur geschaffen und damit unglaubliche Erfolge erzielt hat, ist Frances Hesselbein. Bei einem Essen mit der Autorin Helgesen, das diese in denkwürdiger Erinnerung behalten haben dürfte, erklärte sie die Funktionsweise der Netzstruktur.

»Das bin ich«, erklärte Hesselbein und stellte ihr Glas mit Eistee in die Mitte des Tisches, »im Zentrum der Organisation.« Aus Tassen und Untertassen bildete sie einen Kreis darum herum: »Und das ist mein Führungsteam, der erste Kreis.« Hesselbein ordnete noch weitere konzentrische Kreise darum herum und stellte mit Messern und Gabeln die Verbindungen zwischen ihnen her, berichtet Helgesen.

»Der größte Vorteil ist, daß ein Kreis Sie nicht einengt«, schloß die ehemalige Vorsitzende der Girl Scouts. »Sie können von jedem beliebigen Punkt aus sofort Kontakte aufnehmen.«

Die Netzstruktur ist also vor allem Großunternehmen mit einer aufgeblähten Bürokratie zu empfehlen, in der spontane und direkte Kontaktaufnahmen allzuoft erstickt werden.

»Wenn ich jemanden suchen würde, der bei GM dic Stelle von Roger Smith einnimmt«, sagte Peter Drucker 1990, »dann würde ich Frances wählen.« Ihre starke Seite sei es nämlich, aus einer starren Bürokratie eine lebendige Gemeinschaft zu machen. Hesselbeins Laufbahn illustriert wie keine andere die Vorzüge der Netzstruktur. Als sie 1976 die Führung der Organisation übernahm, waren die Girl Scouts kurz davor, in die Bedeutungslosigkeit zu versinken. Es galt nicht mehr als zeitgemäß, sich ihnen anzuschließen, und die Mitgliederzahlen nahmen rapide ab. Heute sind die Girl Scouts of America eine erfolgreiche, von Grund auf erneuerte Organisation.

Manager bei IBM und Motorola sehen sich Frances Hesselbein auf Videofilmen an. Studenten an der Harvard Business School beobachten ihre Technik. Der Managementexperte Warren Bennis setzt Frances Hesselbein auf die gleiche Stufe wie John Sculley von Apple Computer. Ein Harvard-Professor urteilte: »Frances ist zielorientiert, sie verfügt über ein klares Führungskonzept, und sie verfolgt eine für alle erkennbare Richtung. Welcher Wirtschaftsboß, der nur seinen Gewinnen nachjagt, könnte es mit ihr aufnehmen? Ich sehe keinen.«

Netzstrukturen bilden

Das Management nach dem Vorbild der Netzstrukturen und die Bildung von Netzwerken zur gegenseitigen Unterstützung sind Führungsinstrumente, die sich mittlerweile bei weiblichen Führungskräften fest etabliert haben. Susan Davis, Gründungsorganisatorin des Commitee of 200, brachte 1982 zum ersten Mal die Topunternehmerinnen der Nation zusammen. Später, als sie eine mit viel Macht ausgestattete Führungsposition bei der Harris Bank in Chicago innehatte, konnte sie einen beachtenswerten Erfolg für sich verbuchen: Sie brachte Manager, die Portfolios von 100 Millionen Dollar verwalteten, dazu, Informationen weiterzugeben und kooperativ zu arbeiten.
Heute leistet Davis wichtige Pionierarbeit auf dem Sektor der privatwirtschaftlichen Investitionen in innovative, aber kapitalschwache und damit risikoträchtige Unternehmen in gesellschaftlich so relevanten Bereichen wie Energie, Recycling und Umwelt. Davis' Unternehmen, Capital Missions Company, hat den »Investor's Cycle« ins Leben gerufen, ein Netzwerk von Investoren mit sozialem Bewußtsein, die bereit sind, Zeit, Geld und Erfahrung zu investieren.

Modell Lehren

Grace Pastiak ist Werksleiterin bei Tellabs, Inc., einem Unternehmen in der Nähe von Chicago, das mit hochwertigen Telefonausrüstungen 213 Millionen Dollar im Jahr umsetzt. Im von Männern beherrschten verarbeitenden Gewerbe sind überraschende 26,4 Pro-

zent der leitenden Angestellten Frauen. An zwei Tagen im Monat vermittelt Pastiak den Arbeitern Kenntnisse über »Total Quality am Arbeitsplatz«. Sie tut dies im Rahmen eines Kurses, den viele männliche Manager delegieren würden, wie sie meint.
»Ich kann mir nicht vorstellen, daß ich etwas Wichtigeres tun könnte, als die Mitarbeiter zu bestärken ... Ich glaube einfach, daß ein zufriedener Mitarbeiter bessere Arbeit leistet«, sagt Pastiak und verleiht damit einer Meinung Ausdruck, die unter weiblichen Führungskräften immer wieder für eine Diskussion gut ist. »Die Denkweise der Manager vom alten Schlag, daß nur unter Druck wirklich etwas geleistet wird, erweist sich heute einfach als falsch«, sagt sie.
Wie sieht die Alternative aus? Führungskräfte müssen sich von ihrem Schreibtisch losreißen, in die Werkshalle gehen und mit den Arbeitern reden, gibt Pastiak Auskunft. Als kurz vor Weihnachten einmal ein wichtiger Auftrag über die Bühne gebracht werden mußte, rief sie ihre Leute zusammen. »Ich wußte, daß der Urlaub vor der Tür stand und viele meiner Mitarbeiter sich mehr um ihre Familie kümmern wollten«, erzählt sie. Anstatt nun jedem eine bestimmte Anzahl von Überstunden aufzudrücken, *fragte* sie, wozu sie denn bereit wären. »Sie sagten: ›Nimm den Auftrag an‹, und wir führten ihn aus«, berichtet sie.
Grace Pastiak erfüllt die Fertigungsfristen zu 98 Prozent, gegenüber den sonst in der Branche üblichen 90 Prozent.

Wie sieht die Kehrseite aus?

Trotz der überwältigenden Vorteile des weiblichen Führungsstils ist es wichtig, sich ab und zu in Erinnerung zu rufen, daß wir uns immer noch in einer Übergangssituation befinden. Wenn Frauen das neue Führungsparadigma übernehmen, dürfen sie nicht vergessen, welche Wirkung sie damit bei denjenigen erzielen, die noch im alten Modell verhaftet sind. Hier werden Frauen am meisten verwundbar sein. Wenn sie »vor Begeisterung sprühen«, wie Judy Rosener es nennt, erscheinen sie bestenfalls konzeptlos und naiv.
Denken Sie auch daran, wie frustrierend es für andere ist, wenn sie um Vorschläge gebeten werden, die dann regelmäßig in der Schublade verschwinden. Und noch etwas: Es ist weit zeitaufwendiger,

andere um ihre Ideen zu bitten, als Entscheidungen alleine im stillen Kämmerchen zu treffen.
Und der wichtigste Punkt: Sie müssen sich über Ihre Ziele im klaren sein. Der Stil ist nicht alles. Offen zu sein und die Vorstellungen anderer zu akzeptieren, könnte Sie auch verletzlich machen oder sogar Ihre Autorität untergraben. Im schlimmsten Fall könnten Sie den Eindruck erwecken, als bäten Sie andere nur deshalb um Vorschläge, weil Sie selbst keine in petto haben. Wenn Sie Ihre Ziele jedoch klar vor Augen haben, werden Sie sich von solchen Schwierigkeiten nicht entmutigen lassen – vor allem, wenn Sie darauf vorbereitet sind.

Der einzig mögliche Weg

Judy Rosener unterteilt die Frauen in zwei Generationen. Die ältere hat sich die männlichen Spielregeln angeeignet. Die jüngere hat neues Terrain erschlossen, »indem sie nach den Einstellungen lebte, die Teil ihrer gemeinsamen Erfahrung als Frauen waren«, schreibt sie.
Tatsächlich haben die meisten Frauen den nach militärischem Vorbild strukturierten Führungsstil *nie* erlernt – und sie wären im Büro auch ausgelacht worden, wenn Sie Anstalten dazu gemacht hätten. »Mitarbeiter nehmen gegenüber weiblichen Führungskräften, die über eine geringe soziale Kompetenz verfügen, eine feindlichere und negativere Haltung ein«, ergab eine Studie für das Center for Values Research in Dallas. Damit ist einmal mehr bestätigt, daß aggressive Frauen als boshaft wahrgenommen werden.
Frauen hatten eigentlich keine andere Wahl, als einen eigenen Weg zu suchen. Da er völlig im Trend der Zeit lag, stellt er nun das vorherrschende Führungsmodell dar.

Gleichgewicht

»In den achtziger Jahren wurde das Berufsleben unglaublich idealisiert und romantisiert, ähnlich wie es mit dem Familienleben in den fünfziger Jahren der Fall war«, sagt Barbara Dafoe Whitehead, Forschungsleiterin am Institute for American Values in New York. Jetzt, sagt sie, merken immer mehr Menschen, »daß Arbeit nicht alles ist, sondern auch die Familie ihren Platz hat«.

Natürlich werden auch in Zukunft aufstrebende und vielversprechende Führungstalente ihre Karrierepläne nicht einfach über den Haufen werfen, aber zumindest ist ein Wort immer häufiger in der Managerszene zu hören: Gleichgewicht.
Die meisten berufstätigen Frauen sagen, sie hätten nicht genügend Zeit, um Chefin, Mutter, Geliebte, Sportskanone und Gourmetköchin zu sein und dann noch ein paar Stunden in der Woche für die ehrenamtliche Mithilfe im örtlichen Recycling Center abzuzwacken. Trotzdem müssen viele Frauen ein solches Pensum oder ein noch umfangreicheres bewältigen.
Fast ein Viertel der Vollzeitbeschäftigten in den Vereinigten Staaten verbringt 49 Stunden pro Woche in der Firma, verglichen mit 17 Prozent im Jahr 1981. Dr. Arlie Hochschild, Soziologin an der University of California in Berkeley und Autorin des Buches *Der 48-Stunden-Tag: Wege aus dem Dilemma berufstätiger Eltern,* meint, daß Frauen durchschnittlich fünfzehn Stunden pro Woche mehr als Männer arbeiten, hauptsächlich bedingt durch den Haushalt.
Im Jahr 1991 wurde in Deutschland eine Untersuchung über »Unternehmerfrauen im Handwerk« veröffentlicht, nach der Unternehmerfrauen pro Woche eine Arbeitsbelastung von 71 Stunden haben. Es sei daran erinnert, daß die Wochenarbeitszeit von Arbeitnehmern in Deutschland bei 38,5 Stunden liegt. Wen wundert es dann noch, daß das BAT-Freizeit-Forschungsinstitut unter der Regie von Professor Dr. Horst W. Opaschowski bereits 1989 ermittelt hat, daß berufstätige Frauen pro Werktag über 66 Minuten weniger Freizeit verfügen als der Durchschnitt der Bevölkerung? Es gibt auch in den USA Untersuchungen, die zum Ergebnis kommen, daß die Amerikaner heute bedeutend weniger Freizeit als früher haben. Das kann die Mehrzahl der berufstätigen Frauen wenig beeindrucken, die über gar keine Freizeit verfügen.
Wo liegt der Grund dafür? Berufstätige Frauen messen sich häufig an Geschäftsmännern um die Fünfzig, denen eine nicht berufstätige Ehefrau den Rücken freihält. Sie stehen seit zehn oder zwanzig Jahren im Berufsleben und merken – wie viele gleichgesinnte Männer auch –, daß ihnen bei der Jagd auf die guten Posten die Luft ausgeht. Sie wollen Erfolg im Beruf *und* Erfüllung im Privatleben.
»Freizeit – und nicht Geld – wird das Statussymbol der neunziger Jahre«, stellt John Robinson fest, Direktor des American's Use of

Time Project an der University of Maryland. Ihm zufolge würden 70 Prozent der Berufstätigen, die über 30 000 Dollar im Jahr verdienten, einen unbezahlten freien Tag bereitwillig akzeptieren.
Die amerikanischen Babyboomer, die sich mehr Freiräume wünschen, könnten Verbündete in einer späteren Generation finden: in den nach 1965 Geborenen, den Babybusters. *Fortune* nennt sie Yiffies – jung, individualistisch, freiheitsliebend und selten vorkommend. Sie möchten eine befriedigende Arbeit haben, ohne gleich mit dem Unternehmen verheiratet zu sein.
Vielleicht wird diese neue Gruppe allen anderen helfen können, das Ideal eines ausgewogenen Lebens zu verwirklichen. Frauen zwischen vierzig und sechzig sollten versuchen, die neue Generation zu verstehen – sie ist immerhin das Produkt ihrer Erziehung. Möglicherweise haben die Babybusters ihre Mütter gesehen und gesagt: »Eine erfolgreiche Karriere ist schön und gut, aber muß der Preis so hoch sein? Ich jedenfalls will nicht so viele Opfer dafür bringen.«
In der Zwischenzeit haben sich aber auch besagte Mütter verändert, vor allem als der Aufstieg in höhere Machtpositionen sie vor einige schwierige Fragen stellte:

- Lane Nemeth, Chefin von Discovery Toys, einem Unternehmen mit Niederlassungen in Kanada und Japan und einem Jahresumsatz von 83 Millionen Dollar, sagt, daß ihre Tochter und ihr Mann das Wichtigste in ihrem Leben seien. »Wenn es irgendmöglich ist, arbeite ich am Wochenende nicht«, sagt sie. »Ich sitze auch nicht bis neun oder zehn Uhr abends im Büro.«
- Nancy Badore, Topmanagerin bei Ford und Mutter eines Kleinkinds, wird immer wieder als beispielhafte Vertreterin des neuen Führungstyps angeführt. Sie betritt ihr Büro um 8.30 Uhr und verläßt es um 18.00 Uhr.
- Barbara Grogan, ein weiteres Vorbild für aufstrebende Nachwuchsmanagerinnen, ist geschieden und hat zwei schulpflichtige Kinder. Am Wochenende geht sie nie ins Büro, und sie hält auch ihre Mitarbeiter dazu an, dies nicht zu tun. Grogan sagt ganz offen: »Meine Kinder kommen zuerst« und: »Seit ich ein Baby habe, kann ich besser unterscheiden, was wirklich wichtig ist. Ich schufte zwar immer noch, aber die Perspektiven sind zurechtgerückt.«

Managerinnen gelingt es besser als ihren Kollegen, Beruf und Familie in Einklang zu bringen. Der wichtigste Grund ist natürlich der, daß sie die größte Verantwortung in der Familie tragen. Aber auch andere Faktoren tragen dazu bei, daß ihre Bilanz ausgeglichener ist. Frauen identifizieren sich nicht so ausschließlich über ihre Karriere, wie Männer es meist getan haben. Weibliche Führungskräfte gönnen sich auch mehr Zeit, um sich zu regenerieren — sie gehen ins Theater und Kino, besuchen Ausstellungen und sammeln Kunstgegenstände, sie lesen oder widmen sich ihrem Garten.
Für die meisten Frauen ist eine Karriere kein methodisch betriebener Aufstieg zur Macht, sondern ein Zickzackweg, der sich durch Berge und Täler schlängelt und an dessen Rand auch Rastplätze liegen. Auf die Jahre der Kindererziehung können Jahre folgen, in denen sie auf Biegen oder Brechen den Erfolg im Beruf suchen. Am Ende sind aber die meisten Frauen auf einen Ausgleich bedacht: Erfüllung in der Arbeit und Zeit für Familie, Freunde und Erholung.
Verlangen wir damit zuviel von uns selbst und von unseren Unternehmen?

Der Mommy Track

Es war einmal eine Stimme, die für den Ausgleich plädierte und auf eine Mauer der Ablehnung stieß. Felice N. Schwartz, President der Consultingfirma Catalyst, die Unternehmen über Karrierewege von Frauen berät, schlug in einem Artikel in der *Harvard Business Review* vor, daß Firmen zwei Arten von Managerinnen unterscheiden sollten — die eine, die ihre Familie an erster Stelle sieht, und die andere, die ihrem Beruf Priorität einräumt. Darauf aufbauend, sollten Firmen flexible Programme anbieten.
Ihre Idee wurde unter der Bezeichnung »Mommy Track« berühmt und rief einen Aufruhr hervor, der sich immer noch nicht gelegt hat. Feministinnen sträubten sich zu Recht dagegen, daß Frauen anders als ihre männlichen Kollegen (größtenteils Väter) behandelt werden sollten, und dagegen, daß man Frauen eine Entscheidung zwischen Kindern oder Karriere abverlangen wollte.
Fran Rogers von Work/Family Directions, einer Forschergruppe in Boston, kritisierte, daß Schwartz »Frauen in die bestehende Kultur einpassen will, anstatt nach Wegen zu suchen, um diese zu verändern

... Sie teilt Frauen in zwei Gruppen ein und nimmt die Verschiedenheit bei den Männern überhaupt nicht zur Kenntnis, das ist fürchterlich.«

Die Abgeordnete Pat Schroeder (Dem., Colorado) ist der gleichen Meinung: »Das Schlimme daran ist, daß eine Einstellung neue Nahrung erhält, die in unserem Land sowieso schon tief verwurzelt ist: Für Frauen gibt es nur ein Entweder-Oder – Familie oder Karriere.«

Die Kritikerinnen führten zwar stichhaltige Argumente an, aber sie ignorierten auch wichtige Elemente der Ausführungen von Schwartz – etwa daß eine größere Flexibilität in der Karriereplanung durchaus wünschenswert ist.

Es gibt viele Anzeichen dafür, daß Familien mehr Zeit miteinander verbringen möchten. Die Personalberatungsfirma für Führungskräfte Robert Half befragte tausend qualifizierte Berufstätige; 82 Prozent der Frauen zogen eine Laufbahn mit flexibler Vollzeitarbeit und mehr Zeit für die Familie, aber langsamerem Aufstieg einer Blitzkarriere mit unflexiblen Arbeitszeiten vor.

Nach einer neuen Umfrage von DuPont ziehen 56 Prozent der *männlichen* Angestellten flexible Arbeitszeiten vor, um mehr Zeit für die Familie zu gewinnen; 40 Prozent würden einen Stellenwechsel in Betracht ziehen, wenn der neue Job mehr Flexibilität verspricht.

Wie schon gesagt, viele Berufstätige würden auch einen unbezahlten freien Tag gerne akzeptieren.

Letztendlich war der Mommy Track ein Beispiel dafür, wie Menschen mit guten Absichten aneinander vorbeireden. Nicht jede Frau will eines Tages ein Unternehmen leiten. Außerdem kommt es auch auf die Wahl des richtigen Zeitpunkts an. Manche Menschen brauchen Flexibilität, andere wollen möglichst viel in möglichst kurzer Zeit erreichen. Mehr Flexibilität und weniger Effekthascherei hätten aus der Diskussion um den Mommy Track statt eines ideologischen Glaubenskriegs eine fruchtbare Auseinandersetzung gemacht.

Die neue Generation

Heute stehen zwei Generationen im Berufsleben, deren unterschiedliche Wertvorstellungen »regelrecht aufeinanderprallen«, sagt Margaret Regan, Beraterin und Trainerin bei Towers Perrin. »Die Manager der alten Garde glauben, wenn der Schuh nicht paßt, soll man ihn trotzdem tragen und humpeln. Die Babybusters sagen: Weg damit, wir brauchen neue Schuhe.«
Roy Howard, Personalleiter bei Bell South, drückt das so aus: »Die jüngeren Leute, die wir jetzt bei uns haben, stellen ihr Leben nicht mehr so bereitwillig auf das Unternehmen ab, wie wir es einmal gewohnt waren.«
»Sie legen größeren Wert auf Ausgleich«, bestätigt Glenn Blake, Director of Employment und Management Development bei General Mills. »Die Lebensqualität hat einen höhren Stellenwert als noch vor zehn Jahren.«
»Vielleicht ist eine Karriere nicht alles«, meint Linda Persico von Ford. »Der Beruf ist mir zwar wichtig, aber er ist nicht das Wichtigste in meinem Leben. Ich habe noch andere Interessen. Wenn ich mich zwischen Karriere und Beziehung entscheiden müßte, würde ich wohl letzteres wählen.«
Linda Persico Boren mußte aber nach ihrer Heirat nicht wählen. Sie und ihr Mann, ebenfalls bei Ford, arbeiten nun für Ford in Europa.
»Dieser Gedanke des Ausgleichs hat sich ganz allmählich entwikkelt«, erklärt ein Psychotherapeut aus Silicon Valley. »Zuerst beschäftigten sich die Firmen mit Streß-Management, dann mit dem Burnout-Syndrom und jetzt mit der Frage des Gleichgewichts.«

Es waren einmal zwei Frauen

1972 gründete Sandra Kurtzig die Firma ASK Computer und wurde damit wie keine zweite Frau in der ganzen Branche berühmt. Sie arbeitete zwanzig Stunden am Tag und sieben Tage in der Woche. »Ich wußte überhaupt nicht, wie ich Familie und Karriere unter einen Hut bringen sollte«, erzählt sie. 1985 ließ sie sich beurlauben, um Zeit für ihre Kinder zu haben. 1989 bat sie den Vorstand darum, sie unbefristet von ihren Pflichten freizustellen. Sieben Monate später konnte der Vorstand sie davon überzeugen, wieder einzusteigen. In der Zwischenzeit hatte sich Sandra Kurtzig jedoch einige Gedanken über das Gleichgewicht zwischen Beruf und Familie gemacht. Sie rät Frauen davon ab, ihren Kinderwunsch bis zum Alter von vierzig Jahren aufzuschieben, nur um die Karriere vorher zu festigen. »Wenn ein Unternehmen nicht genug Rücksicht darauf nimmt, daß Sie auch ein Privatleben führen möchten, dann sind Sie sowieso am falschen Platz«, meint sie.

1977 wurde Deborah (Debi) Coleman mit 34 Jahren Finanzleiterin bei Apple Computer. Der Preis für ihren Erfolg hieß Bluthochdruck und Übergewicht, von anderen Dingen ganz zu schweigen. Coleman fragte sich: »Ist das mein Ziel: die beste Finanzleiterin in der Branche zu sein und mit vierzig einen Herzinfarkt zu haben?« Sie sagte ihren Mitarbeitern: »Ich hatte also die Wahl – weiterzuarbeiten, bis ich völlig ausgebrannt war, oder das Problem proaktiv anzugehen.« Coleman verkaufte den größten Teil ihrer Aktien, trieb Sport, las Zeitschriften und besuchte Konferenzen. »Als ich noch völlig in meiner Arbeit aufging, hatte ich nie Zeit, weder für Freunde noch für die Familie, noch für den Sport«, sagt sie. »Jetzt habe ich Zeit.« Eine verjüngte Coleman kehrte 1990 als Vice President for Information Systems and Technology zu Apple zurück.

Jim R. Moberg, Personalleiter bei Pacific Telesis – einem Unternehmen, bei dem schon viele Beschäftigte ihr gesamtes Berufsleben verbrachten –, stellt es so dar: »Über einen Zeitraum von 32 Jahren gesehen, ist eine Abwesenheit von zwei oder drei Jahren kein Weltuntergang. Da bleibt noch genügend Zeit übrig.«

Auch Apple-Chef John Sculley wollte etwas für den Ausgleich in seinem Leben tun. Er nahm neun Wochen Urlaub und arbeitete auf einem Bauernhof in Maine.

Lösungen finden

Natürlich hängt es auch von der Unternehmenspolitik ab, ob Mitarbeiter flexibel genug sind, um Beruf und Privatleben vereinbaren zu können: Zeitarbeit in qualifizierten Positionen, Job-sharing, gleitende Arbeitszeit, reduzierte Arbeitszeit, unbezahlter Urlaub sind mögliche Angebote der Firmenseite. Niemand sollte aber darauf warten, an der Hand genommen und auf den richtigen Weg geführt

zu werden. Jeder muß für sich selbst den passenden Lebensstil finden und dann versuchen, ihn zu realisieren.
William Urys Buch *Konfliktmanagement. Wirksame Strategien für den sachgerechten Interessenausgleich* (erinnert Sie das an Ihren Chef oder Ihre Chefin?) enthält praktische Ratschläge, um Lösungen wie die der oben beschriebenen Frauen zu finden.

- Donna Goya von Levi Strauss arbeitete 1984, als ihre Kinder noch klein waren, drei Tage in der Woche und gab die Verantwortung für zwei von fünf Unternehmensbereichen ab.
- Karen B. Appignani, EDV-Expertin bei Johnson & Johnson, nahm sechs Wochen Mutterschaftsurlaub, als ihre Tochter Tara 1989 geboren wurde. Im Anschluß daran blieb sie noch drei Monate lang zu Hause und richtete sich einen PC-Arbeitsplatz ein. Danach arbeitete sie weiterhin zwei Tage zu Hause, und an drei Tagen ging sie ins Büro.
- Kathie McKirdy fand, daß sie die Entwicklung ihrer Kinder kaum noch miterlebte. 1989 setzte sie ihren Arbeitgeber, DDB Needham Worldwide in Chicago, von ihrer Kündigung in Kenntnis: »Ich sah keine andere Lösung mehr.« Doch DDB Needham wollte sie gerne behalten. Jetzt arbeitet sie an drei Tagen insgesamt achtzehn Stunden im Büro und einen Tag zu Hause. Mit ihrem mobilen Telefon ist sie besser erreichbar als manch anderer, »der zwölf Stunden täglich im Büro verbringt«.

Unternehmen, denen es mit der Flexibilität in der Arbeitsgestaltung ernst ist und die begreifen, wie sehr die Qualität der Arbeit davon profitiert, werden qualifizierte Fachkräfte anziehen und die Produktivität erhöhen.
Juliet Schor, Professorin für Betriebswirtschaft an der Harvard University, rät Unternehmen, die Arbeitszeit der Beschäftigten zu kürzen — bei gleicher Bezahlung. Die Produktivität werde enorm steigen, prophezeit sie. Während der Depression, die nach dem Börsenkrach 1929 in USA einsetzte, wurde bei Kellogg die Arbeitszeit der Produktionsarbeiter von acht auf sechs Stunden reduziert. Nun schnellte die Produktion in einer Abteilung, die bisher 83 Kisten Getreideflocken täglich hergestellt hatte, auf 96 Kisten hoch.
W. R. Kellog meinte daraufhin, wenn Effizienz und Moral der

Beschäftigten auf einem solch hohen Niveau blieben und die Unfallzahlen und die *Stückkosten* auf einem so niedrigen, »dann können wir es uns auch leisten, für sechs Stunden soviel zu bezahlen wie früher für acht«.

Nach Schor könnte der Arbeitstag auf sechs oder sieben Stunden reduziert werden. Als Beispiel führt sie die Medtronic Corporation in Minneapolis an. Dort wurde ein Leistungsanstieg verzeichnet, als die Arbeitszeit – bei vollem Lohnausgleich – von 40 auf 36 Stunden verkürzt wurde. Beim Versicherungsunternehmen United Services Automobile Association, Texas, stiegen im Anschluß an eine Reduzierung der Arbeitszeit die Umsätze an.

Selbständige, die es gelernt haben, aufgabenorientiert zu arbeiten, anstatt sich von der Stechuhrmentalität der Industriegesellschaft bestimmen zu lassen, würden diese Ergebnisse sicher unterschreiben. Sie sind in der Lage, einen Vollzeitjob in fünf oder sechs Stunden zu erledigen, weil die Gespräche mit den Mitarbeitern entfallen, weil sie nicht in geplante und ungeplante Pausen gehen, sich nicht zu Arbeitsessen verabreden, keine unproduktiven Besprechungen über sich ergehen lassen und auch sonst weniger Störfaktoren zu bewältigen haben (von der Fahrt zur Arbeit ganz zu schweigen). Wer weniger arbeitet, konzentriert sich besser und ist damit effektiver. Im Idealfall bleibt genügend Zeit für die Familie, Erholung und Fitneß übrig.

Selbständige wissen, daß sich der Erfolg, der in einer Cornflakesfabrik mitten in der Depression möglich war, in den modernen Büros noch um ein Vielfaches übertreffen ließe.

Vor dem Hintergrund des Wandels in der Einstellung zum Beruf müßten solche Ideen eigentlich auf offene Ohren treffen. Oder nicht?

Gehaltsunterschiede

In unserer Informationsgesellschaft ist Grips wichtiger als Muskeln. Die US-amerikanischen Gewerkschaften, eine Domäne der Männer, haben ihre Macht eingebüßt. 30 Prozent der Frauen besetzen Führungspositionen oder arbeiten in einem anderen qualifizierten Beruf (gegenüber 29 Prozent bei den Männern). Es gibt keinen

Grund mehr dafür, daß Frauen für die gleiche Arbeit weniger Geld bekommen sollten als Männer. Trotzdem verdienten Frauen zwischen 1960 und 1980 nur etwa 60 Cent für jeden Dollar, den ein Mann bekam.

Im Vergleich zu den USA müssen die deutschen Frauen noch viel aufholen: Ihr Anteil an Führungspositionen liegt knapp bei 10 Prozent. Und bei den Gehältern, die in Deutschland genauso auseinanderklaffen wie in den USA, ist eine unterschiedliche Tendenz zu verzeichnen: Im Zeitraum von 1989 auf 1990 stiegen die Einkommen der Arbeiterinnen um weniger (4,9 Prozent) als die der Arbeiter (5,4 Prozent); bei den Angestellten dagegen legten die Frauen mit 5,1 Prozent einkommensmäßig um mehr zu als die männlichen Kollegen, die sich nur über 4,4 Prozent mehr auf dem Konto freuen konnten. Dafür verweist die deutsche Unternehmerin Lilo Fink mit ihrem Jahreseinkommen von rund 1,8 Millionen DM selbst Topmanager auf die hinteren Plätze.

In den achtziger Jahren kündigte sich in den USA die Veränderung an: Die Quote stieg von 60 auf 72,4 Cent. Damit hatten Frauen das Ziel gleicher Bezahlung noch lange nicht erreicht, aber es ging zumindest vorwärts. Was war geschehen?

Zum einen waren die Einkommen der Männer gesunken. Zum anderen begannen in den achtziger Jahren endlich die Kräfte des Marktes und die Bevölkerungsstruktur für die Frauen zu arbeiten. Der Arbeitskräftemangel in den Krankenhäusern trieb die Gehälter der Krankenschwestern in die Höhe. Ältere Frauen, die über ein geringes Einkommen verfügten, gingen in Rente. Die weibliche Generation der Babyboomer rückte in gutdotierte Führungspositionen auf. Jüngere Frauen mit einer mathematischen und naturwissenschaftlichen Ausbildung erhielten Jobs in der Hochtechnologie. Verantwortlich für die Verringerung der Gehaltsunterschiede in den achtziger Jahren waren also die Faktoren Ausbildung, Erfahrung und Arbeitskräftemangel. Für die neunziger Jahre ist mit einer Fortsetzung dieser Entwicklung zu rechnen.

Diskriminierung

»Wir sagen, der Grund für die ungleiche Bezahlung ist die Geschlechtsdiskriminierung«, sagt Claudia Wayne, Executive

Director des National Committee on Pay Equity. Die Diskriminierung der Frauen ist natürlich ein Faktor, aber nicht der einzige, der die Kluft bei den Löhnen und Gehältern verursacht. Auch die Kräfte des Marktes tragen ihren Teil dazu bei. In Anbetracht der Fortschritte in den achtziger Jahren gibt es jedoch Grund für die optimistische Annahme, daß der Unterschied sich in absehbarer Zukunft verwischen wird.

Die meisten Menschen sind in dieser Frage zu pessimistisch — sogar wir selbst. In *Megatrends des Arbeitsplatzes* (1989) haben wir James Smith von der Rand Corporation zitiert, der voraussagte, daß der Unterschied sich im Jahr 2000 auf 74 Cent verringern würde. Zu jenem Zeitpunkt lag er noch bei 64 Cent pro Dollar. Wir dachten damals, daß wir uns an einer so optimistischen Aussage bestimmt die Finger verbrennen würden. Aber da Smith' Schätzung auf den plausibelsten Annahmen beruhte, die wir je gehört hatten, schlossen wir uns ihr an. Und tatsächlich war sie zu pessimistisch gewesen: Schon 1991 verdienten Frauen 74 Cent pro Dollar, den ein Mann erhielt.

Soweit zum *überzogenen* Optimismus.

Der 85-Prozent-Faktor

In den neunziger Jahren werden die Einkommensunterschiede zwischen Frauen und Männern weiter zurückgehen, aber nicht ganz verschwinden. Es scheint, daß sich in qualifizierten Berufen bei gleicher Erfahrung und Ausbildung ein Minus von etwa 15 Prozent in der Bezahlung hartnäckig hält:

- June O'Neill, Forschungsmitarbeiterin am Baruch College, stellte fest, daß kinderlose Frauen 86 Prozent des Einkommens von kinderlosen Männern erzielten.
- Etwa 87 Prozent der vollzeitbeschäftigten Rechtsanwältinnen verdienen laut einer Umfrage des *National Law Journal* genausoviel wie ihre männlichen Kollegen.
- Weibliche Betriebswirtschaftlerinnen, die ihr Studium an einer der zwanzig Elitefakultäten absolviert hatten, verdienten im ersten Berufsjahr durchschnittlich 54 749 Dollar, ergab eine Umfrage der *Business Week* im Jahr 1990. Ihre Kollegen verdienten 61 400 Dollar, also etwa 12 Prozent mehr.

Woran liegt es?

Ist es tatsächlich pure Diskriminierung? Oder sind die Frauen zu nachgiebig?
»Wenn Frauen in einen Berufszweig kommen, sinken die Gehälter, weil sie eher als Männer bereit sind, für weniger Geld zu arbeiten«, lautet der Vorwurf von Wendy Reed-Crisp, Direktorin der National Association for Female Executives in New York.
Steigt ihr Gehalt wieder, wenn sie mehr Erfahrungen gesammelt haben und darauf pochen, dafür angemessen entlohnt zu werden? Kämpfen Männer deshalb um jeden Dollar, weil ihr Selbstwertgefühl stärker als das der Frauen vom Einkommen abhängt? Wir haben schon darauf hingewiesen, daß weibliche Führungskräfte sich nicht in dem Maß wie Männer mit ihrer Arbeit identifizieren. Inwieweit schlägt sich dies im Ergebnis der Gehaltsverhandlungen nieder?
»In manchen Branchen«, sagt Lester Korn von Korn/Ferry, »kann man mit Frauen, um es salopp auszudrücken, ein Schnäppchen machen.« Manche Kunden bemerken, daß sie 25 bis 30 Prozent sparen, wenn sie Frauen einstellen, sagt er. »Wir sehen das bei der Suche nach Führungskräften immer wieder.«
Das muß sich ändern. »Managerinnen müssen ein stärkeres Bewußtsein für ihren Wert entwickeln und dann ihren Arbeitgebern klarmachen, daß sie entsprechend bezahlt werden möchten«, sagt Dee Soder, President der Endymion Company in New York City. Oft versäumen es Frauen, ihre Vorzüge und Leistungen ins rechte Licht zu rücken, um damit ihre Forderung nach einem höheren Gehalt zu rechtfertigen, sagt sie.

Jenseits von links und rechts

Verschiedene Frauengruppen fordern, daß die Regierung die Gleichheit von Löhnen und Gehältern durch ein übergreifendes System garantiert, das quer durch den öffentlichen und privaten Sektor geht. Ein Unternehmen, das eine Krankenschwester einstellt, müßte sich ebenso an bestimmte Vorgaben halten wie eine Firma, die einen Hausmeister sucht. Erinnert Sie das an sozialistische Ideen? Die wenigsten Frauen unterstützen jedenfalls diese Forde-

rung; und auch der Großteil der Bevölkerung insgesamt würde sie glatt ablehnen. Davon abgesehen, wäre sie auch vom Verwaltungsaufwand her gesehen kaum durchführbar.
Nichts spricht jedoch dagegen, daß das Konzept der gleichen Bezahlung für gleiche Aufgaben innerhalb eines Unternehmens sehr effektiv sein kann. Um eine Grundlage für die Vergleichbarkeit der Positionen herzustellen, müßte man nur die Anforderungen, die Arbeitsbedingungen und andere Faktoren jedes einzelnen Arbeitsplatzes definieren. Dabei sollte auch berücksichtigt werden, welche gesellschaftliche Bedeutung eine bestimmte Arbeit hat. So könnte man etwa die Betreuung von Kindern oder die ungeliebten »Dreckarbeiten«, die in der Gesellschaft nun einmal notwendig sind, angemessen würdigen. Das Verfahren mag kompliziert sein, doch könnten kompetente Berater für Lohn- und Gehaltsfragen die richtigen Wege aufzeigen. Ein wichtiger Faktor sind in diesem Zusammenhang auch die Kräfte des Markts. Offensichtlich lohnt es sich, Mitarbeiter ihrem »Wert« entsprechend zu bezahlen.

Sehen Sie es einmal so: Wenn Männer überbezahlt wurden, weil sie traditionell die Brötchenverdiener waren, liegt es doch im Interesse eines jeden Unternehmens, diese Ungleichheit zu beseitigen.

Die Gehaltsunterschiede können nur abgebaut werden, wenn nicht nur der wirtschaftlichen, sondern auch der politischen Macht der Frauen Rechnung getragen wird. Dazu sind drei Dinge nötig: 1) Die spezifischen Marktbedingungen werden berücksichtigt. 2) Diskriminierungen werden aufgedeckt und mit der ganzen politischen Macht der Frauen verfolgt. 3) Innerhalb der Unternehmen gelten gleiche Löhne und Gehälter für die gleiche Arbeit.
Wäre vor einem Jahrzehnt eine solche Regelung per Bundesgesetz in Kraft getreten, könnten Konservative und männliche Chauvinisten sagen: »Ihr habt euch nicht aus eigener Kraft auf dem Markt durchgesetzt. Ihr habt nur die Gesetze verändert.« Frauen hätten niemals erfahren, welchen Wert sie in der Wirtschaft darstellen und welche Macht sie haben. Heute ist das anders. Aber es ist auch höchste Zeit, daß sie dafür angemessen bezahlt werden.
Chancen, Führung und Gleichgewicht. Die drei bestimmenden Themen dieses Kapitels sprechen Bände darüber, wie Frauen sich auf dem Markt behauptet haben. Für die meisten Frauen war die Berufstätigkeit der erste Schritt zur Befreiung. Kaum hatten sie

einen geeigneten Arbeitsplatz ergattert, mußten sie sich zum ersten Mal mit dem Problem der sexuellen Belästigung und Diskriminierung auseinandersetzen, und dann forderten sie »gleichen Lohn für gleiche Arbeit«.

Im Berufsleben konnten sie beweisen, zu welchen Leistungen sie fähig waren, ihr Selbstbewußtsein stieg, und die neue finanzielle Unabhängigkeit tat ein übriges. Frauen haben unwiderruflich in der Arbeitswelt Fuß gefaßt und sie zu ihrem Terrain gemacht. Wie unsere Karrierehitliste illustriert, stehen jungen Frauen unzählige Chancen offen; schon gefestigte Karrieren können eine neue Wende nehmen, und viele Geschäftsideen warten nur darauf, verwirklicht zu werden.

Für Frauen, die ihre beruflichen Ziele erreicht haben, wird es Zeit, den nächsten Schritt zu tun. Sie können drei Richtungen einschlagen: Ausgleich, Führung oder beides.

Nach zehn bis zwanzig Jahren harter Arbeit sollte das Stichwort »Ausgleich« Ihr Interesse wecken. Vielleicht macht es Sinn, auszusteigen und ins Fitneßcenter zu sprinten wie Debi Coleman von Apple. Oder wie wäre es, wenn Sie anfingen, für Marathonläufe zu trainieren? Möglicherweise sollten Sie einfach nur weniger arbeiten, um mehr Zeit mit der Familie zu verbringen, wie es viele der hier beschriebenen Frauen getan haben. Wenn Sie jetzt nicht über Ihre Zeit bestimmen, wann wollen Sie es dann tun?

Die Entscheidung, eine Führungsposition anzustreben, hat ebenso weitreichende Bedeutung wie die Berufsentscheidung, die Sie einmal getroffen haben. Vielleicht müssen Sie die Firma verlassen, der Sie seit fünfzehn Jahren treu geblieben sind, und den Sprung in die Selbständigkeit wagen, oder Sie sollten einen Zehnjahresplan aufstellen, um ihre eigene Chefin zu werden. Als Führungspersönlichkeit werden Sie an andere weitergeben, was Sie gelernt haben. Es ist eine ehrenwerte Berufung.

Die Antwort sollte auf jeden Fall nicht heißen, in den nächsten zehn oder fünfzehn Jahren weiterhin sämtliche Kräfte und Energien in die Arbeit zu stecken. Das haben Sie doch hinter sich. In Kapitel 5 werden Sie lesen, daß der Körper schon mit vierzig Jahren weniger Östrogen produziert und der natürliche Schutz vor dem Herzinfarkt damit abnimmt. Wenn sie sich nicht vorsehen, werden Frauen in den Fünfzigern, die unter Dauerstreß und Überarbeitung leiden, den Stoff für die Statistiken der Herzforscher liefern.

Und ein noch viel wichtigerer Punkt: Sehen Sie sich die Frauen an, die in diesem Kapitel beschrieben wurden. Sie verfügen über Charakter und eine Vision, über Autonomie und Disziplin, sie ruhen in sich, verfolgen klare Ziele und haben kommunikative Fertigkeiten entwickelt. Sie sind sehr kompetent, aber keine Workaholics – und sie führen ein Privatleben.

Alles zu haben bedeutet einmal, Mann, Karriere und Kind zu haben. Die Kinder gehen aber in den besten Jahren einer Frau aus dem Haus, und der Ehemann ist ein Geschöpf, das man dann von Grund auf neu kennenlernen muß. Alles zu haben kann bedeuten: Ausgleich *und* Führungsposition.

Wenn Sie den Willen dazu haben, verdienen Sie es auch, beides zu bekommen.

4 Frauen und Kirche

Frauen des ausgehenden 20. Jahrhunderts revolutionieren derzeit die sexistischste Institution, die es in der Geschichte je gab — die Kirche. Tausendjährige Traditionen geraten ins Wanken, wenn Frauen die Autorität der Kirche in Frage stellen, mit neuen Bibelinterpretationen aufwarten, ihre eigenen Gottesdienste schaffen, in Priesterseminare drängen und sich das Recht auf Ordination erkämpfen. Frauen engagieren sich heute für eine frauenfreundlichere Gestaltung der Liturgie ebenso wie für die Einbeziehung weiblicher Werte in die Religion. Wenn es nach ihnen geht, sind kirchliche Führungspositionen in Zukunft nicht länger Domäne der Männer.

Vor zwanzig Jahren noch waren Frauen in amerikanischen Priester- und Predigerseminaren so gut wie gar nicht vertreten. Heute sind 30 Prozent der US-Amerikaner, die an den knapp dreihundert dem Verband theologischer Schulen angeschlossenen Institutionen studieren, weiblichen Geschlechts (17501 insgesamt). Fast die Hälfte der Theologiestudenten an der renommierten Yale Divinity School sind Frauen, an der Harvard Divinity School macht ihr Anteil bereits 60 Prozent aus.

- Tausende von katholischen und protestantischen Frauen feiern in den USA genauso wie in Deutschland gemeinsame Gottesdienste — ohne die Männer, versteht sich.
- Moderne, unorthodoxe Frauen jüdischen Glaubens betrachten das traditionelle, orthodoxe Bad in der Mikwe heute als »spirituelles und feministisches« Ritual.
- Die Glaubensgemeinschaft der Episkopalkirche hat ihren ersten weiblichen Bischof geweiht.

Was Frauen auf der Suche nach einer neuen Form der Spiritualität vor allem ablehnen, ist die Vorstellung, daß Gott irgendwie männlich sei. Manche verehren ihn lieber als weibliches Wesen, während andere davon überzeugt sind, daß Gott weder Mann noch Frau sei. So unterschiedlich die Positionen auch sein mögen, eines ist allen gemeinsam — der strenggläubigen Nonne aus Boston, der radikalen Goddess-Anhängerin aus Kalifornien ebenso wie den progressiven Protestantinnen und Katholiken in Deutschland —: Sie alle sind auf der Suche nach einer neuen, umfassenden Religiosität, die frei von männlichen Beschränkungen, Metaphern, Ausdrucksweisen und Interpretationen ist.

Daß Frauen in einigen Glaubensrichtungen inzwischen der Weg zur Priester- und Predigerweihe offensteht, ist schon ein erster großer Erfolg. Doch es bleibt noch viel zu tun. Gleichberechtigung sei gar nicht mehr so sehr das Thema, so Margaret McManus vom Center for Women and Religion an der Graduate Theological Union in Berkeley, Kalifornien. »Vielmehr geht es um einen grundlegenden Wandel in unseren religiösen Institutionen«.

Rabbi Ellen Dreyfus von der Gemeinde Beth Sholom in einem Vorort von Chicago berichtet, daß das Judentum den ersten Schritt schon vollzogen habe — Frauen dürfen jetzt das Amt des Rabbiners und Kantors ausüben. Dreyfus: »Als nächstes müssen wir dafür sorgen, daß weibliche Perspektiven stärker als bisher berücksichtigt werden, daß sie Eingang in das Ritual, die Theologie, Sprache und Metaphorik finden.«

Woman-Church

Doch bis dahin wird es wohl noch ein weiter Weg sein. Andere suchen unterdessen ihr religiöses Heil fernab der ausgetretenen Pfade. Das Stichwort heißt Woman-Church. Unter diesem Namen firmieren inzwischen schon mehr als 150 Sammlungsbewegungen katholischer und protestantischer Amerikanerinnen. Das Besondere: In Privatwohnungen oder auf dem College-Campus veranstaltet Woman-Church reine Frauengottesdienste.

Die Bewegung, die ursprünglich als Protest dagegen gedacht war, daß katholischen Frauen der Weg ins Priesteramt versperrt ist, hat inzwischen auch auf Frauen anderer Konfessionen übergegriffen. An einer internationalen Tagung, die Woman-Church im Jahr 1987 in Cincinnati abhielt, nahmen insgesamt 3000 Frauen teil. Die

nächste Tagung wird 1993 im mexikanischen Albuquerque stattfinden. Ging es ursprünglich darum, das Recht der Frauen auf Ordination zu erkämpfen, so steht jetzt die Neuinterpretation von Sprache, Symbolen und Texten der Religion im Vordergrund, die man mit der neuen, weiblichen Spiritualität in Einklang bringen will.
Mary Hunt von der Women's Alliance for Theology, Ethics and Ritual ist auch Mitglied im National Board of Woman-Church. Sie sagt: »Der Kampf gegen die Institutionen – wie etwa die katholische Kirche – wurde abgelöst vom Wunsch, selber Kirche zu *sein* und unser eigenes Verständnis von Kirche zu entwickeln; wir wollen uns den Gottesdienst zurückerobern.«
Woman-Church zieht viele unterschiedliche Frauen in ihren Bann. Eine Reporterin, die über eine Tagung berichten wollte, war überrascht über die geringe Anzahl von radikalen Teilnehmerinnen und schrieb: »Sie hätten meine Tante, Großmutter oder Nachbarin sein können.«
Mary Hunt legt Wert darauf, Woman-Church von der sogenannten Goddess-Bewegung abzugrenzen, die sie als »verantwortungslos und romantisch verklärt« bezeichnet. Ein Klischee? Es ist unbestritten, daß sich die Bewegungen vom jeweils anderen Ende des religiösen Spektrums gegenseitig ablehnen; jede versucht eben auf ihre Art, den Weg zu religiöser Erneuerung zu finden.

Das Judentum hat eine neue Stimme

Jüdische Frauengruppen, die sich zum Gebet, zum Schriftenstudium oder zum Heilen nach alten Überlieferungen treffen, »gibt es überall«, sagt Cherie Koller-Fox, Rabbinerin der Gemeinde Elitz Chayim in Cambridge, Massachusetts. In theologischen Arbeitsgemeinschaften, unter anderem auch orthodoxer Prägung, in denen noch getrennte Gottesdienste für Männer und Frauen abgehalten werden, beginnen Frauen damit, den Talmud zu studieren. Sie haben ihre eigenen Ansichten, was den Midrasch, die Rabbinerkommentare und die Bibelüberlieferungen angeht. Frauen stellen Fragen, zu denen sich vorher nie jemand Gedanken gemacht hat, zum Beispiel: »Was passierte mit den Frauen, die gerade ein Kind zur Welt brachten, als der Pharao die Juden ziehen ließ?«

»Das Judentum hat eine neue Stimme«, sagt Charie Koller-Fox. »Es ist wie ein spirituelles Erwachen nach einer langen Zeit des Schweigens.«
Überall, abgesehen von den orthodoxen Gemeinden, werden Mädchen heute für die Bat-Mizwa-Zeremonie zur Thora gerufen, eine Zeremonie, die den Beginn religiöser Verantwortung markiert. 1992 fand ein ganz besonderes Ereignis dieser Art statt: die zweite Bat Mizwa für Judith Kaplan Eisenstein, die Frau, die 1922 als erstes Mädchen in der Geschichte an diesem Ritual teilnehmen durfte. Sie ist die Tochter von Rabbi Mordechai Kaplan, dem Begründer des jüdischen Rekonstruktionismus.
Judith Eisenstein ist heute rüstige 82 Jahre alt. Sie findet, es sei an der Zeit, die großen Feste, die traditionell auf den Bat Mizwa folgen, etwas bescheidener angehen zu lassen. »Bat Mizwa ist mehr als nur eine feministische Errungenschaft; es bedeutet Hingabe an etwas, das größer ist als wir«, sagt sie. »Heute wird leider allzuleicht vergessen, welche tiefere Bedeutung das Ganze hat.«
In Eisensteins Bat Mizwa aus dem Jahr 1922 sehen viele Rabbinerinnen im Rückblick die lang ersehnte Wende im Judentum. Die Religion habe damals begonnen, sich auch für Frauen zu öffnen. Es ist eine Wende, der sie letztendlich das verdanken, was sie heute sind.
»Alles, was wir bisher erreicht haben, und alles, was wir in Zukunft noch durchsetzen werden, verdanken wir dieser scheinbar einfachen Handlung einer jungen Frau aus dem Jahr 1922«, sagt Rabbi Sandy Sasso, die erste Rabbinerin des rekonstruktionistischen Flügels.

Feministische Theologie

Charakteristisch für die feministische Theologie ist, daß sie die traditionelle Auslegung der Bibel ablehnt, die, wie es heißt, aus männlichen Machtstrukturen hervorgegangen sei, um Frauen zu unterdrücken.
Schwester Sandra Schneiders, Professorin für neutestamentliche Studien an der Jesuit School of Theology in Berkeley, Kalifornien: »Feministische Bibelkunde besteht unter anderem darin, sich die Schrift genauer anzusehen und zu fragen: ›Steht das wirklich so da, oder haben es uns die Männer nur einzureden versucht?‹«

Manche Feministinnen gehen so weit, die Bibel gleich ganz abzulehnen, da sie ihrer Meinung nach zu sexistisch ist, um von einer modernen Frau akzeptiert werden zu können. Elisabeth Schüssler Fiorenza, Autorin von *Zu ihrem Gedächtnis,* ist da anderer Meinung. Als Professorin für neutestamentliche Studien, vormals in Notre Dame, jetzt an der Harvard Divinity School, hat sie sich ganz der feministischen Neuinterpretation des Neuen Testaments gewidmet.
Mit der Bibel hat sie keine Probleme, wohl aber mit deren patriarchalen Autoren, an denen sie einiges auszusetzen hat. Sie schreibt: »Biblische Offenbarung und Wahrheit findet man nur in den Texten und Interpretationsmodellen, die den üblichen patriarchalen Rahmen sprengen und in denen die Christin eine in historischer und theologischer Hinsicht sehr aktive Rolle spielt.«
Wie Elizabeth Cady Stanton glaubt auch sie, daß Frauen die Bibel regelrecht wieder in Besitz nehmen und neu interpretieren müssen, damit sie nicht noch länger ein Mittel zur Unterdrückung bleibt.
Sich von der Bibel aufgrund ihrer patriarchalen Tradition abzukehren hieße, das Kind mit dem Bade auszuschütten. Immerhin enthalte die Bibel auch die Geschichte der ersten Christinnen, die laut Stanton »zu Christi Zeiten Macht und Autorität besaßen. Frauen haben in der frühchristlichen Bewegung eine zentrale Rolle gespielt.«
Sie seien Jüngerinnen Christi gewesen und hätten auch in den ersten zwei oder drei Jahrhunderten nach Christus aktive Kirchenarbeit geleistet, bis – ja, bis zu dem Zeitpunkt, da die Kirche unter männliche Dominanz geriet. »In den Briefen des Apostels Paulus werden neun Frauen namentlich genannt, die mit ihm zusammen das Evangelium verkündet haben«, schreibt Reverend David Scholer, Professor für neutestamentliche Studien am North Park Seminar in Chicago, in *A Biblical Basis for Equal Partnership: Women and Men in the Ministry of the Church.*
In ihrem Buch *Zu ihrem Gedächtnis* erzählt Schüssler Fiorenza die Geschichte dieser Frauen, zu denen unter anderem die Religionsverkünderin Priska und so prophetische Führerfiguren wie Maria, Elisabeth und Anna gehörten. Der Titel ihres Buches ist Teil eines Bibelzitats: Dem Neuen Testament zufolge kritisierten die Jünger Jesu eine Frau, die ihn kurz vor Verrat und Tod mit sehr kostbarem Öl einrieb und seine Füße mit ihren Haaren trocknete.

Jesus aber verteidigte sie und entgegnete seinen Jüngern: »Wahrlich, ich sage euch: Wo dieses Evangelium gepredigt wird in der ganzen Welt, da wird man auch sagen zu ihrem Gedächtnis, was sie getan hat.«

Die feministische Theologie will das Porträt, das die Bibelschreiber von Eva, Maria und Maria Magdalena gezeichnet haben, wieder zurechtrücken. »Maria (die Mutter Gottes) wurde von der Kirche in einer Art und Weise vereinnahmt, die viel Schaden angerichtet hat. Man hat sie auf ein Podest gehoben und zum Symbol der Passivität und des Erduldens gemacht«, so die Australierin Erin White, eine ehemalige katholische Nonne, die heute für die Priesterweihe von Frauen kämpft.

Die Umrisse einer neuen, christlichen und feministischen Theologie beginnen sich abzuzeichnen: 1) Gott ist kein männliches Wesen. 2) Jesus wollte nicht, daß sich das Christentum zu einer sexistischen Institution entwickelt (was seine männlichen Jünger angeht, so ist das eine andere Geschichte); für damalige Verhältnisse war er jedenfalls praktisch ein Feminist. 3) Die Geschichte der Frau ist aus der Bibel herauszensiert worden.

Roberta Hestenes, presbyterianische Geistliche und Leiterin des Eastern College in St. Davis, Pennsylvania, sagt: »Ich bezeichne mich als evangelische und feministische Christin, das heißt, ich glaube daran, daß die Heilige Schrift, wenn sie richtig interpretiert und angewendet wird, die echte Partnerschaft zwischen Mann und Frau in Kirche, Familie und Gesellschaft lehrt.« Sie ist die erste Frau, die ein College der Christian College Coalition, dem Verband christlicher Colleges und Universitäten, leitet.

Gott ist kein Mann

Schwester Mary Daly, außerordentliche Professorin für Theologie am Boston College, bringt es auf den Punkt: »Solange Gott ein Mann ist, ist der Mann ein Gott.« Jede Frau, die ein wenig nachdenkt, wird erkennen, wie absurd diese traditionelle Gedankenverbindung ist.

»Gott als Mann zu sehen ist Götzenverehrung ... das Anbeten eines Götterbildes in Menschengestalt«, sagt Dr. Barbara Thiering, Theologin an der University of Sydney. »Das Bild von Gott als Mann oder Vater ist eine Metapher, ... die die Kirche leider wörtlich genommen hat.«

Manche Frauen finden, das Pendel sollte nun auf die andere Seite ausschlagen. Nach der jahrhundertealten Tradition des männlichen Gottes propagieren sie die eine weibliche Gottheit, eine heilige Mutter sozusagen, mit der sie die Position der Frau zu stärken suchen und gleichzeitig den Aspekt der Weiblichkeit hervorheben und ehren wollen.

»Frauen ... diskutieren heutzutage nicht nur über weibliche Namen für Gott, sondern auch über weibliche Attribute«, sagt Carol Ochs, Professorin für Philosophie am Bostoner Simmons College. »Moses sprach von Gott wie von einer Mutter, doch leider wurden seine Texte in den meisten Überlieferungen abgeschwächt oder vergessen.«

Zwei Männer und ein Vogel?

Viele Christen verehren Gott in Form der Dreifaltigkeit: Vater, Sohn und Heiliger Geist. Schwester Sandra Schneiders: »In der Vorstellung vieler Leute ... läuft (das) auf einen alten Mann, einen jungen Mann und einen Vogel hinaus.«

»Gott besteht nicht aus drei Personen und schon gar nicht aus drei Männern«, erklärt sie. Gott sei vielmehr »göttlicher Ursprung, Quelle und Boden unseres Daseins ... göttlicher Kommunikator, göttliche Kommunikation und Erlöser ... göttliche Energie, Bewegung, transformierende Kraft«.

Schwester Schneiders ist zwar nicht dagegen, Gott im Femininum anzurufen, möchte aber vielleicht all jene warnen, die den metaphorischen Bogen überspannen. Das Bedürfnis, Gott als drei Personen zu sehen, sei »Ausdruck einer latenten Bereitschaft zur Götzenanbetung. Wir versuchen, Gott uns Menschen gleichzumachen, obwohl es umgekehrt sein sollte. Gott ist nun mal kein menschliches Wesen.«

Das stimmt, Gott läßt sich zweifellos nicht in unsere menschlichen Mann-Frau-Kategorien pressen. Und dennoch: Die Vorstellung, Gott sei eine Frau oder eine Art heilige Mutter, hat etwas sehr Tröstliches; insofern ist sie vielleicht wirklich legitimer Ausgleich zum jahrtausendealten Bild von Gott als Mann.

Jesus gleich Feminismus — die Kirche gleich Sexismus?

Tatsache ist, daß die gleiche Institution, die vorgibt, Jesus Christus nachzufolgen, Frauen von Führungspositionen ausschließt, Millionen von ihnen gefoltert und verbrannt hat und sich beharrlich weigert, ihnen das Recht auf Familienplanung zuzugestehen. Da liegt die Schlußfolgerung nicht fern, Jesus müsse der Prototyp des Machos gewesen sein. Feministischen Theologinnen zufolge war er jedoch alles andere als das.

»An keiner Stelle des Evangeliums wird darüber berichtet, daß Jesus Frauen herabsetzt. Im Gegenteil, er verteidigt sie und setzt sich für sie ein«, erklärt Schwester Schneiders. »Frauen waren seine Jüngerinnen und Apostel. Im Gegensatz zu anderen hat Jesus nie den Unterdrücker gespielt.«

Nach Dr. Elisabeth Schüssler Fiorenza akzeptierte Jesus alle Frauen, auch Prostituierte und Arme, was zur damaligen Zeit nicht gerade üblich war.

Daß Frauen zu Beginn des Christentums sehr aktiv waren, wurde bereits erwähnt. Wenn der Apostel Paulus sagt, Frauen dürften auf keinen Fall in der Kirche predigen, könnte dies nach Auffassung von Dr. Schüssler Fiorenza auch bedeuten, daß sie genau das bereits taten, er sich aber davon bedroht sah.

Kirchenväter wie Augustinus, Irenäus und Tertullian sorgten mit dafür, daß Frauen von Führungspositionen ausgeschlossen, ja daß sie sogar als geistig unterlegen gebrandmarkt wurden. Um 1300 verlieh Thomas von Aquin seiner Meinung Ausdruck, Frauen seien von Natur aus fehlerhaft, und bezeichnete sie deshalb als »mißlungene Männer«. Zu Zeiten der Inquisition wurde nach dem *Malleus Maleficarum* (Hexenhammer) verfahren. Das Schriftstück, das aus dem 15. Jahrhundert stammt, leitet die Rechtmäßigkeit von Hexenverfolgungen aus der Schöpfungsgeschichte ab. Unfaßbar, daß es auch heute noch Männer gibt, die den körperlichen Mißbrauch ihrer Frau mit den Abschnitten 2 und 3 der Schöpfungsgeschichte zu rechtfertigen versuchen.

Schwester Schneiders: »Die Tendenz zur Sexualisierung, Trivialisierung und Dämonisierung von Frauen ist Teil der traditionellen Bibelinterpretation.«

Die Geschichte Evas

Eva, so will es die Überlieferung, ist an allem schuld. Schwach und sündig, wie sie war, aß sie von der verbotenen Frucht, und fortan ging es bergab mit der Menschheit.

Die Vertreibung aus dem Paradies gilt daher gemeinhin als Symbol für das »Böse im Weib«. Die Folge: Diese Darstellung hat mit aller Wahrscheinlichkeit mehr als alles andere zur Zerstörung des positiven Selbstbildes der Frau beigetragen.

Elizabeth Cady Stanton versuchte sich in ihrer *Frauenbibel* im ausgehenden 19. Jahrhundert an einer anderen, feministischen Interpretation der Schöpfungsgeschichte. »Es ist erstaunlich«, schrieb sie, »daß Männer daraus die These ableiten, Frauen seien das schwache Geschlecht. Das Gegenteil ist der Fall, denn Eva ist Adam zweifellos von Anfang an überlegen.«

Cady Stanton wollte beweisen, daß die Bibel als politische Waffe gegen Frauen benutzt wurde. Doch die Zeit war noch nicht reif dafür. Niemand interessierte sich für ihre Argumentation, und auch die National American Women's Suffrage Association lehnte sie damals ab, so daß die Idee bald in Vergessenheit geriet.

Die Theologinnen des 20. Jahrhunderts wollen dafür sorgen, daß sie sich jetzt endlich durchsetzt.

Für Phyllis Trible vom Union Theological Seminary ist nicht der Text das Problem, sondern der sexistische Hintergrund, vor dem er all die Jahrhunderte gesehen wurde. Sie sagt: »Patriarchale Deuter behaupten, der Mann stehe über der Frau, weil er zuerst erschaffen wurde (Genesis 2, Vers 22), dächten jedoch nicht im Traum daran zu behaupten, das Tier stehe seinerseits über dem Menschen, weil es wiederum vor ihm erschaffen wurde (Genesis 1, Vers 27).«

Trible: »Warum sollte man nicht die These aufstellen, daß die Schlange sich an sie (Eva) wandte, weil sie die Intelligentere von den beiden war?«

Rabbi Karen Soriah aus Melbourne, Leitfigur für die Juden in Australien, stimmt dem zu: »Es könnte ... ein Ausdruck der intellektuellen Überlegenheit der Frau sein. Immerhin hat Eva ... die erste theologische Diskussion geführt.«

Die feministische Theologie ist international

Im Frauenausschuß der Ecumenical Association of Third World Theologians treffen feministische Theologinnen aus Asien, Afrika und Lateinamerika zusammen. Ihnen ist vor allem daran gelegen, etwas über den Status der Frau aus der Zeit vor der Kolonialisierung zu erfahren. Zu diesem Zweck haben

- asiatische Frauen eine Monatszeitschrift mit Namen *In God's Image* ins Leben gerufen, die vom Asian Women's Resource Center in Hongkong herausgegeben wird;
- indische Frauen sich intensiv mit den zahlreichen Mitgiftmorden befaßt;
- koreanische Frauen sich mit einer möglichen Wiedervereinigung beschäftigt, ebenso aber auch mit dem Kontrast zwischen Nord und Süd, Mann und Frau, Kapitalismus und Kommunismus.

Der jungen Kim, einer in den USA ordinierten, methodistischen Geistlichen, wurde in ihrer Heimat Seoul die Ausübung ihres geistlichen Amtes verboten, weil sie eine Frau war. Doch anstatt sich verbittert in ihr Schicksal zu fügen, ließ sie sich zur ersten Priesterin der Woman-Church of Korea weihen, einer ökumenischen Vereinigung, die geistlichen Beistand und Gottesdienste anbietet und vor allem versucht, unterdrückten Frauen zu helfen.

Die Frau im Islam

Zeitgenössische, nichtmoslemische Feministinnen wären wahrscheinlich überrascht zu erfahren, daß der Koran, die heilige Schrift des Islams, gar nicht so frauenfeindlich ist, wie gemeinhin angenommen wird. Islamwissenschaftler sagen, nicht die Religion selbst weise den Frauen in manchen Ländern eine so untergeordnete Rolle zu, sondern vielmehr die Art und Weise, wie die jeweilige Regierung den Islam *interpretiere.* Zu Lebzeiten des Propheten Mohammed seien Frauen sehr aktiv gewesen, jedoch später aufgrund örtlicher Bräuche in eine untergeordnete Rolle gedrängt worden. Das islamische Gesetz an sich sei nicht frauenfeindlich, *könne* aber in diesem Sinne ausgelegt werden.

Benazir Bhutto wurde Staatschefin des islamischen Staates Pakistan. In Saudi-Arabien wäre so etwas unvorstellbar gewesen. »Der Islam ist gleichzeitig unser Gesetz«, erklärt Lolwah al-Ammari, eine saudiarabische Geschäftsfrau, die in Kalifornien ausgebildet wurde.

Eunuchen – der europäische Bestseller

In *Eunuchen für das Himmelreich* beschreibt Uta Ranke-Heinemann, feministische Theologin, der 1987 von der katholischen Kirche wegen öffentlich geäußerter Zweifel an der jungfräulichen Geburt Jesu der Lehrstuhl an der Universität Essen entzogen wurde, die feindselige Einstellung der katholischen Kirche gegenüber Körper, Sexualität und Frauen. Frauenfeindlichkeit, wohin man blickt, ob bei A wie Ambrosius, Augustinus, Albertus Magnus, Aquino etc. oder den vielen anderen, deren Schriften sie sorgfältig analysiert und für frauenfeindlich befunden hat.
Als das Buch 1990 auch in den USA erschien, bezichtigte der Kardinal von New York, John O'Connor, die Herausgeber »übelster Katholikenschelte«. Wie er selbst eingesteht, kam er beim Lesen jedoch nicht über den Umschlagtext hinaus. Das Buch war zuvor schon in Italien und Deutschland zum Sachbuch-Bestseller avanciert.

Seminar und Kanzel

»Die Bibel lehrt die vollkommene Gleichberechtigung von Mann und Frau in Schöpfung und Erlösung«, so die 1 500 Mitglieder starke Vereinigung *Christians for Biblical Equality,* ein Zusammenschluß aus evangelischen Christen und Bibelfundamentalisten aus St. Paul, Minnesota. Beide Geschlechter seien »von Gott zur Ausübung des Priesteramtes befähigt ... Sowohl Frauen als auch Männer sind in der Lage, die prophetischen, priesterlichen und königlichen Funktionen« der Kirche zu erfüllen. In etwa 85 christlichen Glaubensrichtungen sind Frauen inzwischen zum Priesteramt zugelassen, in mindestens 82 Konfessionen bleibt ihnen dieser Weg bislang versperrt.

- Im Judentum gibt es mittlerweile fast 300 weibliche Rabbinerinnen, faßt man alle Glaubensrichtungen zusammen.

- In der United Church of Christ, die Frauen seit Mitte des 19. Jahrhunderts zum Priesteramt zuläßt, sind von den insgesamt 10 700 kirchlichen Würdenträgern 1 800 Frauen.
- 1990 hat die presbyterianische Kirche 2 257 Frauen zu Priesterinnen geweiht.
- Von den insgesamt 14 000 Würdenträgern der US-amerikanischen Episkopalkirche sind rund 1 000 weiblichen Geschlechts.
- In der Evangelischen Kirche Deutschland (EKD) beträgt der Frauenanteil im aktiven kirchlichen Dienst stolze 11,9 Prozent.

Dem National Council of Churches zufolge *verdoppelte* sich die Anzahl der zum Priesteramt zugelassenen Amerikanerinnen zwischen 1977 und 1986 auf 21 000 (Niemand führte seitdem die Statistik fort, so daß keine neueren Zahlen vorliegen).
Trotzdem steht fest, daß die Anzahl weiblicher Geistlicher seitdem sprunghaft angestiegen ist. Wenn seit 1986 nur 1 500 bis 2 000 Frauen pro Jahr zum Priesteramt zugelassen worden wären (was sehr niedrig gegriffen ist, denn alleine bei den Presbyterianern wurden zwischen 1989 und 1991 durchschnittlich mehr als 2 000 Frauen pro Jahr geweiht), dann gibt es heute weit *mehr* als 30 000 weibliche Würdenträger, aller Wahrscheinlichkeit nach sogar über 35 000. Aus den 21 000 von 1986 könnten also bis zur Mitte der neunziger Jahre leicht doppelt so viele werden.
Die African Methodist Episcopal Church, der hauptsächlich Farbige angehören, schätzt, daß von ihren insgesamt 19 000 Geistlichen bereits im Jahr 1990 ein Drittel Frauen waren.

Weibliche Seminaristen

1987 waren weniger als 10 Prozent der Priester und Prediger weiblichen Geschlechts. Aufgrund der zunehmenden Zahl weiblicher Seminaristen wird jedoch geschätzt, daß der Frauenanteil innerhalb der nächsten Jahre auf 25 bis 30 Prozent steigen und sich somit zu einer kritischen Masse aufbauen wird.
Ein Drittel der 56 000 Studierenden an Seminaren, die von der National Association of Theological Schools zugelassen wurden, sind Frauen. Dies hat Joseph O'Neill, Forschungsleiter im Educational Testing Service in Princeton, New Jersey, festgestellt. Noch vor

zwanzig Jahren waren die Seminare fast ausschließlich den Männern vorbehalten gewesen, und vor zehn Jahren betrug der Frauenanteil gerade einmal 10 Prozent.
Der Frauenanteil bei den deutschen Theologiestudenten ist abhängig von der Konfession. Bei den Protestanten kann nahezu ein Frauenboom konstatiert werden: Im Wintersemester 1991/92 betrug der Anteil der Studentinnen bereits 39,3 Prozent, ein Vierteljahrhundert zuvor (WS 1966/67) lag dieser bei 12,6 Prozent. Im aktiven Dienst der Evangelischen Kirche lag 1988 entsprechend der Frauenanteil immerhin bei 11,9 Prozent. Ein anderes Bild zeichnet sich für die katholische Religionspädagogik ab: Das Interesse der jungen Frauen für diese Studienrichtung sinkt stetig. In der Zeit von 1983 bis 1988 ging der Anteil der Frauen um 15 Prozent zurück. Andererseits steigt der Anteil der hauptberuflich beschäftigten Frauen im Dienst der katholischen Kirche: Gab es 1988 erst 2876 Gemeindereferentinnen, so lag ihre Zahl 1991 bereits bei 2953. Positiv ist die Entwicklung auch bei den Pastoralreferentinnen: Ihre absolute Zahl stieg von 405 im Jahr 1988 auf 579 drei Jahre später.
Es scheint also, als fände die feministische Theologie den Weg vom Seminar in die Kirchen und Synagogen.
Am Presbyterianischen Seminar in Decatur, Georgia, sind 42 Prozent der Theologiestudenten, die den Titel Master of Divinity anstreben, Frauen. »Die Frauen haben die Nase vorn, sowohl beim Predigen als auch bei den akademischen Graden«, berichtet Reverend Rebecca Parker vom Zulassungsbüro.
Bei der United Church of Christ ist knapp die Hälfte der Anwärter auf die Priesterweihe weiblich. Bei der Episkopalkirche, den Methodisten und den Presbyterianern sind ein Drittel der Seminaristen weiblichen Geschlechts.
Sowohl Männer als auch Frauen treten heute später in Priester- und Predigerseminare ein, weil sie vorher schon in einem anderen Beruf tätig waren. Der Untersuchung von Joseph O'Neill zufolge sind die Seminaristen von heute etwa zehn Jahre älter als die der vorhergehenden Generation. Mittlerweile gleiche sich der Altersunterschied langsam wieder aus. Viele Frauen seien nur deshalb so spät ins Seminar eingetreten, weil ihnen dieser Weg bislang versperrt war.
Bernice Kimel Weiss ist Mutter von zwei Kindern und wurde erst mit 47 Jahren zur Rabbinerin ernannt. »Ich habe schon als Kind davon

getträumt, einmal Rabbinerin zu werden ... aber ich wußte, daß es illusorisch war, die Frauen hatten ja kaum was zu sagen in der Religion«, sagt sie. Um die Akademie für Jüdische Religion besuchen zu können, pendelte Weiss vier Jahre lang zwischen Potomac, Maryland und New York. Bei ihrer Ernennungszeremonie sagte sie: »Es ist nie zu spät, etwas Neues im Leben anzufangen.«

Vom Seminar zum Priesteramt

Die Priester- oder Predigerweihe garantiert noch lange nicht, daß man das Amt auch ausüben kann. Manche Frauen müssen jahrelang darauf warten, was ihrer Ansicht daran liegt, daß die hierarchischen Strukturen in den Glaubensgemeinschaften nach wie vor sexistisch sind. Eine anglikanische Pfarrerin aus Alberta in Kanada meint dazu: »Ordination hin oder her, das eigentliche Problem ist doch die Kirchenhierarchie.« Diese zeichnet manchmal auch dafür verantwortlich, wenn Frauen in höchst unkooperative Gemeinden versetzt werden oder wenn sie mit ihren männlichen Kollegen aneinandergeraten. »Ich komme mir in meiner Gemeinde manchmal vor wie eine Missionarin«, so die Pastorin einer Gemeinde der Southern Baptists in Memphis.

Marie Wiebe, Pastorin der Evangelical Covenant Church, erzählt, daß der Diakon, der sie am stärksten bekämpft hatte, von seiner Tochter zu hören bekam: »Ich will auch Geistliche werden, genau so eine wie Frau Wiebe!«

Trotz der vielen Hürden, die Frauen in diesem Bereich zu nehmen haben, fürchten manche von ihnen schon, der Beruf des Geistlichen könnte in Zukunft ein reiner Frauenberuf werden – mit den typischen Nachteilen wie etwa Unterbezahlung. »Immer mehr Männer weißer Hautfarbe steigen aus und suchen sich lieber Berufe, die mehr Geld und Prestige versprechen. An ihre Stelle rücken dann Frauen und Minderheiten«, sagt Judith Berling, Dekanin der Graduate Theological Union im kalifornischen Berkeley.

Viele engagierte Frauen sind trotz allem bereit, das Risiko in Kauf zu nehmen. In einem Beruf wie diesem geht es den meisten ohnehin nicht ums Geld. Nächstenliebe heißt das Motiv, das sagen zumindest Priesterinnen und Rabbinerinnen. Die Weihe ist den angehenden Geistlichen schon »Prestige« genug.

Trotzdem herrschen auch hier oft unterschiedliche Auffassungen. Die einen sagen, eine Ordination sei sinnlos, solange die Kirchenoberen nicht zu mehr Kooperation und Mitbestimmung bereit seien, die anderen wiederum finden, erst die Priesterweihe versetze die Frauen in die Lage, etwas zu verändern.
Für Schwester Maria Riley, wissenschaftliche Mitarbeiterin im katholischen Center of Concern, ist der Ausschluß vom Priesteramt jedenfalls gleichbedeutend mit dem Auschluß von der Macht.
Carolyn Oehler, Leiterin des Council on Ministries der Vereinigten Methodistenkirche von North Illinois, stimmt ihr zu: »Die kirchliche Weihe ist der Schlüssel zur Macht... je hierarchischer das System ist, um so größer ist ihre Bedeutung.«

Weibliche Rabbiner

Der ersten US-Amerikanerin, die das Studium der jüdischen Religionslehre beendete, Helen Hadassah Lyons, war der Titel »Rabbi« noch verwehrt worden. Als Anhängerin der Frauenordination hielt sie überall auf ihren Reisen Vorträge und Predigten. 1988 wurde sie von der Fakultät für jüdische Religionsstudien am Hebrew Union College geehrt. In der Ansprache hieß es unter anderem: »Sie sind von Gott gesegnet, denn sie dürfen noch zu Lebzeiten erleben, wie andere den Weg gehen, den Sie freigekämpft haben.« Helen Hadassah Lyons starb im Jahr 1989.
In den Reformgemeinden der jüdischen Kirche dürfen Frauen schon seit 1972 als Kantorin oder Rabbinerin arbeiten. Am Hebrew Union College von Cincinnati, das auch zum reformierten Zweig gehört, haben seit damals 171 weibliche Rabbinerinnen ihren Abschluß gemacht. Allein im Abschlußjahrgang von 1992 gab es sechzehn Frauen.
In den konservativen Glaubensrichtungen wurde 1985 zum ersten Mal einer Frau der Titel des Rabbi verliehen. Laut Ginger Greenspan, die Kanzlerin des Jüdischen Theologischen Seminars ist – übrigens das einzige US-amerikanische Institut, in dem Frauen konservativer Glaubensrichtung Rabbi werden können –, gibt es in jedem Abschlußjahrgang zwei oder drei Frauen. 1991 waren es fünf von insgesamt 21 Absolventen.
Über die Zeit, als sie noch zusammen mit zwei weiteren Rabbinerinnen lehrte, erzählt Julia Greenberg: »Da saßen wir nun, eingehüllt

in unsere Gebetsmäntel. Eine von uns hielt die Thora, die zweite sang die eindrucksvollen High-Holiday-Melodien, und die dritte hielt das Widderhorn in Händen. Vor uns saßen dreißig Kinder ... die uns erwartungsvoll anstrahlten. Und ich wußte, ihnen war es egal, ob wir Mann oder Frau waren. Für sie waren wir einfach Rabbiner. Veränderungen, die wir uns noch erkämpfen mußten, sind für die Kinder, die heute damit aufwachsen, schon Normalität.«

Bischöfin Barbara

Im Jahr 1989 wurde Reverend Barbara C. Harris, eine Schwarze, als erste Frau der Welt von einer Episkopalkirche zur Bischöfin geweiht. Die feierliche Zeremonie, bei der 8 500 Menschen zugegen waren, fand in Massachusetts, der größten Diözese der Episkopalkirche, statt. Insgesamt gehören dieser Glaubensrichtung etwa fünfzig schwarze, weibliche Geistliche an. Von den Frauen, die bei der Weihe dabei waren, sagten später viele, sie hätten ein sehr starkes Gefühl der Verbundenheit empfunden.
Bischöfin Harris' religiöser Werdegang ist einigermaßen unkonventionell. Früher, als sie noch in der Wirtschaft tätig war — auf gehobenem Posten, versteht sich —, hat sie sich sehr in der Bürgerrechtsbewegung von Martin Luther King engagiert. Sie ist geschieden und verfügt über keinen College-Abschluß. 1974 führte sie elf Frauen zur Priesterweihe auf die Kanzel einer Kirche in Philadelphia. Die Zeremonie wurde hinterher prompt für ungültig erklärt. 1980 gab sie ihren Posten bei Sun Oil auf, um als Priesterin und Kaplanin im Gefängnis von Pennsylvania zu arbeiten. Vier Jahre später übernahm sie *Witness,* die unabhängige, linksgerichtete Zeitung der Episkopalkirche. Dadurch war es ihr möglich, mehr Menschen als bisher zu erreichen. Sie setzte sich für die Beendigung des Rassenkampfes ein, forderte mehr politische Demokratie und ließ auch die »männerdominierte, rassistische Kirche« nicht ungeschoren.
»Ich gehöre nicht zum Männerclan der Kirche«, sagte sie damals. »Farbige Frauen haben einen anderen Hintergrund, eigene Erfahrungen und Talente, die ich einbringen möchte ... dazu die Sensibilität und das Bewußtsein eines Menschen, der am eigenen Leib erfahren mußte, was Unterdrückung heißt.«
Traditionelle Ehrenbezeugungen sind ihre Sache nicht; wenn jemand

ihren Siegelring küssen will, sagt sie einfach: »Vergiß den Ring, mein Kind, und küß die Bischöfin.«
Manchen war ihre Weihe allerdings ein Dorn im Auge, so auch der Episcopal Synode of America, einer Vereinigung von 20 000 Mitgliedern der Episkopalkirche. Diese von Bischof Clarence Pope Jr. aus Fort Worth, Texas, angeführte Bewegung wurde 1989 ins Leben gerufen, um gegen die Ordination und Weihe von Frauen vorzugehen. Was sie in Harris' Fall besonders bemängelten, war die Tatsache, daß die Kirche ihre Scheidung und Wiederverheiratung akzeptiert hatte – in ihren Augen ein deutlicher »Mangel an Respekt gegenüber der Autorität der Bibel«. Die Anhänger von Bischof Pope sind bis heute aktiv.
Bischof Harris meinte zu den Vorwürfen: »Ich habe Besseres zu tun, als Zeit auf die zu verschwenden, denen meine Nase nicht paßt. Es geht mir nicht darum, Beliebtheitsrekorde zu schlagen. Ich bin hier, um das Beste aus dem zu machen, was Gott mir an Gaben geschenkt hat.«
Die deutsche Theologin Maria Jepsen wurde 1992 als erste Frau in der Geschichte zur Bischöfin der evangelisch-lutherischen Kirche geweiht.

Weibliche Werte

Frauen haben heute, da ihre Macht und Präsenz in religiösen Institutionen steigen, mehr Möglichkeiten, weibliche Werte einzubringen und gegen das veraltete System vorzugehen.
Das Beispiel Woman-Church zeigt, daß Frauen durchaus in der Lage sind, der traditionellen Hierarchie mit ihrer mangelnden Flexibilität und ihrer Männerdominanz neue Strukturen entgegenzusetzen. Schwester Donna Quinn, Leiterin des Katholischen Frauenvereins von Chicago, sagt dazu: »Die Machtstruktur der Kirche hat die Form einer Pyramide, in der von oben herab regiert wird. Das ist in meinen Augen einseitig, sexistisch und unmoralisch.«
Dr. Rosemary Keller, Professorin am Garrett Evangelical United Methodist Seminary in Evanston, Illinois, die zusammen mit Rosemary Ruether drei Bücher zum Thema Frauen und Religion verfaßt hat, sagt, daß Männer unter dem Begriff Führung eine Kette von Befehlen verstehen, die von oben nach unten erteilt und ausgeführt werden. Das Ganze basiert auf hierarchischen Strukturen. Frauen

dagegen tendierten mehr zu einem kollegialen und persönlichen Führungsstil, bei dem Partizipation großgeschrieben werde.
»Was bedeutet ›heilig‹? Wer soll führen? Frauen stellen andere Fragen als Männer«, so die Rektorin des Hartford Seminary in Hartford, Connecticut.
Barbara Harris findet, daß Frauen in Führungspositionen notfalls auch dazu bereit sein müßten, den Status quo in Frage zu stellen. »Wir Frauen sollten vielleicht versuchen, uns mehr an unseren biblischen Vorläuferinnen zu orientieren ... Diese haben nämlich sehr viel in Bewegung gebracht«, sagt sie.
Der partnerschaftliche Führungsstil der Frauen liegt dabei voll im Trend der Zeit. »Es geht nicht mehr darum, sich zu den Menschen herabzubeugen, um ihnen zu helfen ... heute ist es wichtig, sie an der Macht teilhaben zu lassen«, sagt Schwester Mary Hennessey, ehemalige Leiterin des Priesterseminars der Harvard Divinity School. »Ein Weißer ist dazu nicht in der Lage.«
Der presbyterianischen Geistlichen Shirley Wooden sagte ein Mitglied ihrer Gemeinde: »Die meisten Geistlichen, die wir hier hatten, haben uns zwar zugehört. Aber so richtig ernst genommen fühle ich mich mit meinen Problemen erst, seit Sie da sind.«
Reverend Helen Smith von der Wesley Grove United Methodist Church in Gaithersburg, Maryland, nimmt häufig eines ihrer Kinder mit, wenn sie Hausbesuche macht. »Wenn ich mit Elizabeth zur Tür hineinkomme, wissen die Leute, daß ich an Wäscheleinen und häusliches Chaos gewöhnt bin«, sagt sie.
Wenn die Frauen erst einmal mehr Einfluß haben, wird sich auch in der Kirchenpolitik einiges ändern. Eine katholische Grundschullehrerin meinte: »Die männerdominierte Hierarchie hält Werte hoch, die einfach nicht miteinander vereinbar sind. Verhütungsmittel werden von der Kirche verdammt, Kriegswaffen im Gegenzug aber akzeptiert. Die Kirche braucht den weiblichen Einfluß.«

Sexistischer Sprachgebrauch

Auch in sprachlicher Hinsicht kündigen sich Veränderungen an. Das *Lectionary for the Christian People* der Lutherischen Kirche Amerikas ist eine Zusammenstellung von Lesungen für Gläubige der Episkopalkirche, der römisch-katholischen Kirche und der evangelisch-

lutherischen Kirche. Alle männlichen Pronomen für Gott wurden entfernt und das Wort »König« durch »Hoheit« ersetzt.
Die Vereinigte Methodistenkirche, die einen Ausschuß zur Überarbeitung von Gesangbüchern gebildet hat, will Wörter wie »Mann« und »Menschensohn« durch möglichst neutrale Ausdrücke ersetzen.
Deutschsprachige Theologinnen beschäftigen sich ebenfalls mit »frauengerechten« Fassungen von Bibeltexten, stoßen allerdings sprachbedingt schneller an Grenzen als englischsprachige feministische Theologinnen. Bezeichnen im Englischen die Wörter Sovereign oder Monarch als Ersatz für den männlichen Gottbegriff sowohl männliche als auch weibliche Personen, gibt es im Deutschen keine geschlechtsneutralen Personenbezeichnungen.
Relativ leicht tun sich die Frauen dagegen mit einer frauengerechten Formulierung, wenn in Bibeltexten ganz allgemein von »Jüngern« gesprochen wird: Diese Formulierung kann ersetzt werden durch »Jüngerinnen und Jünger«.
Nach Hildburg Wegener, Autorin des Kapitels »Sprache/Sprachveränderung« im *Wörterbuch der feministischen Theologie*, herausgegeben von Professor Dr. Elisabeth Gössmann u. a., ist der androzentrische, also der einseitig am Männlichen orientierte, Sprachgebrauch in Deutschland im Bereich von Lied und Liturgie sehr verfestigt. Gleichzeitig aber sei die Liturgie der Raum, »in dem Frauen die Vielfalt ihrer Gotteserfahrung und Gottesbilder in ganzheitlicher Form zur Sprache bringen und so die patriarchale Tradition der Kirche von innen heraus entgrenzen können«. Hildburg Wegener wünscht sich daher, daß die Frauen sich um »neue liturgiefähige Lieder und eine kritische Aneignung der geprägten liturgischen Formen wie Anrufung, Bekenntnis, Gotteslob, Fürbitte, Segen bemühen und traditionsbildende Formulierungen finden und erproben, in denen die Erfahrung von Frauen und die christliche Tradition vermittelt sind«.
Ein Bekenntnis, das auf das Wort Gott verzichtet, hat beispielsweise Reinhild Traitler 1989 formuliert:

»Ich glaube an den Weg.
Ich glaube, daß wir auferstehen können gegen Zwang und
gegen das Leid,
auferstehen in der Fülle des Lebens.

Ich glaube daran, daß wir das Brot teilen können
und die Vielfalt unserer Träume
und daß die Erde neu wird
im Miteinander von Frauen und Männern.

Ich glaube, daß uns das heilt,
einander die Schmerzen anvertrauen
zärtlich und wachsam sein
für die Sehnsucht der anderen.

Ich glaube, daß sich der Himmel öffnet, immer wieder
und daß deine Kraft wächst
unaufhaltsam in jeder Blüte, in jedem Baum,
in meinem Körper.

Ich hoffe, daß ich tanzen werde
im rot und goldenen Kleid deiner Liebe
geflüstert das Leben, erhofft und ewig.«

Frauen aus Washington, D. C., haben mit dem Umschreiben der jüdischen Haggada begonnen. In der Haggada, aus der beim traditionellen Passahfest vorgelesen wird, war bislang viel von männlichen Heldenfiguren die Rede. Susan Cohen von der Kommission für die Gleichberechtigung der Frau im American Jewish Congress erklärt: »Wir möchten, daß die Frau auf einer Stufe mit dem Mann steht.« Ihre Kommission hat bereits eine frauenfreundliche Vesion der Haggada ausgearbeitet, die beim Seder-Mahl gelesen werden soll.
»Der sexistische Sprachgebrauch legitimiert die Vorherrschaft des Mannes, die ja eigentlich sehr unchristlich ist«, sagt Schwester Sandra Schneiders. »Das Argument ›Es ist einfach praktischer so‹ bedeutet letztendlich doch nur, daß wir es in Ordnung finden, wenn unsere Welt von Männern dominiert wird.«

Auch Katholiken drängen auf Veränderung

Mit aller Macht wehrt sich die römisch-katholische Kirche dagegen, Frauen zum Priesteramt zuzulassen. Als Johannes Paul II. 1979 die

USA besuchte, wagte Schwester Theresa Kane die Flucht nach vorne und sagte einem baß erstaunten Papst:
„Eure Heiligkeit, ich bitte Sie inständig, denken Sie einmal darüber nach, wieviel Leid und Seelenqualen Frauen auch heute noch in den Vereinigten Staaten durchstehen müssen. Die Kirche ... muß ihnen helfen, indem sie Frauen ... Zugang zu allen kirchlichen Ämtern verschafft.«
Weltweit sind es mehrere Millionen Frauen, denen sich die katholische Kirche auf diese Art entgegenstellt. Doch auch bei den Protestanten gibt es einzelne Glaubensrichtungen, die sich beharrlich weigern, Frauen zu weihen, und das nur, weil die Tradition es seit 2000 Jahren so will.
Auch Schwester Kane gelang es nicht, den Papst umzustimmen. Jesus war ein Mann, so lautet das traditionelle Argument, und hat nur Männer zu seinen Aposteln bestimmt. In der feministischen Theologie wird das allerdings ein wenig anders gesehen.
»Unter den zwölf Aposteln war zwar keine Frau, das ist richtig. Aber Maria Magdalena ist eigentlich ein dreizehnter Apostel, der vielleicht sogar der erste Platz unter allen anderen zustand«, sagt Reverend Judith Stone-Horst, Pastorin der evangelisch-lutherischen Church of the King in Tucson, Arizona.
Schwester Schneiders pflichtet ihr bei: »Es gibt keinen Zweifel daran, daß Maria Magdalena ein weiblicher Apostel war. Nachdem Jesus von den Toten auferstanden war, erschien er ihr und gab ihr den Auftrag zu predigen (Johannes 20,11-18) ... In der Überlieferung wird sie leider nur als große Sünderin dargestellt, deren einziger Verdienst darin liegt, daß Jesus ihr vergab.«
Außerdem werde im Johannesevangelium von einer Samariterin berichtet, die, abgesehen von Johannes dem Täufer, die einzige gewesen sei, die zu Lebzeiten Christi das Evangelium verkündet habe. »Aber in der Überlieferung wird sie abgetan als Frau, die fünf Ehemänner hatte«, so Schwester Schneiders.

Frauen melden sich zu Wort

In den achtziger Jahren hofften viele Katholiken noch, der Vatikan würde ein Einsehen haben und auch Frauen die Priesterweihe zusprechen. Schließlich hatten sich Protestanten und Juden schon längst dazu durchgerungen. Doch die Enzyklika »Die Würde der Frau«, in der von 1988 der Ausschluß der Frauen vom Priesteramt noch einmal nachdrücklich bekräftigt wurde, machte alle Hoffnungen zunichte.

Viele waren entsetzt angesichts dieser starren Haltung der Kirche. Joan Garvey Hermes schrieb in der Zeitschrift *U. S. Catholic:* »Was mich ärgert ist, daß sich hier ein Clan von Männern verbrüdert und es nach der Devise ›Eine Krähe hackt der anderen kein Auge aus‹ schafft, die eine Hälfte der Menschheit außen vor zu lassen. Welche Vorteile soll eine Priesterschaft, die nur aus Männern besteht, denn eigentlich haben?«

Eine andere Katholikin meinte dazu: »Ein kleiner anatomischer Unterschied bestimmt darüber, ob jemand Priester werden darf oder nicht. Einmal zum Priester geweiht, muß man ihn aber schleunigst wieder vergessen. Ist das nicht absurd?«

In einer Studie aus den achtziger Jahren haben sich US-amerikanische Bischöfe eingehend mit frauenspezifischen Problemen befaßt, unter anderem auch mit der Ordination. Zwar beklagten sie, Sexismus sei eine Sünde, bekräftigten jedoch gleichzeitig den Ausschluß von Frauen aus dem Priesteramt. Ein erster Entwurf der Studie von 1988 ließ zunächst Hoffnung aufkommen, denn es hieß, die Weihe von Frauen bedürfe weiterer Überlegungen. Diese Hoffnungen wurden jedoch im Entwurf von 1990 wieder zunichte gemacht, denn er sprach sich – ebenso wie der Entwurf von 1992 – für die Beibehaltung einer rein männlichen Priesterschaft aus.

Die Theologin Rosemary Radford Ruether vom Garret-Evangelical Theological Seminary in Evanston, Illinois, schrieb daraufhin einen offenen Brief an alle US-amerikanischen Bischöfe. Darin hieß es unter anderem:

»Sie, verehrte Bischöfe, möchten uns dazu bringen, Ihnen ohne das kleinste Zugeständnis beim Erhalt Ihres patriarchalen Systems zu helfen ... Sie wollen, daß wir unsere ganze Energie dafür aufwenden ... zu putzen, zu waschen, Kuchen zu backen, Kaffee zu kochen, Blumen zu gießen ... Wir sollen das offene Ohr der Gemeinde sein, Bibelstunden abhalten, die Orgel spielen, vielleicht sogar Gebete vorsprechen. Vor allem anderen aber sollen wir Geld sammeln für eine zölibatäre, klerikale und patriarchale Kirche, die genau deswegen auseinanderzubrechen droht, weil sie sich so verzweifelt an ihre zölibatären, klerikalen und patriarchalen Strukturen klammert.«

Auch im *Center of Concern,* das sich mit katholischen Studien befaßt, glaubt man, daß die Kirche auf Dauer nicht bei ihrer starren Haltung bleiben kann: »Einerseits versucht sie, dem veränderten gesellschaftlichen Bewußtsein gegenüber den Frauen gerecht zu werden, andererseits hält sie an ihren traditionellen, patriarchalen Strukturen und Verfahrensweisen fest.«
Ruth Fitzpatrick, Leiterin der Women's Ordination Conference, meint dazu: »Diese von Männern dominierte, hierarchische und patriarchale Institution gehört in die Mottenkiste der Geschichte. Sie ist zum Untergang verurteilt wie einst die Dinosaurier.« Die Women's Ordination Conference nannte 1990 annähernd 500 Frauen, die ihrer Meinung nach für das Priesteramt qualifiziert seien. Schätzungen zufolge wird die Zahl qualifizierter Frauen bald auf mehrere tausend angestiegen sein.
1991 gab die in Chicago ansässige katholische Organisation *Call to Action* eine Werbeanzeige in Auftrag, auf der weibliche Priester zu sehen waren. *USA Today* veröffentlichte die Anzeige am Aschermittwoch des gleichen Jahres und löste eine wahre Flut von positiven Zuschriften aus: Insgesamt 20 000 Menschen aus 25 verschiedenen Ländern waren von der Anzeige begeistert.

Der Priestermangel

Nancy deRycke möchte Priesterin werden. Seit achtzehn Jahren gehört die 39jährige Ordensschwester dem St.-Josef-Orden in Rochester im Bundesstaat New York an, und jede Woche besucht sie Menschen im Krankenhaus. Sie würde gerne mehr tun, zum Beispiel die Beichte abnehmen oder Krankensalbungen durchführen.
Obwohl die Kirche so verzweifelt Priesternachwuchs sucht, sträubt sie sich gegen die einfachste Lösung, nämlich Frauen zum Priesteramt zuzulassen und den Zölibat abzuschaffen. 1989 stieg die Zahl der Katholiken um über 20 Prozent, obwohl weltweit nur noch 400 000 Priester tätig waren, 16 505 weniger als zehn Jahre zuvor. Es wird angenommen, daß die Zahl der US-amerikanischen Priester in

den nächsten fünfzehn Jahren von 53 000 auf 35 000 schrumpfen wird. Bei einem Durchschnittsalter von 54 Jahren sind das alles andere als rosige Aussichten.
Auch Frank Bonnike, der heute glücklich verheiratet ist, war früher einmal Priester. Er sagt, daß die Kirche »die Zahl ihrer Priester innerhalb von zwanzig Jahren verdreifachen könnte«, wenn sie auch weibliche Priester zulassen und den Zölibat aufheben würde.
Anhänger der Church of the Resurrection in Solon, Ohio, wandten sich an alle US-amerikanischen Bischöfe und baten sie, einmal darüber nachzudenken, ob nicht auch Frauen und Verheiratete zu Priestern geweiht werden könnten, damit »gesichert ist, daß die Eucharistie auch weiterhin im Zentrum des religiösen Lebens aller Katholiken bleibt«. Der Bischof von Cleveland, Anthony Pilla, meinte daraufhin, die Entscheidung liege nicht bei ihm.
Der Papst seinerseits hält es für durchaus wahrscheinlich, daß es sich beim derzeitigen Priestermangel um eine göttliche Prüfung handelt, aus der die Kirche gestärkt und gereinigt hervorgehen werde. Zur Priesterweihe von Frauen werde die Kirche deswegen jedenfalls nicht übergehen, schließlich lege die Kirche »Zeugnis über eine göttliche Weisheit ab, die nicht von dieser Welt ist«.
Besser hätte man es nicht ausdrücken können.

Über Laien, Verheiratete und Priester

Der Mangel an Priestern treibt bisweilen seltsame Blüten, wenn man bedenkt, daß die Kirche normalerweise kaum zu Zugeständnissen bereit ist. Zumindest in den USA läßt sie sich nun dazu herab, Frauen zu »Hilfspriesterinnen« zu ernennen, die Trauungen durchführen und andere, sonst dem Priester vorbehaltene Pflichten wahrnehmen dürfen.
Patty Repikoff zum Beispiel wurde ermächtigt, die Pfarrei von St. Therese in Seattle zu leiten. Laut John Reid, der die Laienpriester betreut, sah das Erzbistum sich zu diesem »radikalen« Schritt genötigt, da man die Pfarrei sonst hätte schließen müssen. In Seattle steigt zwar die Zahl der katholischen Bevölkerung, aber es gibt nur wenige Kirchen.
Patty Repikoff darf zwar predigen, aber keine Sakramente austeilen. Sie sagt: »Die Kirche hat mir die Hände gebunden, weil ich das

Sakrament der Eucharistie nicht austeilen darf. Wie soll ich da ein Pfarramt leiten?«
Michael und Cathy Piehler aus Rochester, New York, halten den Gottesdienst gemeinsam ab. Üblicherweise fängt Michael mit der Predigt an und hält sie dann im Wechsel mit seiner Frau.
Ruth Wallace, Soziologieprofessorin an der George Washington University, sagt, daß etwa dreihundert der insgesamt 20 000 katholischen Gemeinden in den USA von Laienpriestern geführt werden. Davon sind 70 Prozent Frauen.
Crystal Burgmaier ist Ordensschwester und arbeitet als katholische Missionarin in Brasilien. Ihr zufolge herrscht in den Ländern der dritten Welt ein noch weitaus größerer Priestermangel, so daß die Gemeinden oft von Frauen betreut werden, die auch ohne Weihe die Priesterfunktionen wahrnehmen.
Der Papst, der sich so beständig weigert, Frauen zu weihen, scheint es gleichzeitig ganz in Ordnung zu finden, daß sie Pfarreien leiten, als Laienpriesterinnen agieren, Predigten halten, als Gemeindepfarrerinnen fungieren und Trauungen vornehmen.
Schwester Theresa Kane, die 1979 das schon erwähnte Gespräch mit Johannes Paul II. führte, sieht es so: »Durch den seelsorgerischen Notstand sind wir schneller bei der Frage (der Ordination von Frauen), als manch einer denkt.«

Frischer Wind für verstaubte Traditionen

Weibliche Priester habe es zu keiner Zeit gegeben, so das traditionelle Argument der katholischen Kirche, während männliche Priester auf eine 2000 Jahre alte Tradition zurückblicken könnten. Davon müssen unter Umständen vielleicht bald 500 Jahre abgezogen werden. Dann nämlich, wenn die Studie von Dr. Mary Ann Rossi, die einen Forschungsauftrag am Women's Studies Research Center der University of Wisconsin erfüllt, erst einmal die Beachtung einer breiteren Öffentlichkeit findet.
Bei ihren Nachforschungen in der Bibliothek des Vatikans war Dr. Rossi auf die faszinierende Arbeit des italienischen Gelehrten Giorgio Otranto gestoßen, Leiter des Instituts für klassische und christliche Studien der Universität Bari in Süditalien. Otranto hatte unter anderem historische Briefwechsel und Fresken analysiert und

Beweise dafür gefunden, daß Frauen in frühkirchlicher Zeit als Priesterinnen tätig waren.
Seine Schriften, die bis dahin fast unbekannt waren, wurden von Dr. Rossi ins Englische übersetzt und erschienen, mit Schüssler Fiorenza und der Harvard Divinity School als Herausgeberin, im renommierten *Journal of Feminist Studies in Religion.*
Auf eine Veröffentlichung durch den Vatikanischen Pressedienst wartet man vergeblich. Schließlich sind es brisante Fakten, die Otranto zutage gefördert hat:

- Ein Fresko in den Priscilla-Katakomben von Rom, das Frauen beim Segnen der Hostie zeigt, wird mit Priska, einer Schülerin des heiligen Paulus, in Zusammenhang gebracht.
- Anhand von Inschriften auf Gedenk- und Grabsteinen wurden Frauen mit den Namen Leta, Flavia, Maria und Marta als Priesterinnen identifiziert.
- Auf einem römischen Mosaik sind vier Bischöfe dargestellt, von denen einer, Theodora, eine Frau ist.
- Der Briefwechsel eines italienischen Bischofs aus dem 9. Jahrhundert mit Namen Atto bestätigt die Existenz weiblicher Priester und Bischöfe im frühen Christentum und läßt vermuten, daß ihnen die Ausübung dieser Ämter im 4. Jahrhundert nach Christus verboten wurde.

»Otrantos Forschungsarbeit ist für alle Frauen von großer Bedeutung, für Evangelisten und Lutheraner ebenso wie für Baptisten. Nicht nur die Katholiken beschneiden die Rechte der Frau«, so Catherine Kroeger, presbyterianische Theologin am konservativen Gordon-Conwell-Seminar nahe Boston.
Anläßlich einer von amerikanischen Priesterseminaren und Universitätsinstituten geförderten Vortragsreise durch die USA, die ihn 1991 durch sechs Städte führte, sagte Giorgio Otranto: »Als Historiker und gläubiger Mensch möchte ich mir in der äußerst komplexen Frage, ob Frauen heutzutage die Priesterweihe bekommen sollen oder nicht, kein Urteil erlauben. Es gibt allerdings eindeutige Hinweise darauf, daß Frauen früher einmal als Priesterinnen tätig waren.«
Als er diese eindeutigen Hinweise im Gordon-Conwell Theological

Seminary erläuterte und Dias der obenerwähnten Fresken zeigte, ging ein Raunen durch den Saal. Rosalyn Karaban, außerordentliche Professorin am St. Bernhard's Institute in Rochester, New York, fand die Ausführungen »revolutionär«.
Ruth Fitzpatrick, streitbare Kämpferin für die Priesterweihe der Frauen, brachte es auf den Punkt: »Auf diesen Tag haben wir 2000 Jahre lang gewartet.«

5 Menopause — Das Gesundheitsthema der neunziger Jahre

Die weibliche Hälfte der Babyboomer-Generation, die mit fortschreitendem Alter noch jede wichtige Lebensphase neu bestimmt hat, ist so gesundheitsbewußt wie keine Bevölkerungsgruppe je zuvor. In naher Zukunft werden diese Frauen ihre Lebensmitte erreichen und anfangen, sich mit dem Glauben an die ewige Jugend und nolens volens auch mit der Vergänglichkeit des Lebens auseinanderzusetzen. In den vor uns liegenden beiden Jahrzehnten kommen in den Vereinigten Staaten vierzig bis fünfzig Millionen Frauen in die Wechseljahre, so viele wie noch nie zuvor innerhalb eines so kurzen Zeitraums.

In Deutschland werden es — die alten und neuen Bundesländer zusammengerechnet — in den kommenden Jahren rund sechs Millionen Frauen sein; das entspricht einem Anteil von 7 Prozent an der Gesamtbevölkerung.

»In den Sitzungsräumen der amerikanischen Unternehmen werden Hitzewallungen zur Tagesordnung werden«, schreibt Gail Sheehy, Autorin von *In der Mitte des Lebens,* in einem Beitrag für *Vanity Fair.*

Die Babyboomer, bekannt für ihre Innovationsfreudigkeit, werden auch aus den Wechseljahren das Beste machen. Sie werden das ungeliebte Klimakterium in eine Phase verwandeln, die »in« ist: in einen Trend.

Wir glauben sogar, in einen Megatrend.

Frauen werden Romane schreiben und Filme drehen über den *Rite de Passage*, der Gebärerinnen zu Weisen Frauen macht. Die Unterhaltungsbranche wird bald bemerken, welch ungeahntes Maß an Humor man in die Wechseljahre bringen kann, und neue Serien drehen.

Nachdem diese Frauen eine ganze Jugendkultur geprägt und revolu-

tioniert haben, werden sie nicht zögern, jedes Stereotyp, das über das Klimakterium im Umlauf ist, ad absurdum zu führen und gleichzeitig den Archetyp der Weisen Frau wiederzubeleben und zeitgerecht zu realisieren. Sie werden zeigen, was in ihnen steckt, wenn sie nicht mehr an familiäre Pflichten gebunden sind, und man wird sie um ihr Wissen, ihre Erfahrung und ihren Wert in der Gesellschaft beneiden. Die Weisen Frauen der Babyboomer-Generation werden mit einer Macht als reife, erwachsene Frauen auftreten, wie es sich noch keine Generation vor ihnen je hätte träumen lassen — unabhängig davon, ob sie stolz auf ihre Falten und grauen Haare sind oder ob sie sich lieber liften und die Fettpölsterchen wegoperieren lassen.

Wie die Frauen vor ihnen werden auch sie dem Alter ins Auge blikken, aber sie werden dabei realistischer sein. Denn mit dem Status der Weisen Frau sind auch einige Gefahren verknüpft: Das Risiko ernster, ja sogar lebensbedrohender Krankheiten steigt nach dem Klimakterium an und verlangt nach entsprechenden Schutzmaßnahmen. Durch die stark reduzierte Östrogenproduktion nach den Wechseljahren beispielsweise wird die Gefahr von Herz-Kreislauf-Krankheiten und Brustkrebs deutlich erhöht.

Es ist eine Tatsache: Ob Sie jahrelang Aerobics betrieben, Marathonläufe absolviert, einen Konzern gelenkt oder eine Auszeichnung für Ihre Arbeit mit Gastarbeitern erhalten haben — Sie stehen vor ganz neuen Risiken.

Eine neue Generation muß sich klarmachen, wie wichtig es ist, Gesundheitsbewußtsein zu entwickeln, Gesundheitsvorsorge zu betreiben und die Möglichkeiten zur Früherkennung von Krankheiten wahrzunehmen. Das ist aber noch lange nicht alles. Sie muß sich mit einem sexistischen Vermächtnis in der Medizin auseinandersetzen, das in seinem ganzen Ausmaß erst jetzt ans Tageslicht kommt. Damit meinen wir beispielsweise, daß in den USA lange Zeit viel zuwenig Mittel für die Brustkrebsforschung bewilligt wurden und das Geld statt dessen in die Erforschung der Herzerkrankungen floß — und Herzspezialisten sind fast immer Männer.

Ob und in welchem Umfang ganz speziell Frauenkrankheiten erforscht wurden, läßt sich für Deutschland nicht sagen. Weder das Bundesamt für Statistik noch das Bundesministerium für Gesundheit oder das für Wissenschaft und Technik waren in der Lage, uns genauere Auskünfte zu geben. So macht das Deutsche Krebsforschungszentrum in Heidelberg grundsätzlich überhaupt keinen Unterschied zwischen den über hundert verschiedenen Krebsarten, sondern untersucht Krebs und insbesondere seine genetischen Ursachen lediglich als Gesamtphänomen. An einigen Universitäten sind klinische Studien zur Brustkrebsforschung erfolgt, deren Anteil im Vergleich zur gesamten Krebsforschung jedoch verschwindend gering ist. Frauen müssen daher den neuen Trend der aktiven Gesundheitsfürsorge erkennen und es selbst in die Hand nehmen, für Veränderungen auf gesellschaftlicher Ebene zu kämpfen. Schließlich geht es um ihr Leben.

Viele werden an dieser Stelle einwenden, daß schon alleine die veränderten Ernährungsgewohnheiten, der Fitneßtrend und die Fortschritte in der Medizin den Frauen der Babyboomer-Generation ein längeres und gesünderes Leben garantierten. Wenn sie von all den positiven Entwicklungen aber tatsächlich profitieren wollen, **müssen Frauen ihre speziellen Gesundheitsrisiken erkennen und persönliche Verantwortung übernehmen. Das erfordert ein aktiveres Eintreten für ihre gesundheitlichen Belange, als sie es gewohnt waren. Sie müssen darauf bestehen, daß ihr Arzt als »harmlos« bezeichnetes Gewebe zur Untersuchung ins Labor einschickt, oder sie dürfen es nicht einfach hinnehmen, wenn ihre Schmerzen im Brustraum als »Verdauungsstörungen« abgetan werden.**

Diesen Preis müssen sie bezahlen, wenn sie heute und im Alter ein ausreichendes Maß an Lebensqualität genießen wollen.

Im vorliegendenKapitel geht es hauptsächlich um »neue Gesundheitsfragen«, die Frauen ab 35 Jahren bis in das Klimakterium betreffen. Wir befassen uns aber auch mit dem erhöhten Risiko von Frauen, nach den Wechseljahren an Brustkrebs und Herz- und Kreislaufleiden zu erkranken, sowie mit dem Thema der Hormonersatztherapie. Wenn nicht ausgerechnet die Generation der Babyboomer vor den Wechseljahren stehen würde, könnten wir das sexistiche Vermächtnis in der medizinischen Forschung sowie die Gesundheitsbewegung der Frauen vielleicht nur als einen Trend bezeichnen. Durch die gewaltige Zahl der betroffenen Frauen aber wird ein Megatrend daraus: Brustkrebs und Herz-Kreislauf-Krankheiten sind keine abstrakten Leiden mehr, die hie und da eine ältere Frau treffen: Sie sind ganz reale Bedrohungen für ihr Leben.

Es werden noch fünf weitere Themen angesprochen, die für die Gesundheit der Frauen sehr wichtig sind: Brustimplantate, Zervix-Abstriche (oder nach ihrem Erfinder auch Papanicolaou-Abstriche genannt), Eierstockkrebs, Aids bei Frauen, Unfruchtbarkeit und Empfängnisverhütung. Schließlich wird noch eine der positivsten Veränderungen in der heutigen Medizin beschrieben: die Feminisierung des Gesundheitswesens.

Megatrend: Menopause

Sie glauben also, Sie sind zu jung?

Die Wechseljahre sind kein Phänomen, mit dem Sie als fünfzigjährige Frau eines Morgens aufwachen. Es gibt viele Frauen, die schon mit Mitte oder Ende Dreißig die Vorboten an sich feststellen. »Wir wissen jetzt, daß bei manchen Frauen schon mit Ende Dreißig die ersten Veränderungen im Menstruationszyklus auftreten«, berichtet Phyllis Kernoff Mansfield, medizinische Forscherin an der Pennsylvania State University.

Außerdem darf man nicht vergessen, daß bei einem Drittel aller Frauen das Klimakterium einsetzt, nachdem ihnen die Gebärmutter entfernt wurde. Die meisten dieser Frauen sind zwischen 25 und 44 Jahre alt. Darüber hinaus läßt sich in jüngerer Zeit ein Trend nachweisen, für den es noch keine gesicherte Erklärung gibt: Die natürlichen Wechseljahre setzen früher ein, nämlich schon mit Anfang Vierzig oder sogar Ende Dreißig.

»Wahrscheinlich produzieren die Eierstöcke schon ab Mitte Dreißig weniger Östrogen ... Es ist gar nicht ungewöhnlich, daß Frauen schon ab Anfang Vierzig Symptome haben, die auf einen allmählichen Östrogenrückgang hinweisen«, erklärt Dr. Trudy Bush, Epidemiologin und Professorin für Geburtshilfe und Gynäkologie an der Johns Hopkins School of Hygiene. »Ich bin jetzt zweiundvierzig Jahre alt und glaube nicht, daß meine Menopause in den nächsten zehn Jahren einsetzt«, meint Dr. Bush. »Aber trotzdem muß ich mit einer Wahrscheinlichkeit von 20 bis 30 Prozent damit rechnen, daß die ersten Symptome in den nächsten zwei oder drei Jahren auftreten.«

Der Übergang in die Wechseljahre

Gegen Ende des vierten Lebensjahrzehnts hat der biologische Übergang in die Wechseljahre eingesetzt. Sobald eine Frau ein ganzes Jahr lang keine Menstruationsblutungen mehr hatte, ist die erste Phase des Klimakteriums vorüber, auch wenn in den darauffolgenden fünf bis sieben Jahren noch weitere Veränderungen bevorstehen, so Gail Sheehy. Sie betont, daß die Wechseljahre den Beginn eines »wenig erforschten« Übergangs in die Zeit nach der Gebärfähigkeit markieren. Bis vor kurzem war das Thema kaum gesellschaftsfähig – nicht einmal unter Frauen wurde offen darüber geredet.

Die Wechseljahre wirken sich auf etwa dreihundert verschiedene Körperfunktionen aus, war vor kurzem in einer Reportage der *Newsweek* zu lesen. »Der Eierstock ist eine endokrine Drüse, und wenn diese nicht mehr arbeitet, gibt es Probleme«, erläutert Wulf H. Utian, Gynäkologe und Vorsitzender für Reproduktionsmedizin an der Case Western Research University. Er zeichnet verantwortlich für bahnbrechende Entdeckungen in der Klimakteriumsforschung und ist Gründer der North American Menopause Society.

Der Körper hört in den Wechseljahren auf, Östrogene zu produzieren, und die Menstruation wird unregelmäßig – sie kann ausbleiben oder auch unerwartet stark kommen. Frauen berichten von einer ganzen Bandbreite von Symptomen, von denen das bekannteste die Hitzewallungen sind. Es gibt aber noch viele andere: Völlegefühl, dünnere und trockenere Haut, Infektionen des Harntraktes, vermindertes sexuelles Verlangen, vaginale Trockenheit, Stimmungsschwankungen und viele andere mehr. In der Vergangenheit stießen Frauen mit ihren klimakterischen Beschwerden, Unsicherheiten und Ängsten auf wenig Verständnis. Ein männerdominierter medizinischer Berufsstand befand, all die Probleme seien letztendlich »im Kopf« zu lokalisieren. Die Symptome für die Umstellung des Hormonhaushalts wurden mit der Bemerkung quittiert, die Patientin benötige vielleicht weniger einen Gynäkologen als einen Psychiater. Glücklicherweise wird man die weiblichen Babyboomer ernster nehmen, zumal schon in ihrer Zahl eine große Macht liegt. Außerdem sind sie sehr gesundheitsbewußt und werden die Symptome der Wechseljahre nicht still erdulden, sondern Abhilfe verlangen, und zwar mit Nachdruck.

Ein weiterer wichtiger Punkt: Sie werden viel häufiger als früher von Ärztinnen betreut, die im Klimakterium mit denselben Problemen fertig werden müssen.

Im Gesundheitswesen sind die Wechseljahre das Stichwort der neunziger Jahre und darüber hinaus.

»In den nächsten zehn Jahren werden weit mehr Frauen in die Wechseljahre kommen als je zuvor; es ist beinahe, als stünde eine Epidemie bevor«, meint der Gynäkologe Utian.

Viele Frauen werden sich über das Wort »Epidemie« ärgern. Es markiert einen Rückfall in die Zeit, als natürliche weibliche Körperfunktionen vom medizinischen Establishment als Krankheit abgestempelt wurden. Aber der Arzt warnt: »Die Herzanfälle und Knochenbrüche, die Frauen nach den Wechseljahren erleiden werden, stellen das Gesundheitssystem in den kommenden fünfzehn Jahren vielleicht noch auf eine harte Probe.«

Osteoporose – Mit brüchigen Knochen ins Alter

Die National Osteoporosis Foundation prophezeit einem Drittel bis der Hälfte aller Frauen nach den Wechseljahren Osteoporose. Wie kommt es zu einer so düsteren Voraussage? Zum einen werden die Knochen altersbedingt frakturanfälliger, zum anderen verstärkt der Östrogenmangel diese Entwicklung noch weiter. Ein Drittel der Frauen über 65 Jahre muß mit einem oder mehreren Wirbelkörperfrakturen oder mit Komplikationen bei Brüchen rechnen. Nicht selten können sie sogar lebensbedrohlich werden. Die jährlichen Kosten für Oberschenkelhalsbrüche werden von etwa 7,2 Milliarden Dollar derzeit auf 16 Milliarden Dollar bis zum Jahr 2040 steigen, steht im *Journal of Clinical Orthopedics & Related Research* zu lesen. Die Östrogenersatztherapie trägt dazu bei, daß fehlende Knochenmasse wieder aufgebaut wird, und reduziert damit die mit der Osteoporose verbundenen Gefahren erheblich. Leider ist auch sie nicht frei von unerwünschten Nebenwirkungen.

Ein Grund zum Aufatmen

Lange Zeit war man der Meinung, Frauen litten in den Wechseljahren deshalb an Depressionen, weil sie ihre Gebärfähigkeit unwider-

ruflich verlieren. Daraus müßte man beinahe schließen, daß es für Frauen keine andere Aufgabe gibt, als Kinder zur Welt zu bringen. Forschungsergebnisse deuten darauf hin, daß die meisten Frauen keineswegs deprimiert darüber sind, daß sie nicht mehr schwanger werden können. Statt dessen stellt sich bei vielen große Erleichterung ein. Ganz davon abgesehen, gibt es auch Bestrebungen in der medizinischen Forschung, Frauen nach den Wechseljahren eine Empfängnis zu ermöglichen. Bei einer 52jährigen Frau ist dies schon gelungen. Es bleibt abzuwarten, auf welche Resonanz diese Fortschritte in der Medizin stoßen werden.
Unumstritten ist jedoch, daß die Wechseljahre mit Stimmungsschwankungen verbunden sind. Die Tiefs, unter denen manche Frauen leiden, sind jedoch eher durch hormonelle als emotionale Faktoren bedingt:

- Eine Studie der Psychologin Karen A. Matthews, University of Pittsburgh, ergab, daß Frauen unmittelbar nach den Wechseljahren nicht häufiger an Depressionen, Angstzuständen oder Streß litten als gleichaltrige Frauen, die noch menstruierten.
- Sonja und John McKinlay, Epidemiologen am New England Research Institute, führten eine auf fünf Jahre angelegte Untersuchung an 2500 zufällig ausgewählten Frauen zwischen 45 und 55 Jahren durch. Ihr Ergebnis: Drei Viertel der Frauen empfanden »entweder Erleichterung oder weder positive noch negative Gefühle«, wenn sie in die Wechseljahre kamen. Nur 3 Prozent sahen in den Wechseljahren ein negatives Ereignis. »Für die Mehrheit der Frauen«, schließt John McKinlay, »ist das Klimakterium also gar nichts Besonderes.«

Für die seelische Umstellung mag dies zutreffen. Es wäre aber sträflicher Leichtsinn, wenn die Frauen daraus den Schluß ziehen würden, daß sie auch die gesundheitlichen Konsequenzen der neuen Lebensphase auf die leichte Schulter nehmen dürften.

Gesundheitliche Gefahren in den Wechseljahren

Die abnehmende Östrogenproduktion in den Wechseljahren hat fatale Folgen, weil Östrogene vor Herz-Kreislauf-Krankheiten und

Osteoporose schützen. Osteoporose kann zu den gefürchteten Oberschenkelhalsbrüchen führen. Bei Frauen nach den Wechseljahren steigt außerdem das Risiko, an Brust- und Eierstockkrebs zu erkranken. Fälschlicherweise hieß es lange Zeit — nicht zuletzt von seiten der maßgeblichen Autoritäten in der Medizin —, Frauen seien immun gegen Herzerkrankungen. Dabei kosten diese jährlich doppelt so vielen Frauen das Leben wie sämtliche Krebsarten zusammen. Mit Mitte Sechzig haben Frauen ein genauso hohes Herzinfarktrisiko wie Männer, und das Risiko, ihn nicht zu überleben, ist sogar noch höher.
Die vielen Frauen, die vor dem Eintritt in die Wechseljahre stehen, werden jetzt in Aktion treten, um gegen die Ungereimtheiten in der Gesundheitsfürsorge, die fehlenden Forschungsprojekte, die unzulänglichen Behandlungsmethoden und den puren Sexismus anzutreten, der ihre Lebensqualität empfindlich beeinträchtigen könnte, wenn sie sechzig oder siebzig Jahre alt sind — falls nicht schon das produktive vierte und fünfte Lebensjahrzehnt bedroht sind.

Das sexistische Vermächtnis

In den vergangenen beiden Jahrzehnten, in denen Frauen scharenweise für gleiche Bezahlung für gleiche Arbeit, für die Entscheidungsfreiheit in der Abtreibungsfrage und für ein breiteres Angebot in der Kinderbetreuung gekämpft haben, hat sich ein engagierter Kreis einem anderen Thema gewidmet. Aktivistinnen haben sich im Gesundheitswesen umgetan und Daten gesammelt, die Sie erschüttern werden, Ihnen vielleicht aber auch das Leben retten könnten. Solch schockierende Fakten wie die folgenden werden Ihnen zu denken geben:

- Frauen waren bisher in klinischen Versuchen zur Erprobung neuer Medikamente kraß unterrepräsentiert.
- Für die Erforschung von reinen Frauenkrankheiten — bis vor kurzem war das hauptsächlich Brustkrebs — wurde signifikant weniger Geld ausgegeben als für die Erforschung von Krankheiten anderer Bevölkerungsgruppen.
- Ärzte nutzen bei Frauen, die an Symptomen für Herzerkrankun-

gen leiden, seltener die ganze Palette der medizinischen Diagnose- und Therapiemöglichkeiten als bei Männern, auch wenn die Symptome der Frauen gleich stark oder noch stärker sind.

Daraus können Frauen nur eine Konsequenz ziehen: Sie müssen aktiv werden und für ihre Belange im Gesundheitswesen kämpfen.

Wie hoch ist das Brustkrebsrisiko für Männer?

Was man in der Medizin über Herzerkrankungen weiß, ist das Ergebnis einer Vielzahl von klinischen Studien, die fast ausschließlich an Männern durchgeführt wurden — obwohl nach den Wechseljahren praktisch gleich viele Fraucn wie Männer an Herzerkrankungen sterben.
Vor vier Jahren machte das Ergebnis einer großen Studie weltweit Schlagzeilen: Man nehme alle zwei Tage eine Tablette Aspirin, und schon ist das Herzinfarktrisiko erheblich gesenkt. Ein bemerkenswertes Ergebnis — zumindest für eine Hälfte der Bevölkerung. An den Forschungsarbeiten, die zu dieser publikumsträchtigen Schlußfolgerung führten, waren 22000 Personen beteiligt. Es war **keine einzige Frau** dabei.
»Wir haben keine Ahnung, ob der Trick mit dem Aspirin auch bei Frauen funktioniert«, meint Cathy Bernau, Projektmanagerin und frühere Direktorin des Women's Center am Rose Medical Center in Denver, Colorado.
Als das NIH (National Institutes of Health), ein Zusammenschluß amerikanischer Gesundheitsorganisationen, die erste Studie über alte Menschen durchführte, tauchte ein winziges Problem auf: In den ersten zwanzig Jahren nahmen keine Frauen daran teil (Frauen stellen ja auch nur zwei Drittel der alten Menschen, und wie wir alle wissen, altern sie genauso wie Männer — oder auch nicht).
Für die Skeptiker, die nicht so recht an den Sexismus in der medizinischen Forschung glauben wollen, haben wir ein besonders schönes Beispiel: An einer Studie an der Rockefeller University über den Zusammenhang zwischen Fettsucht und Brust- und Gebärmutterkrebs nahmen in den ersten drei Wochen nur Männer teil!
Alljährlich werden Hunderte von klinischen Untersuchungen für neue Medikamente oder Behandlungsmethoden durchgeführt. Von vielen dieser Tests werden Frauen ausgeschlossen. Wissenschaftler

führen als Grund dafür an, daß Frauen die Forschung *komplizierten:* Ein schwankender Hormonspiegel während der Menstruation oder in den Wechseljahren könne die Wirkungsweise der Medikamente im Körper verändern (dieses Argument ist nicht gerade schlüssig). Außerdem könnten die Experimente schädliche Auswirkungen auf ihre Fortpflanzungsfähigkeit haben (das leuchtet schon eher ein).
Letztendlich sind jedoch beide Erklärungsversuche bedeutungslos, weil Medikamente, die ausschließlich an Männern erprobt wurden, auch Frauen verordnet werden.
Dies ist besonders besorgniserregend, weil Frauen mit einer *höheren* Wahrscheinlichkeit als Männer freiverkäufliche und bestimmte rezeptpflichtige Medikamente einnehmen. »Tatsache ist: 70 Prozent aller Psychopharmaka werden Frauen verordnet«, betont Susan J. Blumenthal, Leiterin des Programms für Verhaltensforschung am National Institute of Mental Health, und sie nennt damit eine Zahl, die auch durchaus auf deutsche Verhältnisse zutrifft.

Der kleine Unterschied in der Forschung ...

Das NIH finanziert ein Drittel der medizinischen Forschung in den Vereinigten Staaten. Noch 1987 flossen nur 13,5 Prozent des 6 Milliarden Dollar umfassenden Forschungsetats in die Erforschung von Krankheiten, die nur oder hauptsächlich bei Frauen auftreten. Das heißt nicht, daß 87 Prozent des Etats für die Erforschung von reinen Männerkrankheiten aufgewendet wurden. Trotzdem sind Frauen in der medizinischen Forschung unterrepräsentiert.
Die Society for the Advancement of Women's Health Research in Washington, D.C., ist zu dem Schluß gekommen, daß die Erforschung von Brustkrebs, von Empfängnisverhütungsmitteln und nach der Geburt auftretenden Depressionen nicht ausreichend gefördert wurde. Von über 2100 Forschern im NIH sind ganze sieben Fachärzte für Gynäkologie und Geburtshilfe.
Frauenrechtskämpferinnen und einige medizinische Forscher gehen noch weiter und erheben den Vorwurf, daß Frauen in der Medizin und im Gesundheitswesen durchgängig zu kurz gekommen seien, weil das Klima, in dem Ärzte und Naturwissenschaftler arbeiten, durch und durch von Diskriminierung und Sexismus geprägt sei.
Aber das ist noch lange nicht alles.

... und der kleine Unterschied in der Therapie

Es gibt immer mehr Beweise dafür, daß Frauen mit Herzerkrankungen seltener in den Genuß der ganzen Bandbreite der verfügbaren Behandlungsmethoden kommen als Männer. Dabei ist der Herztod bei beiden Geschlechtern Todesursache Nummer eins.

- Im *The New England Journal of Medicine* wurde über eine Studie berichtet, an der 2231 Männer und Frauen teilnahmen, die mit einem schweren Herzinfarkt ins Krankenhaus eingewiesen worden waren. Bei Männern war die Wahrscheinlichkeit doppelt so hoch, daß sie zur Koronar-Angiographie geschickt wurden. Mit dieser Diagnosemethode wird das Ausmaß der Verengung der Koronararterien bestimmt. Außerdem wurde Männern doppelt so häufig als Frauen zu einer Bypassoperation geraten, die es ermöglicht, das Herz auf einem Umweg mit Blut zu versorgen.
- Forscher am Brigham and Women's Hospital in Boston untersuchten 82782 Herzpatienten in Massachusetts und Maryland. Für Männer aus Massachusetts wurde mit einer **um 28 Prozent höheren Wahrscheinlichkeit als für Frauen eine Angiographie angeordnet. Die Wahrscheinlichkeit einer Bypassoperation oder einer Gefäßdilatation (bei der mit einem Ballonkatheter versucht wird, die Verstopfungen in den Arterien aufzulösen) lag sogar um 45 Prozent höher.** In Maryland wurde 15 Prozent mehr Männern als Frauen zu einer Angioplastik geraten und 27 Prozent mehr Männern zu einer Bypassoperation oder Ballondilatation.
- Die Colorado Hospital Association berichtet, daß in einem Zeitraum von zwei Jahren bei 51 Patienten eine Herzverpflanzung vorgenommen wurde; nur sieben Frauen waren darunter. 1989 und 1990 wurden 3430 Koronar-Bypassoperationen durchgeführt, nur 22 Prozent davon an Frauen.

Aus diesen Daten kann nun nicht abgeleitet werden, daß es Frauen besser ergehen würde, wenn sie ebensohäufig wie Männer mit dem gesamten Arsenal der medizinischen Möglichkeiten behandelt würden. Es ist unglaublich, aber wahr, daß fast keine gesicherten Daten darüber vorliegen, welchen Nutzen diese Methoden bei Frauen haben. Dazu meint Dr. Nanette Wenger, Kardiologin an der Emory

University School of Medicine: »Ich kenne viele Fachleute, die große Bedenken haben, wenn von Männern mittleren Alters einfach auf ältere Frauen geschlossen wird.«
»Die entscheidende Frage ist doch die: Werden Herzerkrankungen bei Frauen unterschätzt?« meint Dr. John Ayanian, Herzforscher am Brigham and Women's Hospital. »Die Untersuchungen weisen jedenfalls darauf hin, daß diese Frage bejaht werden muß.«
Die unterschiedliche medizinische Behandlung beschränkt sich nicht nur auf Herzerkrankungen: Frauen mittleren Alters bekommen halb so häufig wie Männer eine Nierentransplantation, und Männer werden doppelt so häufig zu einem wichtigen diagnostischen Lungenkrebstest geschickt, berichtet der Ausschuß für ethische und rechtliche Fragen in der American Medical Association.
Sexismus, Mißverständnisse, Fehldiagnosen, unzureichende Forschung — wie auch immer man es nennen mag, Frauen werden von lebensrettenden modernen Behandlungsmethoden ausgeschlossen.
»Anders als Männer zu sein bedeutete fast in der gesamten Geschichte der Menschheit und fast auf der ganzen Welt, zweitrangig zu sein und benachteiligt zu werden«, schrieb Dr. Bernadine Healy, Kardiologin und erste weibliche Direktorin des National Institutes of Health, im *The New England Journal of Medicine.* »Deshalb ist es zwar sehr betrüblich, aber keinesfalls überraschend, daß Frauen ... in der Gesundheitsfürsorge allzuoft ungleich behandelt wurden.«
Die »Women's Health Initiative« des NIH, eine großangelegte und hoffentlich endgültige Untersuchung über Frauen betreffende Gesundheitsfragen, die Ende 1991 angekündigt wurde, soll diese Ungerechtigkeit korrigieren helfen. Die Studie begann im September 1992 und wird 140000 Frauen zwischen 50 und 79 Jahren erfassen. Sie wird in den kommenden zehn bis zwölf Jahren 500 Millionen Dollar kosten. Unter anderem soll auch erforscht werden, ob ein Zusammenhang zwischen dem Fettverzehr und dem Brustkrebsrisiko besteht und ob es einen Zusammenhang zwischen Östrogenmangel und einem erhöhten Herzinfarktrisiko gibt.
Für das NIH fordert die Kardiologin Healy, daß Frauen in *sämtliche* klinischen Versuche einbezogen werden, die von der Bundesregierung gefördert werden. Die Gesundheitsaktivistin Pat Schroeder,

US-Abgeordnete, gab sich damit nicht zufrieden, sondern verlangte, daß entsprechende Richtlinien per Gesetz geregelt werden sollten. Außerdem sollte Geld bereitgestellt werden, das ausschließlich für Studien an Frauen verwendet werden dürfe. Ihr Vorschlag wurde 1991 im Repräsentantenhaus mit 274 zu 144 Stimmen angenommen: Damit hat die Gesundheitsbewegung der Frauen den US-Kongreß erreicht.

Todesursache Nummer eins – Herz-Kreislauf-Krankheiten

Die Angst vor Krebserkrankungen, insbesondere vor Brustkrebs, ist unter den Frauen weit verbreitet und sitzt tief, und das mit gutem Grund: Zum einen wird ein sensibler Körperteil betroffen, zum anderen ist diese Krankheit in den USA für 45 000 Todesfälle im Jahr verantwortlich, in Deutschland für rund 15 000. Herz-Kreislauf-Krankheiten sind dagegen bei den meisten Frauen kein Thema. Infarktgefährdet sind doch nur die Männer, oder nicht?
Nicht ganz.
Herzerkrankungen — Angina-pectoris-Anfälle und Herzinfarkte — kosten in den USA jährlich etwa 500 000 Frauen das Leben, weit mehr als Brustkrebs. In Deutschland erliegen im Schnitt jährlich 200 000 Frauen einer Herzerkrankung, drunter rund 38 000 einem Herzinfarkt. Herzerkrankungen sind damit in den USA wie in Deutschland für doppelt so viele Todesfälle bei Frauen verantwortlich als sämtliche Krebsarten zusammen, an denen Frauen sterben.
Die physiologischen Voraussetzungen, die Frauen im gebärfähigen Alter vor Herzerkrankungen schützen, sind nach den Wechseljahren nicht mehr gegeben. Dreimal so viele Männer unter vierzig Jahren sterben an Herzerkrankungen als Frauen, die bis dahin meist noch Östrogene produzieren. Dann aber nähern sich die Zahlen einander an. Mit Mitte Sechzig ist das Risiko einer Frau, an Angina pectoris oder einem Herzinfarkt zu sterben, *gleich groß oder größer* als bei einem Mann, je nachdem welche Risikofaktoren noch ins Spiel kommen.
»Die Ärzte und auch die Frauen selbst haben die Bedeutung der

Herzerkrankungen unterschätzt«, meint Dr. Antonio Gotto, Vorsitzender der Abteilung für Medizin am Baylor College in Houston und ehemaliger Präsident der American Heart Association.

Ein typischer Fall

Ann Marino, jetzt 59 Jahre alt, kann die Einschätzung von Dr. Gotto nur bestätigen.
Marino wohnt in Bolder, Colorado, und litt fünf Jahre lang unter Schmerzen in ihrer Brust. »Dem Hausarzt, der meine ganze Familie schon seit zwanzig Jahren betreute, war es lästig, daß ich ihn mit meinen Symptomen behelligte«, erzählt sie. »Er behandelte mich wie eine Frau in den Wechseljahren.« Ihr Problem, so dignostizierte er, sei ein »Zwerchfellbruch«.
Ihr »Arzt« riet ihr, alle zwanzig Minuten Mylanta einzunehmen. Als die Schmerzen unerträglich wurden, ging sie in die Krankenhausambulanz. Der hinzugerufene Kardiologe stellte fest, daß drei Gefäße zu 75 Prozent stenosiert waren und eines zu 100 Prozent. Alle Anzeichen deuteten darauf hin, daß sie einen Herzinfarkt gehabt hatte. Marino wurde sofort in den Operationssaal gebracht, wo ihr ein Vierfachbypass gelegt wurde. Ohne den Eingriff, meinte ihr neuer Arzt, wäre sie wahrscheinlich gestorben.
»Es war ein typischer Fall«, kommentiert Ann Marino rückblickend ihre Geschichte. »Mein Hausarzt kam nicht einmal auf die Idee, daß es mein Herz sein könnte.«

Ist es mehr als Sexismus?

In einem sehr nachdenklichen Artikel in der *New York Times* argumentiert der Mediziner Lawrence K. Altman, daß das Versagen der Medizin in der Diagnose und Therapie von Herzerkrankungen bei Frauen nichts mit Sexismus zu tun habe. Mit sechzig Jahren hat jeder fünfte Mann einen Herzinfarkt gehabt, gegenüber jeder siebzehnten Frau, legt er dar. Das ist eine mögliche Erklärung dafür, warum es Ärzten so fernliegt, bei Frauen unter sechzig auch an die Diagnose Herzinfarkt zu denken. Frauen wie Ann Marino, die zum Zeitpunkt ihrer Erkrankung 57 Jahre alt war, können nur hoffen, daß sich dies bald ändert.

Es gibt noch andere medizinische Faktoren, die für die Unterschiede verantwortlich gemacht werden können, führt Altman weiter aus. So erbringen Fahrradergometer-Belastungstests bei Frauen keine zuverlässigen Ergebnisse. In der öffentlichen Gesundheitsaufklärung wurden Brustschmerzen bei Frauen nicht genügend beachtet. Vielleicht haben Frauen auch eine höhere Schmerzgrenze, was Herzschmerzen angeht.
Darüber hinaus stellte die umfassende Framingham-Studie, eine Untersuchung über Herzerkrankungen, die 1948 begann und noch heute läuft, Tausende von Risikofaktoren fest. Zwar nahmen Frauen daran teil, aber die meisten standen noch vor den Wechseljahren. Folglich wurden auch nicht viele Herzerkrankungen beobachtet. Das gab den Frauen (und dcn Ärzten) ein falsches Gefühl der Sicherheit.
Ab sechzig Jahren jedoch haben Frauen ein *höheres* Risiko als Männer, an einer Herzerkrankung oder einem Herzschlag zu sterben. »Wenn ein Mann zwischen 35 und 60 Jahren nicht an einer Herzerkrankung stirbt, dann ist er (in späteren Lebensjahrzehnten) robuster und weniger gefährdet als Frauen«, beobachtete Ruth L. Kirschstein, frühere stellvertretende Forschungsdirektorin für das Women's-Health-Programm beim NIH und jetzt Direktorin des National Institute of General Medical Sciences am NIH.

Hormonersatztherapie – Fluch oder Segen?

Etwa 15 Prozent aller Frauen nehmen nach den Wechseljahren Östrogenpräparate (oder kombinierte Östrogen-Progesteron-Präparate) ein, um die lästigen Nebenerscheinungen der Wechseljahre abzuschwächen. Hormone beugen dem Verlust von Knochenmasse und der daraus resultierenden Osteoporose vor, sie verschaffen Linderung bei Hitzewallungen, lassen die Haut jünger aussehen, heben die Stimmung, wirken gegen vaginale Trockenheit, sind libidofördernd und helfen gegen viele weitere Beschwerden.
Das hört sich ganz nach einem Wundermittel an. Aber das synthetisch hergestellte Östrogen war seit fast fünfzig Jahren nie unumstritten. Die nachstehend besprochene Studie wird wahrscheinlich wieder mehr Frauen dazu bewegen, Hormone einzunehmen, auch wenn nicht alle Zweifel ausgeräumt werden konnten. In den vierzi-

ger Jahren wurde entdeckt, daß Premarin, ein aus dem Urin trächtiger Stuten gewonnenes Östrogen, gegen Hitzewallungen half. Die Ärzte verordneten das Medikament Millionen von Frauen in relativ hoher Dosis, insbesondere als sich dann noch herausstellte, daß es vor dem Knochenabbau schützte.

Je mehr das Medikament jedoch Verbreitung fand, desto häufiger traten Gebärmutterhalskrebs und Gebärmutterschleimhautkrebs auf. Viele Frauen, die auf die Wirkung des Östrogens schworen, wollten es weiterhin einnehmen. Außerdem wiesen viele Untersuchungen darauf hin, daß Östrogen das Herzinfarktrisiko senkte, wodurch es noch attraktiver wurde. Insgesamt jedoch setzten auch viele Frauen das Medikament ab, nachdem bekannt wurde, daß es möglicherweise das Krebsrisiko erhöhte. Damit standen sie aber erneut vor der Frage, wie sie gegen ihre Wechseljahrbeschwerden angehen sollten.

Nach vielen widersprüchlichen Studien und verwirrenden Entscheidungen stehen nun neue Informationen über die Wirkungsweise der Östrogene zur Verfügung. Im September 1991 wurden im *The New England Journal of Medicine* die Ergebnisse einer auf zehn Jahre angelegten Untersuchung an 49 000 Frauen veröffentlicht. Ihre zentrale Ausage: Durch die Einnahme von Östrogenen können Frauen in den ersten zehn Jahren nach den Wechseljahren ihr Herzinfarktrisiko um mindestens 50 Prozent senken.

Dr. Lee Goldman, stellvertretende Vorsitzende des Brigham and Women's Hospital in Boston, und Dr. Anna Tosteson, Biostatistikerin, schreiben in einem begleitenden Artikel zu der Studie: »Die Vorteile einer Östrogentherapie überwiegen ihre Nachteile erheblich.« Die neue Studie war gründlicher und umfassender als alle vorherigen Untersuchungen zusammen.

Es stellte sich aber auch heraus, daß die Einnahme von Östrogen das Brustkrebsrisiko tatsächlich leicht und das Risiko einer Erkrankung an Gebärmutterschleimhautkrebs sogar um das Sechsfache erhöht. Diese Risiken, so Dr. Goldman und Dr. Tosteson, müssen aber im richtigen Verhältnis gesehen werden: »Wenn Sie ein doppelt so hohes Risiko haben, an einer seltenen Krebsart zu erkranken, wirkt sich das bei weitem nicht so aus wie das um 10 Prozent niedrigere Risiko, eine verbreitete Krankheit zu bekommen.«

Insgesamt besteht bei weißen Frauen über fünfzig Jahren ein

absolutes Risiko von 31 Prozent, an einer Herzerkrankung zu sterben. Das Risiko eines Oberschenkelhalsbruchs beträgt 2,8 Prozent, gegenüber einem Risiko von 0,7 Prozent, an Gebärmutterschleimhautkrebs zu erkranken. Die Schlußfolgerung der Forscherinnen: »Selbst ein geringfügiger Vorteil in bezug auf Herzerkrankungen würde alle anderen Nebenwirkungen in den Schatten stellen.«

Gleichzeitig betonen sie jedoch, daß »ein großangelegter Klinikversuch dringend nötig ist, um zu belegen, daß der epidemiologische Befund nicht das Ergebnis vorgefaßter Meinungen oder statistischen Schwindels ist«. Sie fordern deshalb sofort umfangreiche Untersuchungen, um die Auswirkungen der Östrogenersatztherapie nach den Wechseljahren zu erforschen.

Genau dies soll die Studie des NIH tun. Es wird aber mindestens noch zehn Jahre dauern, bis Ergebnisse vorliegen. In der Zwischenzeit müssen die Millionen Frauen der Babyboomer-Generation aber eine Entscheidung treffen.

Die meisten Fachleute lehnen es ab, die Hormontherapie zu einer Behandlungsmethode für alle Frauen zu machen.

»Ich würde keine Blankoindikation ausstellen. Es hängt davon ab, wie die Patientin sich fühlt, wodurch ihr Wohlbefinden besonders beeinträchtigt wird ... Wichtig sind die persönlichen Risiken und Vorteile, ihre individuellenÄngste«, meinte Elizabeth Barrett-Connor, Professorin und Vorsitzende der Abteilung für Familienmedizin an der University of California, San Diego, in einem Beratungsausschuß des amerikanischen Bundesgesundheitsamts.

Natürlich geht es auch um viel Geld. Der Verkauf von Premarin verdoppelte sich von knapp 200 Millionen Dollar im Jahr 1987 auf etwa 400 Millionen Dollar 1990. 1994 sollen daraus 700 Millionen Dollar werden, aber diese Schätzung stammt noch aus der Zeit, bevor die besprochene Studie im *New England Journal of Medicine* veröffentlicht wurde.

Gary L. Friedman von Kaiser Permanente in Los Angeles analysierte dreißig Studien, die dem US-Bundesgesundheitsamt zur Beurteilung vorgelegt wurden. Praktisch alle kamen zum Ergebnis, daß Östrogen vor Herzerkrankungen schützt. Trotzdem meinte er: »Es spricht zwar sehr viel für die Östrogentherapie, aber man sollte sie trotzdem nicht wahllos verordnen.«

Natürliche Wechseljahre

Nehmen wir einmal an, Sie waren Ihr Leben lang überzeugte Anhängerin natürlicher Heilmethoden, Sie sind mit der Alternativmedizin immer gut gefahren und haben nicht vor, irgend etwas »Chemisches« einzunehmen, nicht einmal wenn Sie dann besser vor einem Herzinfarkt geschützt wären. Können alternative Methoden die Beschwerden in den Wechseljahren lindern? Diese Frage haben wir einer Alternativmedizinerin gestellt, Dr. Valentina Lert. Sie ist Chiropraktikerin und wendet in ihrer Praxis in Telluride, Colorado, viele neue Behandlungsmethoden an.
»Ich denke da an fünf Bereiche, die für Frauen in den Wechseljahren in Frage kommen«, erklärte sie. »Zunächst einmal sind die Chiropraktik und Akupunktur bewährte Methoden, weil sie beide etwas mit dem Prinzip des Gleichgewichts zu tun haben. Schließlich wird der Hormonhaushalt des Körpers so gravierend umgestellt wie zuletzt in der Pubertät. Der Körper muß also sein Gleichgewicht wiederfinden.«
Sie empfiehlt außerdem, sich von einem guten Ernährungswissenschaftler beraten zu lassen und die Heilkraft homöopathischer Mittel und chinesischer Kräuter zu nutzen. »Die Chinesinnen wenden Kräuterrezepte schon seit Jahrtausenden an und erzielen gute Erfolge damit«, begründet sie ihre Empfehlung.
Eine kompetente Ernährungsberatung ist aus mehreren Gründen wichtig. Einige Symptome können nämlich, zumindest in bestimmtem Ausmaß, über die Ernährung gelindert werden:

- Vitamin E in Form eines Tokopherol-Gemischs. Damit können Hitzewallungen gelindert werden.
- Vitamin-B-Komplex. Dr. Lert weist darauf hin, daß die Nebenwirkungen der Östrogenersatztherapie mit den Mangelerscheinungen des Vitamin-B-Komplexes identisch sind.
- Kalzium. Sie empfiehlt etwa Kalziumgluconat als 1000-Milligramm-Dosis in Kombination mit Magnesium.
- Vitamin C schwächt die Intensität der Hitzewallungen ab.

Dr. Lert macht jedoch deutlich, daß derartige Zusatzpräparate schon vor den Wechseljahren wichtig sind. »Warten Sie nicht auf die

erste Hitzewallung«, warnt sie. Außerdem, fügt sie hinzu, können sie auch dann von Bedeutung sein, wenn eine Frau sich für eine Hormonersatztherapie entscheidet.
In Dr. Lerts Privatbibliothek stießen wir auf einige Bücher, die Frauen in den Wechseljahren sehr interessieren dürften. *Homöopathie gynäkologischer Erkrankungen* von Dr. Trevor Smith und Peter Fricke enthält ein Kapitel über Probleme in den Wechseljahren. Die Autoren empfehlen homöopathische Behandlungsmethoden gegen Hitzewallungen, vaginale Vulnerabilität und starke Blutungen. *Acupressure's Potent Points: A Guide to Self Care for Common Ailments* (Bantam) von Michael Reed Gash, dem Gründer und Direktor des Acupressure Institute of America, schlägt gegen Hitzewallungen spezielle Akupressurpunkte vor, an denen sich jede Frau leicht selbst behandeln kann.
In der Kräuterheilkunde wurde die Wanzenkrautwurzel — Homöopathen unter dem Namen Cimicifuga racemosa ein Begriff — schon immer gegen Wechseljahrsbeschwerden eingesetzt, besonders von Indianern. Das Pflanzenmolekül ist dem Östrogen so ähnlich, daß es mitunter schon »Gemüseöstrogen« genannt wurde.
Damit hat die Alternativmedizin eine ganze Reihe von Methoden anzubieten, die unter der Anleitung von erfahrenen und qualifizierten Chiropraktikern, Homöopathen, Kräuterkundlern, Akupresseuren oder Akupunkteuren und Ernährungsberatern gezielt angewandt werden können. Bei leichten Beschwerden können Sie sich durchaus selbst helfen, aber bei ernsteren Problemen ist eine systematische Therapie angebracht.

Das Hoch nach den Wechseljahren

Wenn eine Frau zwölf aufeinanderfolgende Monate lang keine Menstruation mehr hatte, findet sie »ein völlig neues Gleichgewicht«, schreibt Gail Sheehy. »Ihre Energie, ihre Stimmungslage und ihr allgemeines körperliches und seelisches Wohlbefinden dürften dann wiederhergestellt sein — mit einem Unterschied zu vorher.«
Frauen verspüren dann nämlich »eine ganz neue Art der Ausgeglichenheit und Zufriedenheit mit sich selbst«, schreibt sie, »einen mächtigen Energiestoß« — das, was Margaret Mead das »Hoch nach den Wechseljahren« nannte.

»Viele Frauen kennen das Gefühl, das sich eine Woche nach Ende der Priode einstellt: Sie könnten Bäume ausreißen und mit Drachen kämpfen. Genauso fühlt sich eine Frau nach den Wechseljahren, und zwar ununterbrochen, wenn sie sich dessen bewußt wird«, meint Elizabeth Stevenson, Anhängerin von C. G. Jung und Analytikerin in Cambridge, Massachusetts.

Die Revolution im Gesundheitswesen

Frauen, die in gesicherten wirtschaftlichen Verhältnissen leben, die wissen, mit welchen Taktiken sie als Verbraucherinnen Druck ausüben und politische Ziele durchsetzen können, werden auch dafür sorgen, daß Frauenfragen in der Medizin endlich gebührend berücksichtigt werden.

Dafür sorgt alleine schon die riesige Anzahl von Frauen, die vor den Wechseljahren stehen. Herzinfarkt und Krebs waren bisher etwas, worüber sich höchstens alte Damen Gedanken machten. Bei jüngeren Frauen dagegen galten diese Krankheiten als tragische, aber glücklicherweise seltene Ereignisse. Jetzt aber gefährden sie die Babyboomer, die zahlenmäßig größte Bevölkerungsgruppe in der Geschichte der Vereinigten Staaten, die außerdem noch so gesundheitsbewußt ist wie keine Generation zuvor. Für Deutschland gilt Entsprechendes.

Die Aktivistinnen von einst kommen jetzt in ein Alter, in dem der Sexismus in der Medizin ihr Leben bedrohen kann. Scharenweise werden sie den schon bestehenden Gesundheitsgruppen beitreten und sich einen Weg in die Institutionen bahnen, in denen gesundheitspolitische Entscheidungen getroffen werden. Den Frauen der Babyboomer-Generation wird es zu verdanken sein, wenn der Kampf um eine angemessene Behandlung in der Medizin in den neunziger Jahren entscheidend vorangetrieben und im Jahr 2000 und danach mit voller Kraft geführt wird.

Schon heute sind die Frauen in den Vereinigten Staaten nicht untätig. Im Jahr 1991 starteten sie aus Anlaß des Brustkrebsmonats Oktober eine Initiative und versuchten, 175 000 Brustkrebspatientinnen und ihre Familien und Freunde dazu zu bewegen, in einem persönlichen Brief an das Weiße Haus mehr Forschungsmittel und

bessere Behandlungsmethoden zu fordern. Die Aktion war ein voller Erfolg: Über 527000 Briefe wurden geschrieben.
»Viele Frauen sind über die Frauenbewegung zu uns gekommen, haben aber noch nie zuvor einen Telefonanruf gestartet oder einen Brief geschrieben, um ihren Interessen bei einer Institution Nachdruck zu verschaffen. Dann hat der Brustkrebs ihr Leben verändert«, meint Ann Maguire von der Massachusetts Breast Cancer Coalition.

Aids und Brustkrebs

In der Gesundheitspolitik hatten vor Aids all diejenigen einen schlechten Stand, die sich für *spezielle* Krankheiten einsetzten. Mit Aids änderte sich das. Die Politiker wurden zum Umdenken gezwungen, was die Prüfung, Freigabe und Finanzierung von Aidsmedikamenten anging, und Initiativen und Bewegungen trieben Milliarden von Dollar für Forschung, Behandlung und Aufklärung auf.
»Sie haben unglaubliche Dinge erreicht«, meint Marguerite Donogue, Lobbyistin für die National Coalition of Cancer Research, bewundernd. »Wir standen alle da und haben gesagt: ›Alle Achtung, genau so muß man es machen.‹«
Auch wenn sie den vielen erfolgreichen Aidsgruppen Bewunderung zollen, möchten die Aktivistinnen keinesfalls so verstanden werden, als wollten sie mit ihnen um finanzielle Mittel konkurrieren. Sie weisen aber auf die Kluft hin, die zwischen den Ausgaben der Regierung für die Aids- und für die Brustkrebsforschung besteht:
1991 hat das National Institutes of Health (über das sämtliche Bundesforschungsmittel abgewickelt werden) 800 Millionen Dollar für die Aidsforschung ausgegeben. An Aids sterben etwa 24000 Menschen jährlich. In die Brustkrebsforschung flossen 1991 dagegen 92,7 Millionen — aber an Brustkrebs sterben etwa 46000 Frauen pro Jahr.
Das Aidsbudget des NIH belief sich 1991 auf über 804 Millionen Dollar; der Etat für die Erforschung, Verhütung und Behandlung von Brustkrebs betrug 90,2 Millionen Dollar und liegt damit höher als derjenige für die Lungen- oder Dickdarmkrebsforschung.
Beamte des US-Bundesgesundheitsamtes meinen, daß die beiden

Krankheiten sich überhaupt nicht vergleichen ließen. Zum einen handle es sich bei Aids um eine ansteckende Krankheit, zum anderen breite sie sich sehr schnell aus. Außerdem, so meinen die Beamten, fließen in die Brustkrebsforschung mehr Gelder als in jede andere Krebsart, einschließlich Lungenkrebs, an dem 146 000 Menschen sterben. (Anmerkung: Die Ursachen für Lungenkrebs sind ja hinreichend bekannt, nicht aber die für Brustkrebs.)

Trotz aller Proteste, Auseinandersetzungen und Erklärungsversuche wird sich die Relation der Mittel für die Aids- und für die Brustkrebsforschung in den kommenden Jahren nicht entscheidend verändern. Im Jahr 1993, so schätzen die NIH-Experten, werden 873 Millionen Dollar in die Aidsforschung und 136 Millionen Dollar in die Brustkrebsforschung fließen.

»Irgendwo unter einem Stein wurden Millionen von Dollar für die Aidsforschung gefunden«, meint Amy Langer, Direktorin der National Alliance of Breast Cancer Organizations. »Natürlich wird das Geld dort dringend benötigt, aber den Stein würden wir auch gerne finden.«

Die Gesundheitsbewegung der Frauen

In Städten wie San Francisco, Dallas, Washington, D. C., Berkeley und Cambridge, Massachusetts, sind Brustkrebsgruppen an die Öffentlichkeit getreten und haben gefordert, daß endlich mehr gegen eine Krankheit unternommen werden müsse, an der jede neunte Amerikanerin erkrankt und ein Viertel der Patientinnen stirbt.

Frauen lernen von den Taktiken der Aidsaktivisten und werben aktiv um Forschungsgelder, sie verlangen von den Krankenversicherern höhere Leistungen für Mammogramme und experimentelle Behandlungsmethoden, und sie fordern mehr Untersuchungen über ernährungs- oder umweltbedingte Ursachen für Brustkrebs.

Zu diesen Gruppen gehören das Women's Cancer Resource Center in Berkeley, Women Foundation for Breast Cancer in Dallas – in den Medien als »Bastion der reichen und prominenten republikanischen Frauen« bezeichnet –, CAN ACT (Cancer Patient's Action Alliance) in New York, Breast Cancer Action in San Francisco und die National Alliance of Breast Cancer Organizations, ein Zusammenschluß von Basisgruppen mit insgesamt 800 000 Mitgliedern.

Manchmal greifen die Aktivistinnen zu drastischen Mitteln, andere Male gehen sie ganz methodisch vor, um sich in der Öffentlichkeit Gehör zu verschaffen.

- In Sacramento und Boston gingen Tausende von Frauen auf die Straße, um mehr Geld für die Brustkrebsforschung zu fordern, und trugen dabei Schilder mit der Aufschrift: Jede Stunde sterben dreißig Frauen an Brustkrebs.
- Im Oktober 1991 nahmen 3000 Frauen an einem Protestmarsch zur Stadthalle von Boston teil, wo sie mehr Forschungsmittel und bessere Behandlungsmethoden für Brustkrebspatientinnen forderten. Als *The Boston Globe* die Demonstration nur auf einem Foto zeigte, aber keinen Bericht dazu verfaßte, riefen Dutzende von wütenden Frauen bei der Zeitung an. Eine Frau schimpfte: »Wenn jeder neunte Mann einen Hoden verlieren würde, wäre das die Sensationsmeldung auf dem Titelblatt.«
- In New York demonstrierten fünfzig Mitglieder von CAN ACT vor dem Bürogebäude der Krankenversicherer Blue Cross und Blue Shield und forderten die Gesellschaften dazu auf, die Kosten für Knochenmarktransplantationen zu erstatten. CAN ACT wirft den Versicherungsgesellschaften vor, daß sie lebensrettende Behandlungsmethoden mit dem Argument abblockten, ihr Heilerfolg gelte nicht als gesichert.

Die Militanz, mit der für mehr Geld in der Brustkrebsforschung gekämpft wird, muß sicherlich auch vor dem Hintergrund gesehen werden, daß man in der Vorbeugung gegen die Krankheit so gut wie ohnmächtig ist. »Ein Großteil der politischen Aktionen spiegelt die Frustration darüber wider, daß die Ursachen für Brustkrebs nicht bekannt sind. Bei Herzerkrankungen und Lungenkrebs verhält sich das ja ganz anders«, erklärt Lynn Rosenberg von der Boston University.

Erfolge

Die Gesundheitsaktivistinnen in den USA wissen zwar, daß ihre Aufgabe noch lange nicht erfüllt ist, aber sie können trotzdem mit Stolz auf eine wachsende Liste von Erfolgen blicken:

- 1991 verabschiedete der Kongreß den Women's Health Equity Act, ein Gesetz, das Bundesmittel für die Forschung in frauenspezifischen Bereichen der Medizin garantiert.
- Medicare, das Gesundheitsfürsorgeprogramm der Bundesregierung für Frauen und Männer ab 65 Jahren, erstattet mittlerweile die Kosten für Mammographien und bietet eine Beteiligung an den Kosten für Zervix-Abstriche an.
- Bis heute haben 41 Staaten sowie das District of Columbia Gesetze verabschiedet, mit denen die Versicherer verpflichtet werden, Mammographien zu bezahlen oder zumindest anzubieten.
- Blue Cross und Blue Shield, ständige Zielscheibe der Proteste von Brustkrebsaktivisten, haben mit einer langen Tradition gebrochen und sind nun bereit, etwa 10 Millionen Dollar für experimentelle Brustkrebstherapien bereitzustellen. Außerdem werden in einem Fünftel der Versicherungspolicen die Kosten für experimentelle Knochenmarktransplantationen bei 600 von 1200 Frauen übernommen, die an einer NIH-Studie teilnehmen.
- 1990 hat das NIH das Office of Research on Women's Health gegründet. Zweck der neuen Einrichtung ist es, Ziele und Strategien für die medizinische Erforschung frauenspezifischer Gesundheitsfragen zu entwickeln und dazu beizutragen, daß die Interessen der Frauen in der klinischen Forschung angemessen berücksichtigt werden.

Mit jedem Erfolg steigert sich die Entschlossenheit der Gesundheitsaktivistinnen, das medizinische Establishment dazu zu zwingen, die bisherige Forschungspraxis zu verändern, die Forschungsetats zu erhöhen und den Frauen die bestmögliche und modernste Behandlung zu garantieren, die verfügbar ist. Ihr Ziel heißt letztlich, Leben zu retten.

Tödliche Krankheit Nummer zwei – Brustkrebs

Mittlerweile fordert *nicht mehr* Brustkrebs die meisten Todesopfer unter den Frauen, sondern Lungenkrebs. Aber Brustkrebs ist die häufigste Todesursache für Frauen zwischen 35 und 50 Jahren. Heute brauchen Millionen von Frauen nur einen Blick in die Statistik zu werfen, um zu erfahren, daß jede neunte an dieser gefürchteten Krebsart erkranken wird. Da verwundert es nicht, wenn der Ruf nach intensiverer Forschung und effektiveren Behandlungsmethoden immer lauter wird und immer militantere Formen annimmt. Frauen wollen wissen, warum Tausende alljährlich sterben müssen, obwohl die medizinischen Möglichkeiten durchaus vorhanden sind, um Brustkrebs zu diagnostizieren und zu behandeln.

- In den Vereinigten Staaten wird alle dreieinhalb Minuten Brustkrebs diagnostiziert; alle zwölf Minuten stirbt eine Frau daran.
- 1970 erkrankte nur jede dreizehnte Frau an dieser Krankheit. Heute ist es jede neunte. Eine ähnliche Tendenz läßt sich auch für Deutschland verzeichnen. So sind in den vergangenen Jahren die durch Brustkrebs verursachten Todesfälle um 30 Prozent gestiegen.
- 1990 wurden etwa 80000 Tumore entdeckt, die noch im Anfangsstadium waren, gegenüber 35000 im Jahr 1975. Diese Zunahme ist sicherlich zumindest teilweise der breiteren Nutzung des Angebots an Früherkennungsuntersuchungen zuzuschreiben.

Hoffnungsschimmer

Diese deprimierenden Zahlen verbergen aber die erfreuliche Tatsache, daß die Heilungschancen für Brustkrebs außergewöhnlich hoch sind, wenn er früh genug entdeckt wird. Es ist noch nicht lange her, da sprachen die Ärzte von Überlebensraten von fünf oder zehn Jahren — keine übermäßig ermutigende Prognose für eine 35- oder 40jährige Patientin. Heute sind sie schon bereit, auch das Wort Heilung in den Mund zu nehmen. So sprechen sie von einer »Heilbehandlung«, die bei 90 Prozent der Patientinnen im frühesten Stadium sämtliche Spuren der Krankheit für zwanzig Jahre und mehr beseitigt.
Außerdem ist intraduktaler Brustkrebs, eine Frühform der Krankheit, »bei richtiger Behandlung zu 100 Prozent heilbar«. Wenn der Brustkrebs im frühesten Stadium entdeckt und behandelt wird, liegt die Heilungsquote bei knapp 100 Prozent.
»Viele Mediziner glauben, daß wir den Brustkrebs bald in allen Fällen heilen können«, meint Dr. Larry Norton, Onkologe am Memori-

al Sloan-Kettering Cancer Center in New York, der sich auf Brustkrebserkrankungen spezialisieren will.
Nach Jahren der Verwirrung und Kontroversen besteht nun zumindest Klarheit über die beste Methode, um Brustkrebs im Frühstadium zu heilen: Spezialisten, die 1990 vom NIH mit einer Beurteilung beauftragt wurden, sprachen sich für die brusterhaltende Operation aus. Diese Empfehlung gelte aber nicht für alle Patientinnen; bei multiplen Knoten etwa führe kein Weg an der Brustamputation vorbei. Aber damit dürften viele Frauen von einem großen Druck befreit sein, die sich zwischen einer Tylektomie und einer Brustamputation entscheiden müssen.
Es gibt noch mehr gute Nachrichten: Für die Chemotherapie steht nun eine neue Kombination von chemotherapeutischen Präparaten zur Verfügung, die weniger starke Nebenwirkungen haben: Bei 85 bis 90 Prozent der Frauen, die mit CMF (einem Chemotherapeutikum) behandelt werden, hält sich der Haarausfall so in Grenzen, daß sie keine Perücke tragen müssen.

Schlechte Rechenkünste?

Ein anderer Punkt, der aus den erschreckenden Brustkrebsstatistiken nicht klar hervorgeht, ist der, daß das Risiko *über die gesamte Lebenszeit* berechnet wurde. In einem Artikel mit der Überschrift »Schlechte Rechenkünste verbreiten Angst vor Brustkrebs« schließt die Autorin Sandra Blakeslee, daß die American Cancer Society »absichtlich Angst verbreitet« und »irreführende« Statistiken veröffentliche, um Frauen »etwas nachzuhelfen«, damit sie ihre Brust häufiger selbst untersuchen und regelmäßig ein Mammogramm anfertigen lassen.
Das Brustkrebsrisiko für Frauen unter fünfzig Jahren liegt bei etwa eins zu tausend, erklärt Dr. Patricia Kelly, Direktorin für medizinische Genetik und Krebsrisikoberatung bei Salick Health Care in Berkeley, California. Mit sechzig Jahren beträgt das Risiko einer Frau, im kommenden Jahr an Brustkrebs zu sterben, eins zu fünfhundert.
Das Brustkrebsrisiko ist eine reale Gefahr und steigt nach den Wechseljahren signifikant an. Trotzdem gibt es keinen Grund dafür, sich von der Angst davor lähmen zu lassen. Aktives Handeln, Früherken-

nung und moderne Therapiemöglichkeiten werden in Kürze schon kräftezehrende Angst in ein gesundes, sensibles Bewußtsein und lebensrettendes Handeln verwandeln.

Früherkennung, Früherkennung ...

In jeder guten Nachricht über Brustkrebs wird die Früherkennung erwähnt. Das Mammographiegerät weist Tumore, die nur 0,25 cm groß sind, in der Regel schon nach, bevor sich Metastasen gebildet haben und bevor Knoten spürbar sind. Wenn eine Frau einen Knoten in der Brust feststellt, ist er schon zwei bis drei Jahre alt, meinen Experten. Das NIH schätzt, daß mindestens ein Drittel weniger Frauen sterben müßten, wenn sie in den empfohlenen Abständen zur Mammographie gingen. Aber weniger als ein Drittel der Frauen über vierzig lassen die Untersuchung regelmäßig vornehmen.

Nun sind aber Mammogramme sowieso kein Ersatz für die regelmäßige Selbstuntersuchung der Brust: 10 bis 15 Prozent der Tumore können sich im gesunden Gewebe »verstecken« und sind damit auf einem Röntgenbild nicht erkennbar.

Es spielt eine entscheidende Rolle, daß Frauen kompetent und nach dem neuesten Stand der medizinischen Erkenntnisse beraten werden. Nur dann kennen sie die Alternativen und sind in der Lage, die richtigen Entscheidungen zu treffen. Eine Geschichte aus einem Sonderbericht über Brustkrebs in der Oktoberausgabe 1991 der Zeitschrift *Self* illustriert dies.

Susan Fischer, damals 41 Jahre alt, wurde 1988 zu einer Brustamputation geraten. Sie holte nur deshalb eine zweite ärztliche Stellungnahme ein, weil ihre Versicherung dies verlangte. Glücklicherweise wandte sie sich an das Memorial Sloan-Kettering, das Ärzte in einer Umfrage von *U. S. News & World Report* als das beste Krebszentrum überhaupt bezeichnete. Sie erfuhr, daß sie eine typische Kandidatin für eine Tylektomie sei und daß ihr Arzt — der weiterhin zur Amputation riet — sich nicht auf dem neuesten Stand der medizinischen Erkenntnisse gehalten hatte. Die Geschwulst breitete sich nach dem Eingriff nicht weiter aus, und es geht ihr seitdem gut.

Kompetente Beratung ist auch wichtig, wenn es um die Entscheidung geht, ob eine Patientin zusätzliche Bestrahlungen oder eine Chemotherapie benötigt. Frauen brauchen in solchen Momenten

Informationen und Behandlungsmethoden, die auf dem neuesten Stand sind. Druck und Unsicherheit sind hier völlig fehl am Platz.
»Um derartige Entscheidungen zu treffen, muß die Patientin gut informiert sein. Sie muß sich also ausgerechnet in einer Situation mit Statistiken beschäftigen, in der die Entscheidungsfindung besonders schwerfällt«, meint Amy Langer, Direktorin der National Association of Breast Cancer Organizations. »Ohne knallharte Fakten wäre ihre Entscheidung viel zu sehr von persönlichen Einflüssen geprägt.«
Warum ist Brustkrebs immer noch die Todesursache Nummer eins bei Frauen zwischen 35 und 50 Jahren?
Leider muß man sagen, daß auch hier Geld eine Rolle spielt. Die lebensrettenden Mammogramme kosten im Durchschnitt etwa 100 Dollar, aber auch 300 Dollar sind keine Seltenheit. Bis vor kurzem hatten sich die Versicherer Medicaid und Medicare geweigert, diese Kosten zu übernehmen. Daß sie nun dafür aufkommen, ist dem beharrlichen Druck der Gesundheitsaktivistinnen zuzuschreiben.
Viele Frauen, deren Versicherungen nicht vollständig die Kosten für die Mammographie übernehmen, wollen kein Geld für einen Test ausgeben, den sie nicht für absolut notwendig ansehen. Außerdem können Mammographien gar nicht in allen Praxen durchgeführt werden, und nur ein Drittel der insgesamt 11 189 Geräte in den Vereinigten Staaten erfüllen die strengen Vorschriften des American College of Radiology. Das bedeutet, daß vorhandene Tumore oft nicht entdeckt werden und ein falsches Gefühl der Sicherheit entsteht. Mit 40 bis 50 DM liegen die Kosten für eine Mammographie in Deutschland wesentlich niedriger als in den USA. Ab dem 30. Lebensjahr hat jede Frau im Rahmen der Krebsvorsorge Anspruch auf die Übernahme der Kosten durch ihre Krankenkasse. Leider wird die Möglichkeit zur regelmäßigen Untersuchung nur von knapp einem Fünftel aller Frauen genutzt.

Gesundheitsaktivisten weisen zu Recht darauf hin, daß eine schlechte Mammographie schlimmer ist als gar keine.

Im Januar 1991 verabschiedete der Kongreß ein Gesetz, das es Medicare erlaubte, Frauen über 65 Jahren die Kosten für die Mammographie zu erstatten. Das ist eine sehr hohe Altersgrenze. Die meisten einzelstaatlichen Gesetze ziehen die Grenze schon bei 35 Jahren. Frauen unter fünfzig erhalten in den USA in der Regel nur alle zwei Jahre eine Untersuchung erstattet.

»Wie kommen wir an gute Geräte, und wie bringen wir die Frauen dazu, sie zu nutzen? Wie können die Geräte zuverlässig sein und gleichzeitig so wenig kosten, daß jede Patientin sich die Untersuchung leisten kann?« fragte Andrea Camp, Assistentin der US-Abgeordneten Pat Schroeder.
Dr. Susan Bates, Forscherin am National Cancer Institute, meint: »Für die Mediziner ist die Richtung klar: Forschung. Für die Frauen ist sie ebenfalls klar: Verantwortung übernehmen. Sich richtig ernähren, also fettarm essen, und alle Risikofaktoren ausschalten. Mit vierzig sollte jede Frau anfangen, Mammogramme durchführen zu lassen, und zwar in regelmäßigen Abständen.«

Ausblick in die Zukunft

Eines der Ziele der großangelegten NIH-Studie wird sein, den Zusammenhang zwischen *Ernährung* und Brustkrebs zu untersuchen, dem schon seit langem große Bedeutung zugemessen wird.
Die Reduzierung des Fettgehalts in der Ernährung spielt aus allen möglichen gesundheitlichen Gründen eine wichtige Rolle, auch bei der Entstehung von Brustkrebs. Ein in der Reportage in *Self* zitierter Experte schätzte, daß die Brustkrebserkrankungen um 60 Prozent zurückgingen, wenn wir die Fettaufnahme von 40 Prozent auf 20 Prozent reduzieren würden. Wenn dem so wäre, dann würden die Erkrankungen im Jahr 2000 *zurückgehen* anstatt zunehmen, wenn die Babyboomer, die ihren Fettverbrauch sowieso schon gesenkt haben, in ihr fünftes Lebensjahrzehnt treten. Gemüse aus der Kreuzblüterfamilie schützt beispielsweise vor Brustkrebs — Brokkoli, Kohl, Rosenkohl, Blumenkohl. Die gleiche Wirkung haben Nahrungsmittel, die reich an Betakarotin sind: Karotten, Kürbisse, Süßkartoffeln, Pfirsiche, Melonen.
Tamoxifen, ein synthetisches Hormon, das die Wirkung von Östrogen auf die Brust blockiert und das Wachstum von Tumoren stoppt, wurde — in den USA wie in Deutschland — jahrelang erfolgreich zur Behandlung von Brustkrebs in fortgeschrittenem Stadium und sogar von Erkrankungen im Frühstadium eingesetzt. 1992 begann das National Cancer Institute eine auf fünf bis acht Jahre angelegte Studie, in der untersucht werden soll, ob Tamoxifen auch in der *Vorbeugung* eingesetzt werden kann. Etwa 16000 Frauen nehmen daran

teil. Forscher glauben, daß es auch vor Herzerkrankungen und Osteoporose schützt, ähnlich dem Östrogen. Während Tamoxifen die Wirkung von Östrogen auf die Brust blockiert, ahmt es paradoxerweise seine Wirkung auf Herz und Knochen nach.
Frauen, die nahe Verwandte haben, die an Brustkrebs gestorben sind, und nun in Angst vor der Krankheit leben, haben erleichtert auf die Tamoxifen-Studie reagiert. In der Gesundheitsbewegung der Frauen wurde sie jedoch nicht überall so positiv aufgenommen. Dr. Adriane Fugh-Beerman, Beraterin für das National Women's Health Network, nennt sie »einen Angriff auf die Gesundheit der Frauen«. Das Mittel habe zu viele Nebenwirkungen und unbekannte Risiken, von den Kosten ganz zu schweigen, um als Universalmittel für gesunde Frauen in Betracht gezogen zu werden. Aus diesen Gründen wird das Präparat von deutschen Ärzten als Prophylaxe für gesunde Frauen abgelehnt.
Genetiker wünschen sich genetische Marker, die Auskunft über eine eventuelle Neigung zu dieser Krankheit geben könnten. Jüngste Entdeckungen weisen auf einen solchen Erbfaktor hin: In Familien, in denen Brustkrebs auftrat, haben alle Frauen, die früh erkrankten, ein Segment auf Chromosom 17 geerbt. Am Massachusetts General Hospital haben Forscher ein Onkogen oder krebserzeugendes Gen namens Pradi 1 isoliert. Genetiker glauben, daß sie eines Tages in der Lage sein werden, Frauen auf das Gen zu testen und die Krankheit nachweisen zu können, lange bevor sie lebensbedrohlich wird, oder sogar noch, bevor sie auf dem Röntgenbild sichtbar wird. »Dann hätten wir eine mit dem Zervix-Abstrich vergleichbare Methode«, hofft Mary-Claire King von der School of Public Health an der University of California.

Fünf Gesundheitstrends für Frauen

Obwohl sich dieses Kapitel hauptsächlich mit den Wechseljahren und den damit verbundenen gesundheitlichen Risiken befaßt, wollen wir noch kurz fünf weitere Gesundheitsfragen anschneiden, die von besonderer Bedeutung für Frauen jeden Alters sind. Es geht um Brustimplantate, die Frage der Zuverlässigkeit von Zervix-Abstrichen, den Nachweis von Eierstockkrebs, Aids bei Frauen sowie die Fortpflanzungsmedizin und Empfängnisverhütung.

Die Kontroverse um die Brustimplantate

Brustimplantate haben eine Kontroverse ausgelöst, in deren Zentrum hohe Gesundheitsrisiken der Patientinnen und eine Verschleierungstaktik der Industrie stehen. Silikonimplantate sind seit dreißig Jahren auf dem Markt. Schätzungen darüber, wie viele Frauen sie tragen, reichen von mindestens 300 000 bis zu einer Million oder sogar zwei Millionen. Die Mehrheit der Frauen trägt sie aus kosmetischen Gründen; etwa 20 Prozent erhielten die Implantate nach einer Brustamputation.

Schon 1970 wußte Dow Corning, ein führender Hersteller von Silikonimplantaten, daß an ihrer Sicherheit Zweifel bestanden. Patientinnen und Ärzte hatten mit einer ganzen Reihe von Problemen und Symptomen zu tun, weil aus manchen Implantaten Silikon austrat, was wiederum Auswirkungen auf andere Körperteile hatte. Die schlimmsten Vermutungen brachten die Sklerodermie, eine schwere, sogar tödliche Autoimmunkrankheit, in Verbindung mit Silikonimplantaten.

Weniger schwerwiegende, aber immer noch besorgniserregende Probleme betrafen Narbenbildungen, Deformierungen, Rißbildungen und Brustverhärtungen. Der Skandal besteht natürlich darin, daß Dow Corning seine Erkenntnisse fast zwanzig Jahre lang unter Verschluß hielt. 1992 veröffentlichte Dow dann endlich interne Dokumente. Viele Implantatträgerinnen waren wütend und fühlten sich betrogen, nachdem ihnen vom Hersteller und von ihrem eigenen Arzt immer wieder bestätigt worden war, die Implantate seien »sicher«. Jetzt, so scheint es, war dem doch nicht so.

Niemand kann genau sagen, wie viele Frauen Probleme mit ihren Implantaten hatten. Aber ihnen und allen anderen stand das Recht zu, über mögliche Risiken informiert zu werden. Die meisten Implantatträgerinnen hatten jedenfalls keine Schwierigkeiten. Die Frage lautet nun: Wie groß ist die Minderheit, bei der Komplikationen auftraten? Und wie hoch ist die Wahrscheinlichkeit, daß ihre Probleme ernsthafter Natur sind?

Die American Society of Plastic and Reconstructive Surgeons führte eine Befragung bei Implantatträgerinnen durch, aus der hervorging, daß 93 Prozent von ihnen mit den Ergebnissen zufrieden waren. Die Public Citizens Health Research Group, die wesentlichen Anteil

daran hatte, daß die Angelegenheit ans Licht der Öffentlichkeit kam, schätzt, daß 155 000 Frauen Risse in den Implantaten oder Infektionen hatten, daß es bei 123 300 Frauen zu Verhärtungen in der operierten Brust kam und daß 250 000 Frauen ein unangenehmes Gefühl in der Brust hatten. Das sind beachtliche Zahlen, wobei hinzugefügt werden muß, daß es sich um Hochrechnungen auf der Grundlage der befragten Frauen handelt. Die Zahlen sind insofern also nicht gesichert.
8 000 Frauen, die zum Command Trust Network gehören, einer Unterstützungsgruppe, berichteten von »Komplikationen«.
Das US-Bundesgesundheitsamt setzte die Genehmigung für die Implantate zunächst aus und hörte dann Frauen, Gesundheitsgruppen und die Implantathersteller an.

- Brustkrebspatientinnen, die ihre Krankheit überlebt hatten, wiesen mit Nachdruck darauf hin, wie wichtig die Implantate und die Wiederherstellung der Brust für ihren Heilungsprozeß gewesen seien.
- Frauen, die Implantate aus kosmetischen Gründen trugen, weigerten sich, ihrer persönlichen Entscheidung wegen angegriffen zu werden. »Die Regierung soll ihre Finger von meiner Brust lassen«, warnte eine Frau.
- Frauen, die ernste gesundheitliche Probleme gehabt hatten, sagten: »Wie klein auch das Risiko sein mag, es ist die Hölle nicht wert, durch die ich jetzt gehe.« Eine Frau sagte, daß sie sich manchmal wünschte, sie wäre einfach an ihrer Krebserkrankung gestorben. »Ich hätte nur sechs Wochen lang Schmerzen gehabt, und dann wäre Schluß gewesen.«

Schließlich beschloß das US-Bundesgesundheitsamt, kosmetische Implantate zu verbieten (von einigen tausend Frauen abgesehen, die an klinischen Studien teilnahmen), sie aber für die Brustrekonstruktion zuzulassen. Bestimmte Implantate und Brustvergrößerungen durch körpereigenes Gewebe bleiben als Alternativen weiterhin zugelassen.
Frauen, die schon Implantate tragen, leben nun jedoch in der ständigen Angst vor möglichen Problemen und fragen sich, ob eine Entfernung nicht die beste Lösung wäre. Die Fachleute raten davon ein-

deutig ab. Die Implantate könnten beim Entfernen reißen und dann noch weit größere Schwierigkeiten verursachen. Trotzdem entscheiden sich manche Patientinnen dafür. Dow Corning hat angeboten, sich mit 1 200 Dollar an den Kosten des Eingriffs zu beteiligen.

Bobbie de Dordoba-Hanks leitet die Initiative Bosom Buddies in Jacksonville, Florida. Sie hat einen Telefondienst für betroffene Frauen eingerichtet, damit diese mit ihren Sorgen und Ängsten nicht ganz allein gelassen werden. Eine ähnliche Gruppe ist American Silicone Implant Survivors Inc.

Dow Corning zog schließlich Konsequenzen: Seit März 1992 hat sich das Unternehmen aus dem Silikonimplantatgeschäft zurückgezogen. Vier weitere Hersteller zogen nach. Ob sie diesen Schritt nun taten, weil sie die schlechte Publicity oder eine Prozeßlawine fürchteten, ist unbekannt. Jedenfalls fanden Dow Corning und die anderen Firmen, daß es sich nicht mehr lohnte, die Implantate herzustellen.

Auch deutsche Frauen fürchten sich mittlerweile vor den Implantaten und bevorzugen daher zumeist Brustprothesen, die außerhalb des Körpers in Spezialbüstenhaltern getragen werden. Die neueste Entwicklung geht zur selbsthaftenden Prothese, die den Frauen sogar ermöglicht, auf den Büstenhalter zu verzichten. Diesbezügliche Informationen können betroffene Frauen beim Bundesverband Frauenselbsthilfe nach Krebs in Mannheim anfordern.

An dieser Stelle bietet sich auch eine Diskussion darüber an, warum unsere Gesellschaft so besessen von »magersüchtigen Körpern mit großen Brüsten« ist, wie Naomi Wolf es ausdrückt.

Schönheitsideale ändern sich immer wieder: Große Brüste werden »out« sein, dafür wird die flache Twiggy-Brust wieder »in« sein. Und dann?

Sollten wir uns nicht so annehmen, wie wir sind?

Wie zuverlässig sind Zervix-Abstriche?

An Gebärmutterhalskrebs sind 70 Prozent weniger Frauen gestorben, seit Dr. George Papanicolaou im Jahr 1943 den Zervix-Abstrich entwickelte. Die Zahl der Opfer liegt für 1992 bei 4 400. Der Gebärmutterhalskrebs wächst langsam, so daß er im Frühstadium noch gut behandelt werden kann. In Deutschland ist die Entwicklung nicht ganz so positiv. In den vergangenen Jahren sind immerhin noch rund 3 300 Frauen jährlich an dieser Krankheit gestorben. Setzt man die US- amerikanische Bevölkerungszahl von rund 250 Millionen gegen die 80 Millionen Deutschen, so ist der Anteil der an Gebärmutterhalskrebs erkrankten Frauen in Deutschland ungleich höher als in den Staaten.

»Bei der überwiegenden Zahl der Frauen, die regelmäßig einen Zervix-Abstrich machen lassen, werden abnorme Befunde in einem Stadium entdeckt, in dem sie noch schnell behandelt werden können, und zwar in beinahe 100 Prozent der Fälle«, sagt Ralph M. Richard, Leiter für gynäkologische Pathologie und Zytologie am Columbia-Presbyterian Medical Center in New York City.

Mit Zervix-Abstrichen läßt sich auch Gebärmutter- oder Gebärmutterschleimhautkrebs nachweisen. 1992 ist bei 13 500 amerikanischen Frauen die Diagnose Gebärmutterhalskrebs und bei 32 000 Frauen die Diagnose Gebärmutterschleimhautkrebs gestellt worden. Mitarbeiter des öffentlichen Gesundheitswesens schätzen, daß 90 Prozent der Todesfälle durch Gebärmutterkrebs verhindert werden könnten, wenn die Vorsorge durch die Zervix-Abstriche regelmäßig durchgeführt würde. Aber eine 1983 durchgeführte Studie ergab, daß nur 57 Prozent der Frauen zwischen vierzig und siebzig Jahren mindestens alle drei Jahre einen Abstrich machen ließen. Bei jüngeren Frauen betrug diese Zahl schon 80 Prozent. Dabei sollten sich alle Frauen ab achtzehn Jahren regelmäßig testen lassen.

In Deutschland sind es noch viel weniger Frauen, die die Möglichkeit zu vorbeugenden Untersuchungen in Anspruch nehmen. Laut Auskunft des Bundesamtes für Statistik sind es nur 17 Prozent. Hierin ist wohl auch eine Erklärung dafür zu suchen, daß im prozentualen Vergleich deutsche Frauen wesentlich häufiger als Amerikanerinnen dieser Krankheit zum Opfer fallen.

Frauen, die nur alle drei Jahre zur Untersuchung gehen, tragen ein *viermal so hohes Risiko,* an einem unentdeckten Gebärmutterhalskrebs zu leiden, als Frauen, die den Test jährlich durchführen lassen, ergab eine Studie der University of Washington.

Das Problem ist . . .

Es ist also völlig unumstritten, daß der Zervix-Abstrich jährlich durchgeführt werden sollte. Da grenzt es an einen Skandal, daß 10

bis 40 Prozent der Erkrankungen an Gebärmutterhalskrebs oder der ihnen vorangehenden Zellveränderungen übersehen werden, weil das Gewebe nicht vorschriftsmäßig entnommen oder im Labor schlampig gearbeitet wird. Dies jedenfalls verlautete in den vergangenen Jahren immer wieder aus der Presse.
Die laborintensiven Zervix-Abstriche erfordern größte Sorgfalt, von der Abstrichentnahme und Präparation bis zur Färbung auf dem Objektträger und der Interpretation eines jeden Präparats. »Wenn der Test nicht korrekt gehandhabt wird, sinkt seine Aussagekraft rapide«, warnt die American Medical Association in einem Bericht über die Qualitätskontrolle bei Zervix-Abstrichen.
Jetzt möchten medizinische Organisationen und die US-Regierung die Zuverlässigkeit der Abstriche genauer untersuchen und striktere Normen vorgeben, um sichere Ergebnisse zu erhalten. Es ist höchste Zeit.

- Centers for Disease Control fordert, daß zytologische Labors, die im zwischenstaatlichen Geschäft tätig sind, zur Qualitätskontrolle 10 Prozent der negativen Zervix-Abstriche ein zweites Mal untersuchen.
- Der Staat New York erteilt nur solchen Labors eine Genehmigung, deren Zytotechniker eine obligatorische Prüfung abgelegt haben.
- In Kalifornien darf ein Zytologe nicht mehr als 75 Präparate am Tag prüfen.
- 1988 forderte der Kongreß Qualitätsstandards für etwa 12000 Labors, die Mittel von Medicare und Medicaid erhielten oder zwischenstaatlich tätig waren.

»Wir könnten diese invasive Krankheit mit Sicherheit noch viel mehr eindämmen«, meint Dr. William Creasman, Professor und Leiter der Abteilung für Geburtshilfe und Gynäkologie an der University of South Carolina in Charleston. »Aber wir werden sie nicht ausrotten können, weil manche Frauen gar keine Zervix-Abstriche machen lassen oder nicht zur richtigen Zeit.«
Daraus läßt sich nur folgern, daß Frauen die Verantwortung für ihre Gesundheit selbst übernehmen müssen.
Jede Frau sollte den Zervix-Abstrich als Vorsorgemöglichkeit regel-

mäßig nutzen. Dabei sollte sie darauf achten, daß ihr Arzt mit einem anerkannten Labor zusammenarbeitet.

Eierstockkrebs – Der leise Killer

Jährlich wird bei 21 000 amerikanischen Frauen die Diagnose Eierstockkrebs gestellt, 13 000 Frauen sterben daran. Damit steht diese Krebsart an sechster Stelle bei Frauen. In Deutschland sterben jährlich rund 5 000 Frauen an Eierstockkrebs, der damit auf der Liste der häufigst vorkommenden Krebsarten bei Frauen auch hierzulande auf Platz sechs rangiert. Die Ärzte haben nur wenige Möglichkeiten, die Krankheit frühzeitig zu entdecken, sie wissen wenig über ihre Ursachen und darüber, welche Frauen besonders gefährdet sind. Die meisten Fälle treten zwar bei Frauen über fünfzig Jahren auf, aber eine 35jährige ohne Kinder kann genauso erkranken wie eine 60jährige mit fünf Kindern.

»Eierstockkrebs kann sich jederzeit entwickeln, auch während der Schwangerschaft«, erklärt Michelle Dudzinski, Gynäkologin und Onkologin am St. Luke's Hospital in Kansas City, Missouri.

Bisher ist die Familiengeschichte der größte Risikofaktor, der nachgewiesen werden konnte. Am Roswell Park Memorial Institute in Buffalo, New York, hat M. Steven Piver ein nationales Tumorregister von 200 Familien erstellt, in denen der Eierstockkrebs in jeder Generation auftritt. Im Durchschnitt liegt das Risiko, an dieser Krebsart zu erkranken, bei eins zu siebzig, das sind 1,4 Prozent aller Frauen. »Wenn aber zwei oder mehr Verwandte ersten Grades erkrankt sind, steigt das Risiko auf 50 Prozent an«, berichtet er.

Manche Ärzte raten deshalb Frauen aus solchen Familien, mit 35 Jahren die Eierstöcke entfernen zu lassen.

Bisher wurde kein Zusammenhang mit dem Nikotinkonsum, mit Fibromen, der Ernährung, dem Alkoholkonsum, der Anzahl der Sexualpartner oder Übergewicht festgestellt. Frauen sollten die Symptome jedoch kennen, weil sie eher an Magen-Darm-Erkrankungen denken lassen: unbestimmte Schmerzen im Unterbauch, Völlegefühl, Gasbildung und Verstopfung.

Einerstockkrebs bleibt bei 70 Prozent der Frauen unentdeckt, bis er ein Stadium erreicht hat, in dem die Heilungschancen unter 25 Prozent liegen. »Die Eierstöcke sind sozusagen ein sehr leiser Körperteil«, erklärt Maurie Markham, stellvertretende Leiterin der Abteilung für Medizin am Memorial Sloan-Kettering Cancer Center in New York. »Die Geschwulst hat viel Zeit, zu wachsen und sich auszubreiten, bevor die Patientin irgendwelche Symptome feststellt.«

Jetzt aber gibt es Untersuchungsmethoden, die dem leisen Killer auf die Spur kommen. So kann mit Hilfe eines Bluttests der CA-125-Spiegel überprüft werden. Dieses Protein scheint dafür geeignet zu sein, Eierstockkrebs bei Frauen nach den Wechseljahren nachzuweisen. Eine andere Methode ist eine Abwandlung der Ultraschalldiagnose, mit der bösartige Tumore der Eierstöcke entdeckt werden können.

Bis diese Tests jedoch in großem Maßstab eingesetzt werden können, bleibt die gynäkologische Untersuchung die wichtigste Möglichkeit, um die Krankheit zu entdecken. »Wir sind immer noch auf diese Routineuntersuchungen angewiesen, um Eierstockkrebs festzustellen«, klagt Robert C. Young, Vorsitzender des Fox Chase Cancer Center in Philadelphia.

Er rät auch allen Frauen, einmal jährlich eine solche Untersuchung bei einem Gynäkologen vornehmen zu lassen. Ein Hausarzt oder Internist ist für die Untersuchung oft nicht qualifiziert oder erfahren genug.

Dr. David Alberts, Direktor für Krebsvorsorge und Kontrolle am Cancer Center der University of Arizona in Tucson, bestätigt das. »Die meisten Ärzte, mit Ausnahme der Gynäkologen, sind für gynäkologische Untersuchungen nicht zu empfehlen. Dabei sind sie die einzige Chance, um Eierstockkrebs früh zu entdecken.«

Frauen, Aids und das Infektionsrisiko

In der Öffentlichkeit und sogar in Teilen der Ärzteschaft gelten HIV-Infektionen und Aidserkrankungen immer noch als ein »Problem männlicher Homosexueller«. Bisher hat die Krankheit, dank der guten Aufklärung der Öffentlichkeit, noch keine epidemischen Ausmaße unter der heterosexuellen Bevölkerung erreicht. Wir können also erst einmal aufatmen, nicht wahr?

Nein.

Neuesten Ergebnissen zufolge haben Frauen ein höheres Risiko als

Männer, sich bei heterosexuellen Kontakten anzustecken. Manche Virusträger sind so infektiös, daß sie das Aidsvirus bei einem einzigen geschlechtlichen Kontakt weitergeben können.
1991 wurden 5730 neue Fälle von Aids bei Frauen festgestellt, gegenüber 4888 im Jahr 1990 – das bedeutet eine Steigerung um 17 Prozent, vergleichen mit einer Steigerung von 5 Prozent insgesamt zwischen 1990 und 1991. **Obwohl mehr Männer als Frauen das Virus haben, breitet es sich nun unter Frauen schneller aus als unter Männern.** Viele sind natürlich HIV-positiv und haben keine Symptome, und noch mehr wissen gar nichts von ihrer Infektion.

- Aids ist mittlerweile die Todesursache Nummer eins bei jungen Frauen in New York.
- 1500 bis 2000 Säuglinge werden jährlich mit der Infektion geboren.
- Die Mehrzahl der Frauen (1990 und 1991) hat sich durch intravenösen Rauschgiftkonsum (etwa die Hälfte) und heterosexuelle Kontakte (über ein Drittel) angesteckt.

»Der heterosexuelle Übertragungsweg wird sich weltweit zur häufigsten HIV-Übertragungsart entwickeln«, sagt Dr. James Chin, Beamter der Weltgesundheitsorganisation.
Neuesten Forschungsergebnissen zufolge stecken sich Frauen mit einer weit höheren Wahrscheinlichkeit bei heterosexuellen Kontakten an als Männer. Die gemeldeten Fälle scheinen das zu beweisen: 1991 wurden 1344 Männer von Frauen angesteckt, während 2119 Frauen von Männern angesteckt wurden – und von diesen hatten 1251 das Aidsvirus durch Kontakt mit männlichen Drogenkonsumenten, die intravenös spritzten, erhalten.
Experten gehen mittlerweile davon aus, daß Frauen ein zwei- bis zehnmal höheres Risiko als Männer haben, sich beim Geschlechtsverkehr anzustecken.
Neue Erkenntnisse geben Auskunft darüber, warum es durchaus möglich ist, sich durch einen einzigen heterosexuellen Kontakt anzustekken, auch wenn die Fachleute das als unwahrscheinlich bezeichnen:

- Ein HIV-positiver Patient ist in den *frühen* und in den *späten* Stadien der Krankheit besonders ansteckend. Zwei oder drei Monate nach der Infektion ist das Virus besonders ansteckend, weil der Körper seine Ressourcen zur Gegenwehr noch nicht vollständig mobilisiert hat. In den späten Stadien der Krankheit befinden sich *mehr* Viren in den Körperflüssigkeiten, was das Infektionsrisiko ebenfalls erhöht.

- Wer gleichzeitig an anderen Infektionen wie einer genitalen Herpesinfektion leidet, steckt andere mit höherer Wahrscheinlichkeit an.
- Frauen haben, wie schon gesagt, ein höheres Infektionsrisiko als Männer – und unter Frauen wiederum sind Teenager die am meisten gefährdete Gruppe. Sie haben nur eine Lage von Zellen auf dem Gebärmutterhals (bei älteren Frauen sind es mehrere Schichten), bluten häufiger beim Geschlechtsverkehr und haben deshalb ein höheres Risiko, das Virus aufzunehmen.

Eine Studie in *The New England Journal of Medicine* beschrieb einen hochgradig infektiösen Mann, einen belgischen Ingenieur, der elf von neunzehn Frauen ansteckte, mit denen er geschlafen hatte – *obwohl mehrere dieser Kontakte nur einmalig stattgefunden hatten.* Dabei waren das nur die Frauen gewesen, die von den Gesundheitsbeamten aufgespürt werden konnten (er hatte noch mit Dutzenden anderer geschlafen).

Ende 1991 erschien in der *Washington Post* ein Bericht über eine Aidsgruppe, die sechs HIV-positive Frauen aus Montgomery County, Maryland, gegründet hatten. Es waren Schwarze, Weiße und Hispanierinnen, junge und alte Frauen, Studentinnen und Berufstätige. Eine von ihnen hatte sich bei ihrem Ehemann, der ein einziges Mal fremdgegangen war, angesteckt. Eine andere berichtete, sie habe sich bei einem Mann angesteckt, der seinen Drogenkonsum vorsätzlich verschwiegen habe.

»Benutzt ein Kondom, selbst wenn ihr verheiratet seid«, riet eine Frau aus der Gruppe, »die Männer lügen nämlich.«

Fortpflanzungsmedizin und Empfängnisverhütung

Geburtenkontrolle

1990 folgten die Vereinigten Staaten dem Beispiel von sechzehn europäischen Ländern und genehmigten Norplant, ein Empfängnisverhütungsmittel, das unter die Haut eingepflanzt wird und etwa fünf Jahre lang wirksam ist. Norplant verhütet durch das Hormon Progestin, den Wirkstoff (zusammen mit Östrogen), der in den meisten Antibabypillen enthalten ist.

Sechs streichholzgroße Kapseln werden in einem etwa zehnminütigen Eingriff unter die Haut des Oberarms eingepflanzt. Dann wird das Hormon in die Blutbahn abgegeben. Das Mittel wurde von Population Council und Wyeth-Ayerst Laboratories entwickelt. 1992 verwendeten etwa 100 000 Amerikanerinnen Norplant, weniger als ein Prozent der Frauen, die orale Kontrazeptiva einnahmen.

»Ich war sehr nervös, weil ich Spritzen hasse«, erzählte die 28jährige Eileen Kotecki aus Baltimore. »Aber es klappte gut.« Kontecki hatte zuerst befürchtet, das Implantat könne sichtbar sein. »Sagen Sie mir, wer Norplant trägt und wer nicht«, scherzte sie später. Das Implantat bleibt unsichtbar, wenn der Arm an der betreffenden Stelle nicht gerade zusammengepreßt wird.

Möchte eine Frau schwanger werden, wird das Implantat wieder entfernt, und innerhalb von 48 Stunden ist ihre Fruchtbarkeit wiederhergestellt. Die Versagerquote von Norplant ist extrem niedrig: Sie liegt bei einem Zehntel bis zu einem Zwanzigstel der Quote für Antibabypillen, die nur in 3 Prozent der Fälle versagen.

Leider ist auch Progestin nicht ohne Nachteile. Es verursacht bei 75 Prozent der Frauen unregelmäßige Blutungen. Manche Frauen haben einen siebenwöchigen Zyklus, andere einen dreiwöchigen. Die Blutungen können acht Tage lang dauern und stark sein oder nur fünf Tage dauern und sehr schwach sein. Manche Frauen werden sich mit diesen Nebenwirkungen nicht abfinden wollen. Der Hersteller stellt ihnen in Aussicht, daß sie nach zwei Jahren nachlassen. Das ist vielen jedoch zu lang.

In cinem vor kurzem erschienenen Bericht in der *New York Times* wurden diese Zyklusunregelmäßigkeiten heruntergespielt. Es kamen mehrere Ärzte zu Wort, die meinten, ihre Patientinnen seien sehr zufrieden oder gar »euphorisch«. Es wurde aber auch angemerkt, daß 2 bis 7 Prozent der Frauen das Implantat wegen der Blutungen wieder entfernen lassen wollten.

Es wurden auch Bedenken laut, Norplant könnte als willkommenes Instrument dienen, um die Empfängnisverhütung bei Teenagern, Drogenabhängigen, wegen Kindesmißhandlung verurteilten Straftäterinnen oder Geisteskranken unter Umgehung ihres Selbstbestimmungsrechts zu reglementieren (warum jemand sich über das »Recht auf Fortpflanzung« bei einer Straftäterin aufregt, die Kinder mißhandelt, will uns nicht einleuchten).

1991 ordnete Richter Howard Broadman in Kalifornien an, daß eine Frau, die ihre Kinder geschlagen hatte, Norplant in einer dreijährigen Bewährungszeit verwenden sollte. Die Frau erteilte zuerst ihre Zustimmung, widerrief sie dann wieder und wurde letztendlich nicht zur Verhütung mit Norplant gezwungen.

David Duke aus Louisiana schlug vor, daß Sozialhilfeempfängerinnen 100 Dollar jährlich erhalten sollten, um das Implantat verwenden zu können. Der Vorschlag wurde abgelehnt.

Arzneimittelfirmen zögern, große Summen in die Forschung zur Empfängnisverhütung zu investieren, teilweise auch wegen des sehr langwierigen Genehmigungsverfahrens durch die US-Bundesgesundheitsbehörde. Deshalb hört man auch häufig die Einschätzung, daß Norplant – trotz starker Menstruationsblutungen und anderer Nebenwirkungen – auf absehbare Zeit das einzige langfristig wirksame Empfängnisverhütungsmittel bleiben wird. In Deutschland ist das Präparat aufgrund der hier geschilderten Nebenwirkungen und ethischer Bedenken bislang nicht zugelassen.

Unfruchtbarkeit

Frauen, die ungewollt kinderlos bleiben, stehen heute revolutionäre Möglichkeiten offen:

- Medikamente, die den Wirkstoff Clomifen enthalten und die Hormonproduktion anregen, sind häufig der erste Schritt in der Behandlung der Kinderlosigkeit.
- Manchmal ermöglichen operative Eingriffe bei Männern und Frauen eine Empfängnis.
- Viele Frauen werden durch künstliche Befruchtungen schwanger.
- Die In-vitro-Fertilisation (IvF), bei der Eizelle und Sperma im Labor zusammengebracht werden, ist eine relativ neue Methode. Sie ist auch in Deutschland erlaubt. Voraussetzung dafür ist allerdings, daß es sich um eine homologe Befruchtung handelt, das heißt der Samen vom Ehemann stammt. Für eine alleinstehende

Frau ist es also hierzulande nicht möglich, sich mit dem Samen eines beliebigen Spenders befruchten zu lassen. Überdies behindert die deutsche Rechtslage häufig die Anwendung dieser Befruchtungsmethode. Ein Ehemann, der mittels IvF ein Kind gezeugt hat, kann sich nämlich jederzeit seiner Verantwortung gegenüber Frau und Kind und damit auch der Unterhaltspflicht entziehen. Folglich raten deutsche Ärzte ihren Patientinnen nur ungern zur In-vitro-Fertilisation.

Die nachfolgenden Techniken, die im *FDA Consumer* vom Mai 1991 beschrieben wurden, stellen eine Kombination aus medikamentöser Therapie und ärztlichem Eingriff beim Eisprung dar.

- **Intratubarer Gametentransfer** (GIFT): Es handelt sich um eine der IvF ähnliche Methode, mit dem Unterschied, daß Eizellen entnommen und sofort gemeinsam mit den Samenzellen in einen oder beide Eileiter eingebracht werden. Voraussetzung für diese Methode ist, daß die Frau zumindest einen gesunden Eileiter hat.
- **Eileitertransfer:** Hier werden die Eizellen einer Frau entnommen und an eine Stelle im Eileiter eingebracht, die in der Nähe zum Übergang in den Uterus liegt. Das Paar hat dann entweder Geschlechtsverkehr, oder die Frau wird künstlich befruchtet. Da die Eizellen jenseits einer möglicherweise beschädigten Stelle im Eileiter plaziert werden können, kommt diese Methode auch dann in Frage, wenn der intratubare Gametentransfer ausgeschlossen werden muß.

Grundsätzlich kann auch eine deutsche Frau diese beiden Befruchtungshilfen in Anspruch nehmen. Von rechtlicher Seite gilt diesbezüglich jedoch das gleiche wie für die IvF. Die folgenden zwei Methoden hingegen werden in Deutschland strafrechtlich verfolgt, da hierbei die Voraussetzung der Homologie nicht erfüllt wird.

- **Embryotransfer** von einer Spenderin: Die Eizellen einer weiblichen fruchtbaren Spenderin werden künstlich mit dem Sperma des zukünftigen Vaters befruchtet. Tritt eine Schwangerschaft bei der Spenderin ein, wird der Embryo aus ihrem Fortpflanzungstrakt in die Gebärmutter oder den Eileiter der zukünftigen Mutter übertragen. Diese wurde mit fertilisierenden Medikamenten behandelt, damit ihre Gebärmutter den Embryo aufnehmen kann.

- **Leihmutterschaft.** In die Schlagzeilen kam diese Methode durch Mary Beth Whitehead. Sie kommt für Frauen in Betracht, die auf Ovulationstherapien nicht ansprechen, die keine Eileiter oder keine Gebärmutter haben, für die eine Schwangerschaft lebensbedrohlich wäre oder die möglicherweise einen genetischen Defekt weitergeben würden.

Die Kinder, die mit Hilfe dieser Techniken gezeugt werden, stammen genetisch mindestens von einem ihrer zukünftigen Eltern ab. In Großbritannien jedoch bietet das Cambridge and Hallam Medical Centre potentiellen Eltern befruchtete Embryonen an, die von vollkommen Fremden stammen und der Frau in die Gebärmutter eingesetzt werden. »Statt einer Adoption aus dem Kinderbett gibt es bei uns die Adoption aus dem Bauch«, meint Dr. Peter Brinsden, der Direktor der Klinik.

Eine Frage des gesunden Menschenverstands — und der Liebe

Die schöne neue Welt der künstlichen Zeugungstechnologien setzt bei den Beteiligten die Fähigkeit voraus, Entscheidungen abzuwägen und zu treffen. In den kommenden Jahren werden medizinische Neuerungen in der Empfängnisverhütung und Reproduktionstechnologie viele moralische, ethische und persönliche Konflikte heraufbeschwören.
Andererseits erkennt man im Umgang mit den betroffenen Frauen bald, daß die angebliche Dramatik ihrer Entscheidungen von gewissen Seiten zu sehr hochgespielt wird. Letztendlich lassen sie sich von nichts anderem als ihrem gesunden Menschenverstand und ihrer Liebe leiten.
Arlette Schweitzer, 43jährige Bibliothekarin aus Aberdeen, South Dakota, hat die Kinder ihrer Tochter und ihres Schwiegersohns ausgetragen. Ihre 23jährige Tochter, Christa Uchytil aus Sioux City, Iowa, »eine von den Frauen, die immer Mutter sein wollten«, kam ohne Uterus zur Welt. Ihre Geschichte, die mehrfach auf den nationalen Fernsehkanälen verbreitet wurde, rührte viele Zuschauer zu Tränen.

1989 ergab eine Umfrage der American Fertility Society, daß 198 Versuche unternommen worden waren, auf die gleiche Weise wie die Familie Schweitzer/Uchytil ein Kind zu bekommen (wenn auch nicht mit der gleichen Mutter-Tochter-Konstellation). In 33 Fällen glückten sie. Diese Art der Leihmutterschaft ist in allen US-amerikanischen Bundesstaaten erlaubt. Ein ähnlicher Fall war der des Baseballspielers der Giants, Dave Righetti, und seiner Frau Kandice. Die Schwester von Kandice trug den Nachwuchs aus, und zwar zahlreicher als gedacht: Es wurden Drillinge. In einem ansonsten ausgewogenen Artikel in der *New York Times* über Schweitzer fragte die Autorin Gina Lolata eine Reihe von männlichen Ethikern nach ihrer Meinung. Natürlich erhoben einige von ihnen den Zeigefinger.
Ein gewisser Dr. Jay Kath, Professor an der Yale University, nannte es eine »sehr, sehr schlechte Idee«. Dr. Albert Jonsen, Ethiker an der University of Washington in Seattle, fragte: »Gibt es eine Nächstenliebe, die wichtige soziale und kulturelle Traditionen dermaßen erschüttert, daß wir auf diese Nächstenliebe lieber verzichten würden?«
Frau Schweitzer und ihre Tochter hatten die Entscheidung offensichtlich mit großer Sorgfalt und nicht unter Druck getroffen. »Wir haben jahrelang immer wieder darüber geredet«, erzählt sie. »Das, was man für seine Kinder macht, vollbringt man aus Liebe.«

Die Feminisierung des Gesundheitswesens

Die wichtigsten Verbündeten im Kampf um eine angemessene Berücksichtigung weiblicher Interessen in der nationalen Gesundheitspolitik sind die wachsende Anzahl von Frauen in der Medizin. In den Vereinigten Staaten sind mittlerweile 50 Prozent der neu in den Beruf eintretenden Ärzte in der Primärfürsorge Frauen. Gerade sie stehen an maßgeblicher Stelle, wenn es um Diagnose- und Therapieentscheidungen geht.
Wie viele Ärzte in der Primärfürsorge weiblich sind, läßt sich für Deutschland nicht sagen. Von den knapp 8000 in 1990 erteilten Approbationen wurden jedoch rund 2800 von Frauen erworben. In manchen Fachgebieten sind Ärztinnen zwar weiter in der Minderheit, aber insgesamt steigen ihre Anzahl und ihr Einfluß stetig an:

- 20 Prozent der 31 000 Mitglieder des American College of Obstetricians and Gynecologists sind Frauen, gegenüber 7 Prozent im Jahr 1978.
- Schon heute sind in den USA die Hälfte der Assistenzärzte in Geburtshilfe und Gynäkologie Frauen. Vermutlich wird sich der Anteil der weiblichen Ärzte in diesem Bereich auch in Deutschland stetig vergrößern. Zur Zeit weist die Statistik der insgesamt auf diesem Spezialgebiet arbeitenden Ärzte noch ein Verhältnis von eins zu fünf zwischen Frauen und Männern aus.
- Frauen stellen 36 Prozent der Medizinstudenten in den USA, in Deutschland sogar 44 Prozent.

Es besteht kein Zweifel: Die zunehmende Präsenz der Frauen in der Medizin, das fortschreitende Alter der Frauen aus der Babyboomer-Generation, die Enthüllungen der Gesundheitsaktivisten, daß die Erforschung von Brustkrebs und Herzerkrankungen bei Frauen in krasser Weise vernachlässigt wird — all diese Faktoren und Informationen wirkten so zusammen, daß eine kritische Masse entstehen konnte. Diese wird dafür sorgen, daß Frauenfragen im Gesundheitswesen endlich Priorität bekommen.

Bisher nämlich waren Frauen in den maßgeblichen Positionen nur schwach vertreten.

Es gibt beispielsweise immer noch keine weiblichen Dekane an den medizinischen Fakultäten der USA, 98 Prozent der Abteilungen werden von Männern geleitet, und 79 Prozent aller Lehrenden an den medizinischen Fakultäten sind ebenfalls Männer. An deutschen Universitäten ist der Anteil der lehrenden Frauen mit 24 Prozent nur unwesentlich höher.

Die American Medical Association hatte in ihrer 144jährigen Geschichte noch nie eine Frau als Direktorin. Selbst am American College of Obstetricians and Gynecologists, das ja nun wirklich ausschließlich für die Frauen da ist, gab es in 41 Jahren ganze zwei Frauen in den siebzehn Toppositionen. Aber irgendwann werden diese unschönen Zahlen verschwinden. Der Anfang ist schon gemacht:

- Die Kinderärztin Antonio Novello, ehemalige stellvertretende Direktorin des National Institute of Child Health and Human Development und Professorin für Kinderheilkunde an der Georgetown University Medical School, ist heute Surgeon General, die höchste beamtete Ärztin im Gesundheitswesen der USA.

- Dr. Bernadine Healy, ehemalige Vorsitzende des Cleveland Clinic Foundation's Research Institute und ehemalige Präsidentin der American Heart Association sowie der American Federation of Clinical Research, leitet nun das NIH.
- Vivian Pinn, ehemalige Leiterin der pathologischen Abteilung an der medizinischen Fakultät der Howard University, ehemalige Präsidentin der National Medical Association, einer Vereinigung schwarzer Ärzte, und Fachärztin für Nierenkrankheiten, wurde die erste Direktorin der Forschungsstelle für Frauengesundheit bei der NIH.

Frauen werden im Gesundheitswesen in immer größerer Anzahl in Positionen gelangen, in denen die wirklich wichtigen Entscheidungen getroffen werden. Zwangsläufig wird sich dann auch die Haltung des medizinischen Berufsstands ihnen gegenüber deutlich verändern. In den vor uns liegenden Jahrzehnten wird die Gesundheitsfürsorge einen eindeutig femininen Anstrich bekommen.

Eines der vielen Anzeichen für die »Feminisierung der Medizin« ist die Gründung einer neuen Zeitschrift durch Scott-Levin's Pallas, *Athena, the Magazine for Women in Medicine.* In einer Werbeanzeige in *Advertising Age* hieß es, sie wende sich an 300 000 Ärztinnen, Zahnärztinnen, Pflegedienstleiterinnen und praktische Ärztinnen. Die Leserinnenschaft wurde als »Wohlhabend. Gebildet. Einflußreich. Vielversprechend« beschrieben. *Athena* wird sechsmal im Jahr von Scott-Levin Associates in Newtown, Pennsylvania, herausgegeben.

Krankenpflege

Mit dem Schlagwort der Feminisierung des Gesundheitswesens ist nicht nur gemeint, daß mehr Frauen den Arztberuf ergreifen. Es bedeutet auch, daß ein Berufsstand einen Aufschwung erleben wird, der bisher gleichbedeutend mit schlechter Bezahlung, Überarbeitung und wenig Prestige gewesen war. Es geht um die Krankenschwestern. Immerhin sind 40 bis 50 Prozent der Krankenhauseinnahmen letztlich dem Pflegepersonal zu verdanken. Bleibt nur zu hoffen, daß dieser Trend auch Deutschland erfaßt, wo die Situation im Krankenpflegebereich noch viel arger ist.

- Dr. Barbara S. Heater, Professorin für Krankenpflege an der University of Missouri in St. Louis, analysierte die Ergebnisse von 84 Untersuchungen, die von Krankenpflegeforschern an 4146 Patienten durchgeführt worden waren. Sie kam zu dem interessanten Ergebnis, daß »fundierte krankenpflegerische Maßnahmen«, also eine gute Krankenbetreuung, 72 Prozent der Patienten um 28 Prozent bessere Ergebnisse brachte. Außerdem wurden Kosten gespart, weil die Verweildauer im Krankenhaus zurückging.
- Krankenschwestern an der Ohio State University wiesen nach, daß ein mehrwöchiges Aerobictraining vor einer Brustkrebsoperation und einer Chemotherapie den Heilungsprozeß beschleunigten.
- Krankenpflegeforscher an der University of Wisconsin School of Nursing fanden heraus, daß frühgeborene Säuglinge besser atmeten und Nahrung aufnahmen, daß ihre neurologische Entwicklung komplikationsloser verlief und daß sich ihr Aufenthalt verkürzte, wenn das Krankenhauspersonal lernte, eine freundliche und harmonische Umgebung zu schaffen.

Gute Kommunikation und eine funktionierende Zusammenarbeit zwischen Ärzten und Krankenschwestern sind die wichtigsten Faktoren für die Anzahl der Todesfälle im Krankenhaus.
Zu dieser Schlußfolgerung kam eine bahnbrechende Studie des George Washington University Medical Center aus dem Jahr 1986, in der 5030 Patienten auf dreizehn Intensivstationen untersucht wurden. Auf den Intensivstationen mit einer funktionierenden Koordination gab es *41 Prozent weniger Todesfälle,* als zu erwarten gewesen wären. In den meisten schlechtgeführten Intensivstationen dagegen starben 58 Prozent mehr Patienten als erwartet. Erfahrene Krankenschwestern als qualifizierte Kräfte zu behandeln und zu bezahlen ist also das Gebot der Stunde. Diese Forderung muß für Deutschland in noch größerem Maße unterstrichen werden, liegen Ansehen und Bezahlung deutschen Pflegepersonals doch noch weit unter dem amerikanischen Niveau. Die Qualität

der Krankenpflege verbessert sich, ihre Kosten sinken — und Menschenleben werden gerettet.
Als *U. S. News & World Report* bei 1000 Ärzten eine Umfrage durchführte, um die besten Krankenhäuser des Landes zu finden, war die Qualität der Pflege das zweitwichtigste Kriterium nach der Qualität der Ärzte. **In der Krankenhausverwaltung kommt dies sogar noch deutlicher zum Ausdruck: In einer Studie aus dem Jahr 1989 nannten 663 Krankenhauschefs das Können der Krankenschwestern noch vor dem der Ärzte, als sie nach dem Kriterium für die Qualität von Krankenhäusern befragt wurden.**
Dr. Kevin Morrissey, Professor für Chirurgie am Cornell University Medical College, New York, meint, daß die wachsende Zahl von Frauen die Medizin humaner machen wird. Dazu gehöre auch die Chirurgie, in der die Ärzte die größte Distanz zum Patienten haben.

Medizin für erwachsene Frauen

Frauen, vor allem Frauen nach den Wechseljahren, möchten ganzheitlich behandelt werden und nicht als Eierstock, der nicht mehr funktioniert. Langsam, aber sicher nehmen das auch die Mediziner wahr. Am Comprehensive Menopause Program in San Diego, University of California, werden Patientinnen vor dem Hintergrund ihrer Lebensgeschichte, ihrer aktuellen Symptome und ihres psychologischen Befindens beurteilt. Es sind auch Patientinnen darunter, die noch vor den Wechseljahren stehen und sich darauf vorbereiten möchten.
Die Vorbereitung auf die Wechseljahre könnte vielleicht genau die Maßnahme sein, die hilft, gesundheitliche Probleme während und nach dem Klimakterium zu vermeiden. 1985 gründete Dr. Morris Notelovitz, ein Gynäkologe und, wie er sich nennt, Fachmann für »Medizin für erwachsene Frauen«, eine der ersten Kliniken für Wechseljahrsbeschwerden, die auch Frauen vor den Wechseljahren aufnahm — das Women's Medical and Diagnostic Center in Gaineville, Florida. Notelovitz glaubt, daß alle Frauen mit 35 Jahren eine gründliche medizinische Untersuchung durchführen lassen sollten, die auch Herz- und Gefäßkrankheiten, die Anleitung zur Selbstuntersuchung der Brüste und ein Mammogramm einschließt.

Im vergangenen Jahrzehnt ist die Zahl der medizinischen Zentren für Frauen von etwa 50 auf 200 gestiegen. Nachdem in diesen Einrichtungen zunächst hauptsächlich Abtreibungen vorgenommen worden waren, konzentrieren sie sich nun auf die allgemeine Gesundheitsfürsorge für Frauen. Auch wenn sie nicht *nur* die Belange der Frauen nach den Wechseljahren im Auge haben, wird dieses Thema mit fortschreitendem Alter der Babyboomer immer wichtiger werden. Solche Zentren sind:

- Penny Wise Budoff in Long Island, M. D., Pavilion;
- Women's Health Associates im Massachusetts General Hospital in Boston;
- Mason City, Women's Health Center in Iowa.

In diesen Einrichtungen wird schon jetzt ganzheitlich gearbeitet. Das prämenstruelle Syndrom und Cholesterolkontrollen gehören ebenso zum Angebot wie die Brustkrebsbehandlung und psychologische Beratungen.

»Die Mütter klären mittlerweile ihre kleinen Mädchen vorbildlich über die Menstruation auf«, meint Dr. Cynthia Stuenkel, medizinische Direktorin des Wechseljahrsprogramms in San Diego, »aber über die Wechseljahre verlieren sie kein Wort.«

Das tut auch sonst niemand. Dabei sind Gespräche der erste Schritt dazu, die Einstellung zu den Wechseljahren zu überdenken, was wiederum viel dazu beiträgt, die Haltung der Ärzteschaft zu dieser Lebensphase und den damit verbundenen Gesundheitsproblemen zu verändern.

Das 1992 am Memorial Sloan-Kettering Cancer Center eröffnete Brustkrebszentrum bietet alle notwendigen Untersuchungen und Maßnahmen unter einem Dach an und ist damit einPrototyp. »Es ist sehr wichtig, alles an einem Ort zu haben«, meint Dr. Larry Norton. »Für die Patientinnen kann es ein Alptraum sein, dauernd hin- und hergeschickt zu werden.« Das Zentrum bietet psychologische und Ernährungsberatung, ein Aufklärungszentrum, in dem die neuesten Artikel ausliegen, und ein Schönheitsprogramm.

Ein derartiges Zentrum gibt es bis heute in Deutschland nicht. Zahlreich sind jedoch die diversen Beratungsstellen und Selbsthilfegruppen. Hervorzuheben sind hier:

- Frauen und Gesundheit e. V.;
- Pro Familia, Deutsche Gesellschaft für Sexualberatung und Familienplanung e. V.;
- Deutsche Arbeitsgemeinschaft Selbsthilfegruppen e. V., darunter die Frauenselbsthilfe nach Krebs e. V.

All diese Anlaufstellen bieten jedoch keine medizinische, sondern lediglich psychosoziale Hilfe und Betreuung.

Die Medizin für erwachsene Frauen ist eine Wachstumsindustrie, ein Fachbereich mit sicherer Klientel. **Mit dem fortschreitenden Alter der Frauen aus der Babyboomer-Generation stehen nicht mehr die Probleme der Zeugung, Verhütung und Abtreibung im Mittelpunkt der Diskussion, sondern der Themenkompolex Wechseljahre wird allmählich in den Vordergrund rücken.**

Allmählich ist ein Schlüsselwort. Frauen, die für oder gegen das Recht auf Abtreibung auf die Straße gegangen sind, werden ihre feste Überzeugung nicht aufgeben. Aber wenn nun das neue Problem Brustkrebs heißt, wenn sie feststellen, wie sehr die Belange der Frauen durch die mangelnden Forschungsmittel für diese Killerkrankheit vernachlässigt wurden, dann werden sie ihre Wut auch zum Ausdruck bringen und zum Marsch für die Gesundheitsrechte blasen.

Viele Aktivisten weisen darauf hin, daß die medizinische Gemeinschaft noch einen langen Weg vor sich hat, bis sie Forschungsprogramme, Behandlungsmethoden und Einstellungen an die neuen Gegebenheiten angepaßt hat. Frauen wollen als Partnerinnen behandelt werden, wenn es um ihre Gesundheitsfürsorge geht, und nicht als passive Empfängerinnen dessen, was die Medizin ihnen zukommen läßt. Schließlich, wenn die Zeit und die Technologie ihren Teil beigetragen haben, werden Frauen auch verlangen, daß sie die letzte Entscheidung über einen würdigen Tod selbst treffen.

Es ist noch nicht lange her, da wurden Gesundheitsfragen von Frauen in guter Gesellschaft nicht besprochen. Heute sind sie auf jeder Titelseite zu finden, in Fernsehnachrichten, Zeitungsreportagen und Kongreßanhörungen. In der Gesundheitsfürsorge stehen umwälzende Veränderungen bevor, weil Frauen ihr Schicksal in die Hand nehmen und die Gesundheitspolitik neu bestimmen werden.

6 Die Arbeitsehepaare – Teamwork zu zweit

Ein Forscherteam hat eine neue Methode entwickelt, um menschliche Hautzellen und anderes Gewebe im Labor zu züchten. Die Erfindung wurde 1991 patentiert. Forschung »as usual«, könnte man meinen, wenn der Fall nicht eine kleine Besonderheit aufweisen würde: Das Forscherteam war ein Ehepaar, Gail K. Naughton, Mitbegründerin von Marrow-Tech Inc., im kalifornischen La Jolla und Brian A. Naughton, Professor an der School of Health Sciences am Hunter College in New York. Ihre neue Methode könnte dazu beitragen, klinische Hautverpflanzungen nach schweren Verbrennungen zu erleichtern.

Claude und Donna Jeanloz kauften sich ein 200 Jahre altes Bauernhaus in Millers Falls, Massachusetts, und wollten es in Eigenarbeit renovieren. Nach kurzer Zeit schon merkten sie, wie schwierig es war, ihren Zwecken entsprechendes Baumaterial aufzutreiben – und gründeten Renovator's Supply, ein Unternehmen für den Heimwerkerbedarf. Am Anfang betrieben sie ihren Direktversand noch vom Küchentisch aus, heute verschicken sie bereits 8 Millionen Kataloge pro Jahr und geben die vierteljährlich erscheinende Zeitschrift *Victorian Homes* heraus. Sie haben schon die fünfte Filiale in Massachusetts eröffnet und sind größter Arbeitgeber in Millers Falls.

Judith Barnard und Michael Fain kündigten bei ihren Arbeitgebern, weil sie zusammen einen Roman schreiben wollten. Sie gaben sich ein Jahr Zeit, um einen Verleger zu finden. Ihr Buch *Deceptions* von »Judith Michael« wurde zu einem Bestseller, ebenso wie drei weitere Romane in den letzten acht Jahren.

Die Deutsche Marianne Egger-List und ihr Schweizer Ehemann Peter Egger haben 1985 gemeinsam den Sprung in die Selbständigkeit gewagt und in Zürich die Unternehmensberatung PEMA Mana-

gement Services gegründet. Ihr Unternehmen hat sich auf Management-Coaching für namhafte Unternehmen in Deutschland und in der Schweiz spezialisiert.
So wie sie üben sich inzwischen schon Tausende von Paaren in der kreativen Teamarbeit zu zweit. Damit hat dieses Partnerschaftsmodell die besten Aussichten, sich im kommenden Jahrhundert auf breiter Ebene durchzusetzen.
Schon seit langem gibt es Eheleute, die in der gleichen Firma arbeiten. Die früher oft erhobenen Einwände sind heute weitgehend verstummt. Jetzt gibt es berufliches Teamwork zwischen Lebenspartnern sogar schon in der Luft. Am 14. Januar 1990 flogen John Zimmermann und Leslie King als erstes Ehepaar das Passagierflugzeug 419 der United Airlines von Denver nach Phoenix. Interessant ist ein neues Phänomen, das fast allen Teamwork-Paaren gemeinsam ist: Sie arbeiten für sich selbst.
Sie bringen ihre enge, persönliche Bindung in die Arbeit ein und schaffen vielleicht gerade deswegen den künstlerischen oder wissenschaftlichen Durchbruch. Auch im Wirtschaftsleben steigt die Zahl derer, die sowohl privat als auch geschäftlich Partner sind. Waren die achtziger Jahre noch das Jahrzehnt der Einzelkämpfer, die ihre Vorstellungen außerhalb starrer Unternehmensstrukturen zu verwirklichen suchten, so gehören die neunziger Jahre dem Unternehmerpaar.
Die Small Business Administration (seit neuestem unter Leitung einer Frau) berichtet, daß der Anteil der Ehepaare, die gemeinsam ein Geschäft betreiben, überproportional ansteigt. Zwischen 1980 und 1989 stieg ihre Zahl um 83,9 Prozent. Der National Family Business Council schätzt, daß es heute bereits 1,8 Millionen Unternehmerpaare gibt.
In Deutschland haben Paare, die gemeinsam unternehmerisch tätig sind, bereits Tradition: Sowohl in Handwerksbetrieben als auch im Einzelhandel wäre ein wirtschaftliches Überleben oft undenkbar, wenn nicht beide Partner mit ihrem vollen Arbeitseinsatz dahinter stehen würden. Auch zwischen Schwerin und Rosenheim ist aber ein positiver Trend in der partnerschaftlichen Zusammenarbeit zu registrieren: Im Verband der Unternehmerinnen zum Beispiel leiten 45 Prozent der Mitglieder ihr Unternehmen gemeinsam mit dem Ehemann.

Manche Paare haben allerdings auch Angst vor der beruflichen Zusammenarbeit. Sie befürchten, Ehe oder Beziehung könnte darüber zu Bruch gehen, und versuchen es deswegen erst gar nicht. Entscheiden Sie selbst anhand der Beispiele in diesem Kapitel, ob das neue Partnerschaftsmodell für Sie in Frage kommt.
Paare, die Privatleben und Beruf miteinander teilen, gibt es in den verschiedensten Bereichen, vor allem aber dort, wo Kreativität und Initiative eine große Rolle spielen. Prominente Beispiele finden sich genug: Bob Kersee ist Trainer und Ehemann der Goldmedaillengewinnerin Jackie Joyner-Kersee; das US-amerikanische Unternehmen Mrs. Fields Cookie Fame steht unter der Führung von Debra J. und Randall K. Fields; Lella und Massimo Vignelli sind ein bekanntes Designerehepaar; Geneviève und ihr inzwischen verstorbener Ehemann Bill Gore bauten W. L. Gore & Associates zu einem multinationalen Unternehmen aus und hatten mit der Gore-Tex-Faser großen Erfolg.
Prominente Paare machten und machen in Deutschland von sich reden, beispielsweise das Kölner Aktions-Künstlerpaar HA Schult und seine Muse Elke Koska, das Ex-Schauspielerpaar Maria Schell und Veit Relin oder das Sportlerpaar Rosi Mittermaier und Christian Neureuther. Ein Ehepaar war es auch, welches das Versandhaus Quelle national bekannt gemacht hat: Grete und Gustav Schikkedanz.
Der neue Trend ist in den Vereinigten Staaten schon zur Lebenskultur geworden. Vor allem die Babyboomer, die bald ihre Lebensmitte erreichen, suchen im Geschäftsleben nach Alternativen. Viele von ihnen haben die oberste Stufe der Karriereleiter bereits erreicht und sind enttäuscht von dem, was sie dort vorfanden.
Frank und Sharon Barnett, Autoren von *Working Together: Entrepreneurial Couples* glauben, daß Paare, deren Beziehung intakt ist, vier entscheidende Vorteile gegenüber anderen Jungunternehmern haben:

① Sie booten sich nicht gegenseitig aus, sondern vereinen ihre Energien für den Wettbewerb mit der Konkurrenz.
② Ihre Kommunikation funktioniert.
③ Sie haben gegenseitiges Vertrauen.
④ Sie verfolgen die gleichen Ziele.

Geld sei nicht der entscheidende Faktor, sondern vielmehr »das Zusammengehörigkeitsgefühl als Paar, der Wunsch nach Selbständigkeit, das Bedürfnis, für ein Produkt oder eine Dienstleistung verantwortlich zu sein, sowie das starke Gefühl der Verbundenheit und der Befriedigung, das aus der Zusammenarbeit erwächst«.

Was unterscheidet erfolgreich zusammenarbeitende Paare von anderen? Sharon Nelton hat versucht, eine Antwort auf diese Frage zu finden. Für ihr Buch *In Love and Business: How Entrepreneurial Couples Are Changing the Rules of Business and Marriage* fand sie unter anderem folgendes heraus:

- An erster Stelle steht die Beziehung. Ein Zitat von Randy Fields von Mrs. Fields Cookie Fame steht stellvertretend für viele andere: »Wir waren uns einig, daß unsere Beziehung das wichtigste ist. Was nutzt der größte geschäftliche Erfolg, wenn die Beziehung nicht stimmt?« Das bedeutet nicht, daß das Geschäft unwichtig wäre oder daß die Paare nicht hart dafür arbeiten würden. Aber die meisten bestimmten Prinzipien und Prioritäten, nach denen sie ihre Arbeit ausrichten.
- Die Ehepartner respektieren und unterstützen sich gegenseitig.
- Sowohl eheliche als auch geschäftliche Probleme werden offen diskutiert.
- Die Partner ergänzen sich mit ihren unterschiedlichen Talenten und teilen die anfallenden Aufgaben entsprechend auf.
- Eheleute konkurrieren nicht miteinander, sondern mit ihren Wettbewerbern.
- Sie gehen rücksichtsvoll miteinander um. Susan Harnett vom Bostoner Bread and Circus verdeutlicht es: »Ich respektiere Tony so, wie er ist, und er mich auch. Wir versuchen, den anderen nicht zu verletzen, ihm nicht auf den Schlips zu treten, ihm nicht zu sagen, wo es lang geht und ihm nicht den Boden unter den Füßen wegzuziehen.«
- Eine klare Aufgabentrennung verstehen die PEMA-Eigentümer – Marianne Egger-List als Macherin, Peter Egger als Seele der Konzeption und Administration – als ihr Geschäftsgeheimnis. Marianne Egger-List: »Tisch und Bett zu teilen ist eigentlich schon anspruchsvoll genug. Aber dazu auch noch das Büro zu teilen – also 24 Stunden rund um die Uhr zusammen zu sein –, das

erscheint heutzutage vielen, manchmal auch uns selber, als die größte Kunst. Dabei ist die Trennung zwischen Arbeit und Heim historisch betrachtet eine sehr junge Erscheinung. Zum Überleben braucht es dazu Persönlichkeiten mit komplementären Eigenschaften und klar abgegrenzte, gegenseitig tolerierte Verantwortungsbereiche. Und: sehr viel Humor, Geduld und Nachsicht.«

Berufstätige Paare wissen, wie schwierig es ist, Kinder, Beruf und Haushalt unter einen Hut zu bringen und sind oft genug daran gescheitert. Mischt man dieser Mixtur noch ein gemeinsames Geschäft oder eine andere Form beruflicher Zusammenarbeit bei, dann dürfte die Katastrophe vorprogrammiert sein. Oder etwa nicht?

Paare im Teamwork — Evolution ist besser als Revolution

Im *Webster's New World Dictionary* gibt es für den Begriff »collaborate« zwei Definitionen: 1) in Literatur, Kunst oder Wissenschaft zusammenarbeiten und 2) mit dem Feind kollaborieren.
Die im Englischen mit »Collaboration« bezeichnete Zusammenarbeit zwischen Paaren ist also zweideutig. Kein Wunder, daß sie vielen nicht geheuer ist.
»In unserer Gesellschaft gilt der Erfolg eines einzelnen mehr als der einer Gruppe«, meint Michael Schrage, Autor von *Shared Minds: The New Technologies of Collaboration.* Sowohl Amerikaner als auch Europäer bringen Einzelkämpfern, kompromißlosen Individualisten, ein gerüttelt Maß an Bewunderung entgegen. Don Oldenberg kam in einer Rezension dieses Buches in der *Washington Post* aber dennoch zu dem Schluß:
»Wenn heute ein wissenschaftlicher Durchbruch gelingt, geschieht dies meist in Teamarbeit. Das gilt für die Geburt der Quantenphysik ebenso wie für die neuen Erkenntnisse in der molekularbiologischen Forschung.«
Wo wäre Gilbert ohne Sullivan, Tracy ohne Hepburn, Orville ohne Wilbur? Wäre das Ehepaar Curie auch ohne Zusammenarbeit erfolgreich gewesen?
Schrage: »Die meisten Menschen scheuen sich vor der Abhängigkeit, die sie vermuten, wenn sie mit ihrem Partner zusammenarbei-

ten.« Viele erkennen aber nicht, daß »das Aufeinanderangewiesensein nicht gleichbedeutend mit Identitätsverlust ist. Vielmehr ist **das Gegenteil der Fall, denn die eigene Individualität wird durch die eines anderen bereichert.«**

Dieses Phänomen ist in jeder erfolgreichen Partnerschaft und Ehe zu beobachten. Jede glückliche Ehe ist ein Musterbeispiel dafür, daß Menschen mit verschiedenen Interessen, Fähigkeiten und Erwartungen in der Lage sind, neue gemeinsame Ziele und Werte zu entwickeln und in Harmonie zusammenzuleben. Dennoch stießen viele Paare, die sich für die berufliche Zusammenarbeit entschieden, in der Vergangenheit häufig auf die Skepsis ihrer Mitmenschen. Tatsache ist jedoch, daß die Zahl der Mißerfolge äußerst gering ist. Gemeinsame Interessen, gleiche Wertvorstellungen und gegenseitiges Vertrauen machen Lebenspartner zu idealen Geschäftspartnern.

»Im Geschäftsleben braucht man einfach Leute, denen man absolut vertrauen kann«, sagt Norman Campbell. Er besitzt gemeinsam mit seiner Frau die Newcorp Insulation Inc., in Houston, ein Unternehmen für Wärmedämmung und Asbestsanierung mit einem Jahresumsatz von 5,2 Millionen Dollar. Campbell: »Ich kann das Büro beruhigt verlassen, weil ich weiß, daß Eva die gleichen Ziele, die gleichen Wünsche und die gleiche Vorstellung von Integrität hat wie ich. Das ist für mich absolut wichtig.«

Manchmal starten Paare auch erst in einer späteren Lebensphase ihre gemeinsame Karriere. Michelle Rosenfeld etwa war schon ausgebildete Sprachtherapeutin, als sie sich dafür entschied, es probeweise für ein Jahr als Kunsthändlerin zu versuchen. Das war vor zwanzig Jahren. Heute beschäftigt sie fünf Vollzeitmitarbeiter und unterhält Filialen in New Jersey und Manhattan. Ihr Ehemann, der früher eine große Sportartikelfirma geleitet hatte, ging noch einmal aufs College, um Kunstgeschichte zu studieren. Nach dem Examen stieg er in das Geschäft seiner Frau ein. Auf ihren zahlreichen Reisen nach Europa besuchen die Rosenfelds Auktionen, Künstler und Galerien. Michelle schwärmt: »So viel Spaß hatten wir schon lange nicht mehr miteinander.«

Vielleicht erinnert Sie das Wort »Familienbetrieb« an den Tante-Emma-Laden von früher, an die Bäckersfamilie oder die Metzgersfrau. Auch sie zählen natürlich zu den Paaren, die nur im Teamwork

bestehen. Von diesen überschaubaren Familienunternehmen spannt sich der Bogen heute bis zu Millionenkonzernen, die von Paaren gelenkt werden. Aber nicht das große Geld reizt die meisten, sondern der Wunsch nach einer neuen Lebensform.
Der neue Trend ist in allen Schichten der Bevölkerung auszumachen. Von den mehr als 10 000 Lkw-Fahrerinnen in den USA arbeitet die große Mehrzahl mit dem Ehemann im Team. Noch 1980 beschäftigte die große US-amerikanische Umzugsfirma Mayflower nur etwa zwei Dutzend Paare. Heute bestehen 170 ihrer 1 215 Teams aus Eheleuten.
Paare, die beruflich zusammenarbeiten, verbindet der Wunsch, ihre persönliche und finanzielle Zukunft selbst in die Hand zu nehmen. Sie wollen unabhängig und selbständig sein und sich ganz dem Produkt oder der Dienstleistung widmen, die sie anbieten. Die Zusammenarbeit mit ihrem Partner erfüllt sie mit tiefer Befriedigung und gibt ihnen das Gefühl, eng miteinander verbunden zu sein. »Was will man mehr, als 24 Stunden am Tag mit dem Menschen zu verbringen, für den man sich entschieden hat?« fragt Tom Dose. Er und seine Frau Sharon sind Tierärzte und leiten die Tierklinik Kings Row Pet Hospital in Reno, Nevada.

Fünf Beispiele

Eines der erfolgreichsten Paare in den USA sind Louise Erdrich und Michael Dorris. Sie haben bisher insgesamt neun Romane geschrieben. Beide sind Autoren des im Frühjahr 1991 erschienenen Romans *Die Krone des Columbus,* der dem amerikanischen Verlag einen Vorschuß von 1,5 Millionen Dollar wert war.
Jedes Buch entsteht vom ersten bis zum letzten Kapitel in Teamarbeit. Wie Michael Dorris in seinem 1989 erschienenen, vielbeachteten Buch *The Broken Cord* schreibt: »Bei jedem Manuskript, das wir einreichten ... waren wir uns, wenn auch nach hitzigen Debatten, über jedes Wort einig. Ganz gleich, wessen Name dann auf dem Buch, in einem Artikel oder einer Rezension genannt wurde, wir fühlten uns immer beide dafür verantwortlich und verteidigten das Ergebnis auch gemeinsam. Jeder Absatz wurde so oft umgeschrieben und überarbeitet, daß wir ihn schließlich auswendig kannten.«

Sowohl Louise, 38, als auch Michael, 47, haben indo-amerikanische Vorfahren. Michael brachte 1981 drei indo-amerikanische Kinder mit in die Ehe. Im gleichen Jahr begann auch ihre berufliche Zusammenarbeit.
Ihr Haus wurde im Jahr 1772 erbaut und steht auf einem Hügel nahe Hanover in New Hampshire. Jeden Vormittag um halb zehn Uhr verzieht sich Louise in ein kleines Refugium gegenüber ihrem Haus und fängt an zu schreiben — per Hand. Michael vertraut seine Ideen einem Computer an, und zwar meist schon ab fünf Uhr früh. Für *Die Krone des Columbus* stellten sie gemeinsam Nachforschungen an und arbeiteten den Handlungsablauf in Teamarbeit aus. Dann teilten sie die einzelnen Szenen auf, schrieben sie getrennt, lasen sie einander vor und korrigierten sie so lange, bis beide zufrieden waren.
Louise und Michael überarbeiteten jedes Kapitel des fertigen Manuskripts insgesamt zwanzigmal. Schließlich redigierten sie das Buch als Ganzes noch neunmal, bevor sie es dem Verleger übergaben.
»Über Literatur können wir stundenlang streiten. Es ist nicht leicht, die Texte des anderen zu kritisieren oder selber Kritik wegstecken zu müssen«, sagt Michael. »Aber die Erfahrungen der Vergangenheit haben gezeigt, daß unsere Methode funktioniert. Im nachhinein sind wir immer froh über die Kritik des anderen, auch wenn sie in der jeweiligen Situation manchmal schmerzte.«
Kunst und Ehe müssen sich ihrer Meinung nach ergänzen. Vince Passaro schrieb im *New York Times Magazine* über das Paar: »Durch gegenseitigen Konsens versuchen sie, sich als Künstler auf eine gemeinsame Stimme, eine gemeinsame Vision und eine gemeinsame Sprache zu einigen. Ihre literarische Arbeit, ja, ihr ganzes Leben ist auf Synthese und Einheit ausgerichtet«.
Ganz nebenbei ziehen sie noch sechs Kinder groß. Mit ihrer Betreuung wechseln sie sich ab. Louise gibt zu, daß »Michael am Anfang unserer Ehe alles alleine gemacht hat. Er war ja alleinerziehender Vater gewesen. Ich habe mich dann nach und nach bemüht, ihm bei Hausarbeit und Kindererziehung zu helfen, aber ich glaube, Michael trägt immer noch die Hauptlast.«

Michele und Will Beemer leiten die Heartwood Owner-Builder School in Washington, Massachusetts, in der Grundkenntnisse über

den Eigenheimbau vermittelt werden. Die Kurse dauern drei Wochen und schließen theoretischen wie praktischen Unterricht ein.
Mehr als 2000 Männer und Frauen im Alter von 13 bis 72 Jahren haben die Kurse schon absolviert, wobei beide Geschlechter gleich stark vertreten waren. Die Kursgebühr beträgt 800 Dollar; Paare zahlen 1400 Dollar. Zu den Teilnehmerinnen gehört auch Jennifer Lee, eine alleinstehende Mutter, die keinerlei handwerkliche Erfahrungen mitbrachte. Sie schaffte es, ihr Haus nur mit Hilfe ihrer drei Kinder zu bauen, die fünf, acht und elf Jahre alt waren.
Die Teilnahme am Kurs lohnt sich. Die Beemers schätzen, daß ein in Eigenarbeit gebautes Heim etwa 60 Prozent billiger ist als ein schlüsselfertiges gekauftes Haus. »Aber den meisten geht es vor allem darum, neue Erfahrungen zu machen«, sagt Will. Der Spareffekt ist eine angenehme Nebenerscheinung.
Beide Beemers sind Zimmerleute. Michele sagt, sie habe »schon als Kind gerne getischlert«. Am Anfang guckte sie sich noch vieles bei ihrem Ehemann ab, aber jetzt »lernt jeder vom anderen«. Neben den Unterrichtsstunden, die sie mit Will an der Schule hält, gibt sie auch Kurse für Frauen, in denen sie, sozusagen von Frau zu Frau, die Geheimnisse des Zimmermannhandwerks weitergibt.
Will, 43, und Michele, 41, leiten die Heartwood Schule schon seit 1985. Während der kursfreien Zeit von Oktober bis April arbeiten sie freiberuflich als Zimmerleute.
Wie die meisten Paare, die beruflich zusammenarbeiten, legen auch die Beemers Wert darauf, daß einer den anderen im Unternehmen ergänzt. Für den praktischen Unterricht ist meist Michele zuständig, weil sie – wie Will sagt – »präziser zuschneiden kann als ich«. Beide tragen gelegentlich T-Shirts, auf denen der Tischlerspruch »Zweimal messen, einmal schneiden« aufgedruckt ist. Der mathematisch begabte Will ist für die Zeichnungen zuständig, und er übernimmt meist den theoretischen Unterricht. Das Geheimnis der beiden heißt: Teamwork und offener Umgang miteinander. Will: »Man kann nur gut zusammenarbeiten, wenn man ehrlich miteinander ist.«
Beide sagen, daß Ehe und Beruf »miteinander verwoben sind«. Michele: »Wenn ich koche, macht er sauber. Und wenn er kocht, mache ich eben sauber.« Es macht ihnen Spaß, den ganzen Tag

zusammenzusein. »In einer festen Beziehung ist es doch schön, den anderen den ganzen Tag um sich zu haben«, sagt Michele. Es sei auch leichter, die Hausarbeit gemeinsam zu erledigen. »Man hat dann einfach mehr von seiner Zeit.«
Oft und gerne betont sie: »Jeder für sich alleine wäre nie soweit gekommen.« Inzwischen scheinen auch immer mehr Paare an den Kursen der Beemers teilzunehmen.

Von Ost nach West, von Leipzig nach Warendorf, führte der Lebensweg Monika und Rolf Pfandt mit ihren zwei Kindern. Im Jahr 1979 übernahmen sie in Warendorf eine Landmaschinen-Schlosserei, aus der peu-à-peu die Kunst- und Bauschlosserei Rolf Pfandt, spezialisiert auf künstlerische Schmiedearbeiten, wurde. In Warendorf konnte Rolf Pfandt sein kreatives Talent endlich ausleben, was ihm in der ehemaligen DDR untersagt gewesen war. Monika Pfandt stürzte sich sofort in die Büroarbeiten, doch merkte sie bald, daß ihre im Sozialismus erworbenen Kenntnisse nicht ausreichten, um einen schnellen kaufmännischen Durchblick im marktwirtschaftlichen Wirtschaftssystem zu bekommen. Also belegte sie – die Kinder waren damals neun und zwölf Jahre alt – sofort betriebswirtschaftliche und volkwirtschaftliche Kurse bei der Industrie- und Handelskammer sowie bei der Handwerkskammer. Abgeschlossen hat sie ihre fundierte Ausbildung dann mit dem Harzburg-Diplom. Einfach war es nicht für Monika und Rolf Pfandt, auf einem fremden Terrain einen neuen Betrieb aufzubauen und gleichzeitig eine neue Identität für die Familie zu finden. Aber sie haben es geschafft, weil beide mit Begeisterung zu ihrer Selbständigkeit stehen: Berufs- und Privatleben fließen nahtlos ineinander über, genauso wie ihre Tätigkeitsbereiche im Betrieb.

Robert und Nana Sullivan sind seit 1985 Inhaber einer Boutique namens »Toshiro« im Norden von Chicago, in der Nähe des Lake Michigan. Im Erdgeschoß der Boutique, das wie ein traditionelles japanisches Kimonogeschäft eingerichtet ist, wird heute bequeme und rustikale Kleidung zu niedrigen Preisen angeboten. Der Stil der ersten Etage, die drei Jahre nach Eröffnung gebaut wurde, erinnert an das Chicago der Jahrhundertwende. Dort gibt es Mode für »kreative Berufstätige«, in eher konventioneller Machart zu erschwinglichen Preisen. Besonderer Wert wird dabei auf bequeme Schnittführung und hochwertige Stoffe gelegt.

Toshiro ist mittlerweile bestens eingeführt. Aus einer internationalen Liste der Zeitschrift *Elle* geht sogar hervor, daß sie zu den »beliebtesten Boutiquen« zählt.

Den Schlüssel zu ihrem Erfolg sehen die Sullivans darin, daß sie sich ergänzen, die gleichen Vorstellungen haben, was ihre Boutique angeht, und ihre Grenzen kennen. Jeder hat seinen eigenen Aufgabenbereich: Während die 35jährige Nana die Boutique nach außen repräsentiert, den Einkauf erledigt und sich um die Auswahl der Kleidungsstücke und der Dekoration kümmert, ist der 44jährige Robert für die Werbung zuständig. Er ist der Kreativere von beiden und sorgt dafür, daß die Kunden und Kundinnen einen gleichbleibend hohen Standard vorfinden (wobei ihm seine Mehrsprachigkeit zugute kommt).

Für die Bereiche, in denen es ihnen an Erfahrung mangelt, das sind vor allem Finanzplanung und Buchführung, ist ihr Geschäftspartner Marvin Brusman zuständig, Nanas Stiefvater. »Wenn er nicht gewesen wäre, hätten wir jämmerlich Schiffbruch erlitten«, sagt Nana. »Für den Bereich Finanzen brauchen wir jemanden, dem wir absolut vertrauen können.«

Wichtig ist den Sullivans vor allem, daß ihre Vorstellungen in die gleiche Richtung gehen. Denn davon »hängt das ganze Geschäft ab, etwa welches Verhältnis man zu seinen Angestellten hat, oder welches Krisenmanagement angewandt wird«. Wichtig für ihr Erfolgsrezept sei aber auch eine gute Portion Kompromißbereitschaft. Bei kontroversen Themen gibt immer derjenige nach, der im Moment weniger betroffen ist. Vor allem das erste Geschäftsjahr war von dieser Maxime geprägt.

Drüber hinaus sei Harmonie eine der Grundvoraussetzungen für den geschäftlichen Erfolg von Paaren, so die Sullivans. Ohne Harmonie könne die zusätzliche Belastung des gemeinsamen Berufs leicht zu einer Zerreißprobe für die Ehe werden. Häufig nehme man den Streß eines anstrengenden Arbeitstages mit nach Hause. Die Sullivans haben insgesamt fünf Kinder, drei gemeinsame, die acht, fünf und zwei Jahre alt sind, und zwei im College-Alter, die Roger mit in die Ehe brachte. Robert sagt: »In unserem Fall ist es daher besonders wichtig, daß wir gut miteinander harmonieren.« Bei ihnen laufe alles in Teamarbeit ab, Kinderbetreuung, Haushalt und Geschäft. Nana sagt, beide seien inzwischen »Meister im Delegieren«. Wenn Nana geschäftlich nach New York oder Los Angeles reisen muß, nimmt Robert sich frei, um für die Kinder zu sorgen.

Kinder, Haushalt und Geschäft unter einen Hut zu bringen, ist wahrlich keine einfache Aufgabe. Aber sie hat auch positive Seiten. Ein großer Vorteil, so Nana, sei, daß »wir unsere Zeit selbst einteilen können; wir können unser Leben frei bestimmen. Wenn Rory (ihr ältester Sohn) tagsüber eine Schulaufführung hat, können wir uns einfach freinehmen und hingehen.« Die gleiche Freiheit genießen sie, wenn es darum geht, einmal Ferien zu machen oder sich ein langes Wochenende zu gönnen.

Robert und Nana haben sich eine neue Lebensform geschaffen und gleichzeitig ein florierendes Unternehmen aufgebaut. Der Umsatz ist zwischen 1989 und 1990 um mehr als das Doppelte gestiegen. Sogar 1991, als die meisten Einzelhändler mit rückläufigen Einnahmen zu kämpfen hatten, setzten sie 40 Prozent mehr um als 190. Und in der ersten Jahreshälfte von 1992 ist der Umsatz erneut um stattliche 50 Prozent gestiegen. »Wir arbeiten und leben in unserer eigenen, von uns selbst geschaffenen Welt. Eine Welt, in der wir glücklich sind und viele Freiheiten genießen«, sagt Nana. »Unser Ziel ist es jetzt, für unsere Arbeit den schönsten Ort der Erde zu finden.«

Erfolgreich zusammenarbeitende Paare gibt es auch auf dem Finanzsektor. Golden West Financial Corporation aus Oakland, Kalifornien, ist ein bausparkassenähnliches Geldinstitut und gilt in der krisengeschüttelten Branche als bestgeführtes Unternehmen der Nation.

Den Chefsessel von Golden West teilen sich Herb und Marion Sandler. Beide sind sechzig Jahre alt und haben fast drei Jahrzehnte lang hart gearbeitet, um Golden West zur sechstgrößten Sparkasse der USA zu machen. Über das Unternehmen, das inzwischen zu den profitabelsten seiner Branche zählt, sagt Peter Treadway, Finanzanalyst bei Smith-Barney, Harris Upham & Company: »Golden West gehört nun einmal zu den besten Finanzinstituten der USA, daran gibt es nichts zu rütteln.«

Die Sandlers legen Wert auf ihre sehr konservative Art der Geschäftstätigkeit. Kredite vergeben sie meist nur für die Finanzierung von Wohnungsbauprojekten; Kreditanträge, die für den Bau von Einkaufszentren oder Bürogebäuden bestimmt sind, werden fast immer abgelehnt. »In der Wall Street sind wir ziemlich unbeliebt«, sagt Marion Sandler. Unbeliebt, weil sie altmodisch und nicht aggressiv genug seien.

In ihrem Fall aber heißt konservativ zugleich lukrativ. Nur selten kommt es vor, daß ein Kredit platzt (1991 zum Beispiel passierte das nur in etwa einem halben Prozent der Fälle). Der Wert ihrer Unternehmensaktien hat sich in zehn Jahren verzehnfacht.

Die Sandlers schrieben in einem Brief an die Aktionäre: »Der Geschäftsleitung von Golden West ist sehr daran gelegen, auch weiterhin ruhig und ohne Alpträume schlafen zu können.«

»Trotz der vielen Krisen, die das Land geschüttelt haben, konnten wir unsere jährliche Wachstumsrate in den letzten zwanzig Jahren bei konstant 20 Prozent halten. Ich kenne kein Geldinstitut, dem das sonst noch gelungen ist«, sagt Herb Sandler.

Genau deshalb werden die Sandlers auch bei ihrem konservativen Stil bleiben. »Das Unternehmen ist eine Goldgrube«, sagt Marion, »warum sollten wir unseren Erfolg leichtfertig aufs Spiel setzen?«

In Kalifornien und fünf weiteren Bundesstaaten der USA gibt es mittlerweile insgesamt 230 Filialen, die das Einlagengeschäft abwickeln; für Kreditgeschäfte sind 65 Filialen in sechzehn Bundesstaaten zuständig. Herb und Marion, deren Büros unmittelbar nebeneinander liegen, haben natürlich immer das letzte Wort. Aber sie sind sich im klaren darüber, daß sie es ohne ihre Belegschaft nie geschafft hätten. Herb Sandler: »Das Unternehmen besteht schließlich nicht nur aus Herb und Marion.«

Beide Sandlers sind vom Fach. Herb ist Absolvent des City College in New York und der Columbia University Law School. Bevor er zusammen mit seiner Frau Golden West übernahm, war er bereits als Repräsentant verschiedener Geldinstitute tätig gewesen. Marion, die an der Harvard University und an der University of New York Betriebswirtschaft studierte, hatte als Analytikerin die Wertpapierentwicklung im öffentlichen Bankgewerbe analysiert. Beide fanden die Art und Weise, wie die meisten Geldinstitute geführt wurden, alles andere als optimal, und sie wollten es besser machen.

Nach ihrer Heirat zogen sie 1961 an die Westküste, um sich nach einem kleineren Geldinstitut umzusehen. 1963 übernahmen sie Golden West für 4,1 Millionen Dollar. Der Wert des Unternehmens lag

damals bei 34 Millionen Dollar. Heute beträgt er über 25 Milliarden Dollar.
Herb Sandler: »Es heißt immer, je weiter man aufsteige, um so einsamer sei man. Wir sind zusammen ganz oben gelandet, von Einsamkeit keine Spur.«

Die Suche nach dem geeigneten Unternehmen zu zweit

Manche Paare planen eine gemeinsame, berufliche Zukunft schon zu Beginn ihrer Beziehung. Bei anderen entwickelt sich die berufliche Zusammenarbeit erst im Laufe der Ehe. Wichtig ist in jedem Fall aber, daß das jeweilige Unterfangen den Interessen und Talenten *beider* Partner entspricht.
Bei Sam und Libby Edelman war es von Anfang an klar, daß sie ins Schuhgeschäft einsteigen wollten. Als sie sich kennenlernten, arbeiteten beide schon in der Schuhbranche: Libby als Redakteurin für *Seventeen,* Abteilung Schuhmoden, Sam im väterlichen Unternehmen *Lighthouse Footwear.* Gemeinsam wechselten sie später zu Esprit nach San Francisco, Sam als Leiter der Esprit-Schuhabteilung und Libby als Einkaufsleiterin für Esprit-Kindermoden. Sie schafften es, den Schuhumsatz in nur vier Jahren auf 55 Millionen US-Dollar anzuheben. In dieser Zeit lernten sie die Zusammenarbeit mit dem Partner sehr schätzen.
Im Dezember 1987 schließlich gründeten die Edelmans ihre eigene Firma, die sie »Sam and Libby« nannten. Das in Kalifornien ansässige Unternehmen bietet junge, moderne Schuhmode zu erschwinglichen Preisen an. Schon im ersten Jahr nach Gründung belieferte »Sam and Libby« jede größere Stadt in den USA. 1991, drei Jahre später, setzten sie schon 85 Millionen Dollar um, verglichen mit 1990 ein Anstieg um 66 Prozent. Sam: »Das Unternehmen ist aber nicht nur in finanzieller Hinsicht profitabel. Wir haben durch die gemeinsame Arbeit auch sehr viel über uns und unsere Beziehung gelernt. Dieser Aspekt ist mir mindestens genauso wichtig.«

Nicola Pelly und Harry Parnass sind Modeschöpfer. Die Kleidung, die sie über ihr gemeinsames, in Montreal ansässiges Unternehmen Parachute verkaufen, entwerfen sie selbst. Beide waren früher in verschiedenen Firmen als Designer angestellt gewesen, hatten jedoch keine Perspektiven für sich gesehen. Nicola: »Dann haben wir unsere Köpfe zusammengesteckt und waren begeistert von dem, was dabei an Ideen herauskam.« Inzwischen haben sie mit einer eigenen Pret-à-porter-Linie in Kanada, den USA und Europa Furore gemacht. Sie besitzen eine Ladenkette mit Filialen im ganzen Land. »Jemand, der reich ist und aus gesicherten Verhältnissen kommt, hätte bestimmt nicht soviel riskiert wie wir; aber er hätte auch nicht soviel erreicht«, meint Harry.

Überraschend viele Paare, die gemeinsam ein Unternehmen führen, blicken auf eine ähnliche Entwicklung zurück: Trotz vieler Fehler wurden sie enorm erfolgreich. Anita Roddick, die Besitzerin der Kosmetikkette Body Shop, ist nicht nur reich, sondern sie hat auch ein hochentwickeltes Bewußtsein für gesellschaftliche Fragen. Sie verkauft Naturkosmetik, die ohne Tierversuche hergestellt wird. Viele ihrer Produkte werden in der dritten Welt produziert. 1991 betrug der Umsatz über 200 Millionen Dollar. Mittlerweile gibt es mehr als 400 Body Shops in 38 Ländern. Kürzlich wurden wieder zwei Geschäfte in Tokio eröffnet; bis zum Jahr 2001 soll die Zahl der Body Shops in Japan sogar auf 200 erhöht werden. Anita Roddicks Ehemann Gordon ist für die finanzielle Seite des Geschäfts zuständig.
Der erste Body Shop, den die Roddicks eröffneten, lag zwischen zwei Beerdigungsinstituten in der südenglischen Küstenstadt Brighton. Die spärliche Innenausstattung spiegelte das karge Anfangskapital der Besitzer. Die Roddicks kannten sich zwar so weit in der Kosmetikbranche aus, um zu wissen, daß Parfums sehr wichtig waren, aber sie konnten sich keine großen Bestände leisten. Da kamen sie auf die Idee, verschiedene Parfumöle in einer Art Setzkasten auszustellen und die Kundinnen sie dann nach eigenem Geschmck mit ihren Produkten mischen zu lassen. Am Anfang wurden ganze zwanzig Artikel im Body Shop angeboten – eine nicht gerade üppige Auswahl. Um das Angebot zumindest optisch nach mehr aussehen zu lassen, füllten die Roddicks das Parfum in fünf verschieden große Flaschen ab – möglichst billige natürlich, unter anderem solche, die eigentlich für Urinproben gedacht waren. **Sie bauten ein Geschäft auf, ohne eine Spur von dem zu besitzen, was angeblich die entscheidende Voraussetzung für geschäftlichen Erfolg ist: Fachwissen.**

Das ungeschriebene Gesetz von Body Shop lautet: »Mache immer das genaue Gegenteil von dem, was die Kosmetikindustrie tut. Bilder von Frauen wird man im Body Shop vergeblich suchen, ebenso wie das Wort »Schönheit«. Dafür gibt es nur soviel Verpackung wie unbedingt nötig. Recycling heißt die Devise der Roddicks, die immer versuchen, ihr Bestes zu geben: für die Umwelt, für die Menschen, für die Gesellschaft als Ganzes.

Wären Liz und Nick Thomas nicht vollkommen pleite gewesen, hätten sie ihre Firma Chalif Inc. wahrscheinlich nie gegründet. Heute ist Chalif Inc. ein millionenschweres Unternehmen der Gewürzmittelindustrie mit Sitz in Wyndmoor, Pennsylvania. Einzig die Angst vor dem sozialen Abstieg gab ihnen die Kraft und den Mut, ein risikoreiches Unterfangen zu wagen.
Liz und Nick führten früher eine ganz normale Ehe mit klassischer Rollenverteilung: Er war beruflich erfolgreich und arbeitete als Rentenexperte für ein Versicherungsunternehmen, sie war, wie sie selber sagt, »die gute Seele des Haushalts«. Dann standen sie von einem Tag auf den anderen vor dem finanziellen Ruin: Nick war zu einer Firma übergewechselt, die kurz darauf in Konkurs ging. Als der Stapel der unbezahlten Rechnungen immer größer wurde, kam ihnen die rettende Idee. Liz besaß ein altes Familienrezept für »Hot and Sweet«-Senf, das noch aus der Zeit der Jahrhundertwende stammte, und die beiden beschlossen, ihre letzten 200 Dollar in Gläser und Zutaten zu investieren.
Die ganze Familie half mit. Liz' Bruder entwarf das Etikett, ihre Mutter übernahm fürs erste die Hypothekenzahlungen, die Kinder arbeiteten zu Hause (unbezahlt) und gingen nach der Schule (bezahlten) Nebenjobs nach. Ein risikofreudiger Freund kaufte 30 Prozent der Unternehmensanteile und »soviel Senf, wie er essen konnte«. Im Juni 1982 bezog die Firma dann eine 7 800 m^2 große Produktionsanlage. Heute prodzieren sie Thomas' Senf in allen Geschmacksrichtungen, neben den neuen Produktlinien, die sie eingeführt haben. Obwohl die Belegschaft inzwischen sechs Vollzeitmitarbeiter und viele Teilzeitkräfte umfaßt, ist das Unternehmen fest in der Hand der Familie geblieben: Alle vier Kinder arbeiten dort; eine Tochter, die inzwischen selbst Mutter von zwei Kindern ist, fungiert als Buchhalterin.

Startkapital – Woher nehmen, wenn nicht stehlen?

Tom und Gun Denhart gaben ihre gutdotierten Stellen in Manhattan auf und verschafften sich durch den Verkauf ihres großen Hauses in Greenwich, Connecticut, 250 000 Dollar Startkapital. Damit zogen sie nach Portland, Oregon, und machten sich an die Aufgabe, ein Unternehmen aufzubauen. Sie investierten ihr gesamtes Kapital (und noch ein wenig mehr) und mußten in der Anfangsphase viele private Entbehrungen hinnehmen. Doch die Mühe hat sich gelohnt. Heute sind die beiden stolze Besitzer eines Versandunternehmens für Kindermoden. Die Firma, die inzwischen einen Jahresumsatz von 34 Millionen Dollar ausweisen kann, vertreibt ausschließlich Baumwollkleidung, wie Gun sie schon als Kind in Schweden trug. Gun war es auch, die das Unternehmen nach ihrer schwedischen Großmutter »Hanna Anderson« nannte. Jedes Jahr verdoppelt sich der Umsatz. Nachdem das Büro im Privathaus der Denharts binnen kurzem aus allen Nähten platzte, wurde das Unternehmen in eine 90 000 m^2 große Zentrale verlegt. Gun sagt: »Wenn wir damals zu einer Bank gegangen wären und gesagt hätten: ›Wir möchten ein Versandunternehmen gründen und 250 000 Dollar aufnehmen‹, hätten wir wahrscheinlich nur entsetztes Kopfschütteln geerntet.«
Die wenigsten, die ein Unternehmen gründen, können mit der Unterstützung einer Bank rechnen. Die meisten greifen auf Ersparnisse zurück, leihen sich das nötige Startkapital von Verwandten und Freunden, nehmen eine zweite Hypothek auf ihr Haus auf oder machen es wie die Denharts und verkaufen privates Eigentum.
Was nutzt die beste Idee, wenn kein Geld zu ihrer Realisierung vorhanden ist? Sam und Libby Edelman raten jedem davon ab, Geld von Wagniskapitalgebern zu beziehen. Tatsächlich ist diese Form der Finanzierung für Paare, die sich eine gemeinsame, berufliche Zukunft aufbauen wollen, nicht gerade die geeignetste. Wagniskapitalgeber investieren nicht aus Uneigennützigkeit, sondern um ihre Beteiligung irgendwann einmal mit möglichst hohem Wertzuwachs wieder verkaufen zu können. Mit der Loyalität und persönlichen Bindung, die charakteristisch für ein von Ehepartnern erfolgreich geführtes Unternehmen sind, haben sie nichts am Hut.
»Es war überall das gleiche«, erinnert Sam sich. »Keiner wollte in ein Unternehmen investieren, das von einem Ehepaar gegründet wur-

de; alle befürchteten, daß zuwenig für sie herausspringen würde.« Die Edelmans versuchten es schließlich alleine — wie sich herausstellte, mit großem Erfolg.

Karl Friberg und seine Frau, die Innenarchitektin Lyn Peterson, investierten 9000 Dollar — die gesamten Ersparnisse von Lyns Familie — in die Miete und Ausstattung eines Tapetengeschäfts. Aus dem winzigen Laden von einst ist inzwischen das Unternehmen Motif Designs, Inc., in New Rochelle, New York, geworden, das mit dem Entwurf und der Herstellung hochwertiger Tapeten und Dekorationsstoffe 10 Millionen Dollar jährlich umsetzt. Karl Friberg gab seine Stellung in der Devisenabteilung der Citibank erst auf, als das Unternehmen so viel abwarf, daß die Existenz der Familie gesichert war.

Auch die Webbs aus Pomona, Kalifornien, wollten sich gemeinsam etwas aufbauen. Reggie Webb hatte zwar eine gut bezahlte Stellung bei McDonald's, aber nichts, was er und Rene später einmal ihren drei Kindern vermachen konnten. Also beschloß er, seine Anstellung aufzugeben und statt dessen mit seiner Frau zwei McDonald's-Konzessionen für insgesamt 1,9 Millionen Dollar zu erwerben. 25 Prozent des Kaufpreises zahlten sie aus Eigenmitteln, den Rest finanzierte die Metropolitan Life Capital Corporation.

Die Aufgabenverteilung

Der Aufbau eines gemeinsamen Unternehmens erfordert neben einem ausreichenden Startkapital aber auch Vertrauen in die eigenen Fähigkeiten und in die des Partners. Ohne ein Gespür für die richtige Aufgabenverteilung ist jedes Unternehmen von Anfang an zum Scheitern verurteilt.
Manchmal ergibt sich die Aufgabenverteilung von selbst. Tom und Sharon Dose, Veterinärmediziner und Besitzer der Tierklinik Kings Row Pet Hospital beispielsweise, erledigen alle anstehenden Arbeiten gemeinsam, von der Betreuung der kranken Tiere bis hin zur Verwaltungsarbeit.
Doch das ist ein Einzelfall. Bei den meisten Paaren, die sich eine gemeinsame, berufliche Existenz aufbauen wollen, ist die Aufga-

benverteilung von zentraler Bedeutung. Am besten ist es, sich dabei nach den Talenten und Erfahrungen des einzelnen zu richten. Temperament und Intuition sind weniger gute Maßstäbe.
Interessant ist in diesem Zusammenhang eine deutsche Untersuchung über »Unternehmerfrauen im Handwerk«, die 1991 veröffentlicht wurde. Hier wurden beispielsweise die Ehemänner gefragt, wie die Frauen bestimmte Arbeiten im Vergleich zu ihnen erledigen würden. Das Ergebnis: 89,8 Prozent der Ehemänner glauben, ihre Frauen machten die Verwaltungsarbeit und erledigten Behördenangelegenheiten besser oder genauso gut wie sie selbst; auch bei der Fähigkeit, Verkaufsgespräche zu führen, schnitten die Frauen aus Sicht ihrer Männer gut ab: 78,3 Prozent glauben, die Frauen machten dies mindestens gleich gut, wenn nicht besser; und in Sachen Mitarbeiterführung wurde den Frauen ein ganz großes Lob ausgesprochen: 88,7 Prozent der Ehemänner sind der Überzeugung, ihre Frauen könnten dies gleich gut oder besser.

Neben der harmonischen Paarbeziehung, die sicherlich sehr wichtig ist, wenn man ein Unternehmen mit Millionenumsätzen und vier Kinder unter einen Hut bringen will, besitzen Carl Friberg und Lyn Petersen noch etwas anderes. »Synergie« heißt das Zauberwort bei ihnen. Jerry Rosen, Inhaber eines Tapetengroßhandels namens Wall-Pride, Inc., in Van Nuys, Kalifornien, erzählt: »Wir waren in geschäftlichen Verhandlungen und machten Mittagspause. Lyn beschrieb ihre Entwürfe und ihre künstlerischen Vorstellungen mit einer Begeisterung, der man sich einfach anschließen mußte. Karl dagegen sprach zwar wenig, aber man spürte sofort, daß er derjenige ist, der die Finanzen regelt. Die beiden nehmen ihr Geschäft wirklich ernst.«
Die Aufgabenverteilung war ihnen in der Anfangsphase noch leichtgefallen: Lyn leitete die Designabteilung, war für die Planung und Überwachung der Jahreskollektionen zuständig und nahm Aufträge als Innenarchitektin an, um mehr Aufmerksamkeit auf Motif, Inc., zu lenken. Karl war fürs Geschäftliche zuständig; er verhandelte mit Zulieferern und kümmerte sich um Budget, Lagerhaltung, Kundenbetreuung, Verkauf und Belegschaft.
Mit zunehmender Größe des Unternehmens wurden die Probleme immer zahlreicher und komplizierter. Es kam zu Verlusten, die bei-

nahe das Aus für Motif bedeutet hätten. Aber Lyn und Karl waren klug genug, um zu erkennen, wo ihre Grenzen lagen. Sie suchten Hilfe von außen und fanden sie schließlich bei Lyns Vater, der eine leitende Funktion bei IBM gehabt hatte und inzwischen pensioniert war. Lyns Vater wurde Teilhaber und half den beiden, das Unternehmen zu sanieren. Als Preis dafür mußten sie seinen etwas autoritären Führungsstil in Kauf nehmen. Obwohl die Meinungen oft auseinandergingen, akzeptierten Lyn und Karl viele seiner Ratschläge und schafften es schließlich, das Unternehmen wieder zu konsolidieren.

Liz und Nick Thomas von Chalif, Inc., haben mit der Aufgabenverteilung erst fünf Jahre nach Unternehmensgründung begonnen. Das Unternehmen war so groß geworden, daß sie ohne die Aufteilung in Zuständigkeitsbereiche früher oder später den Überblick verloren hätten. Liz übernahm die Abteilungen Public Relations, Werbung und Rezeptgestaltung, Nick überwachte die Finanzen und organisierte die Marktpräsentationen.

Auch die Jeanlozes von Renovation House haben klar abgegrenzte Zuständigkeitsbereiche. Donna kümmert sich um die Filialen und um rechtliche Probleme, z. B. Copyright, Patente und Warenzeichen. Nebenbei ist sie Herausgeberin von *Victorian Homes*. Claude ist für die Produktion und das Kapitalmanagement zuständig.
»Es dürfte nur selten vorkommen, daß Paare ihr Unternehmen in allen Bereichen gemeinsam führen«, sagt Claude. »In einem wirklich erfolgreichen Team hat jeder seinen eigenen, klar abgegrenzten Verantwortungsbereich. Alle anderen Lösungen enden nicht selten in Scheidung. Meistens ist es dann so, daß einer das Unternehmen behält, während der andere sich einen neuen Job suchen muß — vorausgesetzt, die Firma überlebt.«
Donna sagt: »Für die Zeitschrift bin ich alleine verantwortlich. Claude hat vom Zeitschriftenwesen nicht die leiseste Ahnung, aber das ist ja auch nicht notwendig. Es ist meine Zeitschrift, und es reicht, daß sie profitabel und gut organisiert ist. Claude versucht nie, mir irgendwo dreinzureden. Das ist eine gute Basis, um erfolgreich arbeiten zu können.«
»Claude ist zwar offiziell nicht der Präsident des Unternehmens,

aber er führt die Geschäfte, und jeder unserer Angestellten weiß das«, erklärt Donna. »Er ist praktisch der Chef. In bestimmten Bereichen aber, zum Beispiel bei Personalfragen, habe ich das letzte Wort. Claude sagt dann zwar seine Meinung, aber er überläßt mir die Entscheidung.«

Ob es um Möbel oder Grafik geht, Massimo und Lella Vignelli von Vignelli Associates lieben klare Linien, wie etwa an den Stapelstühlen von Knoll oder den Einkaufstaschen von Bloomingdale unschwer zu erkennen ist. Ihre Zusammenarbeit begann vor dreißig Jahren; seit zwanzig Jahren arbeiten sie von New York aus als Vignelli Associates für eine internationale Klientel.

Massimo ist der Träumer, Lella die Pragmatikerin. Massimo meint: »Lella ist, im Gegensatz zu mir, unheimlich praktisch veranlagt. Es ist immer gut, wenn idealistische oder etwas versponnene Ideen mit Realismus verknüpft werden können. Aber manchmal geht mir ihr Pragmatismus etws zu weit, dann muß ich sie bremsen, damit von meinen Ideen überhaupt noch etwas übrigbleibt.«

Lella sagt: »Früher haben wir unsere jeweiligen Positionen oft mit Zähnen und Klauen verteidigt, aber inzwischen haben wir gelernt zusammenzuarbeiten. Wir respektieren unsere Standpunkte.«

Es ist ihnen wichtig, an allen aktuellen Entwürfen mitarbeiten zu können. Die Zahl ihrer Angestellten haben sie deshalb auf dreißig begrenzt. Kleine Designateliers seien der Trend der neunziger Jahre, so Lella. »In kleinen Unternehmen läßt sich der Qualitätsstandard einfach leichter halten«, sagt sie.

Tom Denhart ist heute 52, seine Frau Gun ist 47 Jahre alt. Bevor die beiden ihr Unternehmen Hanna Anderson gründeten, arbeitete Tom als Art Director in einer Werbeagentur und Gun als Buchhalterin. Heute, nach vielen Jahren erfolgreicher Zusammenarbeit, sagen beide übereinstimmend, daß ihre Bewunderung füreinander im Lauf der Jahre gewachsen ist. Gun: »Ich finde es einfach schön, mit meinem Mann zusammenzuarbeiten. Ich bewundere ihn und habe höchste Achtung vor dem, was er leistet. Tom ist der kreative Teil unseres Gespanns und ich der organisatorische. Es ist wichtig, aufzupassen, wofür man sein Geld ausgibt, sonst kommt man leicht in Schwierigkeiten. Aber dafür braucht man nicht unbedingt ein

Betriebswirtschaftsstudium ... ein gesunder Menschenverstand reicht schon aus.«
Tom findet, daß Gun ein wahres Organisationsgenie ist. »Ich verstehe nicht, wie eine Frau ihres Kalibers so lange Zeit unterfordert werden und unbeachtet bleiben konnte ... Sie ist in meinen Augen kompetenter als all diejenigen, für die ich bisher gearbeitet habe, und das waren zum Teil sehr hochkarätige Leute. Ich hoffe nur, daß von ihrem Glanz auch etwas auf mich abstrahlt.«
Bei geschäftlichen Problemen, die sie nicht alleine lösen kann, sucht Gun die Hilfe von externen Unternehmensberatern. »Sämtliche Computerprogramme unserer Firma wurden von externen Mitarbeitern geschrieben«, sagt sie. »Niemand von uns kann Programmänderungen vornehmen. Auch unser neues Lager ist von Unternehmensberatern konzipiert worden ... Und neulich haben wir uns zum ersten Mal für die Gestaltung unseres Katalogs eine Consultingfirma genommen. Wir verschicken insgesamt dreieinhalb Millionen Kataloge pro Jahr, eine Million mehr als vorher, da ist es wichtig, daß alles optimal abläuft.« 1992 werden es acht bis zehn Millionen Kataloge werden.
Als die Denharts ihre Belegschaft vor drei Jahren von fünfzig auf 150 Mitarbeiter verdreifachten, holte sich Gun Weiterbildungsexperten ins Haus, »um allen Beschäftigten eine einheitliche Ausgangsbasis zu verschaffen«. »Aber«, so fügt sie hinzu, »auch die Trainer brauchen ein Training.«
Im Mai 1992 wurde Gun mit dem Business Enterprise Award ausgezeichnet. Anlaß dazu war ihr Marketingkonzept, nach dem Kunden mit Preisnachlässen belohnt wurden, wenn sie beim Einkauf die gebrauchte Hanna-Anderson-Kleidung zurückbrachten. Die mehreren Tausend Kleidungsstücke wurden notleidenden Frauen und Kindern gespendet.

Ehe und Geschäft – Ein schwieriger Balanceakt?

Ehe und Geschäft in Einklang zu bringen, ohne dauernd ein schlechtes Gewissen zu haben, gleicht manchmal einem Balanceakt. Viele Paare können ein Lied davon singen. Was tun, wenn es zu Problemen kommt? Welcher Lebensbereich soll den Vorzug erhalten, Ehe oder Arbeit?

Die Antworten sind so verschieden wie die Paare, die es betrifft. Norman Campbell von Newcorp Insulation meint dazu: »Man kann da keine generelle Regel aufstellen. Der Beruf beeinflußt so viele Bereiche unseres Lebens. Aber wenn es hart auf hart kommen würde, müßte die Firma auf jeden Fall hinter unserer Ehe zurückstehen.«
Friberg und Peterson von Motif Design sind sich einig, daß geschäftliche Probleme nichts im Privatleben zu suchen haben. »Die Familie ist für uns das wichtigste, und darum werden wir sie auch auf keinen Fall aufs Spiel setzen«, erklärt Peterson. »Selbst dann nicht, wenn wir alles verlieren würden, die Firma, das Haus ... Einen Job findet man immer ... aber eine Familie läßt sich nicht ersetzen.«
Für Friberg und Peterson ist es wichtig, daß sich das Geschäft den Bedürfnissen des Familienlebens anpaßt und nicht umgekehrt. Zusammen arbeiten sie nie mehr als siebzig Stunden pro Woche; abends und an den Wochenenden widmen sie sich ganz ihren Kindern.
Manche Paare haben sogar feste Tage vereinbart, an denen abends nicht übers Geschäft geredet werden darf.
Nicola Pelly und ihr Ehemann Harry Parnass wollen ihr Leben möglichst ungestört führen. Sie unternehmen kaum etwas außer Haus und gehen gesellschaftlichen Verpflichtungen nach Möglichkeit aus dem Weg. Nicola: »Wir lieben unsere Arbeit. Sie ist das beherrschende Thema unseres Lebens; alles, was wir machen, richtet sich an ihr aus. Ich glaube, Design muß man einfach leben.«
Frank und Sharon Barnett meinen, daß Menschen, die auch im Beruf Partner sind, eine ganzheitlichere Beziehung zueinander haben als andere Paare. »Man hat den Eindruck, daß sie in einer ganz neuen Dimension von Freundschaft, Verständnis, Vertrauen, Akzeptanz und Reife leben.«

Wenn Ehen zerbrechen

Man sollte nun aber nicht glauben, ein gemeinsames Geschäft sei ein sicheres Rezept für eine gute Partnerschaft. Es gibt genügend Beispiele, wo die berufliche Zusammenarbeit mit dem Partner in Trennung oder Scheidung endete. Verglichen mit dem erbitterten Kampf mancher Unternehmerehepaare zeigt der Film *Der Rosenkrieg* noch eine harmonische Idylle.

Am meisten Schlgzeilen (sieht man einmal von Ivana und Donald Trump ab, die wir nicht in die Kategorie der zusammenarbeitenden Paare einordnen) machten in dieser Hinsicht Doug und Susie Tompkins, die Gründer von Esprit de Corps. Mit ihrer Ehe ging auch das gemeinsame Unternehmen baden, obwohl man doch annehmen sollte, daß eine Firma, die 800 Millionen Dollar umsetzt, gegen den privaten Kleinkrieg ihrer Besitzer gefeit sei. Jedes Meeting wurde zum Schauplatz ihrer Auseinandersetzungen; die Belegschaft war schließlich gezwungen, Partei zu ergreifen. Der Kampf um die Vorherrschaft im Unternehmen machte selbst vor den Kleidungskollektionen nicht halt, die in der Folge mehrfach abrupt geändert wurden.

Im Dezember 1989, kurz nachdem die Tompkins die Scheidung eingereicht hatten, geriet auch Esprit unter den Hammer. Fast hätte dies das endgültige Aus für das Unternehmen bedeutet, doch Doug Tompkins erklärte sich schließlich bereit, seine Anteile an seine Frau und eine Investorengruppe zu verkaufen. Heute arbeitet Susie Tompkins als Creative Director von Esprit. Doug Tompkins ist noch am Südeuropa-Geschäft beteiligt.

Nicht weniger dramatisch, wenn auch unter geringerem Medieninteresse, endete die Zusammenarbeit von Christel und Jon DeHaan, die mit ihrem in Indianapolis ansässigen Unternehmen Resort Condominiums International (RCI) einen Jahresumsatz von 100 Millionen Dollar erzielten. RCI verkauft Ferienwohnungen anteilsmäßig an verschiedene Eigentümer, die dadurch ein Aufenthaltsrecht zu einer bestimmten Zeit im Jahr erwerben. Ehemann Jon war während einer dreiwöchigen Geschäftsreise seiner Frau aus der gemeinsamen Wohnung ausgezogen und hatte die Scheidung eingereicht. Als Präsident und Mehrheitsaktionär von RCI glaubte er, seine Frau aus dem gemeinsam aufgebauten Unternehmen werfen zu können.

Er besitze schließlich eine Mehrheitsbeteiligung von 80 Prozent an der seit sechzehn Jahren bestehenden Firma, argumentierte er. Christel hielt ihrerseits dagegen, die Aufteilung der Anteile in 20 und 80 Prozent sei damals nur aus steuerlichen Gründen vorgenommen worden. Sie ging vor Gericht. 1989 wurde in höherer Instanz entschieden, Christel sei berechtigt, den Anteil ihres Ehemanns für insgesamt 67,5 Millionen Dollar vor Steuern aufzukaufen. Jon reichte

Widerspruch ein, der jedoch am 14. Februar 1992 abgelehnt wurde. Seitdem leitet Christel das Unternehmen als Alleineigentümerin. RCI verzeichnete 1991 einen Umsatz von 180 Millionen Dollar und ist damit nun weltweit branchenführend.

Auch Kenneth und Jennifer Estridge waren einst ein unternehmerisch erfolgreiches Paar. Mitten in den wilden Sechzigern gründeten sie Joy of Movement, eine in Boston ansässige Kette von Tanz- und Fitneß-Studios. Sie lagen damit voll im Trend der Zeit, wie der Umsatz von zuletzt mehreren Millionen Dollar beweist.
Gemeinsam waren sie unschlagbar. Kenneth entwickelte die Unternehmensstrategien, Jennifer gewann die Kunden. Kenneth schrieb musikalische Arrangements, Jennifer die Texte dazu. Beide liebten teure Autos und exotische Ferienziele. Doch als sie ganz oben angekommen waren, ging es geschäftlich und privat plötzlich bergab.
Schuld an der Misere, so Kenneth, seien zu geringe Rücklagen, falsche geschäftspolitische Entscheidungen und der wachsende Wettbewerb. Für Jennifer ist das jedoch nur die halbe Wahrheit. Sie behauptet, ihr Ehemann ließe Studios schließen, um ihr Teile des Geschäftsvermögens vorzuenthalten. Er wolle die Scheidung, um danach mit Hilfe seiner Familie — die immer etwas gegen Jennifer gehabt hatte — ein neues Geschäft aufzubauen.
Jennifer: »Was macht ein erfolgreicher Geschäftsmann, der seine Frau loswerden will? Er bringt das Vermögen in Sicherheit.« Kenneth hält dagegen: »Meine Frau erzählt der Presse diese Lügen nur, um mich zu verletzen.«
Paare, die eine gemeinsame berufliche Zukunft planen, sollten sich von solchen Negativbeispielen jedoch nicht gleich abschrecken lassen. Ohne Unternehmerpaare gäbe es heute schließlich weder Gore-Tex noch Hanna-Anderson-Kinderkleidung; Liz Claiborne wäre nicht die erfolgreiche Modeschöpferin, die sie heute ist, und Debbie Fields würde ihre Kekse vielleicht nur für die Familie backen.
Bevor man den Schritt ins gemeinsame Unternehmen wagt, sollte man sich allerdings genau überlegen, ob beide Partner auch wirklich die nötige unternehmerische Initiative und die Gabe zur Zusammenarbeit mitbringen.
Dr. Marta Vago, Unternehmensberaterin aus Los Angeles, meint, Paare sollten sich erst einmal sehr genau prüfen, bevor sie sich an ein

gemeinsames Unternehmen heranwagen. Vago: »Ich frage die Paare immer, wie sie sich bei Zukunftsplänen einigen, und wie sie mit Auseinandersetzungen umgehen, wie es mit gegenseitigen Schuldzuweisungen aussieht, und ob vielleicht einer von beiden immer recht behalten will. **Eingefahrene Verhaltensmuster lassen sich meist schwer ablegen: Paare, die sich noch nicht einmal über die Badezimmertapete einig werden, kommen bei wichtigen geschäftlichen Entscheidungen — wie der Wahl des geeigneten Standorts, der Festlegung des Werbeetats oder der Personalrekrutierung — erst recht in Schwierigkeiten.**

Nach Auffassung von Dr. Vago, die im April 1991 im Magazin *Glamour* zitiert wurde, sollte jeder, der sich in eine wie auch immer geartete berufliche Partnerschaft stürzen will, über die folgenden Fragen nachdenken:

- Kann ich meinen potentiellen Partner respektieren? Bewundere ich ihn und habe ich Vertrauen zu ihm? Ein Mensch, der sich mit Geheimnissen umgibt und wenig vertrauenswürdig wirkt, eignet sich bestimmt nicht als Geschäftspartner (und auch nicht als Ehepartner).
- Sind die unternehmerischen Ziele und Wertvorstellungen miteinander vereinbar? Ist der andere ebenso Feuer und Flamme wie ich? Ein 12- bis 14-Stunden-Tag ist in der Anfangsphase eines Unternehmens keine Seltenheit.
- Ergänzen sich die Fähigkeiten der Partner?
- Sind die finanziellen Vor- und Nachteile der Firmengründung beiden Seiten bekannt? Finanzielle Vereinbarungen sollte man bei einem Anwalt oder Steuerberater schriftlich fixieren.

Das beste ist, noch vor Beginn der Geschäftsbeziehung Vorkehrungen für einen eventuellen Mißerfolg zu treffen.

Dr. Vago: »Arbeiten Sie einen schriftlichen Geschäftsplan aus. Legen Sie mit Hilfe eines Anwalts oder Steuerberaters fest, wie hoch der Anteil des jeweiligen Partners sein soll (prüfen Sie vorher, ob es eventuell gesetzliche Bestimmungen zur ehelichen Gütergemeinschaft gibt); legen Sie genau fest, wer welche Aufgaben übernehmen soll; treffen Sie auch Vereinbarungen darüber, was geschehen soll, wenn es schlimmstenfalls zu Scheidung, Arbeitsunfähigkeit, Tod,

Konkurs oder zur Auflösung der gemeinsamen Geschäftsbeziehung kommt. Vereinbaren Sie darüber hinaus einen Schlüssel, mit dem der Verkaufswert des Unternehmens im Falle einer Scheidung geschätzt werden kann.«

Ehe und Geschäft als harmonisches Ganzes

Ein gemeinsames Geschäft vertieft im Idealfall die enge Beziehung zum Partner. Paare, die erfolgreich zusammenarbeiten, haben gelernt, vieles miteinander zu teilen, und fühlen sich stärker miteinander verbunden als andere Paare. Die berufliche Zusammenarbeit erweitert den gemeinsamen Erfahrungshorizont.

Jeder Partner kennt den Tagesablauf des anderen und braucht ihn nicht erst mühsam im abendlichen Gespräch zu rekonstruieren. Paare, die sich auch im Berufsleben nahestehen und die Arbeitssituation des Partners kennen, wissen, warum er Überstunden oder Wochenendarbeit leisten muß und bringen ihm mehr Verständnis entgegen.

Ein gemeinsames Unternehmen kann, sofern es floriert, sehr viel Freiraum bieten — Ferien, lange Wochenenden, Reisen, auf denen auch Geschäftliches besprochen werden kann —, dies alles ist Teil eines neuen Lebensstils, der auch die Familie zu ihrem Recht kommen läßt.

Kinder und Karriere lassen sich leichter unter einen Hut bringen, wenn der Geschäftspartner gleichzeitig Ehepartner ist, wie die Beispiele Robert und Nana Sullivan, Lyn Peterson und Karl Friberg und nicht zuletzt Michael Dorris und Louise Erdrich zeigen.

Und das Unternehmen profitiert nicht minder. Dadurch, daß die Partner sich schon von Anfang an kennen und Vertrauen zueinander haben, können Beschlüsse schneller gefaßt und geschäftliche Entscheidungen rascher getroffen werden.

Bill Criswell, der zusammen mit seiner Frau Sheri eine Bauträgergesellschaft gründete, drückt es so aus: »Unsere finanziellen und persönlichen Interessen bewegen sich auf der gleichen Ebene, weil wir auch privat ein Paar sind. Bei herkömmlichen Geschäftsbeziehungen findet man vollkommene Interessensgleichheit nur selten vor.«

Unternehmerehepaare gehen meist mit sehr viel Eifer an die Verwirklichung ihrer Ziele. Bill Gore, der inzwischen leider verstorben ist, war es zusammen mit seiner Frau gelungen, eine neuartige Faser namens Gore-Tex zu entwickeln. Er sagte einmal: »Wenn Ehepaare ein Unternehmen aufbauen, dann tun sie dies mit ganzem Einsatz. Sie gewinnen und verlieren gemeinsam. Sie sind mit ganzem Herzen bei der Sache, denn sie wollen, daß das Unternehmen ein Erfolg wird.«

Lebenspartner, die zusammenarbeiten, profitieren nicht nur von gegenseitiger Kritik, sondern auch von der ständigen Suche nach neuen Kompromissen – ein Grund, warum sie häufig erfolgreicher arbeiten als sogenannte Einzelkämpfer. Auch beim Schreiben dieses Buches kam es gelegentlich vor, daß einer der beiden Autoren sich in etwas abgehobene Ideen verstieg. Wie gut, wenn dann jemand da war, der ihn ganz sanft (oder unsanft) wieder auf den Teppich brachte.

Der Zeitpunkt ist günstig

Die Idee der beruflichen Zusammenarbeit mit dem Lebenspartner ist nicht neu, aber erst seit den neunziger Jahren wird sie von einer rapide ansteigenden Zahl von Paaren verwirklicht. Das hat gute Gründe:

① *Der Computer.* Der Computer ist schon längst kein Privileg großer Unternehmen mehr. Auch Paare, die eine Existenz gründen wollen, können inzwischen von den Vorteilen der maschinellen Datenverarbeitung profitieren; beispielsweise hilft der Computer, Personalkosten einzusparen. Gun Denhart von Hanna Anderson meint dazu: »Auch kleine PCs sind immer leistungsstärker geworden. Dadurch konnten wir technisch einigermaßen mit den großen Firmen gleichziehen.« Der Computer erledigt Aufgaben, die ein Mensch alleine niemals bewältigen könnte.

② *Das veränderte Bewußtsein.* Die Verbesserung der Chancengleichheit zwischen Mann und Frau ist heute ein wichtiges gesellschaftspolitisches Thema. In dem Maße, wie sich die Stellung der Frau in der Gesellschaft verbessert, wächst auch die Gleichberechtigung in der Ehe oder Lebensgemeinschaft. Bei dem Begriff »Paare« denkt man heute nicht mehr nur an den Bereich Familie, sondern immer mehr auch an den Beruf. Lebenspartnern, die im Geschäftsleben ein erfolgreiches Team bilden, ist die Anerkennung der Gesellschaft also sicher. Dies zeigt, daß nach dem jahrzehntelangen Kampf für die sexuelle Gleichberechtigung zwischen Mann und Frau heute die Suche nach ganz neuen, dauerhaften Beziehungsformen in den Vordergrund getreten ist, in denen sich beide Partner verwirklichen können.

③ *Die revolutionäre Entwicklung in der Telekommunikation.* Neue Telekommunikationsmöglichkeiten erleichtern die Zusammenarbeit. Bisher war es die Regel gewesen, daß Berufstätige in der Nähe ihres Arbeitsplatzes wohnten, um morgens pünktlich anfangen zu können. Die Entwicklung neuer Telekommunikationsmittel ermöglicht es nun, Zeitpunkt und Ort der Arbeit weitgehend frei zu bestimmen. Vor der Industrialisierung, als die meisten Menschen noch als Bauern arbeiteten, war die Zusammenarbeit zwischen Ehemann und Ehefrau die Norm. Nach der Industrialisierung änderte sich das: Mann und Frau arbeiteten an verschiedenen Orten. Frank und Sharon Barnett: »Viele Menschen mußten lernen, mit der Isolation zu leben: Isolation, wenn sie alleine zur Arbeit fuhren, Isolation, wenn sie den ganzen Tag alleine vor sich hin arbeiteten und Isolation, weil sie so viel Zeit getrennt von dem Menschen verbrachten, mit dem sie eigentlich doch zusammenlebten — der Ehefrau also, oder dem Ehemann.« Das Informationszeitalter holt die Menschen wieder aus der Isolation heraus und ermöglicht die Rückkehr zu einer natürlicheren Partnerschaft zwischen Mann und Frau.

7 Mode – Die Reise ins eigene Ich

Wann immer es um private Finanzen geht, hört man das Vorurteil, Frauen würden zuviel Geld für Kleidung ausgeben. Dem ließe sich entgegenhalten, daß Budgetkalulationen von der einen Gehirnhälfte, Kleidungseinkäufe aber von der anderen gesteuert werden. Nüchterne Logik konkurriert mit Kreativität. Warum sollte nicht die Kreativität siegen? Die Beschäftigung mit der Mode hat für Frauen einen ähnlichen Stellenwert wie die Sportschau für ihre Männer – sie ist Freizeitbeschäftigung. Die Medien widmen sich den Interessen der beiden Geschlechter ausführlich und umfassend: Er kann sich den Sportteil vornehmen, sie blättert *Vogue, Mirabelle, Elle, Brigitte* oder *Freundin* durch.

Mode ist jedoch noch mehr, so wie die Haute Cuisine mehr ist als ein paar Nahrungsmittel und Architektur mehr als ein Dach über dem Kopf. Gleichzeitig handelt es sich um eine viel existentiellere Angelegenheit als Sport, die paradoxerweise auch ins Oberflächliche umschlagen kann.

Die Mode bietet eine willkommene Gelegenheit dafür, Reisen ins eigene Ich zu unternehmen, unbekannte Seiten an sich auszuloten und zu sich selbst zu finden. Im Berufsleben ist sie wichtige Begleiterin und stille Teilhaberin an Erfolg und Mißerfolg. Und welche Frau möchte auf das Vergnügen eines gelegentlichen Einkaufsbummels verzichten?

Modetrends sind außerdem ein Barometer für gesellschaftliche Entwicklungen. 1851 führte Amelia Bloomer die weiten Pumphosen ein, zunächst ohne Resonanz. Erst als in den neunziger Jahren Fahrräder große Mode wurden, schlug ihre große Stunde. Coco Chanel versuchte es in den zwanziger Jahren mit Segelhosen, aber auch ihr gelang die Revolution nicht, wie in der *Encyclopaedia of Fashion* zu lesen ist: »Die wirkliche Hosenrevolution kam erst in den sechziger

Jahren.« Interessant ist in diesem Zusammenhang, daß die zwanziger Jahre das entscheidende Jahrzehnt für die Durchsetzung des Wahlrechts der Frauen waren und daß in den sechziger Jahren die Frauenbewegung erstarkte.

Wenn man die Frauen selbst fragt, tragen sie Hosen der Bequemlichkeit halber so gerne. In *Twenty Thousand Years of Fashion: The History of Costume and Personal Adornment* heißt es jedoch: »Zahlreiche Untersuchungen haben gezeigt, daß der Aufschwung in der Hosenmode mit dem mehr oder weniger bewußten Wunsch der meisten Frauen zusammenhing, ihre Benachteiligung gegenüber den Männern aufzuheben.«

Heute spiegeln Mode und Einzelhandel den Wandel von der Industrie- zur Informationsgesellschaft wider, der es Millionen von Frauen ermöglichte, berufstätig zu werden. Die Modeindustrie konnte von dieser gesellschaftlichen Umwälzung nur profitieren: Millionen von Frauen benötigten eine neue Garderobe für den Arbeitsplatz, und sie verfügten über das dafür nötige Einkommen.

Vor zwanzig Jahren, als Frauen gerade in die Berufswelt einzogen, machte der »Dress for Success«-Look, der pseudomännliche Aufzug im dunklen Anzug und Krawatte, noch Sinn. Mittlerweile sind berufstätige Frauen jedoch eine kritische Masse geworden. Zahlreiche Designerinnen, wie etwa Donna Karan, sorgen nun dafür, daß ihre Kundinnen sich bequem und elegant – und nicht zuletzt auch weiblich – anziehen können. »Als Frau weiß ich einfach, was andere Frauen tragen können«, meint Karan. Die Zeiten, in denen männliche Designer die Seventh Avenue beherrschten, sind jedenfalls vorbei.

1991 setzten Modeschöpferinnen laut *Forbes* 60 Prozent der 211 Milliarden Dollar um, die in der Textilbranche erwirtschaftet wurden.

Heute brauchen 53 Millionen Frauen ein passendes Outfit für die Arbeit. Auch wenn sie gut verdienen, können sie sich noch lange keine Haute-Couture-Mode leisten. Den Topdesignern blieb nichts anderes übrig, als sich zu überlegen, wie sie modebewußte Kundinnen erreichen, die sich das exklusive oberste Preissegment nicht leisten können. Sie folgten dem Beispiel von Anne Klein II, die mit großem Erfolg eine »Nebenlinie« lancierte. Über diese Zweitlinie vertrieb sie eine Kollektion unter ihrem eigenen Namen, die bei gutem Design und Material durch moderate Preise bestach.

Finanz- und Karriereberater können Frauen in ein wahres Dilemma stürzen. Während die einen sie zu überzeugen versuchen: »Geld für Mode ist in steuerfreien Anleihen viel besser angelegt«, raten ihnen die anderen, sich konsequent für die Position anzuziehen, die sie gerne hätten, nicht für die, die sie haben. Die Streitfrage ist gar nicht so einfach zu lösen. Ist es wirklich gerechtfertigt, die Rechnung für den eleganten neuen Mantel als Investition in die Karriere zu betrachten?

Wenn die große Anzahl der Frauen, die jetzt noch im mittleren Management tätig sind, in höhere Führungspositionen aufrücken, werden Mode und Einzelhandel einen weiteren Schub erhalten. Als Unternehmensleiterinnen und Vorstandsmitglieder werden Frauen in den Vierzigern ein neues, eigenständiges Image weiblicher Führungskräfte schaffen, das für Eleganz ebenso wie für Autorität steht. Donna Karan veröffentlichte im Frühjahr 1992 eine Werbeanzeige, auf der eine attraktive Frau zu sehen war, die gerade zur Präsidentin der USA gewählt worden war. Karan wußte ganz genau, welche Kleidung zu ihr paßte. (Aber wie wäre es das nächste Mal mit einer überzeugenden 50jährigen anstatt einer 30jährigen Bewerberin?) Die Generation der Babyboomer wird mit fortschreitendem Alter auch an Leibesumfang zunehmen, und dann sind die Designer gezwungen, mehr Auswahl ab Größe 42 anzubieten. Auch die Einzelhändler müssen neue Wege finden, um für die zeit- und preisbewußten berufstätigen Frauen wieder attraktiver zu werden. Die Konkurrenz durch Versandhäuser, Teleshops und Fabrikverkaufsgeschäfte hat nämlich schon längst beängstigende Ausmaße angenommen.

Die neue Frau

In der Mode- und Schönheitsindustrie — und nicht zu vergessen in der Modepresse — werden Milliarden umgesetzt. Ihr zukünftiger Erfolg wird in den postfeministischen, postmaterialistischen neunziger Jahren entscheidend davon abhängen, ob sie in der Lage sind, neue Bedürfnisse zu erkennen und zu befriedigen. Jahrhundertelang wurden Mode- und Schönheitstrends von einigen wenigen Stylisten diktiert. Ganze Generationen von männlichen Designern

haben ihr Können darauf verwandt, Kleidung für die Damen der High-Society zu entwerfen, die sich nachmittags zum feinen Kaffeekränzchen trafen und abends prunkvolle Wohltätigkeitsveranstaltungen gaben — und gehorsam jedem Modediktat folgten.
Die Kundin von heute jedoch ist völlig anders. Sie ist gebildet, erfahren, selbstsicher und wohlhabend, aber gleichzeitig auch preisbewußt. **Die derzeit auffälligste Entwicklung in der Modewelt ist die Umkehr des Prinzips, daß neue Trends von oben bestimmt werden.**
Die Zeiten, in denen die Frauen den Vorgaben der Designer blind folgten, sind vorbei, und das hat sich in der Branche auch herumgesprochen. Aber wird der neue Typ von Kundinnen sich *überhaupt* noch Trends vorgeben lassen? Unsere Antwort ist ein entschiedenes Nein. Die Mode muß jetzt den Frauen folgen.

Eine gute und eine schlechte Nachricht

Der Modeindustrie steht eine gute und eine schlechte Nachricht ins Haus. Fangen wir mit der schlechten Nachricht an: Der Boom der achtziger Jahre ist abgeklungen. Es war ein Jahrzehnt, in dem die Branche zum einen von den guten Einkommen der Verbraucher profitierte und zum anderen von der Tatsache, daß berufstätige Frauen komplette Garderoben neu zusammenstellen mußten.
Und nun die gute Nachricht: Die Frauen haben im Berufsleben festen Fuß gefaßt, sie werden aufsteigen und finanzkräftiger werden. Sie werden Geld für Mode und Schönheit ausgeben, ob die Wirtschaft floriert oder auf eine Rezession zusteuert, und ab und zu werden sie sich auch etwas Luxus gönnen.

- 1990 verfügten in den USA zehn Millionen Frauen über ein Jahreseinkommen von 30 000 Dollar oder mehr, in Deutschland über ein vergleichbares Einkommen rund 720 000 Frauen.
- 2,1 Millionen Frauen in den USA verfügten über ein Jahreseinkommen von 50 000 Dollar oder mehr, in Deutschland rund 120 000 Frauen.

1991 war in beiden Gehaltskategorien ein erheblicher Zuwachs zu verzeichnen. Zwischen 1989 und 1990 stiegen 1,3 Millionen Frauen

in die Kategorie über 30 000 Dollar auf und 360 000 Frauen in die 50 000-Dollar-Kategorie. Trotz der Rezession hat sich diese Entwicklung 1991 fortgesetzt.
Die Hiobsbotschaften, die 1990 und 1991 aus dem Einzelhandel drangen, sind unverhältnismäßig aufgebauscht worden. Man hätte meinen können, die Umsätze seien um mindestens 10 Prozent zurückgegangen. In Wirklichkeit setzte der Einzelhandel in der zweiten Hälfte 1991 in den USA etwa 152 Milliarden Dollar monatlich um. Das sind *genausoviel* wie in den besten Monaten des Jahres 1990 und *weit mehr als im besten Monat* des Jahres 1989, in dem noch niemand an eine Rezession dachte und die monatlichen Umsätze nur bei 148 Milliarden Dollar lagen.
Auch die deutschen Einzelhändler hatten in den vergangenen Jahren keinen Grund zum Klagen, ganz im Gegenteil: Von 1986 bis 1991 konnten sie einen Umsatzzuwachs von 15,4 Prozent verzeichnen.

Preisbewußtsein

Wir wollen aber keine Schönfärberei betreiben, denn es gibt auch genügend Beunruhigendes aus der Modebranche zu melden.
»Viele« berufstätige Frauen geben heute für Kleidung weniger Geld aus als noch zu Anfang der achtziger Jahre, als sie den größten Teil ihres Karriereoutfits einkauften, berichtete das *Wall Street Journal.* Frauen mit Kindern setzen neue Prioritäten. Sie kaufen lieber im Lagerverkauf oder in preiswerteren Einkaufszentren ein und stöbern mit geschultem Auge Angebote auf, an denen schon der Rotstift angesetzt wurde. Drei Viertel aller Frauen kaufen den größten Teil ihrer Garderobe im Ausverkauf oder als reduzierte Ware.
»Die Hersteller sind fieberhaft damit beschäftigt, preiswertere Linien herauszubringen und Lagerverkaufsstellen zu eröffnen, weil die Kundin es so will«, meint Alan Millstein, Herausgeber des monatlich erscheinenden Branchenblatts *Fashion Network Report.*
Frauen in den Vierzigern können sich exklusive Marken und Designerkleidung eher leisten. Wenn also eine Industrie ein Interesse daran hat, daß Frauen in höchste Positionen aufrücken, dann ist es die Modebranche. Mit dem beruflichen Aufstieg müssen Führungsstärke und Autorität so überzeugend wie möglich dargestellt wer-

den. Das äußere Erscheinungsbild spielt dabei eine wichtige Rolle. Gleichzeitig ermöglicht das höhere Gehalt den Frauen, sich die Kleidung zu kaufen, die ein solches Image aufbauen hilft.

Alter und Bildung

Die Generation der Babyboomer bleibt vom Altern ebensowenig verschont wie die berufstätige Bevölkerung insgesamt. Zwischen 1970 und 1990 wuchs in den USA die Anzahl der berufstätigen Frauen zwischen 35 und 44 Jahren um das Zweieinhalbfache auf 14,6 Millionen. John P. Robinson von der University of Maryland hat festgestellt, daß Frauen mit einem hohen Bildungsgrad am meisten Zeit auf das Einkaufen verwenden.
Qualifizierte Frauen über vierzig Jahren sind meist in der Lage, beachtliche Summen in Boutiquen auszugeben. Aber ihre Bedürfnisse sind anders gelagert als die der gertenschlanken zwanzigjährigen Mannequins, die schon mit Dreißig vom Laufsteg verbannt werden. Andererseits haben sie auch nichts mit dem Klischee der Matrone gemein, die nachmittags ihr Stück Sahnetorte braucht. Sie wollen tragbare Mode, die ihrem Lebensgefühl entspricht und nicht die Maßstäbe von Frauen spiegelt, die halb so alt oder doppelt so alt sind.
Das spricht sich langsam herum. Die Ford Model Agency in New York berichtet, daß Werbeleute, die vor wenigen Jahren kein Fotomodell über 25 Jahren engagiert hätten, nun vierzigjährige Mannequins verlangen – für nationale Werbeanzeigen, die sich *nicht* speziell an ältere Menschen wenden. Dies ist zu einem großen Teil auch der Zeitschrift *Lear's* zu verdanken, die von Anfang an mit älteren Models arbeitete.

Der Trend zur Weiblichkeit

»Die meisten Frauen der Babyboomer-Generation haben ihre Bluejeans übergangslos gegen das dunkle Kostüm eingetauscht«, meint Laura Sinderbrand, Historikerin am Fashion Institute of Technology in New York. »Sie haben praktisch nur die Uniform gewechselt. In den ersten Jahren des harten Wettkampfs in der Männerwelt mag ihnen das geholfen haben, aber heute entdecken sie ihre Weiblichkeit wieder. Viele beschäftigen sich also zum ersten Mal mit Modefragen.«

Auch Designerin Donna Karan findet, daß die berufstätigen Frauen von heute ganz anders sind als ihre Geschlechtsgenossinnen in den siebziger Jahren: »Frauen hatten sich damals mühsam den Zugang zur Arbeitswelt erkämpft, und ihr ganzes Denken kreiste um die Frage: Kann ich es mit den Männern aufnehmen?« Sie fährt fort: »Damals trugen praktisch alle Frauen Blazer, Seidenbluse und Hose oder Rock. Es war fast wie eine Uniform.«

Im Laufe der Jahre rückten Frauen aber in gute Positionen auf und gewannen mehr Sicherheit. Modemacherinnen wie Karan kamen nun zum Zuge. »Sie (die Frauen) sagten: ›Nun gut, jetzt kenne ich mich aus, ich weiß, was in den Vorstandszimmern abläuft ... Jetzt möchte ich mich wie eine Frau fühlen‹«, erklärt Karan. Die Frau der neunziger Jahre ist selbstbewußter geworden: »Sie muß sich nicht mehr ständig beweisen. Sie kann tragen, wozu sie Lust hat.«

Der Mythos Schönheit

Naomi Wolf bringt in ihrem Buch *Der Mythos Schönheit* neue Argumente in die lange Debatte über die »richtige« feministische Einstellung zu diesem Thema ein. In den Jahrtausenden männlicher Vorherrschaft wurden Frauen stets nach männlichen Schönheitsbegriffen beurteilt. Konnte die Frauenbewegung daran etwas ändern? Haben Frauen eigene Kriterien entwickelt und durchgesetzt? Oder unterwerfen sie sich immer noch den Schönheitsidealen der Männer? Liegt die Wahrheit vielleicht irgendwo in der Mitte?

Wolf, Rhodes-Stipendiatin und Yale-Absolventin, glaubt, daß Frauen durch die Bilder, die ihnen Modejournale und Kosmetikwerbung tagtäglich ins Haus liefern, ausgebeutet werden. Neben den perfekten, vor Jugendlichkeit strotzenden Frauen können sie sich doch nur wie Aschenputtel fühlen, schreibt sie. Viele Frauen finden auch, daß Magazine wie *Playboy* Frauen als Sexualobjekte ausbeuten. Wolf geht sogar noch weiter und wirft Frauenzeitschriften wie *Vogue* vor, daß sie im Grunde in die gleiche Kerbe schlagen und Frauen ausbeuten.

Berufstätige Frauen werden zu sehr nach dem Äußeren beurteilt anstatt nach ihrer Kompetenz, führt Wolf weiter aus. Das führe

dazu, daß sie den Ansprüchen der Umwelt in dreifacher Hinsicht genügen müssen: als perfekte Hausfrau, als erfolgreiche Karrierefrau und als makellose, nie alternde Schönheit.
Manche Passagen in Wolfs Buch erwecken den Eindruck, als entwickle sie eine Verschwörungstheorie: Männer, Medien und Arbeitswelt haben nur ein Ziel: nämlich die Frauen zu unterdrükken. Sie scheint Frauen nicht zuzutrauen, diesen Unsinn kritisch zu bewerten und abzulehnen. Welche Schönheitsideale haben *Frauen?* Wenn eine Frau auf einen Mann attraktiv wirken möchte, übernimmt sie dann automatisch und bereitwillig die männlichen Normen? Was geschieht, wenn sie andere, eigene Vorstellungen und Maßstäbe hat?
»Der amerikanische Feminismus hat sich selbst in die Enge getrieben, weil er nicht in der Lage ist zu erklären, warum Schönheit, Vergnügen und Sexualität eine solche Anziehungskraft auf Frauen ausüben«, meint Camille Paglia, Professorin für Geisteswissenschaften an der University of Arts in Philadelphia. Sie nennt sich selbst eine ultrakonservative Feministin und ist Autorin des Buches *Sexual Personae.* »Wir Frauen lieben Farben, Stoffe und Mode, und dafür sollten wir uns nicht entschuldigen müssen.«
Das trifft sicherlich zu. Doch manchmal vermißt man in den Modezeitschriften und in der Werbung doch das richtige Augenmaß. Auch wenn man Wolfs Ausführungen nicht in allen Punkten folgen will, stellt sie die richtigen Fragen: Wer bestimmt, was schön ist? Es dürfte Übereinstimmung darüber herrschen, daß zu wirklicher Schönheit mehr gehört als eine gute Figur und ein schönes Geicht, selbst wenn die Modezeitschriften das noch so häufig suggerieren.
Unsere Mütter hatten in einem Punkt sicher recht: Man sollte einen Menschen nicht nach seinem Äußeren beurteilen. Das zeigen alleine schon die vielen Frauen, die unter Eßstörungen leiden und keinerlei Selbstachtung mehr haben, sogar dann, wenn sie sehr gut aussehen. Wirkliche Schönheit beruht auf Selbstachtung, Gesundheit, Geschmack und persönlichem Stil.
Wolf kritisiert die unerreichbaren Ideale der Modejournale zu Recht. Sie ist das Sprachrohr einer neuen Frauengeneration, die klug und selbstbewußt genug ist, um die richtigen Fragen zu stellen. Auch die Leserinnen der Modezeitschriften tun das in zunehmendem Maße, wie an ihren Leserbriefen zu erkennen ist.

Die Medien – Bereit zur Selbstkritik?

Die Modemedien und die Branche, über die sie berichten, könnte man mit einem System gutgeölter Zahnräder vergleichen. Auf Kleidungsstücke oder Accessoires, die in einer Modezeitschrift vorgestellt werden, »setzt in den Geschäften regelmäßig ein Run ein«, erzählt Wendy Banks, Senior Vice President of Marketing bei Liz Claiborne, Inc.

Die Leserinnen sind sich wohl bewußt, welch innige Beziehung hier besteht, und werden zunehmend skeptisch. Auch den Inhalt der redaktionellen Beiträge nehmen sie nicht mehr kommentarlos hin, wenn er ihrem eigenen Empfinden widerspricht. Im Juni 1991 druckte *Vogue* Leserbriefe ab, in denen der Zeitschrift Sexismus vorgeworfen und ihr absurdes Schönheitsideal kritisiert wurde.

»Ich lese *Vogue*, weil ich gerne ästhetische Bilder sehe«, schrieb Meryl Shader aus Beverly Hills, die eine besonders herabwürdigende Passage in einem Bericht von David Mamet kritisierte. »Ganz bestimmt greife ich nicht zu *Vogue*, um mir eine weitere Dosis rücksichtsloser Frauenfeindlichkeit zu Gemüte zu führen.«

Dawn De Gere aus Mill Valley, Kalifornien, ärgerte sich sowohl über Inhalt wie Ton eines Beitrags mit dem Titel »Beine!«, in dem es hieß: »Wabbelknie ... Ein Fall für die Fettabsaugmethode«.

»Ich hoffe, daß Sie in Zukunft darauf verzichten, Ihren Leserinnen derartige Zwangsvorstellungen einzutrichtern«, schrieb De Gere. »Immerhin ist es doch ein Unterschied, ob eine Frau schön oder ob sie perfekt sein will.«

1988 führte die Zeitschrift *Glamour* eine Meinungsumfrage durch und stellte ebenfalls wachsenden Mißmut unter den Leserinnen fest. Diese möchten nämlich »Modeinformationen, die ihnen helfen, eine eigene Wahl zu treffen«. Statt dessen »versucht die Modeindustrie, einen Stil zu diktieren, weil sie immer noch glaubt, die Frauen kaufen, was ihnen als ›in‹ angepriesen wird«.

Dann ist da noch die Geldfrage.

Modezeitschriften, die so tun, als bestünde die Branche nur aus Designerkollektionen und als ließen sich Konsumwünsche ins Unermeßliche steigern, vergraulen immer mehr Leserinnen – vor allem die modebewußten jüngeren Frauen.

Manche Redakteure und Redakteurinnen haben die Zeichen der

Zeit erkannt und stellen auch Stücke zu realistischeren Preisen vor: Im Januar 1991 wurde in *Mademoiselle* und *Glamour* ein Blazer von Evan Picone für 144 Dollar gezeigt und Einzelteile von J. Crew und J.C. Penny für 50 Dollar. Im Januar 1992 stellte Glamour ein Kostüm von Liz Claiborne für 240 Dollar vor. In einer anderen Ausgabe konnten sich die Leserinnen über ein Kostüm von Esprit freuen, das unter 140 Dollar kostete, und über ein Kostüm von Evan Picone für etwa 300 Dollar.

»Wir möchten unseren Leserinnen das Gefühl geben, daß sie für 100 Dollar genauso chic sein können wie für 10000 Dollar«, meinte Anna Wintour, Chefredakteurin von *Vogue,* die auch für die Rubriken *Dress for Less* — Gut gekleidet für wenig Geld — und *Vogue's Great Buys* — Vogue-Schnäppchen — verantwortlich zeichnet.

»Es ist richtig, daß wir uns neuerdings stärker auf das mittlere Preissegment konzentrieren«, berichtet Amy Levin Cooper, Chefredakteurin von *Mademoiselle.* »Unsere Leserinnen legen nicht mehr so großen Wert auf Extravaganz. Sie wollen Modelle sehen, die tragbar und erschwinglich sind.«

Die Modezeitschrift *Mirabella,* erst seit Juni 1989 auf dem Markt, setzte ein Zeichen, indem sie erfolgreiche, schöne Frauen aus dem wirklichen Leben vorstellte. Außerdem engagierte sie für Modefotos weniger bekannte Mannequins, mit denen sich auch eine Durchschnittsamerikanerin identifizieren konnte. *Mirabella* erreicht mittlerweile 427000 Leserinnen — das sind weit weniger als die führenden Zeitschriften. Aber die Auflage konnte 1991 um 21 Prozent gesteigert werden, und von solchen Zuwachsraten können *Vogue, Elle* oder *Bazaar* nur träumen.

Die neue amerikanische Zeitschrift *Allure* hat sich zum Ziel gesetzt, alles, was mit Schönheit zusammenhängt, unter einem kritischen Blickwinkel zu sehen. Die Chefredakteurin Linda Wells bezeichnet sich selbst als eine geborene Skeptikerin. Sie hat ihre Mitarbeiter aus den Reihen wachsamer und kritischer Journalisten und Journalistinnen rekrutiert und kümmert sich wenig um die gängigen Schönheitsideale. Der Agentur *Advertising Age* teilte sie mit, daß *Allure* »nicht zögern werde, Produkte auch zu kritisieren«, einschließlich solcher, für die in *Allure* geworben werde, daß die Zeitschrift dabei aber immer fair bleiben wolle.

Manchmal haben neue Modemagazine einen vielversprechenden

Start, nur um in den folgenden Ausgaben zum guten alten Schönheitsideal der perfekten Frau zurückzukehren und sogar sexistische Anleihen zu machen. Im Dezember 1991 war auf dem Titelblatt von *Allure* eine scheinbar nackte Frau in einer Pose abgebildet, die *Playboy* alle Ehre gemacht hätte.
Leserbriefe und kritische Veröffentlichungen wie *Der Mythos Schönheit* zwingen die Modemedien in zunehmenden Maße, sich endlich an der Realität zu orientieren:

- Die Zeitschriften engagieren Mannequins und Frauen aus dem wirklichen Leben, die nicht mehr blutjung sind und eine normale Figur haben – etwa Größe 40 anstatt 34. Außerdem gehen sie zunehmend auf Mode für Mollige ein.
- Sie widmen den La-Renta-Kostümen für 3 000 Dollar und den Ballkleidern von Valentino für 5 000 Dollar weniger Platz und stellen statt dessen Stücke aus Kollektionen vor, die für die meisten Leserinnen noch erschwinglich sind.
- Sie wenden sich vermehrt praktischen Fragen zu.
- Sie nehmen eine kritische Haltung gegenüber den haltlosen Versprechungen vieler Kosmetikfirmen ein.

Trotzdem hat sich die Einsicht bei den Modemedien noch nicht völlig durchgesetzt, daß ihre Leserinnen keine zwanzigjährigen Fotomodelle und auch nicht ausnahmslos Millionärinnen mit einem Kleidungsbudget von jährlich 200 000 Dollar sind. Die typische Leserin ist die vierzigjährige Managerin ebenso wie die im Umweltschutz engagierte Dreißigerin. Jedenfalls lebt sie in der Wirklichkeit und nicht in einer Traumwelt. Wenn die Modemedien dies nicht zur Kenntnis nehmen, werden sie immer mehr Frauen an erfolgreichere Zeitschriften wie *Lear's* und *Working Woman* verlieren, die alltagsbezogene Berichte und schöne, aber tragbare und erschwingliche Mode zeigen.

Die neuen Designerinnen

Coco Chanel, die Modeschöpferin mit dem vielleicht elegantesten Stil, den es je gab, wurde im Paris der zwanziger und dreißiger Jahre

berühmt, wo sie mit Picasso, Stravinsky und Jean Cocteau verkehrte. Nach Jahrzehnten, in denen Korsetts und Rüschen die Damenmode dominiert hatten, entwarf sie einfache, klassisch elegante Kleidung. Das kleine Schwarze, das Twinset über dem einfachen, geraden Rock und der Perlenpullover waren nur einige Modeideen, die von ihr stammten. Sie schloß ihren Salon 1939 und eröffnete ihn 1954 im Alter von 71 Jahren wieder. »In den sechziger Jahren wurde Chanel zum Symbol für traditionelle Eleganz«, heißt es in der *Encyclopaedia of Fashion.* Chanel ist heute ein Firmenimperium mit Jahresumsätzen von über einer Milliarde Dollar.
Chanel stellte sich bei einem Kleid immer die Frage: »Würde ich es selbst tragen?« Lautete die Antwort: »Nein«, dann wurde es auch nicht in die Kollektion aufgenommen.
Aus einer solchen Perspektive heraus kann nur eine Frau arbeiten. Das hat sich auch eine neue Generation von Modeschöpferinnen gesagt, wie etwa Adrienne Vittadini, Nicole Miller, Jil Sander oder Uta Raasch, um nur einige wenige zu nennen.
Würde Coco heute noch Chanel tragen? Wahrscheinlich nicht. (Warum kann man sich Chanel aber mühelos mit Stücken von Donna Karan oder Armani vorstellen?)
»Ich zeige nie etwas, was ich nicht selbst tragen würde«, verrät Donna Karan. Ihr Erfolgsrezept: »Ich experimentiere gerne . . . Ich habe keine perfekte Figur und trage Konfektionsgröße 40. Ein Kleidungsstück muß an mir gut aussehen, nicht nur an einem perfekten Model.«
Karan ist Chanel in vielem ähnlich, meint Polly Allen Mellen, ehemalige Moderedakteurin bei *Vogue,* jetzt Creative Director bei *Allure.* »Sie hat dasselbe Gefühl für Frauen. Bevor sie eine Kollektion entwirft, stellt sie sich immer dieselbe Frage: Warum fällt es mir so schwer, in den Geschäften etwas zu finden? Was brauche ich? Zuallererst entwirft sie für sich selbst.«
»Ich werfe einen Blick in meinen Kleiderschrank, und wenn ich das brauche, was mir vorschwebt, dann entwerfe ich es. Wenn ich mich wohl darin fühle, wird auch die Kundin zufrieden sein«, bestätigt Karan.
Designerinnen können sich in ihre Kundinnen hineinversetzen. Schon alleine damit sind sie ihren Kollegen voraus, die bisher den Ton angaben, ohne über diesen Vorteil zu verfügen.

»Ich respektiere die Designer sehr«, meint die französische Modemacherin Sonia Rykiel diplomatisch, »weil sie sich nicht dauernd selbst in ihren Kleidungsstücken sehen ... Andererseits bringen sie alle möglichen Raffinessen an einem Stück an und finden gar kein Ende. Ich aber weiß, wie es ist, ein solches Kleid zu tragen ... Ich respektiere die Form.«

Liz Claiborne

Elisabeth Claiborne Ortenberg eröffnete ihren ersten Laden im Jahr 1976, als sie schon 25 Jahre im Geschäft war. Sie erkannte als erste in der Designerszene das riesige Marktpotential, das in vernünftig kalkulierter Mode für Freizeit und Beruf lag. Claiborne wollte »Frauen anziehen, die keine Kostüme tragen mußten — Lehrerinnen, Ärztinnen, die Frauen in Südkalifornien oder Florida oder auch die Frauen aus der Modebranche«.
Mit dieser Vision wurde Liz Claiborne, Inc., stark: Das Unternehmen ist drittgrößter Kleidungshersteller in den Vereinigten Staaten und mit Abstand größter Hersteller von Damenbekleidung. 3 500 Einzelhändler vertreiben Liz Claiborne. Das Unternehmen beherrscht ein Drittel des oberen Segments im Sportswearmarkt für Frauen und ist mit 26 Boutiquen in Großbritannien und mit sechs in Spanien präsent.
Liz Claiborne wurde 1981 in eine Kapitalgesellschaft umgewandelt (während die Firmen der meisten anderen Modeschöpferinnen, die in diesem Kapitel genannt werden, in Privathand sind). Aus diesem Grund können wir über den wirtschaftlichen Hintergrund von Liz Claiborne detaillierte Informationen geben — was für interessierte Investorinnen von Bedeutung sein könnte, die ihr Geld in einem Bereich anlegen möchten, in den sie Sachverstand und persönliche Neigung einbringen können. (Übrigens: Lautet so nicht immer der Rat der Investmentexperten?)
Forbes, Fortune und *Business Week* jedenfalls sind der festen Überzeugung, daß Liz Claiborne, Inc., ein heißer Anlagetip ist.

- 1986 wurde Liz Claiborne als zweites von einer Frau gegründetes Unternehmen in die Liste der fünfhundert größten US-Unternehmen aufgenommen.

- 1990 führte das Unternehmen die *Forbes*-Liste der rentabelsten US-Unternehmen an; 1991 stand das Unternehmen auf dem immer noch sehr beachtlichen Platz 39.
- 1991 landete Liz Claiborne auf Platz 172 der vom *Business Week* erstellten Liste, die tausend Unternehmen nach ihrem Wert am Aktienmarkt einstuft.

In den fünf Jahren bis 1991 wuchsen die Gewinne um durchschnittlich 27,7 Prozent jährlich. Deborah Bronston, Analytikerin bei Prudential Securities, geht davon aus, daß die Gewinne in den kommenden fünf Jahren um durchschnittlich 17 Prozent jährlich wachsen. »Wir analysieren ja eine ganze Menge von Unternehmen, aber Claiborne ist das einzige, bei dem wir die Prognose über die Ertragsentwicklung nicht nach unten revidieren mußten«, sagt Bronston.
Während allerorten über den darniederliegenden Einzelhandel gejammert wurde, boomte Claiborne. Liz Claiborne, Inc., erreichte 1991 die 2-Milliarden-Dollar-Grenze. Die Gewinne stiegen 1991 um 12 Prozent gegenüber 25 Prozent im Jahr 1990.
Claiborne und ihr Ehemann und Partner zogen sich 1989 aus dem aktiven Management zurück. »Wenn ich sehe, daß Frauen auf der Straße meine Mode tragen, ist mir das viel wichtiger als jedes Titelbild«, sagt Claiborne. Beim Erfolg ihrer Firma hat sie in dieser Hinsicht bestimmt keinen Grund zur Klage.

Donna Karan

Alan Millstein, Herausgeber von *Fashion Network Report,* nennt sie »die einzige weibliche Weltklassedesignerin der USA«. Karans Fans würden sie sicherlich als die beste Designerin der USA überhaupt bezeichnen.
»Ich denke, ich habe einfach ins Schwarze getroffen«, meint Donna Karan, Chief Executive Officer von Donna Karan New York. »Das hat nichts mit Mode zu tun. Ich bin eben eine Frau und brauche etwas anzuziehen.«
Karan begann als Assistentin von Anne Klein. Als Klein 1974 unerwartet starb, wurde Karan, 26 Jahre alt und Mutter eines Säuglings, Chefdesignerin. Sie holte sich ihren Freund und ehemaligen Klassenkameraden Louis Dell'Olio als neuen Partner. In den zehn Jah-

ren bei Anne Klein stieg der Jahresumsatz von 10 Millionen auf über 75 Millionen Dollar.
Tomio Taki, der japanische Inhaber von Anne Klein, unterstützte sie 1984, als sie sich selbständig machte. Ihre erste Kollektion 1985 wurde als »wichtiger Durchbruch« in der Mode für Geschäftsfrauen gefeiert. Karan liegt es am Herzen, daß Frauen sich ohne große Umstände gut anziehen können. Sie meint: »Frauen haben morgens doch mehr zu tun, als sich nur ein passendes Outfit zusammenzustellen ... Welche Frau will viel Zeit mit der Frage verschwenden, was sie heute anziehen soll?«
Sie fährt fort: »Nach der Arbeit kann sie ihre Hosen ausziehen, dann kommt ein Paillettenrock über das Body, ein paar Goldaccessoires dazu, noch ein Paar hochhackige Schuhe, und schon ist sie wieder fertig.«
»Donna hat das Image einer dynamischen, durchsetzungsfähigen, hart arbeitenden Mutter«, meint Marjorie S. Deane, Herausgeberin von *Tobe Report,* einem führenden Nachrichtenbrief der Branche.
1991 setzte Donna Karan 215 Millionen Dollar um, gegenüber 163 Millionen im Vorjahr. Das ist ein sehr beeindruckendes Wachstum, das sich voraussichtlich nicht so schnell verlangsamen wird: Im Mai 1992 vermeldete *Forbes* schon einen Umsatz von 250 Millionen Dollar.
Ihr Erfolg läßt sich an einer simplen Statistik ablesen: 70 Prozent der Donna-Karan-Stücke werden zum regulären Preis verkauft, so *Forbes,* verglichen mit einem Branchendurchschnitt von 46 Prozent. Wenn eine Karan-Kundin ein Stück sieht, das paßt und die richtige Farbe hat, wartet sie nicht, bis es reduziert wird, sondern sie nimmt es schnurstracks zur Kasse. Die Einzelhändler freuen sich natürlich: Sie erzielen einen höheren Umsatz pro Quadratmeter Verkaufsfläche.
Joan Burstein von Browns in London war die erste Modeeinkäuferin in Europa, die Donna Karan ins Programm aufnahm. »Sie weiß, daß Frauen sich den Alltag gerne erleichtern«, meint sie. »Die Stoffe, die sie verarbeitet, sind wunderbar für Frauen, die viel unterwegs sind; sie knittern nämlich nicht.«
Karan möchte ihre Präsenz in Europa ausbauen, wo sie schon jetzt 15 Prozent ihres Umsatzes erzielt, und trägt sich mit dem Gedanken, die Entwurfsabteilung 1994 nach Mailand zu verlegen.

Linda Allard

»Mein Name steht zwar auch auf dem Etikett, aber trotzdem glauben viele Kundinnen, daß es wirklich eine Ellen Tracy gibt, die entwirft«, meint die Modeschöpferin Linda Allard, die bei Ellen Tracy mit 24 Jahren leitende Designerin wurde. »Ellen Tracy« setzt sich aus dem Namen der Inhaberin und der Vorsitzenden des Unternehmens zusammen (zu den Konkurrenzunternehmen von Ellen Tracy zählen Anne Klein II, Adrienne Vittadini, Perry Ellis Portfolio und Tahari). Linda Allard »ist die typische Kundin von Ellen Tracy«, meint Michael Scandiffio, ehemaliger Vice President von Esprit, jetzt President von Susie Tompkins Division. »Sie ist eine engagierte, hart arbeitende Frau und lebt dasselbe Leben wie die Kundinnen, für die sie entwirft.«

Sonia Rykiel

»Ich verstehe die Frauen, weil ich selbst eine bin«, sagt die französische Modemacherin Sonia Rykiel. »Ich verfolge alles, was Frauen in der Gesellschaft, Politik und Kultur gerade tun. Deshalb reflektiert meine Mode, ob in Farbe, Form oder Stil, das Lebensgefühl der Frauen von heute.«
Ihre Laufbahn als Modemacherin begann eigentlich in ihrer zweiten Schwangerschaft. Sie fing an zu schneidern, weil sie die übliche angebotene Kleidung nicht tragen wollte. Ihre Kollektionen werden in 200 Einzelhandelsgeschäften verkauft; 1988 gab es schon 24 Boutiquen als Franchisenehmer; 65 Prozent ihrer Artikel werden in den Vereinigten Staaten abgesetzt.

Margaretha Ley

1976 gründeten Margaretha Ley und ihr Mann Wolfgang in München die Modefirma Escada (spanisch: Treppe), seit 1984 firmiert sie unter Escada AG. Das Unternehmen hat eine steile Entwicklung durchgemacht. Mittlerweile ist es mit mehr als hundert Boutiquen in 27 Ländern präsent. 1990 wurde erstmals eine Milliarde Umsatz und 100 Millionen Gewinn vor Steuern erwirtschaftet.
Während sich ihr Mann ums Geschäftliche kümmert, zeichnete Mar-

garetha Ley als Chefdesignerin verantwortlich für die begehrten Escada-Kollektionen. 1988 erhielt sie den Mode-Oscar, der in den Jahren zuvor immer nach Italien ging,und wurde damit zum Aushängeschild deutscher Mode und Symbol für die feine Gratwanderung zwischen Haute Couture und Pret-à-porter. Anfang Juni 1992 erlag sie einer langen und schweren Krankheit. Ihr Nachfolger ist Michael Stolzenburg, der fast fünf Jahre sehr eng mit ihr zusammengearbeitet hat und von ihr eindeutig geprägt wurde. Bleibt zu hoffen, daß es ihm gelingt, mit seinen Kollektionen der momentan sinkenden Umsatzentwicklung von Escada entgegenzuwirken.

Jil Sander

Sie ist zweifelsohne die bekannteste und erfolgreichste deutsche Designerin. In nur zwanzig Jahren hat sie ihren Namen zu einem international bekannten Label, ihre »Jil Sander Moden« — wie die 1969 gegründete Vertriebsgesellschaft hieß — zu einer expandierenden Aktiengesellschaft mit einem Jahresumsatz von rund 100 Millionen DM gemacht. Jil Sander versteht sich als Weltverbessererin. Nicht Verschwendung, sondern Reduzierung auf das Wesentliche heißt ihr Credo, und mit diesem umgedeuteten Luxusbegriff trifft sie den Nerv der Zeit. Feinste Materialien und klassisch-elegante Schnitte machen Jil Sanders Modelle zu einer Wertanlage in einer Phase wachsenden Umweltbewußtseins, in der niemand mehr am Ex-und-hopp-Konsum interessiert ist. Ihre Mode ist zudem, wie die Zeitschrift *Capital* schrieb, »perfekt, tragbar, untadelig« — schlichte Eleganz also und somit genau das richtige für die anspruchsvolle Geschäftsfrau.

Uta Raasch

Die 1946 geborene Uta Raasch, gelernte Dolmetscherin und Mutter zweier Kinder, präsentierte 1979 ihre erste eigene Kollektion. Diese wurde über die Modevertriebsgesellschaft ihres Mannes verkauft und vergrößerte sich derart rasant, daß ihr Mann 1980 beschließt, ausschließlich Uta-Raasch-Mode zu vertreiben. 1986 eröffnet Uta Raasch ihr erstes Einzelhandelsgeschäft, das ausschließlich ihre Kollektion vertreibt. Zwei Jahre später wird ein zweites Geschäft, 1992 dann das dritte eröffnet. Ihre Mode ist bestimmt für jeden

Anlaß und jede Tageszeit, für Frauen, die ihre Weiblichkeit mit lässigem Selbstverständnis leben.

Paloma Picasso

Die Schmuckdesignerin Paloma Picasso wurde 1949 in Paris als Tochter von Pablo Picasso und Françoise Gilot geboren. Sie studierte Schmuckdesign und war dann für mehrere Unternehmen tätig, bevor sie 1980 eine signierte Kollektion für Tiffany's herausbrachte.
Der Einfluß der Frauen ist auch in den berühmten italienischen Modefamilien stark: Sehr erfolgreich ist beispielsweise das Ehepaar Missoni, ebenso wie die Familien Fendi und Ferragamo.

Der Aufschwung der Zweitlinien

Haute Couture hat mehr mit Inspiration und Werbung als mit Profit zu tun. Die Designer brauchen die Publicity, die ihnen zuteil wird, wenn ihre Kreationen von Filmstars und First Ladies getragen werden. Die Damen der oberen Zehntausend, deren Auftritte und Aufmachung in der Presse ausgiebig kommentiert werden, können natürlich leicht 10 000 Dollar oder noch mehr ausgeben, um sich einzukleiden. Aber wer sonst würde auch nur daran denken?
»Die Einstellungen verändern sich«, meint Pierre Bergé, President von Yves-Saint Laurent. Die Bestellungen für maßgeschneiderte Mode sind um die Hälfte zurückgegangen. »Den Frauen ist nicht mehr danach, nach Paris zur Anprobe zu fliegen, um dann drei Monate auf ein Kleid zu warten.«
Das ist richtig.
Aber auch die Pret-à-porter-Mode der Topdesigner beansprucht das Portemonnaie noch genügend. Donna Karan und Giorgio Armani haben mit ihren Jacken die Schallgrenze von 1 000 Dollar zwar durchbrochen. Aber wenn dann noch ein Rock und eine Bluse dazukommen, summiert sich die Rechnung schnell auf 2 000 Dollar.
»Ende der achtziger Jahre waren die Frauen ganz verrückt nach Designermode. Das hat sich geändert, und vielleicht wird es nie mehr so werden«, überlegt Frank Mori, President von Takiyho, der Anne Klein und 50 Prozent von Donna Karan hält. »Alle denken dar-

über nach, wo sie weniger teure Kleidung kaufen können«, hat auch Calvin Klein festgestellt.

Da sind »Zweitlinien«, die den Designernamen tragen, aber erschwinglicher als die Teile aus den Hauptkollektionen sind, die Lösung der Stunde. Mit ihnen richten sich die Modemacher an die wohlhabende Karrierefrau, die durchaus einen Sinn für Designerqualität hat, aber nur ungern mehr als 600 Dollar für ein Outfit ausgibt – am liebsten weit weniger.

1983 machten Karan und Dell'Olio mit der Kollektion Anne Klein II Furore, der ersten großen Nebenlinie in der Branche. 1989 waren mit Anne Klein II schon 130 Millionen Dollar umgesetzt worden. 1991 sank der Umsatz jedoch wieder auf 110 Millionen Dollar. Ironischerweise wird DKNY, Karans eigene Zweitlinie, dafür verantwortlich gemacht, weil sie Anne Klein II angeblich Marktanteile abgenommen habe.

Mit den Zweitlinien wird mittlerweile schon ein Umsatz von einer Milliarde Dollar gemacht, der sich in nur drei Jahren verdoppeln konnte. Anne Klein II und DKNY sind die Riesen der Branche. Aber andere Designer haben es ihnen nachgemacht: Giorgio Armani, Michael Kors, Perry Ellis haben ebenso wie Ungaro, Givenchy und Saint Laurent ihre Zweitlinien lanciert. Calvin Klein und Ralph Lauren verkaufen schon Freizeitmode für unter 100 Dollar. Die Zweitlinien Laurel und Crisca von Escada – immer noch nicht ganz billig – werden durch die preiswertere und sportlichere Kollektion Apriori ergänzt.

»Zweitlinien sind der einzige Weg, um weiterzumachen«, meint Aldo Pinto, Präsident des italienischen Modekonzerns Krizia, der ebenfalls eine Zweitlinie plant.

Für die Einzelhändler zahlen sich die Nebenlinien ebenso aus wie für die Designer:

- Kal Ruttenstein, Senior Vice President von Bloomingdale's, berichtet, daß 1991 mit den Zweitlinien ein um 28 Prozent höherer Umsatz als im Vorjahr erzielt wurde.
- Die Zweitlinie von Michael Kors bringt schon jetzt mehr Geld ein als seine teure Hauptkollektion. »Wenn eine Frau kein hohes Einkommen hat, heißt das noch lange nicht, daß ihr auch das Modebewußtsein abgeht«, meint Kors.

- Der Umsatz von DKNY ist von 100 Millionen Dollar 1990 auf 140 Millionen 1991 gestiegen, immerhin ein Wachstum von 40 Prozent.

Es überrascht nicht, daß auch die Idee zur DKNY-Kollektion einer persönlichen Erfahrung entsprang. Als ihre Tochter anfing, sich die 900-Dollar-Jacken ihrer Mutter auszuleihen, dachte Karan: »Irgend etwas stört mich daran.« Nachdem sie schließlich »keine Jeans fand, die für den weiblichen Körper geschnitten waren«, wußte sie, daß eine neue Designerlinie für junge Frauen — und deren Mütter — eine erfolgsträchtige Marktnische war.

Mode und persönliche Finanzen

Dr. Emily Card, Autorin des Buchs *The Ms. Money Book,* schreibt: »Frauen geben pro Jahr fünfmal soviel Geld für Kleidung aus wie Männer. Wenn diese Ausgaben mehr als 5 Prozent Ihres Einkommens ausmachen, sollten Sie sich den Rest verkneifen und statt dessen gewinnbringend anlegen.« Wenn Sie also 30 000 Dollar im Jahr verdienen, wären 1 500 Dollar vor Steuern erlaubt — ein Frühjahrs- und ein Herbstoutfit für jeweils 500 Dollar, mehrere Paar Schuhe für etwa 75 Dollar und eine gute Handtasche für etwa 100 Dollar. Die restlichen 250 Dollar müssen für Strümpfe, Unterwäsche, Freizeitkleidung und Accessoires reichen. Einen Mantel haben Sie ja hoffentlich schon.
Dr. Card ist sehr rigoros, denn sogar das US-Wirtschaftsministerium sieht großzügigere 6 Prozent des Einkommens für Kleidung vor.
»Widerstehen Sie dem Druck der Mode; kaufen Sie ein, wo schon der Rotstift angesetzt wurde; bezahlen Sie bar«, rät Card. »Kaufen Sie sich die Grundausstattung, und leihen Sie aus, was Sie nicht unbedingt brauchen.« Das ist ein solider finanzieller Rat. Aber wenn Sie einen Hang zu schöner Kleidung haben, brauchen Sie einen eisernen Willen, um ihn zu befolgen. Einfacher wäre es, wenn das Einkommen mit den Wünschen mitwachsen würde. Die Führungskraft mit einem Jahreseinkommen von 100 000 Dollar, die wahrscheinlich schon eine gute Basisgarderobe im Kleiderschrank hängen hat, kann 5 000 Dollar im Jahr ausgeben, um, wie es in der Bran-

che heißt, »aufzustocken«. Aber Frauen unter Dreißig, die neue Kleidungsstücke für das Berufsleben am dringendsten brauchen, haben am wenigsten Geld.
Emily Card findet nicht, daß Mode eine »Investition« in die Karriere ist. Den Luxus teurer Kleidung und Accessoires sollte eine Frau sich nur ausnahmsweise erlauben. Man kann sich die Beliebtheit von Emily Card in der Modebranche ausmalen. Dort hört man lieber Ratschläge wie den von Amanda Verdan, Modeeinkäuferin bei Harvey Nichols in London: »Wenn eine Kundin sich von einem Produkt angezogen fühlt, wenn es ihren Lebenstil unterstreicht, dann ist es sein Geld wert.« Wenn es um das Thema Mode geht, haben auch deutsche Frauen Probleme, ihr Geld zusammenzuhalten. In einer Studie der Zeitschrift *Freundin* aus dem Jahr 1991 gaben die meisten der alleinstehenden berufstätigen Frauen unter dreißig Jahren an, 20 bis 50 Prozent ihres Gehalts für Kleidung auszugeben. Die berufstätigen Ehefrauen zwischen 35 und 45 Jahren sind da schon disziplinierter. Sie kalkulieren 7 Prozent ihres Gehalts für ihr Outfit ein.

Imageberatung

Auch Finanzexperten müssen zugeben, daß das äußere Erscheinungsbild eines Menschen eine wichtige Rolle im Berufsleben spielt.
Emily Cho von New Images/Emily Cho in New York steht Kundinnen, die ein Image für ihren Beruf aufbauen wollen, mit gutem Rat zur Seite. Sie glaubt, daß es durchaus angemessen sein kann, 10 Prozent des Einkommens für Kleidung und Image auszugeben. »Ob Sie eine Beförderung anpeilen, einen neuen Aufgabenbereich übernehmen oder ein eigenes Unternehmen gründen wollen: Wie effektiv Sie Ihre Ziele erreichen, kann sehr stark davon abhängen, wie gut Ihr Image rüberkommt«, meint sie. In solchen Fällen, fügt sie hinzu, zahle es sich langfristig aus, mal etwas mehr für ein besonderes Outfit auszugeben.

- Der Branchenverband Image Industry Council International zählt weltweit hundert Modeberaterinnen, Designer und Benimmlehrer, gegenüber 37 im Jahr 1978.

- Das Verzeichnis *Directory of Personal Image Consultants* weist im Jahr 1991 in den USA 364 Imageberater aus, gegenüber 36 im Jahr 1978.
- 110 Imageberater im *Directory* bieten Rhetorikseminare und Kurse zur Aufbesserung des äußeren Erscheinungsbildes an; 161 Unternehmen haben Farb- und Garderobenanalysen im Programm.
- Aus einer nationalen Umfrage bei 8 000 weiblichen Führungskräften ging hervor, daß 17 Prozent von ihnen schon einmal den Rat einer Garderobenberaterin in Anspruch genommen hatten.

Es gibt heute schon eine Reihe von Unternehmensberatern und Personalleitern, die Imagefachleute für mindestens ebenso wichtig halten wie Finanzberater.
Joely Beatty, Seniorpartnerin in der Gardner Beatty Group und Unternehmensberaterin bei Rancho La Costa, Kalifornien, meint: »Wenn Sie Ihr Image aufpolieren, etwa vor einer Beförderung, wird das nicht nur Ihr Selbstvertrauen steigern, sondern auch den Mitarbeitern signalisieren, daß Sie ernst zu nehmen sind.« Sie fügt hinzu: »Eine neue Funktion zu übernehmen, ohne das nach außen zu dokumentieren, kann gefährlich sein, weil Ihre neue Autorität vielleicht nicht so deutlich wahrgenommen wird.«
»Der Wettbewerb ist härter geworden. Die Unternehmen wollen wissen, warum sie ausgerechnet Sie einstellen — und behalten — sollen. Das äußere Erscheinungsbild spielt da eine wichtige Rolle«, sagt Susan Holland, President von Holland Rusk an Associates, einer Personalberatungsfirma für Führungskräfte in Chicago.
»Wir alle fühlen uns mit einem ganz bestimmten Aussehen wohl«, meint Dr. Michael J. Pertschuk, Psychiatrieprofessor an der University of Pennsylvania und Direktor der Image Section am Center for Human Appearances. »Im Unterbewußtsein aber tragen wir vielleicht ein veraltetes Bild von uns herum.«
Auch in Deutschland sind Imageberater groß im Kommen. Ihre Dienste werden zu zwei Dritteln von Frauen in Anspruch genommen, meist mit Blick auf die Karriere. Die 200 bis 300 DM für eine Beratung zahlen sich im allgemeinen rasch aus, kauft man doch im Anschluß daran wesentlich systematischer und zielgerichteter ein. Und auch Unternehmen und Personalberatungen haben inzwischen

den Wert dieser Dienstleistung erkannt. So schulen Stilberater beispielsweise die Modeverkäuferinnen großer Kaufhausketten und helfen Außendienstmitarbeitern, ihr Outfit in Einklang mit der Corporate Identity ihrer Firma zu bringen.
Viele Modeschöpfer sagen, daß ihre Kleidungsstücke Investitionen seien, auf denen man Jahr für Jahr aufbauen könne. »Die Stärke eines Modemachers ist Kontinuität«, meint Donna Karan. »Ich glaube nicht, daß Frauen ihren Stil in jeder Saison völlig wechseln wollen. Wenn sie einmal herausgefunden haben, was ihnen gefällt und steht, möchten sie auch dabei bleiben.«
Die Tage, als Frauen Sklavinnen der Mode waren, sind gottlob gezählt. Aber in den ersten Jahren des Berufslebens werden 5 Prozent des Einkommens nicht ausreichen, um eine hochwertige Garderobe zusammenzustellen, die genau das Image vermittelt, das Ihnen hilft, eingestellt zu werden oder nach einer Beförderung Autorität und Kompetenz auszustrahlen.
Wenn Sie sich ein paar neue Stücke leisten und danach aussehen, als gehörten Sie dem Vorstand an, dann hat sich die Ausgabe wohl gelohnt. Ein paar Jahre lang ist es sicher sinnvoll, das Kleidungsbudget mit 7, 8 Prozent oder sogar noch mehr zu kalkulieren. Bei über 10 Prozent ist Vorsicht geboten. Emily Card und Co. lassen grüßen!

Die nächste Generation

Frauen werden in der Modebranche auch weiterhin den Ton angeben. Das zeigen die vielen jungen Designerinnen.
Sybilla Sorondo Myelzwinski, 29 Jahre alt, wird oft als kreativste junge Designerin Spaniens gelobt. Sie wurde in den Vereinigten Staaten geboren, durchlief bei Yves Saint Laurent in Paris eine Lehre, wagte mit zwanzig Jahren den Sprung in die Selbständigkeit und lebt und arbeitet nun in Spanien.
Celia Tejada, 33 Jahre alt, ist Gründerin und Chefdesignerin von Celia Tejada, Inc., in San Francisco. Ihre Mode wird in über 300 Fachgeschäften verkauft und besticht durch typisch spanische Elemente — kein Wunder, denn Spanien ist ihr Geburtsland. »Herausforderungen gibt es im Leben immer, aber wenn ich eine Aufgabe habe, an der mein Herz hängt, wachse ich über mich selbst hinaus«,

sagt sie. »An manchen Tagen arbeite ich fünfzehn Stunden, bis zur Erschöpfung, aber dann komme ich nach Hause und bin zufrieden.«

Laura Marolakos, 34 Jahre alt, begann ihre Designerkarriere mit einem Auftrag von Federal Express für neue Mitarbeiteruniformen. Sie entwirft Kostüme, die an die dreißiger und fünfziger Jahre erinnern, und hat eine große Vorliebe für extravagante Stoffmuster.

Pamela Dennis, 31 Jahre alt, kann nicht nähen, zeichnet nicht besonders gut und hatte keine reguläre Ausbildung in einem Modeberuf. Trotzdem nannte *Vogue* sie »eine Meisterin der Form: Sie hat eine klare, freche, perfekte Schnittführung«. Ihr Markenzeichen ist ihr unbestechliches Gefühl für Stoffe.

»Frauen wollen sexy und feminin angezogen sein und trotzdem Seriosität ausstrahlen«, sagt **Jennifer George,** 33 Jahre alt, die ihre Entwürfe seit 1986 unter eigenem Namen vertreibt. Sie möchte »Kleidung entwerfen, die eine klare Linie hat und ganz ungekünstelt wirkt«.

1988 trat **Emily Cinader Woods** an die Spitze des Unternehmens J. Crew, das ihr Vater 1983 gegründet hatte. Sie überwacht jeden Arbeitsschritt – »jede Farbe, jeden Stoff, jeden Knopf« –, wie sie selbst sagt. Heute erzielt sie einen Umsatz von 200 Millionen Dollar und betreibt neun Einzelhandelsgeschäfte. 1990 verschickte J. Crew fünfzig Millionen Kataloge, gegenüber sieben Millionen im Jahr 1984.

Auch in Deutschland sind die jungen Designerinnen auf dem Vormarsch.

Stephanie Pothen, 33 Jahre alt, hat – nach Besuch der Modeschule Düsseldorf – 1984 ihr eigenes Unternehmen gegründet. Mittlerweile beschäftigt sie acht Mitarbeiter und beliefert rund achtzig Einzelhändler in Deutschland, Belgien und der Schweiz. Für ihre Kollektionen verwendet sie ausschließlich hochwertige Materialien, die sie zu sehr reduzierten, aber dennoch sinnlich-femininen Modellen verarbeitet. Tragbar und komfortabel soll ihre Mode sein, »selbstverständlich« heißt das für Stephanie Pothen. Ansprechen will sie damit insbesondere berufstätige Frauen, für die Eleganz und Bequemlichkeit kein Widerspruch sind.

Uli Schneider: Die 32jährige Designerin aus Hannover studierte Modedesign und freie Malerei und gründete im Herbst 1986 ihre Firma »Art et couture«. Der Name ist Programm, ihre Mode beeinflußt von den verschiedensten Kunstströmungen. Die Kundin, an die sich Uli Schneider wendet, ist die persönlichkeitsstarke Frau von zwanzig bis sechzig. Daß es derer genug gibt, bescheinigt ihr der Erfolg. Ihre Mode wird mittlerweile nicht nur in Deutschland, sondern auch in Paris, New York, Brüssel und Mailand gekauft.

Die Babyboomer werden nicht schlanker

In der Modeszene hört das Leben bei Konfektionsgröße 40 auf, manchmal auch bei 42. Größe 44 jedenfalls existiert nicht. Selbst Donna Karan, die bekannt dafür ist, daß sie molligen Frauen Modebewußtsein nicht abspricht, folgt diesem ungeschriebenen Gesetz. Die meisten Designer sind — wie die Schönheitsindustrie und die Gesellschaft insgesamt — fest davon überzeugt, daß Gewicht etwas ganz Schreckliches ist.
»Dauernd wollte man mir beim Einkaufen diese schlecht geschnittenen Teile in Schwarz andrehen«, erzählt Kit Powell aus Virginia, leitende Angestellte im Rechnungswesen für United Airlines, die Größe 44 trägt. »Ich aber wollte kräftige Farben, todschicke Mode.«
»Die meisten Modemacher mögen keine dicken Frauen ... Sie glauben einfach, daß sie nicht in das Image passen, das sie vermitteln möchten«, meint Nancye Radmin, die sich selbst als Modekennerin bezeichnet und mit ihrer zweiten Schwangerschaft von Größe 34 auf Größe 46 umsteigen mußte.
Weil die Umsätze in den Boomjahren der Achtziger nichts zu wünschen übrigließen, konnten die Designer es sich leisten, dem Ideal der gertenschlanken Frau zu huldigen. Aber das genügsame Klima der neunziger Jahre zwingt alle, nach neuen Wegen zu suchen, um wieder mehr Geschäfte zu machen.
Diese Entwicklung ist einParadebeispiel dafür, was geschieht, wenn Wertverschiebungen und wirtschaftliche Notwendigkeit — wichtigste Kataylsatoren für gesellschaftliche Veränderungen — zusammentreffen. Die Wertmaßstäbe verändern sich insofern, als man sich in wachsendem Maße bewußt wird, daß Schlankheit in der Gesellschaft viel zu hoch bewertet wird — Anorexie und Bulimie sind die besten Beweise dafür. Die wirtschaftliche Notwendigkeit ergab sich

aus den Umsatzeinbrüchen des Einzelhandels Anfang der neunziger Jahre.
Von derartigen Umsatzeinbrüchen blieb der deutsche Modeeinzelhandel bislang verschont. Dennoch wird natürlich auch hierzulande laufend nach neuen Märkten gesucht. So verwundert es nicht, daß die igedo — Europas größte und bedeutendste Modemesse — mittlerweile spezielle Supersize-Modenschauen durchführt und ihren Katalogen sogenannte Supersizer-flyer beilegt, in denen all die Firmen aufgelistet sind, die auch große Größen produzieren.
Auch demographische Gegebenheiten spielen eine Rolle. Die Frauen aus der Babyboomer-Generation rücken auf die Vierzig zu, und viele haben im Laufe der Zeit, trotz Sport und gesunder Ernährung, zugenommen. Diejenigen Frauen, die relativ spät Kinder bekommen haben, kämpfen nun gegen die Pfunde, die alters- und schwangerschaftsbedingt sind.
Damit standen die Zeichen günstig für die Verwirklichung neuer Geschäftsideen, und Nancye Radmin, die obengenannte Frau mit Größe 46, setzte sie um.
1978 gründete sie Forgotten Woman, eine Boutique, die Kleidung für modebewußte Dicke verkaufte. Die Kundinnen ließen nicht lange auf sich warten. Heute macht Forgotten Woman mit 24 Geschäften einen Umsatz von 40 Millionen Dollar jährlich. Radmin benannte die Größen 42 bis 52 kurzerhand in 1 bis 6 um. »Meine Kundinnen genießen es, ins Geschäft zu kommen und nach Größe 3 zu verlangen«, erzählt sie. »Ich serviere auch kostenlos Champagner und Süßigkeiten.«
Am Anfang waren die Topdesigner nicht dazu zu bewegen, die Vorstellungen zu verwirklichen, auf die Radmin setzte. Schließlich aber wurde sie für ihre Hartnäckigkeit belohnt. Für die Moderevolution, die sie einleitete, wird sie sicher noch berühmt werden.
Oscar de la Renta, Bob Mackie und Geoffrey Beene waren die ersten Designer, die für Forgotten Woman entwarfen. Sie hatten sich unter anderem umstimmen lassen, weil Radmin sie überzeugen konnte, daß ihre Kreationen in eleganter Umgebung gezeigt würden. Sie investierte 2 Millionen Dollar in zwei Ateliers, die 1990 eröffnet wurden. Heute verkauft Forgotten Woman auch Givenchy, Laura Biogotti und Pauline Trigère.
Die Erkenntnis, daß viele Frauen nach der Geburt eines Kindes

Schwierigkeiten haben, ihre Figur wieder auf die gängigen Konfektionsgrößen zu trimmen, führte bei der deutschen Bekleidungsfirma Mami und Kind 1986 zur Gründung des Firmenzweigs Ulla Popken. Unter diesem Label wollte man junge und schicke Mode in den Größen 42 bis 60 herstellen lassen und auf den Markt bringen. Seither hat die Firma stetig expandiert. Mittlerweile verfügt sie über 150 Filialen, von denen in 120 auschließlich Mode in großen Größen verkauft wird.

»Wenn die Frauen der Babyboomer-Generation älter werden, werden sie auch korpulenter«, sagt Radmin, »und viele möchten weiterhin Bill Blass und Donna Karan tragen.« Sie glaubt, es sei »nur eine Frage der Zeit«, bis auch diese Modemacher für sie entwerfen.

Die Amerikanerin, so Radmin, ist im Durchschnitt gerade mal 1,60 Meter groß, sie wiegt 66 Kilo und trägt Größe 40 oder 42. »Es gibt genauso viele Frauen, die Größe 46 tragen, wie solche mit Größe 36.«

Es handelt sich also um einen lukrativen Markt, den andere Designer langsam, aber sicher auch entdecken. Liz Claiborne lancierte Elisabeth, eine Kollektion für Übergrößen. Jones New York tat es ihr mit Jones II und Adrienne Vittadini mit Woman gleich. Auch Victor Costa und Albert Nippon bieten Kleidung in Übergrößen an. Selbst Gianni Versace hat eine Kollektion für molligere Figuren herausgebracht.

Auf der Fifth Avenue bietet Salon Z von Saks Designerlinien für Übergrößen an. In etwa der Hälfte der 67 Nordstrom-Geschäfte sind Encore Shops zu finden, die unter anderem auch die Elisabeth-Kollektion anbieten. Einzelhändler, die Übergrößen nicht unter den Tisch fallen lassen, sind unter anderem Lane Bryant und August Max. Spiegel, Inc. Das bekannte Versandhaus besitzt die Kette For You, die 1991 in sieben Geschäften Mode für Mollige verkaufte; jedes Jahr sollen zehn weitere hinzukommen.

»Sie stellen alle fest, daß wir eine unerkannte Nische sind«, meint Debby Eden, Leiterin der Werbeabteilung von *Big Beautiful Woman.* »Als die Einzelhändler die Rezession am eigenen Leib zu spüren bekamen, wurden ihnen die Augen geöffnet.«

In den ersten fünf Monaten 1991 gingen die Umsätze für Damenbekleidung in Spezialgrößen um etwa 3 Prozent gegenüber 1990 zurück. Trotzdem hatte der Markt, der immerhin ein Volumen von

10 Milliarden Dollar hat, ein zweistelliges Wachstum verzeichnet, verlautet aus dem Wirtschaftsministerium.

Big Beautiful Woman – BBW

Big Beautiful Woman nennt sich mit 200 000 Abonnentinnen landesweit »die einzige Modezeitschrift für Frauen mit Übergrößen«. In einer jüngeren Ausgabe von *BBW* waren Kleidungsstücke von J. C. Penny, Spiegel, Jessica McClintock, Creative Creations, Christina Maxx und Harvé Bernard zu sehen. *BBW* gibt ein Einkaufsverzeichnis heraus, dem die Leserinnen entnehmen können, wo sie ihre Mode finden.

»Wir stellen in jeder Ausgabe neue und wirklich schmeichelnde Modetrends für mollige Frauen vor«, schreibt die Chefredakteurin Carole Shaw. »Immerhin repräsentieren wir 30 Prozent der Bevölkerung ... Es ist an der Zeit, daß wir uns akzeptieren und Respekt von den Schlankeren verlangen.«

Zeitschriften wie *BBW* schaffen Nachfrage nach Mannequins, die mehr als Sellerie essen und nicht unbedingt drei Stunden täglich im Fitneßstudio zubringen. Die Agentur Ford Model Agency in New York berichtet, daß sie weltweit 75 bis 80 Prozent der Mannequins für Übergrößenkollektionen vermittle. Ford glaubt, daß sie zu den fünf US-Agenturen gehört, die überhaupt Fotomodelle für Übergrößen vermitteln.

Im allgemeinen wenden sich auch deutsche Modefirmen und Veranstalter auf der Suche nach Models mit Übergrößen an die Ford Model Agency in Amerika, da deutsche Agenturen nicht in der Lage sind, Vergleichbares zu bieten. So hat die Münchner Firma Mondi 1986 Furore gemacht, als sie ihre neue Übergrößenlinie Patrizia S von Ford Models vorführen ließ, deren spritzige Show einen größeren Presserummel auslöste als die von Karl Lagerfeld.

Zu diesem Zeitpunkt wurde in Deutschland auch die Zeitschrift M (für Mollige) ins Leben gerufen, die jedoch nach kurzer Zeit wieder eingestellt wurde. Nach Aussagen des Verlags stieß eine Zeitschrift, die korpulente Frauen explizit ausgrenzte aus der Gruppe der Schlanken und »Normalen«, bei der angepeilten Zielgruppe auf wenig Akzeptanz. Mittlerweile verfügen einige kleinere Frauenzeitschriften in ihrem Modeteil über eine ständige Seite für Übergrößenmode. Eine Einrichtung, die von den Großen der Branche wie *Elle, Brigitte* oder *Vogue* bislang noch nicht in Erwägung gezogen wurde. Und das, obwohl einer Studie des Verlagshauses Gruner und Jahr zufolge jede dritte deutsche Frau Größe 42 oder mehr trägt.

»Die achtziger Jahre sind vorbei, und die Leute haben es satt, Magerkeit und Perfektion zum Ideal zu erheben«, meint Karen Fullem, Geschäftsführerin der For You Division. »Die mollige Kundin ist viel zufriedener und selbstbewußter, und sie will Spaß am Einkaufen haben.«

»Man kann der Branche nur raten, auf den Zug aufzuspringen«, meint Phyllis Baylin, eine Einkäuferin, die von Maryland nach Virginia zog, um ein For-You-Geschäft zu eröffnen. »Da wartet ein Vermögen nur darauf, ausgegeben zu werden.«

Neue Wege im Modevertrieb

In früheren Zeiten ließ sich eine Dame der Gesellschaft aus Philadelphia, San Francisco oder Detroit zu einem großen Warenhaus bringen; um die Kinder kümmerten sich die Diener, und sie frönte unbehelligt ihrer Einkaufslust.

Frauen zwischen vierzig und fünfzig erinnern sich noch daran, wie sie in der Nachkriegszeit mit ihren Müttern den Bus oder das Taxi »in die Stadt« nahmen und in denselben wunderschönen Kaufhäusern einkauften.

Ende der fünfziger Jahre jedoch schlug der Trend um. Einkaufen hieß, sich ins Auto zu setzen und zu einer Kaufhausfiliale zu fahren, die in der Nähe der Wohnung lag. Mit den großen und kleinen Einkaufszentren, die in den siebziger Jahren dann allerorts aus dem Boden schossen, war die Dezentralisierung Amerikas — und des Modevertriebs — eingeleitet. Viele alte Warenhäuser, B. Altman, Bonwit Teller und Garfinckels mußten ihre Tore schließen.

Das ist traurig, aber nicht überraschend. Die Zeiten ändern sich, und die Einzelhändler müssen wie alle anderen sehen, wo sie bleiben. Manche Geschäfte haben überlebt, indem sie Bloomingdale's nachahmten und das Kaufhaus als kleines Reich vieler Boutiquen neu erfanden.

Auch in Deutschland sind im vergangenen Jahrzehnt die Einkaufszentren oder Galerien — wie sie häufig heißen — wie Pilze aus dem Boden geschossen. Die luxuriösen Glaspaläste, in denen man zu jeder Jahreszeit trockenen Fußes konsumieren kann, üben hier wie in Amerika einen großen Reiz auf die Käuferschar aus. Daneben entwickeln sich auch deutsche Kaufhäuser mehr und mehr zu Herbergen vieler kleiner Boutiquen. Die Damenoberbekleidungsabteilung ist längst ersetzt durch den Jeans-Store, die Esprit-Boutique, die Pullover-Ecke ...

Die Mega-Einkaufszentren Amerikas

Nehmen wir einmal an, Sie wollen an einem beliebigen Werktag durch eine Einkaufspassage bummeln, sagen wir gegen 11 oder 15 Uhr. Sie geraten in kein Gewühl und müssen an der Kasse nicht anstehen. Eigentlich ist es sogar ziemlich leer. Nun haben Sie kein außergewöhnliches Glück gehabt, sondern einen ganz normalen Tag erwischt. Eine Reihe von neueren Untersuchungen bestätigt das:

- Die Anzahl der Erwachsenen, die *häufig* in Einkaufszentren, den sogenannten Malls, einkaufen, ist von 42 Prozent im Jahr 1987 auf 36 Prozent im Jahr 1991 zurückgegangen.
- Im gleichen Zeitraum ist der Prozentsatz derjenigen, die *niemals* ein Einkaufszentrum besuchen, von 12 auf 18 Prozent gestiegen.
- Zwischen 1982 und 1990 ist die Anzahl der Geschäfte, die ein Mall-Besucher im Durchschnitt aufsuchte, von 3,6 auf 2,6 zurückgegangen.
- In der gleichen Zeit ist die durchschnittliche Verweildauer in einem Shopping Center von 90 auf 69 Minuten gesunken.
- Während 1980 die Einkäufer noch 3,1mal monatlich ein Einkaufszentrum frequentierten, waren es 1990 nur noch zweimal.

»Früher machte es Spaß, durch die Passagen zu gehen«, meint eine Frau aus White Plains, New York. »Ich bin oft nur zum Bummeln hingegangen.« Jetzt hat sie drei Kinder, und wenn sie einkaufen geht, sucht sie ganz bestimmte Dinge. Sie ist nicht die einzige: Die Anzahl der Einkaufenden, die nur einen gezielten Einkauf erledigen wollten, stieg von 20 Prozent im Jahr 1982 auf 33 Prozent im Jahr 1990.

Aber auch andere Entwicklungen sind den Malls nicht gerade förderlich. Mit zunehmendem Alter meiden die Menschen die Einkaufspassagen, und Amerika wird nicht jünger. Junge Erwachsene (18 bis 29 Jahre) sind die besten Kunden: 43 Prozent besuchen die Malls »sehr häufig« oder »ziemlich häufig«. Nur: Laut US-Census Bureau wird die Anzahl der Amerikaner unter dreißig Jahren in den neunziger Jahren um 10 Prozent zurückgehen. Nur 27 Prozent der älteren Menschen ab sechzig Jahren gehen »sehr« oder »ziemlich« häufig zum Shopping in ein großes Einkaufszentrum – diese Gruppe aber wird im laufenden Jahrzehnt um 8 Prozent wachsen.

Fabrikverkaufszentren

Fabrikverkaufszentren oder Factory Outlets sind das Segment mit dem größten Wachstum im Einzelhandel. Mittlerweile gibt es in den USA über 300 solcher Zentren gegenüber nur 32 im Jahr 1982, und sie beherbergen über 8 500 Geschäfte. Alleine 1990 und 1991 eröffneten über hundert Zentren oder standen kurz davor.
Bis 1996 werden voraussichtlich noch weitere 300 Zentren hinzukommen, so daß ihre Zahl sich insgesamt auf 600 belaufen wird, schätzt Dawn Frankfort in *Value Retail News*. Er ist der Autor von *The Joy of Outlet Shopping*, in dem er die interessierten Käufer auf die besten Fabrikverkaufszentren aufmerksam machte. Das Buch ging 75 000mal über den Ladentisch.
Das deutsche Pendant zu diesem Buch ist unter dem Titel *Schnäppchenführer* (einzelne Bände zu den verschiedenen Bundesländern) auf den Markt gekommen. Bundesweit nennt Heinz Waldmüller – Autor beziehungsweise Herausgeber der Reihe – rund 760 Adressen von Fabrikverkaufsstellen, die Rabatte bis zu 50 Prozent gewähren. Seit Erscheinen des ersten Bandes im April 1992 sind rund 300 000 Exemplare des *Schnäppchenführers* verkauft worden. Anders als in den Staaten gibt es in Deutschland jedoch keine regelrechten Fabrikverkaufszentren, sondern lediglich Direktverkaufsstellen einzelner Firmen.
Die Zentren in den USA erzielten 1991 Umsätze von 9 Milliarden Dollar. Das ist natürlich nur ein Bruchteil der Gesamtumsätze im Einzelhandel, aber neben den zweistelligen Wachstumsraten müssen die meisten Einzelhändler vor Neid erblassen.

In deutschen Statistiken sind die Umsätze aus Lager- beziehungsweise Fabrikverkäufen nicht gesondert aufgeführt, weshalb sich diesbezüglich keine Angaben machen lassen. In Anbetracht des »Schnäppchenfiebers« (Heinz Waldmüller), das hierzulande mittlerweile ausgebrochen ist, sind für Deutschland jedoch vergleichbare Umsatzentwicklungen zu erwarten.
Wie sehen nun die Kunden aus, die kostengünstige Fabrikverkaufsware suchen?

- Der Fabrikverkaufskunde »hat eine Vorliebe für Markenprodukte, und er spart gerne«, meint John Morton von Total Research Corporation, einem Marktforschungsunternehmen in Princeton. Diese Beschreibung dürfte wohl auf viele Menschen zutreffen.
- Das Fachblatt *Value Retail News* berichtet, daß in den Vereinigten Staaten fast 40 Prozent der Kunden von Factory Outlets über ein Jahreseinkommen von mindestens 50 000 Dollar verfügen.
- Eine nationale Umfrage bei 2 100 Kunden und Kundinnen in dreizehn US-amerikanischen Fabrikverkaufszentren ergab, daß die Befragten im vergangenen halben Jahr durchschnittlich fünf Zentren besucht hatten und *vorhatten, dies im kommenden halben Jahr mindestens ebensohäufig zu tun.*

»Durch den Fabrikverkauf können die Verbraucher etwa 4 Milliarden Dollar jährlich sparen«, meint Terry Dunham, Herausgeber der *Value Retail News.* Ein weiterer Grund für den Erfolg der Zentren: Ihre Qualität steigt. Manche Geschäfte erhalten die Ware schon bald nachdem sie an die bevorzugten Einzelhändler gegangen ist; und immer mehr räumen auch eine Umtauschmöglichkeit ein. Nordstrom, Woodward & Lothrop und Bloomingdale's haben schon eigene Fabrikverkaufsgeschäfte eingerichtet. Die Hersteller tun es ihnen gleich.
Terry Dunham meint: »Die Fabrikverkaufszentren haben schon immer gewußt, wie sie unter den unterschiedlichsten wirtschaftlichen Gegebenheiten florieren konnten ... aber die Rezession hat ihnen nun geholfen, auch Käufer aus der oberen Preisklasse abzuziehen.«
Reading in Pennsylvania, der Geburtsstadt des Fabrikverkaufs, war 1990 das Ziel von acht Millionen Käufern. Freeport in Maine war früher einmal nur als Heimatstadt von L. L. Bean bekannt und

rühmt sich nun Dutzender von Fabrikverkaufsgeschäften. Es gibt Outlets in Rockford, Michigan, in Lake Havasu City, Arizona, und in Boaz, Alabama.
Robert Carson, Geschäftsführer des Harmon Cove Outlet Center, eines gigantischen Komplexes mit vier Einkaufszentren in Secaucus, New Jersey: »Der Ansturm war überwältigend ... Alleine unser Fabrikverkaufszentrum wird von 40 000 bis 50 000 Kunden und Kundinnen pro Woche besucht.«

Teleshops

»Während die Einzelhändler sich fragten, wo die Kunden blieben, liefen bei uns die Leitungen heiß«, erzählt Joseph Segel, Gründer und Vorsitzender des QVC-(Quality, Value, Convenience-)Kabelkanals. Segel gehörte zu den ersten, die erkannten, daß Shopping auch in die Unterhaltungsindustrie integriert werden konnte. QVC ist 24 Stunden am Tag auf Sendung und wird in über vierzig Millionen Haushalten empfangen, so die Zeitschrift *Forbes*. Zum 31. Januar 1992 belief sich der Umsatz auf etwa eine Milliarde Dollar.
Das Teleshopping hat in den USA ein jährliches Volumen von 1,5 Milliarden Dollar, das sich bis 1993 verdoppeln dürfte. Eine Zeitlang gab es einmal dreißig derartiger Kanäle, aber mittlerweile sind nur noch drei übriggeblieben: J. C. Penny, das QVC Network und das Home Shopping Network.
70 Prozent der Kunden von QVC sind »Frauen, die für ihre Familie sorgen müssen, Karrierefrauen, die abends froh sind, wenn sie zum Einkaufen nicht wieder aus dem Haus gehen müssen, und Frauen aus ländlichen Gebieten, die nicht so viele Einkaufsmöglichkeiten haben«, erklärt Ellen Langas Campbell, zuständig für Verbraucherangelegenheiten bei QVC. In privater Runde verraten die Führungskräfte, daß ein großer Teil des Umsatzes bei Damenbekleidung mit Übergrößen erzielt wird – vermutlich, weil den Frauen die Anprobe zu Hause mehr behagt.
Der Computer macht ein sofortiges Feedback möglich: Als der QVC-Kanal Royal-Doulton-Tassen für 29,97 Dollar anbot, wurden innerhalb von vier Minuten 633 Stück verkauft. Niemand mußte Tage, Wochen oder gar Monate auf die Umsatzzahlen warten, wie es bei den meisten Einzelhändlern der Fall ist.

»Es ist eine konsequente Entwicklung«, meint Bob Langford, President des J.-C.-Penny-Kanals. »Es fing an mit der Hauptstraße am Wohnort, dann kamen die Einkaufszentren, darauf die Kataloge, und jetzt ist es das Fernsehen. Im kommenden Jahrzehnt, so glauben wir, werden immer mehr Verbraucher die Chancen nutzen, die ihnen die Telekommunikation zum Einkauf bietet.«
In Deutschland steckt das Teleshopping noch in den Anfängen, weist aber bereits jetzt beachtliche Erfolge auf. An einen eigenen Teleshopping-Kanal ist hierzulande noch nicht zu denken, aber die privaten Sender (RTL, Pro 7, Tele 5) integrieren Direktverkaufsangebote in ihre morgendlichen Ausstrahlungen. Lag 1988 der Anteil der Aufwendungen für Teleshopping-Kampagnen bei 2,6 Prozent am Gesamtvolumen der Direktmarketing-Investitionen, so wird sich dieser Anteil angesichts einer Wachstumsrate von 360 Prozent jährlich rasch vergrößern. Unter den Bestellern dominieren die Frauen mit einem Anteil von 61,5 Prozent.

Versandhäuser

Von Kunstreproduktionen bis zu Bluejeans, von CDs und Computern bis hin zur Designerkleidung kann man heute praktisch alles aus dem Katalog bestellen.
Der Versandhausboom hat viel mit den Entwicklungen in der Telekommunikation zu tun, die wir in *Megatrends 2000* beschrieben haben. Elizabeth Sherwood verließ das mit Einkaufszentren gepflasterte Los Angeles und ließ sich in Santa Fe, New Mecico, nieder, das mehr für indianisches Kunstgewerbe als für Designerkleidung bekannt ist. Die Rhodes-Stipendiatin Sherwood ist beigeordnete Direktorin eines amerikanisch-sowjetischen Projekts an der Harvard University (wie gesagt, Arbeitsort und Wohnort müssen nicht mehr identisch sein) und reist fast monatlich nach Moskau.
»Mit den Katalogen kann ich einkaufen, wo ich will: zu Hause in Santa Fe, in einem Hotel in Cambridge oder um Mitternacht in einem Flugzeug nach Moskau«, sagt Sherwood, die bei Dutzenden von Versandhäusern Kundin ist.

- Die Versandhausumsätze erreichten 1990 in den USA die Schallgrenze von 200 Milliarden Dollar, gegenüber 82 Milliarden Dollar im Jahr 1980.

- Etwa 96 Millionen Amerikaner haben 1991 einen Einkauf in den eigenen vier Wänden getätigt, gegenüber 57 Millionen im Jahr 1983.
- Versandhäuser in den USA verschicken jährlich knapp vierzehn Milliarden Kataloge, in Deutschland rund 3,3 Milliarden.
- Von 1986 bis 1991 ist der Umsatz der deutschen Versandhäuser von 24 auf 36 Milliarden jährlich gestiegen, wozu allerdings — das muß bei diesen Zahlen bedacht werden — die Käufer aus den neuen Bundesländern einen nicht unerheblichen Teil beigetragen haben.
- Allein im Jahr 1991 konnten hierzulande sechzehn Millionen Neukunden gewonnen werden. Das entspricht einem Bevölkerungsanteil von 20 Prozent.
- Zwei Drittel der Versandhauskunden in Deutschland sind Frauen, und davon wiederum ist der Großteil berufstätig.
- 40 Prozent der in Deutschland verkauften Waren sind Textilien.

Die chaotische Verkehrssituation in den meisten Innenstädten, lange Anfahrtszeiten für Frauen aus ländlichen Gegenden, sehr ungünstige Öffnungszeiten im Einzelhandel und die Vorzüge des Einkaufens im Wohnzimmer werden diesen Trend zum Kauf per Post oder Telefon weiterhin fördern. »Das Versandhausgeschäft ist Teil eines umfassenderen Kulturtrends«, meint Jay Walker von Catalog Media Corporation, ein Katalogvertreiber, »die Leute haben keine Zeit, und sie wollen selbstbestimmter leben.«

Noch mehr neue Möglichkeiten

Eine wachsende Zahl von Kunden hat in den USA schon eine Alternative zum herkömmlichen Versand gefunden. Sie bestellen nicht per Post, und sie erhalten die Ware auch nicht per Post. Sie faxen einfach ihre Bestellung und erhalten die gewünschten Artikel durch Federal Express zugeschickt.
Mit einem Computer und einer geeigneten Schnittstelle können sie über 50 000 Artikel einschließlich Kleidung von Spiegel und J. C. Penny einkaufen (wenn ihnen danach ist, können sie auch Aktien kaufen und verkaufen, sie können Reisen buchen oder mit Fluggesellschaften kommunizieren, Rechnungen bezahlen, den Kontostand abfragen und Überweisungen tätigen.

Givenchy und Round the Clock bieten eine gebührenfreie Telefonnummer an, über die beispielsweise Strumpfhosen bestellt werden können, die schon am nächsten Tag ins Büro geliefert werden.

Wie kommt wieder Leben in die Einkaufszentren?

Die großen Shopping Center müssen sich gegen die Konkurrenz der Fabrikverkaufszentren, der Versandhäuser und der Teleshops behaupten – und jetzt auch noch gegen gebührenfrei georderte Strumpfhosen. Immerhin bleiben sie nicht untätig. Die Betreiber haben beispielsweise die Bedürfnisse der Mall Walker erkannt, die ihren Gehsport im großen Einkaufszentrum betreiben, und die Öffnungszeiten vorverlegt. So können die Fitneßfreaks sich im Vorbeigehen die Schaufenster ansehen, und die Einzelhändler hoffen, daß sie zurückkehren.
»Ich sehe mir gern die Leute an. Da, wo ich wohne, traue ich mich nicht, alleine auf die Straße zu gehen«, erzählt Ruth Dixon aus Brentwood, New York. Sie legt täglich vier Meilen im South Shore Mall in Bay Shore auf Long Island zurück.
Die National Organization of Mall Walkers berichtet, daß im vergangenen Jahrzehnt 80 Prozent der Einkaufszentren mit festen Öffnungszeiten ihre Tore morgens früher öffneten.

Mall Walking – im Laufschritt durchs Einkaufszentrum

In den vergangenen Jahren haben sich in einer Vielzahl von Einkaufszentren Mall-Walker-Vereine gebildet, deren Mitglieder meist ältere Menschen sind. »In vielen Einkaufszentren in den Vereinigten Staaten gibt es eine Mall-Walker-Gruppe«, berichtet Don Pendley, Public-Relations-Leiter des International Council of Shopping Centers. Im Wheaton Plaza in Maryland beispielsweise frönen 2000 Mall Walkers frühmorgens ihrem Vergnügen. In den meisten Ladenzentren tauchen täglich zwischen 30 und 150 Mall Walkers auf.

- Avia Athletic Footwear hat einen Gehschuh auf den Markt gebracht, der eigens entwickelt wurde, »um zusätzlichen Halt auf dem glatten Bodenbelag der Einkaufszentren zu geben« und um »den Vorwärtsschub des Körpers optimal zu nutzen«.

- In der Crossroads Mall in Boulder, Colorado, wurden Übungsstationen für Mall Walkers eingerichtet, an denen sie Dehn- und Streckübungen machen können.
- »Das Einkaufszentrum nimmt Ihnen praktisch jede Ausrede, nicht zu gehen«, meint Ben Beres, ärztlicher Direktor im Quincy City Hospital in Massachusetts.

»Keine Steigungen, keine Hunde, keine Bordsteine«, schwärmt Carmen Campagnoli, 73 Jahre alt, aus McLean, Virginia. Sie geht zweimal wöchentlich drei Meilen in der Balston Commons Mall. »Ich treffe immer jemanden, mit dem ich reden kann«, fügt sie hinzu. Aus dem nahe gelegenen Airlington Hospital kommen einmal monatlich Ärzte und bieten Blutdruckmessungen an.
Die 58jährige Molulela Monyake meint: »Hier fühle ich mich sicher. Man hört so viel über die Kriminalität auf den Straßen oder in einsamen Gegenden. Außerdem stört mich hier kein Autoverkehr.«
Jean Addison, 58 Jahre alt, sagt, daß sie nur selten in die Columbia Mall in Columbia, Maryland, zum Einkaufen ging – bis sie anfing, an fünf Tagen in der Woche Mall Walking zu betreiben. »Jetzt kaufe ich hier viel ein, weil ich so oft hier bin. Ich halte nach Sonderangeboten Ausschau.«

Die Neuerfindung des Einkaufszentrums in den neunziger Jahren

Im Einzelhandel und beim Verbraucher hat sich zwischen 1920 und 1960 vieles geändert. Niemand hat jedoch damit gerechnet, daß die Mega-Einkaufszentren, ein Produkt der achtziger Jahre, schon in den Neunzigern an akutem Käufermangel leiden. Die geringe Anzahl der Menschen, die werktags zwischen 10 Uhr und 17 Uhr Zeit zum Shopping haben, läßt die Größe und Aufwendigkeit dieser Zentren in den USA kaum noch gerechtfertigt erscheinen. Sollten die Bauträger und Einzelhändler tatsächlich gigantische Summen an potentielle Dinosaurier verschwendet haben?
Wenn die Situation der Einkaufszentren in den neunziger Jahren verbessert werden soll, müssen die teuren Prestigeobjekte in benutzerfreundliche, vielseitige, belebte Treffpunkte verwandelt werden. Mit der Durchführung von Veranstaltungen, der Einladung berühm-

ter Persönlichkeiten und mit Antikshows haben die Verantwortlichen schon Schritte in die richtige Richtung unternommen.
Langfristig kann man den Megazentren nur empfehlen, die Funktion der Marktplätze im alten Griechenland oder der großen Plätze von Zünften und Kaufleuten im Mittelalter zu übernehmen. Die Ladenpassagen müssen Sammlungsort für vielfältige Zwecke und Interessen werden. Wer gerne das Treiben um sich herum beobachtet, wünscht sich Restaurants, die ähnlich wie Cafeś integriert werden. Kinos, Weight Watchers, Gesundheitsinstitute, Zahnärzte, Aerobics, ein besonderer Parkservice für Senioren — all das wird die Einkaufszentren wieder attraktiv machen.
Sehr wichtig ist es, etwas für die Eltern zu tun, da Kinder beim Einkaufen selten ein Muster an Geduld sind. Denkbar sind Angebote für Schulkinder, die unterdessen etwa zum Zahnarzt oder zur Klavierstunde gehen können. In manchen Zentren werden auch schon Kinderbetreuungsdienste angeboten. American Cartoon Theaters gibt in manchen Shopping Malls Kindervorstellungen — schon für manche Mutter wurde so die Auswahl eines neuen Kostüms zu einem angenehmen Erlebnis.
Inwieweit haben die Modebranche, die Medien, die über sie berichten, und der Einzelhandel mit den veränderten Bedürfnissen ihrer Kundinnen Schritt gehalten, von denen letztendlich ja ihre Existenz abhängt?
In den vergangenen beiden revolutionären Jahrzehnten sind die amerikanischen Frauen zu einer ebenso wichtigen Gruppe der Erwerbstätigen geworden wie die Männer. Dies ist eine umwälzende Veränderung, deren Folgen die Gesellschaft erst noch verdauen muß. Wertvorstellungen, finanzieller Status, Familienleben und Freizeitverhalten der Frauen — nichts ist so geblieben, wie es einmal war.
Mode und Einzelhandel haben Anfang der neunziger Jahre über rückläufige Umsätze geklagt. Das Problem ließ sich ihrer Meinung nach mit einem einzigen Wort beschreiben: Rezession. Wie viele Modeschöpfer oder Einzelhändler haben sich aber gefragt, ob *sie* nicht mitschuldig waren?
Natürlich haben Frauen, die arbeitslos oder von Arbeitslosigkeit bedroht sind, andere Sorgen als den nächsten Einkaufsbummel. Aber das erklärt die Misere bei weitem nicht.

Wenn die Rezession der einzige Grund wäre, wie ließe sich dann der Boom im Versandhaushandel, in der Übergrößenkleidung oder in den Zweitlinien der Designer erklären? Diese Entwicklungen haben ja unbestreitbar stattgefunden.
Wie kommt es, daß Donna Karan solche Erfolge feiert, daß sie sogar nach Mailand gehen will? Wie kommt es, daß Teleshops, über die die Einzelhändler anfangs noch die Nase rümpften, ihre Umsätze in den USA bis 1995 wahrscheinlich verdoppeln? Wie konnte Gap, die zweitstärkste Kette in den USA, im letzten Dreivierteljahr 1991 die Umsätze um 21,7 Prozent steigern?
Die Mode- und Einzelhandelsbranche hat durchaus Grund zur Hoffnung: Die überwiegende Zahl der Frauen *hat* einen Job und verdient mehr Geld als je zuvor. Frauen um die Vierzig besetzen in den neunziger Jahren immer mehr Führungspositionen und legen gesteigerten Wert auf ein angemessenes äußeres Erscheinungsbild. Aber sie werden dem Modediktat der männlichen Designer nicht mehr folgen, die jahrzehntelang die Damen der feinen Gesellschaft angezogen haben. Die Frauen zwischen zwanzig und dreißig tun das erst recht nicht.
Dieses Buch dokumentiert, welch dramatische Veränderungen sich in den vergangenen zwei Jahrzehnten bei den Frauen in puncto Mode vollzogen haben. Sie verlangen heute von der Designerzunft nicht mehr und nicht weniger, als ernst genommen zu werden. Die klügeren Vertreter und Vertreterinnen der Branche nehmen sich das zu Herzen.

8 Zurück zur Geborgenheit – Die Mehroptionenfamilie

Es besteht kein Zweifel: Der allgemeine Aufbruch der Frauen in die Berufstätigkeit hat die Institution der Familie schwer erschüttert. Arbeitgeber und Staat ließen die Eltern mit ihrem dringendsten Problem im Regen stehen: Wohin mit den Kindern? Mit dem Erstarken der Frauenbewegung trauten sich auch mehr Frauen als früher, eine Ehe zu beenden, in der sie unter ihrer wirtschaftlichen Abhängigkeit gelitten hatten. Natürlich gab es noch viele andere Gründe für die steigenden Scheidungszahlen, aber das Ergebnis blieb sich gleich: noch mehr zerrüttete Familien.

Berufstätige Mütter. Scheidung. Zuwenig Kinderbetreuungsangebote. Kinder, die in Armut aufwachsen, weil ihre Väter sich aus dem Staub machen und keinen Unterhalt zahlen. Familien mit Stiefkindern. Paare, in denen beide Partner Karriere machen. Überarbeitung. In den vergangenen zwei Jahrzehnten gab es wahrhaftig genügend Grund – für notorische Schwarzseher ebenso wie für objektive Beobachter – zur Behauptung, daß die Institution der Familie sich auflöse und die Gesellschaft dabei den kürzeren ziehe.

Wenn es der Familie schlechtgeht, sind vor allem die Kinder die Leidtragenden. Sie vermissen Liebe, Geborgenheit, Wertmaßstäbe, Rollenvorbilder. An Rezepten zur Behebung der Krise mangelt es heutzutage nicht. Die Rechte würden die Frauen am liebsten an den Herd zurückschicken, wo sie sowieso hingehören; die Linke macht den Staat zum Sündenbock und verlangt ein flächendeckendes und kostenloses Angebot an staatlicher Kinderbetreuung.

Marijean Hall, Präsident von Parent Action, vertritt einen anderen Ansatz: »Wir müssen versuchen, die Präsenz der Frauen im Berufsleben und die Frauenbewegung so zu kombinieren, daß eine neue Familienbewegung daraus entsteht. Auf keinen Fall dürfen wir das Rad der Geschichte zurückdrehen.«

Wir glauben, daß Eltern nicht Ideologien, sondern Optionen brauchen.

Da es kein vorherrschendes Modell mehr gibt, wie eine Familie auszusehen hat, kann man auch keine Patentrezepte für die Lösung ihrer derzeitigen Krise aufstellen.

Heute entsprechen gerade noch 10 Prozent aller Familien dem traditionellen Bild – Hausfrau, Ehemann als Brötchenverdiener plus Kinder. Die **Mehroptionenfamilie** bestimmt statt dessen die Szene und läßt keine Wünsche offen: verheiratete Paare mit Kindern, Familien mit Stiefkindern, alleinerziehende Mütter und Väter, lesbische Paare, adoptierte Kinder, Hausmänner – die Liste ließe sich fortsetzen.

Für eine Frau gibt es weder einen »moralisch« noch einen politisch richtigen Weg, um ihre Verantwortung für die Familie zu erfüllen. Die eine gibt ihren Beruf auf, um sich ganz den Kindern zu widmen, die andere entscheidet sich für eine Tätigkeit, die sie von zu Hause aus betreiben kann. Viele organisieren irgendeine Form der Betreuung und arbeiten ganztags. Diese Beispiele aber geben noch nicht einmal ansatzweise wieder, in wie viele verschiedene Richtungen sich die Institution Familie heute schon bewegt.

Eins jedoch ist gewiß: Frauen sind eine kritische Masse in Industrie und Wirtschaft geworden. Im Jahr 2000 wird knapp die Hälfte der Erwerbstätigen weiblich sein, und über 80 Prozent der Frauen zwischen 25 und 54 Jahren werden arbeiten. Heute schon sind in den USA 53 Prozent, in Deutschland 1,3 Millionen Frauen mit Kleinkindern berufstätig (gegenüber 38 Prozent im Jahr 1980 in den USA und 950 000 in Deutschland – letzteres immerhin eine Zunahme von 37 Prozent in wenig mehr als zehn Jahren).

Darüber hinaus gilt: Je besser die Ausbildung, desto höher ist die Wahrscheinlichkeit, daß eine Frau ihren Beruf ausübt. 68 Prozent der College-Absolventinnen sind erwerbstätig, ebenso wie 68 Prozent der deutschen Hochschulabgängerinnen. Im Gegensatz dazu beträgt der Erwerbstätigenanteil unter Frauen mit einer einfachen Lehre in Deutschland nur 35 Prozent, unter den Hauptschulabgängerinnen ohne Berufsausbildung sogar nur 32 Prozent.

Auf diese eindeutigen Zahlen hat das Umfeld, in dem sich diese Veränderungen vollzogen haben, lange Zeit nicht reagiert. Das Feuerwerk an sozialen Neuerungen, das man hätte erwarten können, blieb aus. Die Arbeitgeber zogen es vor, am Status quo festzuhalten und so zu tun, als hätten ihre Beschäftigten weder Ehepartner noch Kinder.

Millionen von Eltern mußten sich deshalb selbst etwas einfallen lassen, um den Bedürfnissen ihrer Familie gerecht zu werden. In manchen Fällen bestand die Möglichkeit, eine Teilzeitbeschäftigung anzunehmen, sich einen Arbeitsplatz in den eigenen vier Wänden zu schaffen oder dank der Möglichkeiten der Telekommunikation den Arbeitsplatz tageweise vom Büro ins häusliche Arbeitszimmer zu verlegen. Aber wenn die Familie wieder ins Zentrum unseres Lebens rücken soll, brauchen die Eltern Hilfe. Die Wirtschaft und der Staat müssen ihren Teil dazu beitragen, damit ihre Sonntagsreden glaubhaft werden, in denen sie immer wieder einen Satz beschwören: Die Förderung der Familie liegt im besten Interesse der Gesellschaft.

Die Notwendigkeit neuer Lebensformen und umfangreicherer Unterstützung steht also fest. Gleichzeitig ist deutlich geworden, daß die Familie schon heute in eine neue Phase ihrer Entwicklung eingetreten ist: **Die Menschen besinnen sich darauf, wie wichtig die Familie ist, und lernen ihre Werte wieder schätzen.**

Eine wahre Flut an Untersuchungen, Umfragen und Studien, von denen wir nur wenige zitieren können, belegt unsere Aussage. Viele Eltern, die in den vergangenen Jahren permanent überarbeitet waren, möchten einen Schlußstrich unter dieses Leben ziehen. **Das neue Statussymbol der neunziger Jahre wird das Maß an Freizeit sein, die mit der Familie verbracht wird.**

Es gibt also positive Nachrichten: Eltern wünschen sich freie Zeit, um sie der Familie zu widmen. Frauen, die es sich leisten können und den Wunsch dazu verspüren, haben heute genügend Selbstvertrauen, um ihre Karriere für ein paar Jahre zu unterbrechen. Viele kleine und große Unternehmen haben sich schon einiges einfallen lassen, um sich mit den Anforderungen der Familien ihrer Beschäftigten verantwortungsvoll und kreativ auseinanderzusetzen. Die Väter rücken stärker ins Bild. **Ein überwältigendes Beweismaterial belegt, daß Kinder von berufstätigen Frauen sich ebensogut oder sogar besser entwickeln als die von Hausfrauen.** In vielen Familien wird großer Wert auf eine gemeinsame Mahlzeit täglich gelegt.

Wir glauben, daß die Familie sich nach Jahrzehnten der Zerrüttung auf eine neue Ära der Stabilität zubewegt. Die Familie ist wichtiger denn je. Wir merken, wie sehr wir einander brauchen.

Die Mehroptionenfamilien

»Die typische amerikanische Familie hat sich von Grund auf gewandelt«, meint Norman Epstein, Soziologe an der University of Maryland. »In unserer Gesellschaft gibt es so viele verschiedene Formen des Zusammenlebens wie noch nie.«

Zunächst einmal **sind die Familien kleiner geworden**. 1950 bestand eine Familie noch aus durchschnittlich 3,5 Personen. Heute (1990) sind es in den USA 2,6 Personen – mit sinkender Tendenz. In Deutschland liegt die Quote noch niedriger. Für 1990 wurde sie mit 2,38 Personen beziffert.

Außerdem **gibt es mehr Familien mit nur einem Elternteil**. 1970 bestanden 40 Prozent der US-amerikanischen Haushalte aus verheirateten Paaren mit Kindern unter achtzehn Jahren. 1990 war diese Zahl auf 26 Prozent zurückgegangen, weil die Anzahl der Alleinerziehenden zugenommen hatte.

Alleinerziehende Mütter

»Es gibt zwar immer mehr neue Haushalte, aber das heißt nicht, daß es sich dabei um Familien im traditionellen Sinn handelt«, erklärt Linda Waite, Soziologin bei der RAND Corporation.

1990 gab es in den USA fast zehn Millionen Alleinerziehende, das sind über 40 Prozent mehr als 1980. Etwa achteinhalb Millionen davon waren alleinerziehende Mütter.

Auch in Deutschland wächst die Zahl der Alleinerziehenden. Allerdings nicht so dramatisch wie in den USA, ist sie doch hierzulande von 1980 auf 1990 nur um 16 Prozent gestiegen. Genaugenommen ist die Zunahme sogar noch geringer. Betrachtet man nämlich die Zahlen der Alleinerziehenden mit minderjährigen Kindern, so ist hier nur ein Anstieg von 8,4 Prozent zu verzeichnen: 1980 waren es 868 000, 1990 etwa 941 000. Davon waren allerdings 811 000 Frauen, womit der Anteil der alleinerziehenden Mütter in Deutschland 1 Prozent höher ist als in den USA.

Aber diese Entwicklung verlangsamt sich nun. Während die Zahl der alleinerziehenden Mütter in den USA in den siebziger Jahren noch um 82 Prozent zunahm, stieg sie in den achtziger Jahren um nur 35 Prozent.
Zum Vergleich: In Deutschland stieg die Zahl der alleinerziehenden Mütter in den siebziger Jahren um 17 Prozent, in den achtziger um 11 Prozent. Seit 1987 nimmt sie sogar geringfügig ab. So gab es 1990 3 Prozent weniger alleinerziehende Frauen als in 1986.
Die Zahl der geschiedenen Mütter wuchs in den achtziger Jahren in den USA jährlich um 1,6 Prozent, gegenüber 9 Prozent jährlich in den Siebzigern.
Jedes vierte Kind – und 60 Prozent aller schwarzen Kinder – wächst heute bei einem Elternteil auf. Das ergibt eine Zahl von etwa sechzehn Millionen. Bevölkerungsforscher sagen voraus, daß im Jahr 2000 die meisten Kinder unter achtzehn Jahren einen Teil ihrer Kindheit mit einem Elternteil verbringen.

Arme Frauen und zahlungsunwillige Väter

Jedes fünfte Kind lebt heute in Armut. Ein Drittel der von Frauen geführten Haushalte gilt als arm. 1987 gab es in den USA 2,6 Millionen Frauen, die nie geheiratet hatten und Kinder unter 21 Jahren zu versorgen hatten. Nur 20 Prozent von ihnen erhielten Unterhalt für sie. Gut 15 Prozent der Sozialhilfeempfänger in Deutschland sind alleinstehende Frauen mit Kindern.
Sollte man die Sozialversicherungsnummer der Väter auf der Geburtsurkunde eintragen, damit die Regierung gegebenenfalls den säumigen Unterhalt eintreiben kann? Wenn die Väter nicht zahlen, werden Sie als Steuerzahler es tun.

Familien mit Stiefkindern

»Wir alle müssen unsere Vorstellung darüber revidieren, wie eine Familie aussehen sollte«, meint Mala Burt, Therapeutin in Baltimore und ehemalige Präsidentin der Stepfamily Association of America, einer seit dreizehn Jahren bestehenden Gruppe mit 67 Ortsgruppen in 21 Staaten.

- 1991 wurden in den USA 7,3 Millionen Kinder in eine neue Ehe mitgebracht, gegenüber sechs Millionen im Jahr 1980.

- 16 Prozent aller Kinder in Familien mit verheirateten Paaren sind Stiefkinder.
- Im Jahr 2010 wird ein Drittel aller verheirateten Paare ein Stiefkind oder ein adoptiertes Kind aufziehen.

Alleinerziehend aus freier Entscheidung und spätes Mutterglück

In den USA adoptieren immer mehr unverheiratete alleinstehende Frauen ein Kind – was in Deutschland nicht möglich ist – oder bringen ein eigenes Kind zu Welt. 1989 wurden über 100 000 Kinder geboren, deren Mütter zwischen 30 und 34 Jahre alt und unverheiratet waren – das sind *sechsmal* soviel wie 1979. In beiden Jahren hatten 30 Prozent der Mütter eine College-Ausbildung.

In Deutschland hat der Anteil der Frauen, die im Alter zwischen 30 und 34 ihr erstes Kind bekamen, von 1979 auf 1989 um 60 Prozent zugenommen. Dieser Trend läßt sich wohl mit immer längeren Ausbildungszeiten und dem Bestreben der Frauen, vor dem ersten Kind im Beruf Fuß zu fassen, erklären. Wie viele von diesen Frauen de facto alleinstehend sind, läßt sich jedoch nicht mit Sicherheit sagen. Schließlich werden mittlerweile viele Kinder in »wilden Ehen« geboren, die vom Bundesamt für Statistik naturgemäß nicht erfaßt werden. Vermutlich gibt es aber auch hierzulande eine ganze Reihe von Frauen, die, auch wenn sie alleinstehend sind, nicht auf ein Kind verzichten wollen.

Jane Matters, 48 Jahre alt und Psychotherapeutin in New York City, erzählt, daß sie das Gefühl hatte, eine »Pionierin« zu sein, als sie 1980 beschloß, ein Kind ohne Ehemann zu bekommen. »Mir wurde klar, daß ich nicht kinderlos bleiben wollte«, sagt sie. Sie gründete Single Mothers by Choice, eine Vereinigung, in der sich 1 500 berufstätige unverheiratete Mütter aus dem ganzen Land zusammenschlossen. Es ist keine Interessengruppe, denn die Hälfte der Mitglieder will ihre Kinder nicht auf Dauer alleine aufziehen.

Zwischen 1984 und 1988 hat sich die Zahl der über 40jährigen Frauen, die ihr *erstes* Kind zur Welt brachten, in den USA verdoppelt, geht aus den Zahlen des National Center for Health Statistics hervor. In Deutschland sieht es nicht viel anders aus. Auch hier hat sich die Zahl in den vergangenen zehn Jahren um 54,63 Prozent erhöht, und zwar von 653 im Jahr 1980 auf 1008 in 1990. Demgegenüber hat die Gesamtzahl der Geburten nur um 17,16 Prozent zugenommen.

Spät heiraten, ein zweites Mal heiraten, gar nicht heiraten

1990 waren die US-amerikanischen Männer bei der ersten Eheschließung durchschnittlich 26 Jahre und Frauen 24 Jahre alt. Das ist *das höchste Heiratsalter seit 1890*, als diese Daten zum ersten Mal erhoben wurden. Noch im Jahr 1970 lag das Durchschnittsalter der Frauen bei 20,6 Jahren, das der Männer bei 22,5 Jahren. In Deutschland liegt das derzeitige Durchschnittsalter von Männern bei 28,4 Jahren, gegenüber 25,6 im Jahr 1970. Das Durchschnittsalter von Frauen lag 1990 bei 25,9 Jahren, gegenüber 23,0 in 1970. Der Trend geht also auch hierzulande dahin, immer später zu heiraten, wobei das durchschnittliche Heiratsalter der Deutschen sowieso rund zwei Jahre höher liegt als das der Amerikaner.

Wenn Sie Kinder haben, kann »verheiratet und Kinder« heute bedeuten, daß es erwachsene Kinder sind. Der Prozentsatz der erwachsenen Kinder (zwischen 18 und 24 Jahren), die noch zu Hause leben, ist von 43 Prozent im Jahr 1969 auf 53 Prozent im Jahr 1990 gestiegen. Da sehnen sich manche Eltern nach den guten alten Zeiten zurück, in denen die Kinder schon mit 22 Jahren einen eigenen Hausstand gründeten.

Fast die *Hälfte* der 2,4 Millionen US-amerikanischen Eheschließungen im Jahr 1990 geht auf das Konto von Paaren, bei denen mindestens ein Partner schon einmal verheiratet war. 1970 waren es nur 31 Prozent gewesen. Von den 830000 Deutschen, die sich 1990 trauen ließen, hatten rund 20 Prozent eine oder mehrere Ehen hinter sich.

Die Anzahl derjenigen, die *ledig* bleiben, hat sich in den USA verdoppelt, nämlich von 5 Prozent in den fünfziger Jahren auf heute 10 Prozent. Fast 23 Millionen Menschen leben alleine.

Die Zahl der Single-Haushalte wird für Deutschland derzeit mit 11858000 beziffert; das entspricht knapp 15 Prozent der Gesamtbevölkerung. Im Jahr 1950 waren es weniger als halb so viele, nämlich 6,5 Prozent.

Paare ohne Trauschein

1990 lebten in den Vereinigten Staaten in drei Millionen Haushalten Paare ohne Trauschein zusammen. Ihre Zahl ist gegenüber 1980 um *80 Prozent* gestiegen. Damit ist die sogenannte »wilde Ehe« mittlerweile gesellschaftsfähig geworden. Die Hälfte dieser Paare heiratet früher oder später.
1988 hatte fast die Hälfte der Frauen zwischen 25 und 29 Jahren schon einmal mit einem Partner zusammengelebt, ohne verheiratet zu sein, ebenso ein Drittel der Frauen bis 44 Jahren. Fachleute machen für diesen Aufwärtstrend den höheren Bildungsgrad, die Berufstätigkeit der Frauen und die größere Offenheit der Gesellschaft verantwortlich. Eine Analyse, die in gleichem Maße auch auf deutsche Verhältnisse zutrifft.
»Für die heutige Generation ist alles ganz anders«, meint Barbara Foley Wilson, Bevölkerungswissenschaftlerin am NCHS. »Die Frauen brauchen die Männer nicht mehr als Ernährer. Das ist eine tiefgreifende Veränderung.«

Die Großelternfamilie

Laut US-Census Bureau leben etwa drei Millionen Kinder bei ihren Großeltern, das sind 40 Prozent mehr als in den achtziger Jahren. *U.S. News + World Report* berichtet, daß die Zahl sogar drei- bis viermal höher liegen könnte. 4 Prozent aller weißen Kinder und 12 Prozent der schwarzen Kinder leben bei ihren Großeltern.
Die Gruppe Grandparents as Parents trifft sich monatlich zum Erfahrungsaustausch. Auf nationaler Ebene gibt es über 150 solcher Gruppen, wie etwa Second Time Around Parents in Pennsylvania. Eine Großmutter, die gleich mehrere Enkel aufzieht, meint: »Solange es das Drogenproblem gibt, können sich Großeltern vor der Verantwortung nicht drücken.«
»Sie alle dachten, sie seien die einzigen, die ihr Enkelkind aufziehen und Probleme und Schwierigkeiten haben«, erzählt Tearalla Lee von der Case Western Reserve University, und fügt hinzu, daß Großeltern sehr viel Mitgefühl verdienten. »Sie werden nicht darum gebeten, ihre Enkel großzuziehen. Sie tun es, weil irgend etwas schiefgelaufen ist.«

Scheidung

Die Scheidungsrate hat sich in den USA in den vergangenen Jahrzehnten verdoppelt und ist 1988, 1989 und 1990 wieder leicht zurückgegangen. Jetzt hat sie sich bei 4,7 Scheidungen pro 1 000 Ehen eingependelt.
In Deutschland liegt diese Rate bei 7,5 Scheidungen auf 1000 Ehen fast doppelt so hoch. Seit dem Rekordjahr 1984 mit 130 744 Scheidungen im ehemaligen Bundesgebiet geht die Anzahl der Scheidungen jedoch auch hier langsam zurück. So hat sie zwischen 1990 und 1991 im gesamten Bundesgebiet um 11,9 Prozent abgenommen. Für 1991 bedeutet das 91 808 Scheidungen in den alten Bundesländern und 7 460 in den neuen.
Die Anzahl der Scheidungskinder ist in den USA seit dem Rekordjahr 1981 um 12 Prozent zurückgegangen. Seit den siebziger Jahren waren jährlich eine Million Kinder von der Scheidung ihrer Eltern betroffen. In Deutschland sind es im Durchschnitt 90 000. Von einer rückläufigen Tendenz kann leider kaum gesprochen werden, waren doch in den alten Bundesländern im Jahr 1990 rund 2 000 Kinder mehr betroffen als in 1989.
Heute sind die Kinder aus dem Zeitraum, in dem die Scheidungszahl rapide anstieg, junge Erwachsene. In einem Bericht in der *Newsweek* hieß es: »Manche Fachleute glauben, daß diese jungen Leute, die die schmerzhaften Scheidungen ihrer Eltern miterlebt haben, um den Erhalt ihrer eigenen Ehen viel mehr kämpfen werden.«

Gute Nachrichten für die Familie

Die Umkehr

»Wenn es uns erst damit ist, die ›Familienwerte‹ zu bewahren, müssen wir unsere konsumorientierte Lebenshaltung aufgeben. Überzogene Konsumansprüche sind für die 80-Stunden-Wochen verantwortlich, die viele glauben, ableisten zu müssen«, meint Christopher Lasch, Autor des Buches *Heaven in a Heartless World: The Family Besieged*.
Wir bezweifeln, ob das Konsumdenken der ausschlaggebende Fak-

tor für die vielen Überstunden ist. Hypothekenlasten spielen vielleicht eine größere Rolle. Aber eines kommt in allen Untersuchungen immer wieder zum Ausdruck: Die Menschen werden sich bewußt, daß sie mehr *Zeit, nicht mehr Geld* wollen. Selbst die Workaholics der Babyboomer-Generation stellen nun fest, daß es außer der Arbeit noch andere wichtige Dinge im Leben gibt.

»Viele Babyboomer befinden sich in einem Prozeß der Neuorientierung. Sie bestimmen ihre Prioritäten neu, sie fragen sich, ob all die Opfer, die sie in ihrer Familie aus beruflichen Gründen abverlangt haben, ihren Preis wert waren«, meint William, R. Mattox, Jr., vom Family Research Council in Washington, D.C.

Eine für Robert Half International durchgeführte Umfrage ergab, daß 78 Prozent der Erwachsenen um der Familie willen auch dann flexiblere Arbeitszeiten wählen würden, wenn ihr beruflicher Aufstieg dadurch langsamer vonstatten ginge.

»Leistung und Erfolg sind nicht mehr das Maß aller Dinge«, berichtet Barbara Dafoe Whitehead vom Institute for American Values in New York. »Statt dessen suchen die Menschen ihre Identität und Erfüllung zunehmend in der Familie.«

»Freizeit und nicht Geld wird das Statussymbol der neunziger Jahre sein.«

Wir wiederholen dieses Zitat von John P. Robinson, der das American's Use of Time Project an der University of Maryland leitet, weil es den Werteumschwung so treffend auf den Punkt bringt.

Robinson stellte in seiner Studie für die Hilton Hotels Corporation fest, daß 50 Prozent aller Berufstätigen, unabhängig von ihrem Einkommen, wöchentlich einen unbezahlten Urlaubstag nehmen würden, wenn sie die Möglichkeit dazu hätten. Diese Zahl liegt in der Einkommensgruppe über 30 000 Dollar jährlich sogar bei 70 Prozent.

Für viele Amerikaner – und dieser Trend ist auch in Deutschland feststellbar – ist Zeit heute ebenso wichtig wie Geld. Das bedeutet, daß Arbeitgeber, anstatt für gute Leistungen Gehaltserhöhungen und Prämien zu gewähren, auch flexiblere Arbeitszeitregelungen, Job-sharing-Modelle und mehr Urlaubstage anbieten könnten. Damit würden sie Kosten senken und Gewinne und Produktivität steigern: Ausgeruhte Mitarbeiter leisten mehr.

Eine Projektstudie des B-A-T Freizeit-Forschungsinstituts hat ergeben, daß sich 55 Prozent der deutschen Arbeitnehmer kürzere Arbeitszeiten wünschen, auch wenn sie dadurch weniger verdienen würden. 21 Prozent der Arbeitnehmer wollen weiterhin soviel arbeiten wie bisher, ihre Arbeitszeit jedoch flexibler gestalten können. 22 Prozent wünschen sich einen 4-6-Stunden-Tag, wobei hier der Anteil der Frauen (27 Prozent) gegenüber dem der Männer (17 Prozent) deutlich überwiegt. Und jeder zehnte Berufstätige stellt sich als »Traumjob« eine 2- bis 4-Tage-Woche vor. Insgesamt ist der Ruf nach mehr Freizeit jedoch bei Arbeitern wesentlich größer als bei leitenden Angestellten und Selbständigen. Letztere sind in erster Linie bestrebt, Sinn und Spaß (auch) innerhalb des Arbeitslebens zu finden, und über die Hälfte (69 Prozent) sind sogar überzeugt, sich mehr im Berufs- als im Freizeitleben verwirklichen zu können.

Die Marktforschungsagentur Yankelovich Clancy Shulman stellte fest, daß 1990 in den USA 28 Prozent der berufstätigen Frauen gerne aufgehört hätten zu arbeiten, um mehr Zeit für Kinder und Haushalt zu haben. Da sind fast doppelt soviel wie 1981.

Diese erstaunlichen Zahlen werden von einer Reihe anderer Untersuchungen bestätigt.

Etwa 43 Prozent der angestellten Frauen (zwischen 26 und 45 Jahren) in den USA gehen davon aus, daß sie in den kommenden fünf Jahren weniger arbeiten werden, ebenso 33 Prozent der Männer, ergab eine neuere Umfrage von Gallup.

Aus einem Bericht der *American Demographics* geht hervor, daß 23 Prozent der Frauen und 11 Prozent der Männer aus der Babyboomer-Generation in den nächsten fünf Jahren ihren Beruf aufgeben wollen. Das sind »erstaunliche« Zahlen, heißt es in dem Bericht, denn diese Personen befinden sich eigentlich auf dem Höhepunkt ihres Berufslebens.

Werden die Berufstätigen nun scharenweise aussteigen? Oder sind wir alle so ausgebrannt, daß wir uns gar nicht mehr vorstellen können, die Erfüllung im Beruf sei mit einer glücklichen Familie in Einklang zu bringen?

Vom Kleinunternehmen bis zum Großkonzern müssen die Verantwortlichen in der Wirtschaft sich der Tatsache stellen, daß die überwiegende Mehrzahl ihrer Angestellten Eltern sind, die Optionen und Flexibilität brauchen. Wer die Zeichen der Zeit erkennt und sich dem Wandel nicht mehr widersetzt, wird gute Mitarbeiter halten und Gewinne und Produktivität steigern können.

Weitere gute Nachrichten: Kinder berufstätiger Mütter sind nicht benachteiligt

Die Psychologin Rosalind C. Barnett, wissenschaftliche Mitarbeiterin am Center for Research on Women am Wellesley College, und die Journalistikprofessorin Caryl Rivers von der Boston University haben sich eingehend mit den Forschungsarbeiten über berufstätige Frauen befaßt. Sie kommen zur eindeutigen Schlußfolgerung, daß die Berufstätigkeit für Kinder und Mütter ein positiver Faktor ist. »Die Öffentlichkeit wird dermaßen mit falschen Informationen bombardiert, daß Lebensqualität und Wohlbefinden jeder amerikanischen Frau ernsthaft beeinträchtigt werden«, sagen sie.

Wir wollen die positiven Forschungsergebnisse kurz darstellen, die von den Medien – und nicht nur von diesen – beharrlich ignoriert werden. Lois Hoffman, Psychologe an der University of Michigan, beschäftigte sich mit der Forschung der *letzten fünfzig Jahre* und kam zum Ergebnis, daß Kinder von berufstätigen Müttern sich nicht anders entwickelten als Kinder von Hausfrauen – mit einem Unterschied: Kinder von berufstätigen Müttern »haben weniger geschlechtsspezifische Stereotypen verinnerlicht«, so Hoffman.

Aus einer 1982 durchgeführten Untersuchung der Psychologinnen Cynthia Longfellow und Deborah Belle von der School of Education an der Harvard University ging hervor, daß Kinder berufstätiger Mütter *seltener* verhaltensgestört waren und daß Hausfrauen häufiger Depressionen hatten als berufstätige Frauen.

Eine bezahlte Erwerbstätigkeit hat auch für die Mütter Vorteile: 1990 ergab eine Studie der University of California in Berkeley, an der 140 Frauen über 22 Jahre hinweg teilgenommen hatten, daß Hausfrauen mit 43 Jahren mehr »chronische Beschwerden« hatten und »enttäuschter und frustrierter« waren als die berufstätigen Frauen. Die Berufstätigen waren insgesamt in besserer gesundheitlicher Verfassung, und sie »schienen ihre Rollen erfolgreich zu vereinbaren«.

Barnett und River haben festgestellt, daß verheiratete Frauen in Positionen mit hohem Prestige das höchste Maß an Zufriedenheit und Wohlbefinden haben. Zu einem ähnlichen Ergebnis kommt auch die 1991 in Deutschland veröffentlichte Studie der *Freundin*-Redaktion zum Thema Frauen und Geld. Gegenüber ihren nur verheirateten oder nur erwerbstätigen Geschlechtsgenossinen fühlen sie sich überlegen und im übrigen deutlich freier, da weder einseitig auf den Ehemann noch das Berufsleben fixiert.

»Ich glaube nicht, daß meinen Kindern ein Nachteil daraus entstand, daß ich berufstätig war«, meint Sandra Day O'Connor, Richterin am US-Supreme Court. »Natürlich war nicht immer alles perfekt. Ich habe beispielsweise nie viel Wert auf ihre Kleidung gelegt. Wenn ich mich richtig erinnere, habe ich nur für den ältesten meiner drei Jungen jemals Kleidung eingekauft. Die anderen beiden haben sie dann eben weiter getragen.«

Und die Väter?

1990 waren 36 Prozent der berufstätigen Männer in den USA – insgesamt 24 Millionen – Väter von Kindern unter achtzehn Jahren, in Deutschland 33 Prozent. Die Hälfte von ihnen hatte Kinder unter sechs Jahren.

Es gibt nicht gerade viele Frauen, die angeben, daß ihre Männer die elterlichen Pflichten zur Hälfte wahrnehmen. Aber die Anzeichen mehren sich, daß die Väter von heute sich immerhin *in weit stärkerem Maße* als ihre eigenen Väter mit ihren Sprößlingen beschäftigen.

Unter Psychologen kursiert dafür schon der Ausdruck vom »Vaterhunger«. James Levine, Direktor des Fatherhood Project am Band Street College of Education in New York, meint, daß »viele Männer der Babyboomer-Generation nie eine echte Beziehung zu ihrem eigenen Vater hatten und ihren Kindern eine solche Erfahrung ersparen wollen«.

74 Prozent der Männer würden eine Position, die ihnen genügend Zeit für das Familienleben läßt, einer schnellen Karriere vorziehen. Dies ergab eine Umfrage für Robert Half International aus dem Jahr 1989. Fast die Hälfte von ihnen, nämlich 45 Prozent, würden eine Beförderung aufschieben und dafür der Familie mehr Zeit widmen.

Mit diesen Zahlen ist die kritische Masse schon längst erreicht worden. Die entsprechenden Veränderungen sind aber ausgeblieben,

weil die meisten Männer gezwungenermaßen Geld verdienen müssen. Außerdem hat sich das Umfeld bisher allen Anpassungen beharrlich widersetzt, wie wir in diesem Kapitel noch zeigen werden.

Manche US-amerikanischen Unternehmen gewähren zwar einen Anspruch auf Erziehungsurlaub, aber alte Gewohnheiten sind schwer zu verändern: Aus einer Erhebung von Catalyst ging hervor, daß ganze 114 Unternehmen diesen Anspruch auch den Vätern einräumten. Auf die Frage, wie lange der Erziehungsurlaub der Väter dauern sollte, antworteten 41 Prozent dieser Unternehmen, sie sähen es am liebsten, wenn er gar nicht in Anspruch genommen würde.

Trotzdem meinen Personalfachleute, daß die Anzahl der Männer, die solche Möglichkeiten wahrnehmen, stetig ansteige, auch wenn die absoluten Zahlen noch sehr gering seien. Obwohl in Deutschland seit etlichen Jahren auch Väter gesetzlich berechtigt sind, Erziehungsurlaub zu beantragen, ist ihre Zahl noch verschwindend gering. Von den 308 914 Personen, die 1990 Erziehungsurlaub in Anspruch genommen haben, waren weniger als 1 Prozent Männer. Vermutlich wird dieser Anteil in dem Maße steigen, wie Frauen in höherdotierte Positionen aufrücken.

»Wir haben einen Mitarbeiter in Boulder, Colorado, der nach der Geburt seines Kindes sechs Monate unbezahlten Urlaub nahm«, berichtet James E. Smith, Senior Information Representative bei IBM. »Er erzählte mir, daß andere mittlerweile seinem Beispiel gefolgt seien. Er hat Pionierarbeit geleistet.«

Eine Umfrage beim Konzern DuPont, der ein Jahr Erziehungsurlaub gewährt, macht deutlich, wie stark innerhalb von nur fünf Jahren das Interesse der Männer an familienfreundlichen Regelungen gestiegen ist. Fast zwei Drittel der Männer sprachen sich dafür aus, Müttern oder Vätern freie Tage zu gewähren, wenn ihre Kinder krank wurden. 1986 waren es nur 40 Prozent gewesen. Die Zahl der Befragten, die einen Anspruch auf Erziehungsurlaub befürworteten, stieg von 15 Prozent auf über 30 Prozent.

In Deutschland sind die gesetzlichen Regelungen fortschrittlicher: Freie Tage, wenn ein Kind krank ist, werden in Deutschland fast jedem Arbeitnehmer gewährt. Wie viele pro Jahr, hängt im einzelnen von dem jeweiligen Arbeitsvertrag beziehungsweise Tarifabschluß ab.

Les Sotsky war der erste Mann und der erste Partner in der Anwaltskanzlei Arnold + Porter in Washington, D.C., der in Teilzeit arbeitete. Von Dienstag bis Freitag widmete er sich seinem Beruf, und montags hieß es: »Nur sie und ich«, womit seine Tochter Sophie gemeint war. Nach zwei Jahren arbeitete er wieder voll.

»Es hat sich herumgesprochen, daß es ziemlich aussichtslos ist, sich mit mir zum Mittagessen zu verabreden«, erzählte Don Reynolds, Anwalt für Steuerrecht in Washington, D.C. Viermal wöchentlich war Reynold nämlich schon mit seinen zwei- und vierjährigen Kindern in der Kinderkrippe in der Nähe seines Büros »verabredet«.

In Schweden nahmen nur 2 Prozent der frischgebackenen Väter Erziehungsurlaub, nachdem 1975 ein entsprechendes Gesetz in Kraft getreten war. Jetzt sind es schon über 27 Prozent. Da können die amerikanischen, aber auch die deutschen Väter nicht mithalten. Doch Umfragen und Studien deuten darauf hin, daß die Entwicklung in die gleiche Richtung gehen wird.

Noch mehr Erfreuliches: Gemeinsame Mahlzeiten sind die Regel

»Die Symbolkraft der gemeinsamen Mahlzeit am Familientisch hat sich kaum verändert«, meint Thomas S. Weisner, Professor für Anthropologie an der University of California in Los Angeles. Weisner untersuchte in zwanzig Familien die Rolle des gemeinsamen Abendessens im Familienleben. »Es findet vielleicht nicht mehr täglich statt, aber als kulturelles Ideal besteht es weiter.«

Aus einer Reihe neuerer Untersuchungen und Umfragen geht hervor, daß 70 bis 80 Prozent der Familien abends gemeinsam am Tisch sitzen:

- 80 Prozent der Amerikaner mit Kindern sagen, daß der größte Teil der Familie normalerweise gemeinsam zu Abend ißt, so eine Umfrage von *New York Times/CBS News*.
- In einer Umfrage der *Los Angeles Times* sagten 86 Prozent der Befragten, das Abendessen mit ihrer Familie sei »sehr wichtig«.
- Auf eine briefliche Umfrage der Werbeagentur DDB Needham gingen 4000 Antworten ein: 75 Prozent der Amerikaner gaben

an, daß sie die Abendmahlzeiten »normalerweise« mit ihrer Familie einnahmen.

Einer neueren Umfrage zufolge unterhalten sich die meisten Familien (56 Prozent) während der Mahlzeit – der Fernseher bleibt ausgeschaltet.
»Trotz aller Widrigkeiten hat die Familie eindeutig Priorität«, meint John R. Kelly, Soziologe und Freizeitforscher an der University of Illinois (Champaign-Urbana). »Die gemeinsame Mahlzeit ist ein entscheidendes Symbol für den Zusammenhalt der Familie.«

Der neue Babyboom

Sollten Sie dem Trend zur Rückbesinnung auf die Familie noch keinen rechten Glauben schenken, dann schauen Sie sich doch einen anderen Indikator an: die Geburtenraten. Derzeit gibt es in den USA einen neuen Babyboom, dessen Ende nicht abzusehen ist. 1989 prognostizierte das Census Bureau 3,7 Millionen Geburten für das Folgejahr. Es wurden aber sage und schreibe 4,2 Millionen, so viele wie schon seit 1961 nicht mehr, einem der letzten Jahre des Babybooms mit 4,3 Milionen Geburten.
Dabei handelt es sich keineswegs nur um Kinder unverheirateter Teenager.
1988 kehrte sich eine seit zwanzig Jahren anhaltende Entwicklung um, in deren Verlauf verheiratete Frauen immer weniger Kinder bekamen. Die Zeitschrift *Parenting* berichtet, daß 1990 gut 57 Prozent der Leserinnen (Durchschnittsalter dreißig Jahre) noch *weitere* Kinder planten, gegenüber 44 Prozent im Jahr 1987.
Die Geburtenrate wird in den neunziger Jahren steil ansteigen, prophezeit Richard Easterlin, Bevölkerungswissenschaftler an der University of Southern California. Die Zahl der Geburten sank 1991 zwar wieder auf vier Millionen, aber damit liegt sie immer noch über der Prognose des Census Bureau mit 3,7 Millionen. Easterlin deutete die rückläufigen Zahlen als Folgeerscheinung der Rezession. Wenn diese zu Ende geht, müßte der Nachholbedarf die Geburtenrate im Jahr 1993 wieder ansteigen lassen.
In Deutschland deutet die derzeitige Entwicklung eindeutig nach oben. So ist die Zahl der Neugeborenen zwischen 1989 und 1991 um nahezu 6 Prozent gestiegen.

Auch in Anwaltskanzleien arbeiten Mütter und Väter

Alice Burkins aus Wayland, Massachusetts, Rechtsanwältin mit einer kleinen Kanzlei in Boston, nahm 1990 einen Partner auf. Sie hat ein kleines Kind, einen Mann, der sie sehr unterstützt, und ein Kindermädchen. Trotzdem fand sie ihren Alltag sehr anstrengend. »Ich bin an meine Grenzen gelangt«, sagt sie. »Mehr als jetzt schaffe ich nicht. Mein Mann unterstützt mich und hilft mir, wo es nur geht, aber die Sache mit den geteilten Pflichten in der Ehe ist doch ein Märchen.« Burkins gründete die Initiative Mothers-in-Law, in der sich berufstätige Rechtsanwältinnen mit Kindern zusammenschlossen.

»Es gibt einen Vorfall, den ich in sehr schlechter Erinnerung behalten habe«, erzählt sie. »Ich war hochschwanger, und ein äußerst unsympathischer Richter wollte für die folgende Woche eine Verhandlung ansetzen. Ich sagte, das ginge nicht, und er wollte den Grund dafür wissen. Ich sagte ihm, ich stünde kurz vor der Niederkunft. Da sah er mich nur an.

Glücklicherweise meldete sich der Anwalt der Gegenpartei zu Wort und stimmte einer Verschiebung zu. Am gleichen Tag noch setzten die Wehen ein, und in der Nacht brachte ich meine Tochter Liz zur Welt.«

Die Anwaltsvereinigung Boston Bar Association empfiehl ihren Mitgliedern, männlichen wie weiblichen Angestellten Erziehungsurlaub zu gewähren, Teilzeitarbeit und flexiblere Arbeitszeiten anzubieten, Kinderbetreuungsmöglichkeiten zu schaffen, eigene Krippen zu gründen und Zuschüsse zu den Kinderbetreuungskosten zu leisten.

»Die Zeiten ändern sich eben«, meint Margaret Marshall, die seit 1992 Präsidentin der Boston Bar Association ist und als Partnerin in der Kanzlei Choate, Hall and Stewart arbeitet. »Väter von kleinen Kindern bedauern heute oft, daß sie so wenig Zeit für ihre Familie haben. Ältere Partner in Kanzleien bereuen, daß ihre Familie allzuoft zurückstecken mußte, und sehen ihren erwachsenen Töchtern und Söhnen beim Versuch zu, diesen Fehler zu vermeiden. Hinzu kommt natürlich, daß die Zahl der Frauen, die den Anwaltsberuf ergreifen, rapide angestiegen ist.«

Kanzleien, die ihre besten Kräfte behalten wollen, müssen auch Teilzeitbeschäftigungen anbieten. Bis vor kurzem waren Teilzeitarbeitsverhältnisse praktisch gleichbedeutend mit dem Verzicht auf den

Aufstieg zur Partnerin. Heute bedeutet eine Teilzeitarbeit höchstens, daß der Partnerstatus eben später erreicht wird.
»Vor zehn Jahren mußte man große Kanzleien, die auch Teilzeitverträge anboten, wie die sprichwörtliche Nadel im Heuhaufen suchen«, berichtet Lisa Hill Fenning, Konkursrichterin am Bundesgericht in Los Angeles. »Vor fünf Jahren war das Angebot zwar schon um einiges gewachsen, aber eine Teilzeitbeschäftigte kam in der Regel nicht mehr als Partnerin in Frage. Heute wird keine Frau mehr benachteiligt, weil sie nicht ganztags arbeitet. Der Weg zur Partnerin ist ihr nicht mehr verbaut.«

Eltern brauchen Optionen

Option 1: Ich kündige

»Frauen, die ihren Beruf aufgeben, treffen eine sehr wichtige Entscheidung in bezug auf ihre zukünftige Lebensqualität«, meint Kathleen Christensen, Professorin an der City University in New York. »Ihre Entscheidung bedeutet, daß sie erheblich weniger Geld für die eigenen Bedürfnisse und sogar für die Grundbedürfnisse der Familie ausgeben können.«
Dina Weiser Brodman aus Tenafly, New Jersey, verzichtete auf ein sechsstelliges Jahreseinkommen, als sie Mitte der achtziger Jahre ihre Personalberatungsfirma verkaufte. Sie nahm eine Teilzeitbeschäftigung an, weil sie Kinder haben wollte. »Die Uhr tickte unaufhaltsam«, meint sie.
Natürlich ist in den USA immer noch die Mehrheit der Frauen erwerbstätig, aber zum ersten Mal seit 1948, als das Arbeitsministerium mit der Statistik begann, ist ihr Anteil an der Gesamtzahl der Erwerbstätigen zurückgegangen. Über das gesamte Jahr 1990 gesehen, waren 74 Prozent der Frauen zwischen 20 und 44 Jahren erwerbstätig, gegenüber 74,5 Prozent in der ersten Jahreshälfte. Natürlich ist das nur ein geringfügiger Rückgang, aber zum ersten Mal hat sich damit die Richtung umgekehrt. Der Anteil blieb 1991 bei 74 Prozent, um dann wieder ein Rekordhoch von 74,7 Prozent im ersten Quartal 1992 zu erreichen.
Ein Trend, der sich für Deutschland nur insofern bestätigen läßt, als daß die Zahl der erwerbstätigen Frauen nicht mehr ganz so schnell

wächst. So hat sich ihr Anteil an der Gesamtzahl der Erwerbstätigen von 1989 auf 1990 um 3 Prozent, von 1990 auf 1991 nur noch um 1 Prozent erhöht. Ob diese Entwicklung jedoch damit begründet werden kann, daß der Familie wieder ein höherer Stellenwert beigemessen wird, oder ob letztlich nicht auch andere Gründe dafür ausschlaggebend sind, bleibt anzumerken.
Sandra Day O'Connor, Richterin am US-Supreme Court, nahm fünf Jahre unbezahlten Urlaub, um sich ihren Söhnen zu widmen, hielt aber dabei immer den Kontakt zum Beruf. Auf die Frage, ob sie glaube, es sei immer noch sehr schwer für eine Frau, einige Jahre auszusetzen, meinte sie: »Sicherlich haben andere Frauen genau die gleichen Bedenken wie ich damals. Im Rückblick ist mir jedoch klar, daß ich mir zu viele Sorgen gemacht habe. Heute leben Frauen doch viel länger als früher. Da bleibt genügend Zeit, um zwei- oder sogar dreimal Karriere zu machen.«

Option 2: Kindermädchen
Die International Nanny Association (INA), ein gemeinnütziger Verband in Austin, Texas, schätzt die Zahl der Kindermädchen mit Berufserfahrung in den Vereinigten Staaten auf 75 000.
»Kindermädchen setzen sich auch in der Mittelklasse durch«, meint Janet Shannon, Geschäftsführerin des INA. Kindermädchen sind kein Privileg der Reichen mehr: Familien, die über genügend Platz verfügen und bereit sind, ihre Privatsphäre etwas einzuschränken, lernen die Vorzüge der Kinderbetreuung durch ein Kindermädchen schätzen.
Die Schülerinnen des California Nanny College in Sacramento können sich in sechs Monaten unter anderem in Kinderspychologie, Säuglingspflege und Sicherheit, Ernährung und Erster Hilfe ausbilden lassen. Auch ein Praktikum im Krankenhaus gehört zum Ausbildungsplan. Etwa 200 Absolventinnen verlassen das College jährlich.
Das American Council of Nanny Schools im University Center, Michigan, überprüft derzeit verschiedene Ausbildungsprogramme und erteilt dann eine Zulassung. Mitte 1992 waren fünfzehn Schulen zugelassen worden.
In Deutschland hat die Siemens AG in Zusammenarbeit mit dem Paritätischen Wohlfahrtsverband Bayern 1991 ein Projekt zur Ausbildung von Tagesmüttern ins Leben gerufen. Die auszubildenden

Mütter sind größtenteils Angehörige von Siemens-Mitarbeitern und haben – dies ist Voraussetzung – selber ein Kind im gleichen Alter. Der Lehrplan umfaßt rund hundert Stunden mit Themen wie »Kleinkindpädagogik und Krankheitslehre«, »Spielverhalten«, »Bearbeitung möglicher Konflikte» und «Eingewöhnung eines Pflegekindes«. Das Projekt bietet Vorteile für alle Beteiligten: Mütter, die ein Kind tagsüber zur Pflege abgeben, können auf diese Weise ihren Beruf weiter ausüben und wissen zudem ihren Sohn oder ihre Tochter gut versorgt. Die Tagesmütter erarbeiten sich damit gleichzeitig ein eigenes kleines Gehalt. Bei vielen von ihnen ist aber auch nur der Wunsch, ihr eigenes Kind solle nicht alleine aufwachsen, ausschlaggebend.

Option 3: In den eigenen vier Wänden arbeiten

Die Zahl der Amerikaner und Amerikanerinnen, die zu Hause einer selbständigen oder einer anderen Erwerbstätigkeit in Vollzeit oder Teilzeit nachgehen, ist zwischen 1990 und 1991 um 12 Prozent gestiegen. Damit arbeiten 38,4 Millionen Menschen in den eigenen vier Wänden, stellte LINK Resources, ein Marktforschungsunternehmen in New York, fest. Zwölf Millionen von ihnen waren Selbständige, die sich zu Hause ein Büro eingerichtet hatten. Weitere 10,5 Millionen übten zu Hause eine Nebenbeschäftigung aus, oder sie hatten mehrere Teilzeitjobs, die sie zu Hause erledigten.

Die Zahl der selbständigen Frauen, die zu Hause ganztägig arbeiten, hat sich zwischen 1985 und 1991 verdreifacht, nämlich von 378 000 auf 1,1 Millionen, so LINK Resources.

»Die Frauen der Babyboomer-Generation wollen zu Hause arbeiten«, meint Tom Miller von LINK Resources, fügt aber hinzu, daß dieser Trend auch die Frauen in den Unternehmen erfasse. »Die Tele-Heimarbeiter sind im Kommen. Sie nehmen sich Arbeit mit nach Hause und kommunizieren im Bedarfsfall über einen in der Wohnung installierten PC-Arbeitsplatz mit dem Büro.«

Für Deutschland läßt sich der Anteil der selbständigen Frauen, die zu Hause arbeiten, nicht konkret beziffern. Unter diese Kategorie der »Selbständigen« fallen auch jene Frauen, die in Heimarbeit einfache Schreib- und Sachbearbeitungstätigkeiten erledigen. Letztere werden in Deutschland im allgemeinen negativ bewertet, da sie die Frauen erneut in eine soziale Isolation führen, ganz nach dem Motto »Kinder, Küche, Computer«. Trotzdem gibt es hierzulande auch eine ständig steigende Anzahl von Frauen, die versuchen, Familienleben und berufliche Selbständigkeit zu Hause zu meistern.

Wie schaffen es Eltern mit Kindern überhaupt, zu Hause zu arbeiten? Ganz einfach: Sie arbeiten, wenn die Kinder schlafen!

Wenn man die Kosten für Strom, Heizung und teure Mittagessen rechnet, spart man bei einem 40 000-Dollar-Job plötzlich die Hälfte ein. Außerdem fällt die Zeit fürs tägliche Pendeln weg, meint Bernadette Grey, Chefredakteurin der Zeitschrift *Home Office Computing*.

»Die Arbeit in den eigenen vier Wänden ist das Ideal der neunziger Jahre«, sagt sie.

Linda und Edward Risse auf Fairfax, Virginia, führen SYNERGY/Planning, Inc., von ihrem Zuhause aus. Ihre Firma berät Arbeitgeber und Beschäftigte, wie sie Geld sparen können, indem ein Teil der Arbeit zu Hause erledigt wird. Aus einer Untersuchung über die neuen Tele-Heimarbeiter, die das Ehepaar Risse in Zusammenarbeit mit William Howell, einem Abgeordneten aus Virginia, durchgeführt hatte, ging hervor, »daß Erwerbstätige, die zu Hause arbeiten, 10 bis 20 Prozent mehr leisten«, eine Erfahrung, die auch von IBM Deutschland ganz und gar bestätigt werden kann. Schon lange setzt man dort auf die Leistung der Mitarbeiter und nicht auf ihre zeitliche Präsenz, denn – so die Erkenntnis bei IBM – gerade beruflich besonders engagierte Menschen sind nicht länger bereit, sich von rigiden Arbeitszeitstandards einengen zu lassen. In logischer Konsequenz war IBM auch das erste Unternehmen, das für seine Angestellten Tele-Arbeitsplätze einrichtete.

Verkehr, Luftverschmutzung und Lebensqualität sind Aspekte, die Regierungsbehörden und Wirtschaftsunternehmen auf der ganzen Welt zwingen sollten, sich mit den Tele-Heimarbeitern und den Unternehmern in den eigenen vier Wänden zu befassen.

»Ich arbeite zu Hause« – Die Telekommunikation macht es möglich

Wer heute in Amerika ein Haus baut, trägt dem neuen Trend schon Rechnung.

»Über die Hälfte unserer Kunden will mittlerweile, daß wir ein Büro in ihr Haus einplanen«, berichtet Andrew Ades von Ades Design in Evergreen, Colorado, »und zwar mit allen möglichen elektrischen

Leitungen, Telefonsystemen, spezieller Beleuchtung und allem Drum und Dran. Sie sagen: Ich will mein Leben selbst bestimmen. Als Kind habe ich meinen Vater kaum zu Gesicht bekommen. Das will ich meinen Kindern ersparen.«

Was tun, wenn das Geschäft läuft?

Dian Felton, President von Micro Support Services in Colorado Springs, einer seit vier Jahren bestehenden Desktop-Publishing-Firma, die von zu Hause aus geführt wird, verdoppelte ihre Umsatzzahlen jährlich. Das blieb nicht ohne Auswirkungen aufs Familienleben. »Ich stand vor der Wahl: Entweder durfte ich meinen Kundenstamm nicht mehr erweitern – oder ich mußte das Büro verlegen«, erzählt sie.

Sie überlegte, ob sie in ein normales Bürogebäude umziehen oder ein größeres Haus kaufen sollte. Bei der ersten Alternative wäre eine weitere Expansion kein Problem gewesen und sie hätte Beruf und Privatleben besser abgrenzen können. Trotzdem entschied sich Felton für den Kauf eines größeren Hauses. Schließlich hatte sie gerade deshalb ein Unternehmen zu Hause gegründet, weil sie für ihre Kinder dasein wollte, wenn sie aus der Schule kamen.

»Wo sonst kann ich Brot backen, barfuß gehen, meine Wäsche machen und gleichzeitig arbeiten?« fragt sie. »Ich kann mit meinen Kindern auf Schulausflüge gehen, ohne mir Gedanken darüber zu machen, wer sich um das Büro kümmert.«

Franchiseunternehmen

Vor zehn Jahren kündigte Betty Rusotti ihre Arbeit als leitende Angestellte bei United Parcel Service. Die Arbeitszeiten waren ihr zu lange, sie war häufig auf Reisen und fand, ihre kleine Tochter käme dabei zu kurz. Rusotti und ihr Mann gründeten Shipping Connection, Inc., ein Einzelhandelsunternehmen für Verpackungsmaterial in Denver, Colorado. Heute haben sie schon zwanzig Franchisebetriebe; zehn davon werden von Müttern geführt, die flexibel sein wollten. Rusotti meint: »Wenn sie ihr Baby mitbringen und es schlafenlegen wollen – kein Problem.«

Mr. Build Handi-Man Services, Inc., ein Reparaturunternehmen in

Connecticut, das Franchiselizenzen vergibt, und Decorationg Den Systems, Inc., aus Maryland suchen ausdrücklich Mütter als Franchisenehmerinnen. »Manche Franchiseunternehmen reißen sich geradezu um Frauen, weil sie wissen, daß sie Berufserfahrung haben und zuverlässig und motiviert sind«, erklärt John Reynolds, Sprecher der International Franchise Association, Washington, D.C.
Joanne Lewis ist Franchisenehmerin von Mr. Miniblind, Inc., aus Santa Ana Heights, Kalifornien. Von 9 bis 15 Uhr täglich verkauft, installiert und wartet Lewis gemeinsam mit ihrem Mann Jalousien. Nach der Schule holt sie ihre Tochter Jamie ab und verbringt den Rest des Tages mit ihr. Wenn Jamie schläft, erledigt sie die anfallende Schreibtischarbeit.

Option 4: Tele-Heimarbeiter

LINK Resources definiert einen Tele-Heimarbeiter als Angestellten, der während der normalen Geschäftszeiten in Vollzeit oder Teilzeit zu Hause arbeitet. Die technologischen Möglichkeiten der Telekommunikation machen es möglich. Die Zahl dieser Heimarbeiter ist zwischen 1990 und 1991 in den USA um 38 Prozent auf fünfeinhalb Millionen gestiegen.
LINK schätzt, daß es 1992 schon sieben Millionen sein werden, von denen die meisten nur teilweise zu Hause arbeiten.
Die amerikanische Wirtschaft zeigt neuerdings eine zunehmende Bereitschaft, die eiserne Regel »Von neun bis fünf« zu durchbrechen. Viele Aufgaben in der modernen Berufswelt müssen am Computer erledigt werden, aber es spielt keine Rolle, wo dieser Computer installiert ist. Schon heute haben 11 Prozent der Kleinunternehmen mit ihren Angestellten formale Abmachungen getroffen, daß sie einen Teil der Arbeit zu Hause erledigen, berichtet LINK.
Einer in Deutschland vom IZT Berlin durchgeführten Studie zufolge gaben 9,4 Prozent der befragten Unternehmen des produzierenden Gewerbes an, bereits Tele-Arbeitsformen eingeführt zu haben; bei 8,1 Prozent der Unternehmen sind sie noch in Planung. In der Geld- und Versicherungswirtschaft waren es 15,8 beziehungsweise 9 Prozent, bei den öffentlichen Dienstleistungen 13,6 Prozent und 11,8 Prozent. Strittig ist unter deutschen Meinungsforschern jedoch die Frage, ob man Personen, die schon seit Jahren traditionsgemäß einen Großteil ihrer Arbeit zu Hause erledigen – wie zum Beispiel

Beschäftigte der Versicherungsbranche –, nun als Tele-Heimarbeiter bezeichnen soll, bloß weil sie neben dem Telefon und dem Faxgerät neuerdings auch über andere Kommunikationsmittel verfügen.
Sears Roebuck und Pacific Bell, New York Life, John Hancock Insurance Company, J.C. Penny und IBM – sie alle beschäftigen Tele-Heimarbeiter, die an zwei oder mehr Tagen in der Woche zu Hause arbeiten.

- In Los Angeles arbeiten fast hundert Beschäftigte von AT+T von ihrer Wohnung aus, auf nationaler Ebene sind es über 1500 mit steigender Tendenz.
- Die University of Maryland hat für vierzig Verwaltungsangestellte PC-Arbeitsplätze in der Wohnung eingerichtet, so daß sie bei Bedarf zu Hause arbeiten können.
- Pacific Bell hat 590 Beschäftigte an einem offiziellen Pilotprojekt zur Heimarbeit per Computer beteiligt. Weitere 400 nehmen an einem inoffiziellen Projekt teil: Sie haben informelle Abmachungen mit ihren Vorgesetzten getroffen, daß sie zumindest zeitweise zu Hause arbeiten.

Gil Gordon von der *Telecommuting Review* definiert einen Tele-Heimarbeiter als regulär bezahlten Angestellten, der normalerweise ins Büro zur Arbeit gehen würde, aber zwei bis drei Tage zu Hause oder außerhalb der Firma arbeitet. Von der gleichen Definition geht man auch bei IBM Deutschland aus. Und darin liegt der Unterschied zu den vielen Heimarbeitsplätzen, die es schon lange gibt und die dem Beschäftigten keinerlei soziale Sicherheit gewährleisten. Die Personal- und Sozialprogramme für die Mitarbeiter, die zu Hause arbeiten, bleiben bei IBM in vollem Umfang erhalten. Eine wahrliche Neuerung auf dem deutschen Arbeitsmarkt, für die IBM 1991 mit dem Innovationspreis der deutschen Wirtschaft ausgezeichnet wurde. Auch die Stadtverwaltungen von Los Angeles und San Diego sowie andere kalifornische Stadtverwaltungen praktizieren das neue Arbeitsmodell. Auf internationaler Ebene wird es sogar noch häufiger als in den USA praktiziert, meint Gil Gordon.
1991 zählte Tom Miller von LINK Resources 44,7 Millionen Menschen, die einen Teil ihrer Arbeit zu Hause erledigten, gegenüber

34,3 Millionen im Jahr 1990 und zwanzig Millionen im Jahr 1985. Schon heute arbeiten 36 Prozent aller Erwerbstätigen zu Hause. Bis zum Jahr 2000 könnten es über die Hälfte sein, schätzt das Unternehmen.

Selbst die Fachleute haben unterschätzt, mit welcher Geschwindigkeit sich der Trend durchsetzt.

Selbst Präsident Bush hat sich vom Heimarbeitervirus anstecken lassen. In einer Rede vor der kalifornischen Handelskammer legte er dar, daß 47 000 *Tonnen* weniger Schadstoffe in die Atmosphäre gelangen würden, wenn 5 Prozent der Pendler im Bezirk Los Angeles County einmal in der Woche zu Hause arbeiteten. »Heimarbeit spart Energie und verbessert die Luftqualität und die Lebensqualität«, sagte er.

»Manchmal ist die beste Verkehrspolitik die, nicht die Menschen zu befördern, sondern ihre Arbeit«, riet Bush dem National Transportation Policy Meeting. »Millionen von Erwerbstätigen haben festgestellt, daß ihre Produktivität steigt, wenn sie während der Arbeitszeit bei den Menschen sind, für die sie eigentlich arbeiten – bei ihrer Familie.«

Ihre Erfahrungen mit flexibleren Arbeitszeitmodellen und Job-sharing haben den Arbeitgebern schon gezeigt, daß sie damit talentierte Kräfte gewinnen und halten können. Mit der Tele-Heimarbeit verhält es sich ebenso. Außerdem sparen die Firmen Büroraum und laufende Kosten, und die Produktivität der Beschäftigten steigt um glatte 25 Prozent.

Der Beitrag der Wirtschaft: Wo sind die Innovationen?

Die Zeichen sind eindeutig: In den neunziger Jahren wird die Sinnfrage wichtiger als das Einkommen. Unternehmen können sich die Loyalität ihrer Mitarbeiter nur dann sichern, wenn sie auch an ihre Familien denken.

Der Gesellschaftskritiker Christopher Lasch meint: »Im Zentrum eines betrieblichen ›Familienprogramms‹ müssen *Zielsetzungen* stehen, die es Männern und Frauen ermöglichen, flexiblere Arbeitszeiten zu haben, weniger zu arbeiten und wenn möglich – mittels Computer und Fax – zu Hause zu arbeiten.«

Damit sind wir wieder beim Thema – Optionen. Es liegt im ureigenen Interesse der Unternehmen, Optionen zu schaffen. Die Menschen wollen Zeit. Unternehmen, die neue Wege gehen, um dieses dringende Bedürfnis zu befriedigen, können Kosten senken, die Gewinne steigern und sich auf eine loyale, zufriedene Belegschaft stützen.

»Sehr viele Frauen suchen alternative Organisationsformen, die sie am traditionellen Arbeitsplatz nicht finden«, meint Kathleen Christensen, Autorin einer Untersuchung des Conference Board über flexible Personalplanung in US-Unternehmen, die im Jahr 1989 durchgeführt wurde. »Die Mehrzahl der Arbeitsplätze bietet zuwenig Flexibilität.«

Familienfreundlich

Das Families and Work Institute in New York hat 188 US-amerikanische Unternehmen nach folgenden Kriterien untersucht: Arbeitszeitmodelle, Urlaubsregelungen, freiwillige Leistungen, Engagement für wohltätige und kommunale Zwecke und Regelungen für den Fall der Krankheit von Familienangehörigen. Das Ergebnis war der **»Family-Friendly Index«**, ein Verzeichnis der familienfreundlichsten Unternehmen. Auf den ersten vier Plätzen landeten **IBM, Johnson + Johnson, Aetna Life + Casualty Company** und **Corning, Inc.,** weil sie »dauerhaftes Engagement für die Probleme der Vereinbarung von Beruf und Privatleben« gezeigt haben.

»Diese Unternehmen ... haben ein innovatives Bündel von Maßnahmen entwickelt, um ihre Beschäftigten bei der Kinderbetreuung, der Sorge für pflegebedürftige Eltern, der Gesundheitsfürsorge und der Urlaubsregelung zu unterstützen«, berichtet Dana Friedman vom Families and Work Institute. Sie ist Mitautorin des Buches *The Corporate Reference Guide to Work-Family Programs.*

Andere Unternehmen, die sehr gut abschnitten, waren häufig *rentabel, nicht gewerkschaftlich organisiert* und auf dem *Dienstleistungssektor* tätig, und sie hatten einen hohen Anteil an *weiblichen Beschäftigten*. Die Unternehmen führten ihre Programme ein, »weil sie genau wußten, daß sie sich auszahlen würden«, sagte Koautorin Ellen Galinsky.

Von einer Handvoll Unternehmen kann behauptet werden, daß sie einen »grundlegenden Wandel in ihrer Kultur und in der Art der

Geschäftstätigkeit vollzogen haben«, sagt Friedman. Aber sie fügt hinzu, die Mehrheit habe leider wenig bis gar nichts getan.
Das mag sein, aber man darf nicht vergessen, daß vor einem Jahrzehnt noch niemand an familienfreundliche Programme überhaupt dachte. Heute bieten alle großen Arbeitgeber zumindest bestimmte Leistungen an, etwa den Erziehungsurlaub.

Ein Blick auf vier familienfreundliche Unternehmen

IBM wird Mitte der neunziger Jahre in den USA 22 Millionen Dollar für Kinderbetreuungsmaßnahmen und 3 Millionen Dollar für die Betreuung pflegebedürftiger alter Menschen ausgeben. Bei IBM kann sich eine frischgebackene Mutter oder ein Vater bis zu drei Jahren beurlauben lassen. Über die Details wird von Fall zu Fall entschieden. Personalleiter Bill Colucci nennt dies »eine kluge Entscheidung, und zwar aus unternehmerischen Gründen, nicht aus purer Nächstenliebe«.
1989 führte der damalige Chief Executive Officer von **Johnson & Johnson**, James E. Burke, zwölf neue Grundsätze zur Familienpolitik des Unternehmens ein. Er veränderte die Unternehmensphilosophie – es war erst die dritte Änderung seit 1943 – und ergänzte sie um den Satz: »Wir versuchen, unseren Beschäftigten dabei zu helfen, auch ihre familiären Verpflichtungen zu erfüllen.«
1985 stellte man bei **Corning** fest, daß Frauen und Minderheiten das Unternehmen doppelt so häufig wie weiße Männer verließen. Daraus erwuchsen der Firma Kosten in Höhe von 3,5 Millionen Dollar jährlich. Die Lösung: ein neues Coaching-Programm, das Frauen und Angehörigen von Minderheiten Mentoren zur Seite stellt und ihnen hilft, Strategien für die berufliche Weiterentwicklung zu finden und umzusetzen. Die Fluktuation ist seitdem um 50 Prozent zurückgegangen. Bei Corning werden in den Leistungsbeurteilungen der Führungskräfte auch familiäre Aspekte berücksichtigt.
Sherry Herchenroether, Leiterin für betriebliche Familienpolitik bei **Aetna Life + Casualty**, stellte fest, daß die meisten Frauen, die nach einer Geburt *nicht* an den Arbeitsplatz zurückkehrten, vorher »hohe Leistungen« erbracht hatten. Sie fand: »Die Firma konnte es sich einfach nicht leisten, diese Mitarbeiterinnen zu verlieren.« Nachdem Aetna den Erziehungsurlaub verlängerte, kehrten 91 Prozent

der Mütter wieder zurück. »Frauen, die den Erziehungsurlaub in Anspruch nehmen, wollen wieder arbeiten«, sagt Herchenroether, »und sie sind viel produktiver und loyaler, wenn ihr Unternehmen auch Verständnis für ihr Privatleben hat.«

»Parents at Work«

Bei Genentech, Inc., in San Francisco treffen sich zweimal wöchentlich Beschäftigte zu einer »Parents at Work« genannten Diskussionsrunde. »Wir möchten uns um die Belange der Eltern kümmern, damit diese sich wiederum besser um ihre Kinder kümmern können«, erklärt Patty Wipfler, Direktorin des Parents Leadership Institute in Palo Alto, die manchmal die Diskussion leitet. »Viele Eltern fühlen sich allein gelassen und haben keine Ansprechpartner für ihre Probleme.« Sie fügt hinzu: »Eltern sind eine Bevölkerungsgruppe, denen Veränderungen auf den Nägeln brennen.«

Aber eine nationale Bewegung habe sich bisher noch nicht herausgebildet, sagt sie. »Wir hatten noch keine Rosa Parks, die sich weigerte, ihren Platz im Bus aufzugeben, und damit den Beginn der Bürgerrechtsbewegung markierte.«

Kinderbetreuung in Unternehmen

1965 wurden Vorschulkinder von berufstätigen Müttern zu drei Vierteln durch Verwandte betreut, berichtet Harriet Presser, Bevölkerungsforscherin an der University of Maryland. Bis 1985 ging diese Zahl um die Hälfte zurück, weil zunehmend Babysitter eingesetzt wurden.

Die Geburtenrate bei Frauen zwischen 30 und 44 Jahren in qualifizierten Positionen und in leitenden Funktionen stieg zwischen 1983 und 1990 um 41 Prozent.

Die Anzahl der Arbeitgeber in den Vereinigten Staaten, die in irgendeiner Form eine Hilfe bei der Kinderbetreuung anboten, stieg von 110 im Jahr 1978 auf 7 000 im Jahr 1990, berichtet Daniel Dreyer, Forschungsmitarbeiter im Work Force Program des Conference Board. Der Anstieg von 1989 auf 1990 war beachtlich: von 4 200 auf 7 000 Unternehmen.

Unter den deutschen Unternehmen verfügt fast jedes größere über

eine firmeneigene Kinderbetreuung. Gegenüber öffentlichen und freien Trägern bleiben die privat-gewerblichen jedoch nach wie vor weit zurück. So werden von den 1,72 Millionen Betreuungsplätzen nur 8 200 von letzteren gestellt. Aus Angst, daß sich leicht alle sozialen Kontakte – sowohl die ihrer Kinder als auch die eigenen – auf Kollegen innerhalb der Firma beziehungsweise deren Kinder reduzieren könnten, wird aber ohnehin von vielen Eltern eine nicht an das Unternehmen gebundene Kinderbetreuung bevorzugt. Zur generellen Situation in Deutschland muß gesagt werden, daß derzeit für hundert Kinder statistisch 77,9 Plätze zur Verfügung stehen.
Die exponentiell ansteigenden Zahlen führen in den USA zum Entstehen einer kritischen Masse.
»Unsere Mitarbeiter versichern mir immer wieder, daß die beste Sozialleistung, die wir anbieten, die firmeninterne Kinderbetreuung sei«, sagt Linda J. Vann, die bei der **American Bankers Insurance** in Dade County, Florida, für die Kinderbetreuung zuständig ist. Die Fluktuation bei den Eltern ist gering, »fast niemand kommt zu spät, und die Moral könnte nicht besser sein«.

Konzertierte Aktionen

Bau und Unterhalt von Betriebskinderkrippen und -kindergärten sind sehr kostspielig. Deshalb sind manche Unternehmen auf die Idee gekommen, sich zusammenzuschließen und die Einrichtungen gemeinsam zu tragen. Das größte derartige Projekt bisher ist eine Einrichtung für 194 Kinder in Charlotte, North Carolina, die 2 Millionen Dollar gekostet hat. Sie wurde von IBM, American Express, Allstate and Duke Power sowie University Research Park finanziert. Die Einrichtung, die auch Nichtangehörigen der Unternehmen offensteht, stellt genügend Personal ein und spart nicht an den Löhnen. »Das verteuert die Sache zwar«, meint Ted Childs von IBM, »aber solange damit auch die Qualität der Betreuung steigt, nehmen wir das in Kauf.«
In Dallas-Fort Worth investierten IBM und Travelers 375 000 Dollar in ein Projekt, um geeignete Betreuungsanbieter zu finden und ihnen die staatliche Zulassung zu ermöglichen.
Weitere Konzerne, von Travelers über Burroughs Wellcome bis Pepsi haben sich mit IBM und anderen zusammengetan, um in Städten wie

Dallas, Rochester und Research Triangle, North Carolina, das Problem der Kinderbetreuung gemeinsam zu lösen.
So bieten Honeywell, First Bank System, 3M und zwölf weitere Unternehmen in Minneapolis »einen Vermittlungsdienst für die häusliche Pflege von kranken Kindern sowie finanzielle Zuschüsse dazu an«.
Time Warner, Colgate-Palmolive und zwölf weitere Unternehmen in New York City und Umgebung nehmen die Dienste von Child Care, Inc., in Anspruch, einer gemeinnützigen privaten Vermittlungsagentur. Sie vermittelt Betreuungskräfte für den Fall, daß die Kinder krank werden oder die üblichen Betreuungspersonen wie Babysitter oder Kindermädchen unverhofft verhindert sind. Die Angestellten wissen das Angebot sehr zu schätzen und kämen auch nicht auf den Gedanken, es zu mißbrauchen, berichtet Joyce Rittenburg, Managerin bei Emergency Child Care Services.
»Wir wollten uns mit anderen Unternehmen in New York City zusammentun, um zu überlegen, wie man Beruf und Familie besser vereinbaren kann. Niemand von uns konnte alleine etwas bewirken«, erklärt Karol Rose, die bei Time Warner für die betrieblichen Familienprogramme zuständig ist.
Kleine Unternehmen haben nicht soviel Geld wie Konzerne; aber sie machen diesen Mangel durch mehr Kreativität wett.
Child Care Action Campaign, eine gemeinnützige Initiativgruppe in New York City, hat aufgezeigt, wozu Unternehmen mit weniger als *250 Mitarbeitern* in der Lage sind, wenn sie nur wollen: kontinuierliche Betreuungsangebote, finanzielle Zuschüsse, Vermittlungsdienste, flexible Zusatzleistungen und Programme für pflegebedürftige Familienangehörige. Die kleinen Unternehmen berichten übereinstimmend, wie positiv sich ihre Strategie auf die Moral der Mitarbeiter ebenso wie auf die Geschäftsergebnisse ausgewirkt hat.

- Pro Tem Professional Temporary Services in Portland, Oregon, zahlt allen Eltern 50 Cent pro Stunde zusätzlich als Zuschuß zu den Kindergartenbetreuungskosten. Im vergangenen Jahr erwirtschaftete die Firma alleine aus der Arbeitsleistung der 216 Eltern einen Gewinn von 50 000 Dollar.
- Stackpole Ltd. U.A.A., ein Kugellagerhersteller in Brownsville, Tennessee, beschäftigt nur hundert Mitarbeiter und hat trotzdem

Mittel und Wege für eine betriebseigene Betreuungseinrichtung gefunden.

- Boward Business Services, Inc., ein Fernsprechauftragsdienst mit 110 Beschäftigten in Fort Lauderdale, Florida, zahlt den Eltern Zuschüsse zu den Betreuungskosten.
- Bowles Corporation, ein Maschinenbauunternehmen mit *zwölf Beschäftigten* in North Ferrisburg, Vermont, unterhält einen betriebseigenen Kinderbetreuungsdienst, ebenso wie Byrne Electrical Specialists, Inc., in Rockford, Michigan, mit *110 Mitarbeitern* und Charlet Dental Clinic in Yakima, Washington, *mit 45 Mitarbeitern.*

Die besten Innovationen

Eine Handvoll amerikanischer Unternehmen hat Innovationen hervorgebracht, die so durchdacht und meist auch so billig sind, daß Firmen jeder Größe sich ein Beispiel daran nehmen können.

Wenn **Hewitt Associates** aus Lincolnshire, Illinois, einen Unternehmensberater oder eine Beraterin für mehrere Tage zu einem Klienten schickt, sorgt die Firma gleichzeitig für eine eventuell erforderliche Betreuungsperson und kommt für die Kosten auf. »Wir wollen nicht, daß unsere Mitarbeiter mit Schuldgefühlen losfahren, und wir sind bereit, dafür auch Geld auszugeben«, kommentiert Personalleiter David J. Wille. Bei Hewitt Associates gibt es eigene Räume für Mütter, in denen Kühlschränke und elektrische Milchpumpen bereitstehen.

»Vor den Steuerterminen haben wir immer ein immens hohes Arbeitsaufkommen. Das können wir nur mit Wochenendschichten bewältigen, aber andererseits wollen wir den Kindern unserer Mitarbeiter auch nicht die Eltern wegnehmen«, erzählt Leslie A. Murphy, Partnerin bei **Plante + Moran**, einem Steuerberatungs- und Wirtschaftsprüfungsunternehmen in Southfield, Michigan. Von Januar bis April nutzt das Unternehmen deshalb ein Konferenzzimmer zur samstäglichen Kinderbetreuung.

John Hancock Mutual Life zahlt in den Schulferien Zuschüsse für Ausflüge der Mitarbeiterkinder. »Damit ist Sekretärinnen ebenso wie Führungskräften oft sehr geholfen«, sagt Katherine B. Hazzard, die für die Koordination der Familienprogramme zuständig ist.

Die **Stride Rite Corporation** hat einen Teil ihrer Zentrale in Cambridge, Massachusetts, in ein generationenübergreifendes Betreuungszentrum für Kinder und Eltern von Beschäftigten verwandelt. Karen Liebold von Stride Rite berichtet, daß monatlich etwa sechzig Informationsbroschüren über das Projekt angefordert werden.
Die Zentrale von **DuPont** in Wilmington, Delaware, hat mit der Pfadfinderinnenorganisation Girl Scouts vereinbart, daß sie ihr Sommerprogramm um vier Wochen verlängert und für den Transport der Kinder zu und vom Camp sorgt. Die DuPont-Filiale Brevard in North Carolina unterhält sogar ein eigenes Sommercamp.
Die TeenLine von **Ohio Bell** bietet Eltern telefonischen »Rat bei allen Erziehungsproblemen, vom Streit über die Hausaufgaben bis hin zu Eßstörungen«.

Ältere Betreuer und Betreuerinnen

Die Stimmung unter den Erziehern und Erzieherinnen ist schlecht, und auch mit der Ausbildung ist es nicht zum besten bestellt. Hinzu kommt eine hohe Fluktuation, die bei etwa 40 Prozent jährlich liegt. Manche Krippen und Kindergärten gehen deshalb dazu über, ältere Betreuungspersonen einzustellen. Die Leiter der Einrichtungen schätzen ihre Zuverlässigkeit, ihre Geduld und ihre Beständigkeit.
»Ältere Menschen erfüllen alle Voraussetzungen, die man sich in der Kinderbetreuung wünscht«, meint Cathy Ventura-Merkel von der American Association of Retired Persons. »Jede Seite profitiert.«
Die Anzahl der Amerikaner und Amerikanerinnen über 65 Jahre, die in der Kinderbetreuung arbeiten, ist um 28 Prozent gestiegen, nämlich von 35 000 auf 45 000, und das allein zwischen 1989 und 1991, so das Bureau of Labor Statistics. Viele ältere Erwachsene haben natürlich umfangreiche Erfahrungen in der Kinderbetreuung vorzuweisen, weil sie selbst Kinder großgezogen haben.
Mervyn O'Connor, 72 Jahre alt und verwitwet, arbeitet beim Bel Pre Child Development Center in Silver Spring, Maryland. »Ich gebe ihnen viel Liebe, und die Kinder geben sie mir zurück«, erzählt O'Conner, die von montags bis freitags fünf Stunden täglich arbeitet.
Bronwyn Chisholm, Direktorin des DoorKey Day-Care Center in

Washington, D.C., meint, daß die Kinder ganz vernarrt in Cleo Warren seien, eine 66jährige Frau mit neunzehn Enkeln. »Sie braucht nur zur Tür hereinzukommen, und die Kinder stürmen auf sie zu«, sagt sie. »Sie ist sehr herzlich und liebevoll.«
KinderCare Learning Centers, Inc., die größte Kinderbetreuungskette der Nation, berücksichtigt verstärkt ältere Menschen bei der Einstellung, so daß ihr Anteil an den Beschäftigten schon bei 9 Prozent liegt, erklärt Jeff Jones, Executive Director der Kette.
»Ich sehe das zwar als eine Möglichkeit, Programme zu ergänzen und zu fördern, aber es ist keine Lösung für die allgemeine Personalmisere«, meint Marcy Whitebook, Executive Director von Child Care Employee Project in Oakland, Kalifornien. An der Wurzel der »Personalmisere« liegt natürlich die generelle Unterbezahlung der Erzieher und Erzieherinnen.

Die Betreuung alter Menschen: eine Privatangelegenheit?

In den Vereinigten Staaten gibt es über 2000 Tagesbetreuungseinrichtungen für Erwachsene.
Knapp fünf Millionen Amerikaner und Amerikanerinnen sind über 65 Jahre alt, so das National Council on the Aging.
Mehr als jeder fünfte Berufstätige sorgt in irgendeiner Weise für einen Verwandten, normalerweise die Eltern oder Schwiegereltern. Dadurch geht durchschnittlich die Arbeitsleistung einer Woche pro Jahr verloren, wie Andrew Scharlach, Soziologe an der University of California, Berkeley, herausgefunden hat. Im Durchschnitt sind die betreuenden Personen fünfzig Jahre alt.
Drei Viertel von ihnen sind Frauen, so die Older Women's League (OWL). Die Organisation spricht von **knapp zwei Millionen Frauen, die gleichzeitig Kinder und Eltern betreuen.** »Viele tun es gerne«, meint Executive Director Joan Kuriansky, »aber sie bezahlen einen hohen Preis dafür. Sie müssen unglaublich viele verschiedene Ansprüche unter einen Hut bringen.«
Mehr als die Hälfte der Frauen, die für ältere Verwandte sorgen, sind erwerbstätig. Fast 40 Prozent ziehen gleichzeitig noch eigene Kinder auf, berichtet *Newsweek*.
Kuriansky meint: »Wir bekommen Briefe von Frauen, die für ihre Kinder sorgen, für ihre Eltern und vielleicht sogar noch für ihre

Großeltern. Wie sollen sie das schaffen und gleichzeitig noch arbeiten?«

Die American Association of Retired Persons schätzt, daß 12 Prozent der Berufstätigen, die für pflegebedürftige Angehörige sorgen, ihre Stelle kündigen müssen und 14 Prozent eine Teilzeitarbeit annehmen. Außerdem unterstützen viele Erwachsene ihre Angehörigen im Alter auch finanziell: 69 Prozent aller Erwachsenen zahlen bis zu 250 Dollar monatlich an ihre Eltern, war in einem Bericht in *USA Today* zu lesen.

»Die zunehmende Anzahl pflegebedürftiger alter Menschen wird in den kommenden Jahren Probleme schaffen, für die noch niemand eine Lösung weiß«, prophezeit Karen Leibold von Stride Rite.[1]

»Die Frage, wer für die pflegebedürftigen alten Menschen sorgt und unter welchen Umständen das geschieht, wird auch für die Arbeitgeber relevant werden. In Kürze wird es kaum eine interessantere Zusatzleistung geben als Unterstützung in dieser Frage. Die Beschäftigten würden jeden Strohhalm ergreifen, den man ihnen bietet«, so Dr. Daniel Thursz vom National Council on the Aging.

Bei IBM »sorgten 32 Prozent der Mitarbeiter in irgendeiner Form für einen älteren Verwandten«, berichtet Firmensprecher John Boudreaux. Der IBM-eigene Vermittlungsdienst Elder Care Referral Service will den Beschäftigten mehr »Flexibilität ermöglichen, um die Aufgaben in Haushalt und Familie erfüllen zu können«.

1987 wandte sich IBM an das Beratungsunternehmen Work/Family Directions in Watertown, Massachusetts, das IBM schon bei der Entwicklung der betrieblichen Kinderbetreuung zur Seite gestanden hatte. Jetzt wurde mit der Gründung von Elder Care Consultation and Referral Service den Bedürfnissen der pflegebedürftigen alten Menschen Rechnung getragen. Work/Family Directions hat bisher für neunzig US-amerikanische Firmen Strategien und Programme entwickelt und mehr als zwei Millionen Beschäftigte mit Vermittlungsagenturen in Kontakt gebracht.

1 Ein Urteil, das auf deutsche Verhältnisse genauso zutrifft. Wie brisant diese Probleme sind, zeigt unter anderem die Debatte um die Pflegeversicherung.

Homosexuelle in Unternehmen

Mitglieder der Lesbian and Gay Employees Association bei Levi Strauss in San Francisco haben einen zwanzigminütigen Videofilm gedreht, in dem sie über ihr Leben und ihren Alltag erzählen. Er wird im Rahmen eines obligatorischen Seminars gezeigt, das sämtliche Mitarbeiter durchlaufen. »Wenn unsere Kollegen und Kolleginnen mehr über uns erfahren, ist es leichter, zu einem Team zusammenzuwachsen«, so Cynthia Bologna, Kommunikationsassistentin und Mitbegründerin der Gruppe.

In ganz Amerika werden homosexuelle und lesbische Mitarbeiter und Mitarbeiterinnen in zunehmendem Maße akzeptiert. In manchen Fällen erhalten sie auch die für Familien bestimmten Zuschüsse der Firmen.

Bei Apple und Digital Equipment, AT&T, Boeing, Coors, DuPont, Hewlett-Packard, Lockheed, Sun Microsystems, US West und vielen anderen wurden Gesprächskreise gegründet, in denen Homosexuelle über ihre speziellen Probleme im Beruf reden und Lösungsvorschläge entwickeln, die dem Topmanagement vorgelegt werden.

Zusatzleistungen/Krankenversicherung

Im April 1991 bot das Montefiore Medical Center in New York als erster großer privater Arbeitgeber den festen Lebenspartnern seiner homosexuellen Mitarbeiter und Mitarbeiterinnen Zuschüsse zur Kranken- und Lebensversicherung an. Unverheiratete heterosexuelle Paare können das Angebot nicht in Anspruch nehmen.

»Wir haben uns Gedanken darüber gemacht, wieviel Geld jedes Paar, das zusammenlebt, monatlich für Versicherungen ausgeben muß«, meint Barry Stickler, Associate Vice President of Compensation and Benefits für das Montefiore Medical Center, das 9 000 Mitarbeiter beschäftigt. Als eines Tages eine lesbische Angestellte die Zuschüsse für ihre Partnerin beantragte, versuchte Montefiore, »eine Lösung zu finden«.

Im September 1991 räumte auch Lotus Development den festen Partnern und Partnerinnen homosexueller Angestellter Anspruch auf Zusatzleistungen ein. Mit 3 100 Beschäftigten ist Lotus das größte gewinnorientierte Unternehmen, das einen solchen Weg gegan-

gen ist. Zusammenlebende heterosexuelle Mitarbeiter erhalten keinen solchen Anspruch, so Personalleiter Russ Campanello, weil sie ja heiraten können. Die homosexuellen Partner müssen eine eidesstattliche Versicherung abgeben, in der sie erklären, daß sie in einer dauerhaften Gemeinschaft zusammenleben und füreinander verantwortlich sind. In den ersten drei Monaten nach Einführung der Neuerung gingen bei Lotus über hundert Anfragen von Unternehmen ein, die genauere Informationen haben wollten.
Andere Firmen sind einen ähnlichen Weg gegangen und haben homosexuellen Partnern Nebenleistungen angeboten, wie Ben + Jerry's, ein Speiseeishersteller aus Vermont, die Wochenzeitschrift *Village Voice* in New York und die Gemeindeverwaltungen von Seattle und mehreren kalifornischen Städten.
Derartige soziale Leistungen für homosexuelle Arbeitnehmer und ihre Partner sind in Deutschland bislang kaum denkbar. Entsprechend einer 1992 im Auftrag des Bundesministeriums für Forschung und Technik erstellten Studie nimmt die allgemeine Akzeptanz gegenüber Homosexuellen zwar zu, doch sage und schreibe 71 Prozent der West- und 64 Prozent der Ostdeutschen sind nach wie vor mit einer beruflichen Diskriminierung homosexueller Männer einverstanden. Unerwünscht sind sie vor allen Dingen in politischen Ämtern und als Lehrer. Dabei ist das Bedürfnis nach sozialer Distanz bei heterosexuellen männlichen CSU-Wählern am größten, bei den Frauen der Ex-DDR am niedrigsten.

In unseren Tagen findet die umfassendste Rückbesinnung auf die Familienwerte seit den fünfziger Jahren statt. Doch im Gegensatz zu damals, als Frauen kaum eine Chance auf wirtschaftliche Unabhängigkeit und eine befriedigende Arbeit außer Haus hatten, stehen ihnen heute vielfältige Möglichkeiten offen. Sie könnten auch andere Maßstäbe als die Familienwerte wählen, andere Vorstellungen verwirklichen, andere Lebensformen realisieren. Aber Mütter und Väter wollen mehr Zeit für die Familie – und das ist die revolutionäre Veränderung. Nach einiger Zeit, in der Frauen nicht mehr ausschließlich für das Wohlergehen der Familie zuständig waren, sondern sich im Berufsleben etablierten – ob aus freien Stücken oder aus finanzieller Notwendigkeit –, richten heute *beide* Eltern ihr Interesse wieder auf die Familie.

Es ist jetzt an der Zeit, diese positive Entwicklung zu fördern und die Gesellschaft insgesamt zu verändern. Millionen von Menschen haben schon ihr Berufsleben neu organisiert. Manche arbeiten etwa in den Abendstunden, damit sie zu Hause sind, wenn ihre Kinder aus der Schule kommen. Andere haben eine Teilzeitarbeit angenommen oder sind über einen Computer mit dem Büro verbunden. Allen ist jedoch gemeinsam, daß sie sich gegen ein System wehren wollen, das den Mann ins Berufsleben und die Frau an den Herd schickt.

Wirtschaft und Regierung bilden den gesellschaftlichen Kontext, in dem Familien leben. Beide versichern bei jeder Gelegenheit, wie wichtig die »Familienwerte« seien. Sie werden nicht müde, den alten Gemeinplatz zu wiederholen, daß die Familie das Fundament der Gesellschaft sei. Wie aber steht es mit der Politik, die die Voraussetzungen dafür schaffen sollte, daß das Fundament solide und unerschütterlich ist?

Welche Rolle sollte die Regierung spielen?

Die Deutschen etwa wie auch die Schweden haben den Amerikanern in Sachen Familienpolitik einiges voraus. Viele Verbesserungen, um die dort noch gekämpft wird, sind hier längst politische Realität. Die Kehrseite der Medaille sind die hohen Steuerbelastungen. So würde sich wohl mancher Amerikaner die Augen reiben, wenn ihm die Steuerbescheide der Deutschen oder Schweden ins Haus flattern würden. Man wird also in den Vereinigten Staaten sicherlich kein flächendeckendes Netz an staatlichen Kinderkrippen, Kindergärten und Schülerhorten erwarten können. Die Leser und Leserinnen, die uns kennen, wissen außerdem, daß wir gar nicht nach Vater Staat rufen wollen, der alles richten soll. Trotzdem darf die Regierung die Augen vor ihrer familienpolitischen Verantwortung nicht verschließen. Im Jahr 1992, in dem die überwiegende Mehrheit der Erwerbstätigen auch Eltern sind, sollten auch in den USA Erziehungsurlaub und angemessene Steuervergünstigungen eine Selbstverständlichkeit sein.

Auf einzelstaatlicher Ebene kann natürlich noch viel mehr erreicht werden, zumal Frauen schon eine kritische Masse in den Abgeordnetenhäusern sind.

Der Beitrag der Unternehmen

Die Bundesregierung und die Einzelstaaten dürfen sich zwar ihrer Verantwortung nicht entziehen, doch die Hauptlast der notwendigen Veränderungen und Maßnahmen muß die Wirtschaft tragen. Welche kritische Masse ist aber erforderlich, damit Unternehmen endlich zur Kenntnis nehmen, daß Mitarbeiter auch eine Familie haben?
Sie ist erschreckend hoch.
Die Hälfte der Erwerbstätigen sind Frauen, überwiegend mit Kindern, die andere Hälfte sind ihre Ehemänner.
Es ist also offensichtlich, daß die kritische Masse schon längst erreicht wurde – und trotzdem vollziehen sich Veränderungen so schleppend. Der Grund dafür ist im Umfeld zu suchen, in dem sich die kritische Masse für gesellschaftliche Veränderungen aufbaut, sowie in der Qualität des »Inputs«. Beide Faktoren haben bis vor kurzem noch gegen Veränderungen gearbeitet.
Bis vor wenigen Jahren war die Geschäftswelt noch eine reine Männerwelt. Die Unternehmenspolitik gegenüber Frauen hieß: »*Sie haben Kinder? Das ist Ihr Problem*! Tun Sie Ihre Arbeit so wie alle anderen, und wir werden gut miteinander zurechtkommen.« Dasselbe galt für alleinerziehende Väter. Erfolg im Geschäftsleben hatte, wer sich an diese Spielregeln hielt – oder kündigte und sich in der Selbständigkeit eigene Spielregeln schuf. Die Unternehmen jedenfalls sahen gar keinen Grund dazu, ihre Scheuklappen abzulegen: Sie waren daran gewohnt, Männer einzustellen, deren Ehefrauen sich um die Kinder kümmerten.
Aber im Laufe der Zeit gingen diese Männer in Rente, und an ihre Stelle rückten Frauen mit Kindern und Männer, die mehr Rücksicht auf die Familie nahmen, als ihre Väter oder älteren Brüder es sich je hätten träumen lassen. In *Megatrends des Arbeitsplatzes* (1985) war nur von ein paar hundert betrieblich geförderten Betreuungsprogrammen die Rede; in *Megatrends 2000* (1990) waren es schon 3.500. Die neueste Zahl liegt in den USA bei 7000. Das Gebot der Stunde heißt also »Familienfreundlichkeit«, und immer mehr Firmen nehmen es zur Kenntnis.
Der andere Faktor für die kritische Masse ist »die Qualität des Inputs«. Millionen von Eltern, die in den siebziger und achtziger Jahren ins Berufsleben eintraten, wünschten sich brennend ein grö-

ßeres Angebot an Betreuungsmöglichkeiten. Aber es fehlte ihnen an der Macht und Erfahrung, die notwendig sind, um Veränderungen in der Unternehmenspolitik durchzusetzen. Sie stießen bei männlichen Topmanagern, die eine fürsorgende Ehefrau und Mutter im Rücken hatten, auf wenig Verständnis. Die Spielregeln für die Beziehung zwischen Arbeit und Familie wurden erst dann allmählich neu definiert, als diese Eltern ebenfalls in höhere Positionen aufrückten oder eigene Unternehmen gründeten.
Frauen sind also eine kritische Masse unter den Erwerbstätigen, und die Babyboomer beiderlei Geschlechts sind mittlerweile in Positionen aufgerückt, in denen sie selbst Entscheidungen treffen können. Es gibt aber noch einen weiteren Faktor, der das Pendel in Richtung Veränderung ausschwingen lassen könnte und an den niemand gedacht hat, weibliche Führungskräfte zuwischen 45 und 55 Jahren vielleicht ausgenommen: Männliche Topmanager und Unternehmensleiter um die sechzig Jahre horchen plötzlich auf, wenn es um betriebliche Familienpolitik geht. Sie erleben nämlich hautnah mit, wie jetzt ihre eigenen erfolgreichen Töchter darum kämpfen, Beruf und Familie zu vereinbaren. »Unternehmensleiter, die vor fünf Jahren das Wort ›Kinderbetreuung‹ nicht einmal hören wollten, sorgen sich plötzlich darum, wie familienfreundlich ihre Firma ist«, erzählen Frauen. »Der Grund dafür sind ihre Töchter.«

9 Die Wiederkehr der Göttin

Ob als Bischöfin oder Geschäftsfrau, als Premierministerin oder Bürgermeisterin, als hochdotierte Führungskraft oder selbständige Unternehmerin, als Aktivistin oder Botschafterin – Frauen sind aus den Führungspositionen der Wirtschaft und des öffentlichen Lebens nicht mehr wegzudenken. Ihre neue Macht weckt die Erinnerung an das Urbild der Großen Göttin, die einst in vielen Kulturen verehrt wird.

- Immer mehr wissenschaftliche und populärwissenschaftliche Bücher beschäftigen sich heute vor dem Hintergrund von Archäologie und Mythologie mit der Verehrung der Göttin.
- Große Religionsgemeinschaften wie die Methodisten finanzieren Kurse zum Thema Göttin.
- Selbst im Theologieseminar der ehrwürdigen Universität Cambridge in Massachusetts wird über weibliche Gottheiten diskutiert.
- In Deutschland ist das Interesse an der nordischen Gottheit Freyja wiedererwacht.
- US-amerikanische Frauen besinnen sich auf überlieferte Geistestraditionen der Indianerinnen.
- Am Earth Day im Jahre 1991 bestiegen vier Frauen und zwei Männer einen Hügel in der Nähe von Horeb, Wisconsin, um dort zu Mutter Erde zu beten. Ähnliche Rituale wurden quer durch die USA praktiziert.

Vielleicht sind diese Entwicklungen als religiöse Facetten des Feminismus zu sehen.
Judith Auerbach vom Institute for the Study of Men and Women der University of Southern California bestätigt diese Einschätzung:

»Der Feminismus ist nicht mehr nur auf Politik und Wirtschaft begrenzt; Frauen emanzipieren sich innerhalb der Familie und – in neuester Zeit – auch im religiösen Leben.«
Der Grund ist das wachsende Selbstbewußtsein der Frauen: Sie finden sich nicht damit ab, daß sie in vielen Bereichen des Lebens nach wie vor benachteiligt sind. Die traditionelle Vorstellung von Gott als Mann hat im Umkehrschluß dazu geführt, daß Frauen generell als minderwertig und dem Mann unterlegen angesehen werden. Über Jahrhunderte hinweg haben sie dieses Bild – meist unbewußt – verinnerlicht und aufrechterhalten.
Heute aber sind sie zunehmend besser ausgebildet, sie werden finanziell immer unabhängiger, und sie erkämpfen sich Führungspositionen in Wirtschaft, Politik und Gesellschaft. Da kommen zwangsläufig viele Frauen zur Erkenntnis, daß die Vorstellung von Gott als Mann einfach absurd ist. Die 28jährige Anwältin Michelle Beasley aus Washington sagt stellvertretend für viele Geschlechtsgenossinnen: »Für mich ist Gott kein Mann. Ein Wesen, das Wärme und Fürsorge vermittelt und Leben spendet, trägt eindeutig mütterliche Züge.«
Millionen von Frauen sind sich inzwischen ihrer Macht bewußt geworden. Sie befreien sich Schritt für Schritt aus der Unterdrükkung und wollen ihre neugewonnene Energie darauf verwenden, die Welt zu ändern. Die Göttin kehrt zurück.
Die Mythologie der Göttin schärft das Bewußtsein der Frauen für ihre eigene Macht. Die Göttin stärkt Zuversicht, Zusammengehörigkeit und Selbstbewußtsein aller Frauen, ob sie nun den traditionellen Religionsgemeinschaften angehören, Anhängerinnen der New-Age-Bewegung sind oder sich als Atheistinnen bezeichnen. Die Beschäftigung mit der Göttin eröffnet Frauen die Möglichkeit, ihre ureigenen geschichtlichen Wurzeln wiederzuentdecken.
Göttin ist ein Begriff, der mit der Verehrung der Erde und Umwelt assoziiert wird. Da ist es nur folgerichtig, wenn das Göttinnenbild gerade heute, wo wir Kriege endgültig ausrotten und die Zerstörung unseres Planeten stoppen wollen, wieder aktuell wird. Selbst das männliche Establishment sieht langsam ein, daß wir ohne die lebensbejahenden Wertvorstellungen der Göttin – vor allem Kooperation und Kreativität – nicht überleben können. Wir stehen unter ihrem Einfluß.

Die Goddess-Bewegung in den USA

Die amerikanische Goddess-Bewegung entstand aus einer breiten, unstrukturierten, multidisziplinären Strömung künstlerischer, intellektueller und religiöser Aktivitäten. Sie stellt die traditionelle Theologie in Frage und interpretiert archäologische Funde unter ganz neuen Gesichtspunkten. Die Wiederkehr der Göttin läßt sich nicht ausschließlich als Thema der Frauenforschung abhandeln. Auch Kunstgeschichte, Mythologie, Völkerkunde, Literatur, Soziologie und moderne Kunst beschäftigen sich zunehmend mit der neuen Bewegung und den Werten, die sie verkörpert. Im *Time*-Magazin wurde der Göttinnenkult als »das Bemühen, ein weibliches Zentrum für religiöse Ausdrucksformen zu finden«, bezeichnet.

Die Geisteswissenschaften haben eine wahre Flut an Veröffentlichungen hervorgebracht. Jeder esoterische Buchladen, der etwas auf sich hält, stellt ganze Regale von Göttinnenliteratur bereit. Der Trend, der in akademischen Kreisen begann, breitet sich nun in Windeseile aus.

Die Zahl der aktiven Anhängerinnen der US-amerikanischen Goddess-Bewegung wird auf 100 000 bis eine halbe Million geschätzt. Alleine das Circle Network, das Teil der Goddess-Bewegung ist, gibt die Zahl seiner Mitglieder mit 100 000 an. Selena Fox, Priesterin beim Circle Network, sagt: »Wir sind kleiner als die Unitarier, aber größer als die Quäker.« Unzählige andere Frauen, die sich keiner Organisation angeschlossen haben, integrieren die Wiederkehr der Göttin in ihr tägliches Leben und in ihr Gebet.

Quer durch die USA finden sich Frauen in Kirchen oder Buchläden zusammen, um mehr über das Urbild der Göttin zu erfahren. Die Göttin wird in Messen verehrt und in Gedichten, Liedern und Meditationen angerufen.

- Circle of Aradis in San Francisco und Women Spirit Rising in Los Angeles führen in der Öffentlichkeit alte Rituale durch.
- In Los Angeles strahlt ein privater Fernsehsender regelmäßig die von Starr Goode moderierte Show *Goddess in Art* aus.
- Etwa 3 000 Menschen haben die Zeitschrift *Sage Women* abonniert, die sich ausschließlich mit dem Thema Göttin befaßt.

»Das Phänomen des Göttinnenkults gibt es schon lange«, schreibt *The Wall Street Journal*, »aber die Flut der akademischen Veröffentlichungen zu diesem Thema und die immer lautere Debatte über die männliche Dominanz in der Theologie haben die Zahl der Anhängerinnen sprunghaft ansteigen lassen.«

Hexenkult

Man könnte die Goddess-Bewegung als eine Mixtur aus Hexenkult, New Age, Feminismus und Mythologie bezeichnen. Manche Goddess-Anhängerinnen sehen sich als Erbinnen der Hexentradition. Sie begreifen diese als einen lebensbejahenden Kult, der sich auf die Macht der Frauen und von Mutter Erde gründet. Die Kirchen, so lautet ihr Vorwurf, haben das Hexentum jahrhundertelang zu Unrecht verteufelt.

Die Autorin Starhawk, die sich selbst als Hexe bezeichnet, ist eine engagierte Anhängerin der Goddess-Bewegung. Sie ist Mitherausgeberin des *Journal of Feminist Studies in Religion*, einem Who's Who der großen Theologinnen, und wurde kürzlich an das California Theological Institute berufen, das der eigenwillige katholische Priester Matthew Fox leitet. Eine sogenannte Göttinnen-Bewegung gibt es in Deutschland nicht. Dafür gibt es eine ausgeprägte »Hexenszene« (G. Graichen), die ähnlich wie die amerikanische Goddess-Bewegung geprägt ist von Hexenkult, Feminismus und Mythologie. Es handelt sich hier also mehr oder weniger um das gleiche Kind mit einem anderen Namen. Wichtig ist diesen neuen Hexen, daß sie nicht mit Schwarzer, also krankmachender Magie oder Teufelsanbetung in Verbindung gebracht werden. Ihnen geht es um das Erwachen ihrer natürlichen, mystischen Kräfte, um eine erneute Vereinigung mit der Göttin Erde.

Ihren Ursprung hat die deutsche Hexenszene ganz klar in der feministischen Bewegung der ausgehenden siebziger Jahre. 1977 wurde das Wort Hexe das erste Mal als Selbstbezeichnung von deutschen und italienischen Frauen genutzt, die auf die Straße gingen, um gegen Verfolgung, Vergewaltigungen und Unterdrückung zu protestieren. Seither feiern Frauen in Frankfurt, Berlin und Hamburg jedes Jahr am 1. Mai die Walpurgisnacht, und die Hexenbewegung hat sich stetig vergrößert. Mittlerweile gibt es in Rheingau sogar eine

Hexenschule e.V., und eine 1979 im Hamburgischen Museum für Völkerkunde eröffnete Sonderaustellung »Hexen« erlebte derartige Besucherrekorde, daß sie mehrmals verlängert und dann noch auf Wanderschaft geschickt wurde.

»Cakes« und die Salbei-Verbrennung

In einem Vorort von Boston finanziert die Unitarian Universalist Church ein Göttinnenseminar, das »Cakes for the Queen of Heaven« heißt. Junge Mütter sitzen dort neben älteren Frauen, Karrierefrauen neben Hausfrauen. Die Teilnehmerinnen gestalten nach Abschluß des Seminars einen Gottesdienst für die ganze Gemeinde. Eine Kursbesucherin, Claudia Luck, berichtet: »Es war das tiefste religiöse Erlebnis, das ich je hatte.«
Das Seminar, für das die Unitarierin Shirley Rank verantwortlich zeichnet, wurde mittlerweile von der methodistischen Kirche, den Kongregationalisten, Teilen der Episkopalkirche und sogar von einem katholischen Orden übernommen. Mehr als 800 Unitarier und 1000 Kongregationalisten haben schon an »Cakes«, wie der Kurs liebevoll genannt wird, teilgenommen.
Apara Borrowes-Toabe, die sich schon seit längerem mit dem Göttinnenkult beschäftigt, leitet einen Workshop in Sudbury, Massachusetts. Der Buchladen Native Spirit, in dem der Workshop stattfindet, ist zu einem Zentrum des Göttinnenkults und indianischer Rituale geworden. Die Frauen singen, verbrennen Salbei und meditieren. Janice Drake sagt: »Unser Feminsimus ist nicht verbittert, unsere Macht nicht aus Wut und Zorn erwachsen.«
Eine Frau, die beide Bostoner Kurse absolvierte, berichtet, daß sie jetzt wahrhaft fromm geworden sei. An der Stelle, an der ihre Episkopalgemeinde »Unser Vater« sage, rufe sie immer so deutlich wie nur möglich: »Unsere Mutter«.

Wie Gott zum Mann wurde

Warum war die Erinnerung an das Urbild der Göttin so lange verschüttet? Stünde es den Frauen, die Kinder gebären und neues Leben schenken, nicht viel eher als den Männern zu, mit göttlichen Attributen bedacht zu werden? Der neuen Mythologie zufolge gab es vor etwa 3500 Jahren eine hochentwickelte, friedliche Gesellschaft, die ausschließlich weibliche Gottheiten anbetete. Sie sei aber, so heißt es, von einer anderen, männerdominierten Kultur gewaltsam verdrängt und ausgelöscht worden. Das darauffolgende Patriarchat habe den Göttinnenkult abgeschafft und die Menschen dazu gezwungen, einen männlichen Gott zu verehren.

Die Kunsthistorikerin Elinor Gadon, Autorin von *The Once and Future Goddess*, hat an der Harvard Divinity School ein Seminar zum Thema Göttinnen abgehalten. Ihrer Meinung nach sind die folgenden drei ketzerischen Postulate für die Entmachtung der Göttin verantwortlich: 1) Ein männlicher Gott hat die Welt erschaffen. 2) Die Menschen haben das Recht, sich die Natur untertan zu machen. 3) Die Männer haben das Recht, sich die Frauen untertan zu machen. Diese drei Postulate seien so tief im Bewußtsein der Menschen verwurzelt, daß sie bisher kaum in Frage gestellt worden seien.

Aus der neuen, feministisch inspirierten Interpretation der Menschheitsgeschichte ergebe sich dagegen folgendes: 1) Am Anfang war die Göttin. 2) Das Patriarchat hat sie entmachtet. 3) Die Göttin kehrt zurück.

Durch die Wiedereinführung des weiblichen Gottheitsbegriffs erhalten Frauen die Chance, einen Teil ihrer früheren Macht zurückzuerobern. Jede Frau – ob Umweltschützerin oder Unternehmerin, ob Politikerin oder Hausfrau und Mutter – unterstreicht durch den Glauben an eine weibliche Gottheit, daß sie nicht weniger wert ist als jeder Mann.

Warum gerade jetzt?

Welche Zusammenhänge bestehen zwischen dem wiedererwachten Interesse an der Göttin und dem Feminismus? Der Feminismus, ein Produkt der sechziger Jahre, hat sich im Kampf um die Gleichberechtigung in Wirtschaft und Gesellschaft eigentlich selten religiöser oder mythologischer Argumente bedient.

Christina Robb, Journalistin bei *The Boston Globe*, meint: »Viele Frauen fühlen sich zur Goddess-Bewegung hingezogen, weil sie dort etwas finden, was sie im Innersten mehr berührt als die politischen Forderungen der Feministinnen.«

Die beiden wichtigsten gesellschaftlichen Entwicklungen, die zur Wiederbelebung der jahrtausendealten Göttinnenmythologie beigetragen haben, stehen in *keinem direkten* Zusammenhang mit dem Feminismus unserer Zeit. Diese beiden Entwicklungen sind 1) die Abkehr von rein rationalen Erklärungsversuchen für alle Lebensfragen und 2) die zunehmende wirtschaftliche Unabhängigkeit der Frauen im Informationszeitalter.
Ende des 19. Jahrhunderts schon begannen die Grundsätze des Rationalismus und des Empirismus, denen sich der Mensch praktisch seit der Aufklärung verschrieben hatte, an Bedeutung zu verlieren. Die Erkenntnisse von Freud und Jung zwangen die westliche Welt zu der Einsicht, daß es Dinge zwischen Himmel und Erde gibt, die man weder sehen noch messen kann. In den sechziger Jahren schließlich, in denen die Frauenbewegung erstarkte, hatten viele – Männer wie Frauen – das Gefühl, daß der Mensch wichtige Eigenschaften wie Emotionalität und Intuition völlig zu verlieren drohte.
Das Erstarken der Frauenbewegung fiel zeitlich mit der Aufwertung der Gabe der Intuition zusammen.
Es verging aber noch geraume Zeit, bis dieser Zusammenhang klar wurde. Den Bemühungen einiger weniger, unter ihnen Merlin Stone, Autorin von *Als Gott eine Frau war*, war es zu verdanken, daß das Göttinnenthema in den siebziger Jahren langsam wieder an Aktualität gewann. In dieser Zeit fanden auch die wichtigen Erkenntnisse von Joseph Campbell in der mythologischen Forschung erste Anerkennung. Der Boden für die Rückkehr der Großen Göttin war bereitet.

Die Göttin und der Rüstungswettlauf

Der Rüstungswettlauf und die Angst vor einem Atomkrieg mobilisierten in den achtziger Jahren Millionen von Menschen. Viele Frauen sahen im Rüstungswettlauf die logische Konsequenz eines »männlichen« Wertesystems, die irgendwann einmal unweigerlich zur Auslöschung unseres Planeten geführt hätte. Für sie war Protest, obwohl von der männlichen Elite als irrational abgetan, die einzige vernünftige Antwort auf die Schreckensvision.
Die Forderung nach einer Neuauflage alter, weiblicher Weisheiten

fand Gehör. Es kam zu einer wahren Flut an Veröffentlichungen zum Thema Göttin, etwa von Susan Griffin, Charlene Spretnak und Starhawk (Von Starhawk sind als deutsche Ausgabe die Bücher *Der Hexenkult als Ur-Religion der großen Göttin* sowie *Wilde Kräfte. Sex und Magie für eine erfüllte Welt* erhältlich. Starhawk ist übrigens ein Hexenname und bedeutet soviel wie Sternenfalke. Der eigentliche Name der Autorin ist Miriam Simos. Die Diplompsychologin versteht sich als »Berufshexe« und bietet auch in Deutschland Hexenseminare an, die meist Monate vorher ausgebucht sind.)
Die Wissenschaftlerin und Aktivistin Riane Eisler aus Kalifornien nahm in ihrem 1987 veröffentlichten, vielbeachteten Buch *The Chalice and the Blade* (Der Kelch und die Klinge) eine geschichtliche Neubewertung vor. Zwei verschiedene Gesellschaftsmodelle seien laut Eisler theoretisch denkbar: Auf der einen Seite steht ein Herrschaftsmodell, das Macht durch Gewalt (oder die Androhung von Gewalt) ausübt; Symbol dafür ist die Klinge. Auf der anderen Seite steht ein Partnerschaftsmodell, das auf Gleichberechtigung basiert; Symbol des Vorrangs der künstlerischen und geistigen Entwicklung des Menschen ist der Kelch.
In den achtziger Jahren kristallisierte sich ein neues Thema heraus: die Beziehung zwischen den Frauen und der Erde. Umweltschutz wird daher heute häufig mit Weiblichkeit, Mutter Erde und der antiken Göttin Gaia assoziiert.

Die Göttin und das Informationszeitalter

Die Rückkehr der Göttin wurde durch den wichtigsten ökonomischen Megatrend der siebziger und frühen achtziger Jahre – den Übergang vom Industrie- zum Informationszeitalter – noch beschleunigt.
In einer Industriegesellschaft, in der es auch auf Muskelkraft ankommt, sind Frauen naturgemäß benachteiligt. Nach dem Zweiten Weltkrieg strömten Massen von männlichen, meist ungelernten Arbeitskräften in die Fabriken und gründeten männerdominierte Organisationen, etwa die Gewerkschaften. Die Frauen, die während des Zweiten Weltkrieges in den Fabriken ihren »Mann« gestanden hatten, waren nicht mehr erwünscht. Zurück am häuslichen Herd und isoliert im Hausfrauendasein, suchten

sie ein neues Betätigungsfeld: Die Zeit des Babybooms war gekommen.

Im Industriezeitalter waren Wohn- und Arbeitsort getrennt, Mann und Frau gingen jeweils eigene Wege. Die Arbeit des Mannes wurde mit Geld belohnt, die der Frau nicht. Das Agrarzeitalter, als Mann und Frau noch gemeinsam wirtschafteten, war schon lange vorbei.

Das Informationszeitalter, in dem Grips wieder wichtiger als Kraft ist, ermöglicht nun von neuem eine Dezentralisierung der Arbeit. Viele Aufgaben können dank der Möglichkeiten der Telekommunikation an einem anderen Ort als im Büro ausgeführt werden, beispielsweise in der eigenen Wohnung. Die Situation der Frau hat sich dadurch erheblich verbessert. Gleich nach Anbruch des Informationszeitalters in den siebziger Jahren waren Frauen in den Unternehmen wieder zunehmend willkommener, auch wenn ihnen zunächst meist nur unterbezahlte Bürojobs vorbehalten blieben. (Manche der heute über 45jährigen Frauen haben zwar von Anfang an gutbezahlte, aussichtsreiche Positionen gefunden und sind inzwischen in die obersten Führungsetagen gelangt, aber sie waren damals Ausnahmen.)

Viele Frauen aus der Nachkriegsgeneration wählten eine Tätigkeit im Banken-, Einzelhandels- oder Verwaltungssektor, in der Computer-, Versicherungs- und Finanzbranche oder im Gesundheitswesen. Zusammen mit den nachfolgenden Frauengenerationen setzten sie eine Revolutionierung der Arbeitswelt in Gang, die jetzt, zwanzig Jahre später, vollendet ist. Sie sind heute zu einer kritischen Masse im Berufsleben geworden und werden noch in diesem Jahrzehnt entsprechend viele Führungspositionen übernehmen.

Frauen besitzen die Attribute der Göttin – Freiheit und Selbstbestimmung – eben nicht nur in der Mythologie, sondern auch in einer Welt, die derartig von Sachzwängen beherrscht wird wie die Wirtschaft.

Ob aus Lust an der Herausforderung oder aus wirtschaftlicher Notwendigkeit – die Frauen haben sich Positionen in Wirtschaft und Gesellschaft erkämpft, die bislang nur den Männern vorbehalten waren. Frauen üben heute in allen Bereichen Macht aus. Vielleicht ist der neu entflammte Göttinnenkult nur ein Ausdruck dafür, daß Frauen jetzt auch in spirituellen Dingen einen Schlußstrich unter Benachteiligung und Unterdrückung ziehen.

Im Pantheon der Göttinnen

Als chinesische Studenten am Tien-an-men-Platz in Peking die Wachsstatue der Göttin der Demokratie aufstellten, brachten sie einen zeitgenössischen Aspekt der Großen Göttin zum Ausdruck. Die Statue wurde, ebenso wie die friedlichen Studenten, die sie umringten, von den Panzern einer brutalen Männerelite niedergemäht. Im Herzen der Menschen aber lebt sie weiter, wie viele andere verbotene Göttinnen.

Die Große Göttin (auch Große Mutter genannt) ist im Laufe der Zeit in vielen verschiedenen Gestalten aufgetreten; jeder Kontinent und jede Kultur haben ihr andere Namen gegeben: Ianna, Isis, Athene, Venus, Kali, Shakti, die Spinnenfrau der Hopi-Indianer. Ihre Identität entspricht den jeweiligen Prinzipien des menschlichen Lebens, die sie verkörpern sollen.

In ihrem Buch *The Book of Goddesses and Heroines* listet Patricia Monoghan mehr als tausend Göttinnen auf. Die Suche nach afrikanischen, baltischen, chinesischen oder nordamerikanischen Göttinnen, um nur einige Beispiele zu nennen, wird durch ein ausgefeiltes Indexsystem erleichtert.

In vielen ländlichen Gegenden Asiens gibt es den Göttinnenkult auch heute noch. Asien kennt viele verschiedene Erscheinungsformen der Großen Göttin: Die populärste chinesische Göttin ist Kuanyin, die buddhistische Bodhisattwa des Erbarmens. Sie wird für ihre große Barmherzigkeit verehrt, ähnlich wie die Mutter Gottes im Christentum.

Die Große Göttin der Hindus heißt Shakti; sie symbolisiert aktive Lebenskraft und ist Gefährtin von Shiva. Ein bekanntes indisches Sprichwort besagt: »Ohne Shakti ist Shiva nur ein lebloser Körper.«

Die Tibeter verehren Tara, einen Buddha in Frauengestalt. Tara will erst dann ins Nirwana eingehen, wenn die gesamte Menschheit gerettet ist. Sie schützt Buddha vor den acht traditionellen Gefahren: Stolz, Irrglaube, Zorn, Neid, Fehleinschätzung, Geiz, Habgier und Zweifel.

Die Schattenseiten des Lebens werden von der dunkelhäutigen Hindu-Göttin Kali verkörpert, die ein Schwert und einen abgeschlagenen Kopf in den Händen hält – Symbol für die Macht, das Ich und den Verstand des Menschen zu befreien. Kali steht mit dem Reich

der Toten in Verbindung und ist Sinnbild dafür, daß Veränderungen nur dann möglich sind, wenn man sich auch den Schattenseiten des Lebens stellt.
Die Hindu-Königin Maya, Mutter von Prinz Siddharta, des historischen Buddhas, ist Symbol für Sinnlichkeit und Erotik.

Jungfräuliche Göttinnen

Das Patriarchat hat in der Geschichte schon mehr als einmal versucht, die Göttin zu entthronen. Nie ist es ihm vollständig gelungen. Das griechische Orakel von Delphi war ursprünglich der Erdgöttin Gaia gewidmet. Obwohl es später dem männlichen Gott Apollo zufiel, wurde es stets von einer Priesterin verkündet. Die Göttin hat überlebt, wenn auch mit einigen Blessuren. Die griechische Göttin Athene soll dem Haupt ihres Vaters Zeus entsprungen sein. Sie gilt unter anderem als Göttin des Krieges und wird entsprechend häufig mit Schild und Brustpanzer dargestellt. Oft gleicht sie eher einem amerikanischen Footballspieler als einer Frau. Aber Athene ist wehrhaft und weiß, wie sie gegen männliche Götter ankommen kann. Sie hat viele Talente; Kunst und Wissenschaft stehen unter ihrem Schutz.
Artemis, die jungfräuliche Jagdgöttin, ist sportlich und liebt Natur und Tiere. Häufig wird sie zusammen mit einem Hirsch abgebildet, dessen Geweih ein Symbol ihrer Macht ist. Sie ist die Göttin des Sports, der Erholung und der Natur.
Sowohl Artemis als auch Athene, die beide Liebhaber hatten, werden als »jungfräulich« bezeichnet, weil sie im Grunde ihres Wesens selbstgenügsam sind. Ihr Mythos erzählt deshalb nicht von Ereignissen in der Familie, wie das etwa bei Isis und Demeter der Fall ist. Die Psychologin Jean Shinoda Bolen, Autorin von *Göttinnen in jeder Frau*, schlägt deshalb vor, sich Artemis und Athene als Animus-Figuren vorzustellen. Animus ist der von C. G. Jung geprägte Begriff für die männlichen Aspekte einer Frau.

Die Göttin als Mutter

Die ägyptische Göttin Isis ist Symbol für Fruchtbarkeit, Ernte, Heilung und Verwandlung. Nachdem ihr Gemahl Osiris ermordet wur-

de, holte sie ihn auf wunderbare Weise wieder ins Leben zurück und zeugte mit ihm ihren gemeinsamen Sohn Horus. Isis wurde sogar in Frankreich und England verehrt; sie gilt als Schutzpatronin der Mütter und Frauen im Gesundheitswesen.
Demeter ist die griechische Göttin des Ackerbaus, der Fruchtbarkeit und des Getreides. Zweimal im Jahr wurden ihr zu Ehren die »Eleusnischen Mysterien« in Eleusis, einer kleinen Stadt bei Athen, begangen. Nachdem ihre Tochter Persephone von Hades, dem Gott der Unterwelt, entführt wurde, gab die verzweifelte Demeter ihre Göttinnenpflichten auf und machte sich auf die Suche nach ihr. Die Ernte verdorrte, Hungersnöte drohten. Erst als Mutter und Tochter wieder vereint waren, gedieh alles wie zuvor.
Als Symbol ihrer dramatischen Wiedervereinigung gilt die Getreidegarbe, die auch bei den Initiationsriten eine große Rolle spielte. Sie wurde vor den Initianten hochgehalten, die sich durch Fasten und Schweigen auf die »Mysterien« vorbereitet hatten. Nach ihrer Rückkehr war Persephone kein unschuldiges kleines Mädchen mehr, sondern Königin der Unterwelt und Meisterin über ihre eigenen finsteren Seiten.

Die Göttin in Nordamerika

Diese Mythen können nur einen kleinen Einblick in die Vielfältigkeit der Großen Göttin geben. In der Tradition der amerikanischen Ureinwohner gilt die **Spinnenfrau der Hopi-Indianer** als Symbol des Webens und damit gleichzeitig als Symbol der Kreativität. Sie verfügt über unermeßliche Weisheit, spricht alle Sprachen, und sie kann hellsehen.
Die **Calf Women der White-Buffalo-Indianer**, die als Botin des Großen Geistes Wakan Tanka verehrt wird, gab den Sioux-Indianern der Ebenen und Prärien die heilige Flöte.
Das Volk der Keresan von Neu-Mexiko verehrt **Thought Woman**. Thought Woman, die zugleich Mann und Frau ist *und* darüber hinaus alle Lebensformen der Erde in sich birgt, hat nach dem Glauben der Keresan die Welt erschaffen.
In ihrem Buch *Die Große Mutter in ihren Tieren. Göttinnen aller Kulturen* teilt Buffi Johnson die Göttinnen nach den sie repräsentierenden Tierarten ein. Unter anderem nennt sie den Schmetterling und

die Schlange – zwei Symbole der Verwandlung, die schon von jeher mit der Göttin assoziiert wurden.

Als die Menschen noch auf die Göttin hörten

Wer sich für Gleichberechtigung, Abrüstung oder Umweltschutz einsetzt, muß damit rechnen, früher oder später auf das zynische Argument zu stoßen: »Unterdrückung und Krieg hat es schon immer gegeben; sie liegen einfach in der Natur des Menschen.« Die neue Generation der Feministinnen lieferte kürzlich den Gegenbeweis.
Archäologische Ausgrabungen aus der Zeit nach dem Zweiten Weltkrieg lassen nämlich darauf schließen, daß es in der Jungsteinzeit ein sehr friedliches, erstaunlich hoch entwickeltes Volk von Bauern gegeben hat, das einen ausgeprägten Göttinnenkult betrieb; Männer und Frauen lebten in friedlichem Miteinander, keiner wurde vom anderen unterdrückt. Das Siedlungsgebiet erstreckte sich über die heutige Türkei bis hin zum Mittleren Osten; seine Ausdehnung nach Westen reichte bis Frankreich, im Norden wurde es vom heutigen Polen begrenzt.
Die aufsehenerregende Interpretation dieser archäologischen Funde, die inzwischen auch von so hochrangigen Experten wie dem britischen Archäologen James Mellart geteilt wird, verdanken wir zum größten Teil der Litauerin Marija Gimbutas, Professorin an der University of California in Los Angeles. Sie ist heute über siebzig Jahre alt und hat sich sehr intensiv mit dem Götinnenkult auseinandergesetzt. Gimbutas besitzt umfassende Kenntnisse in Mythologie und Völkerkunde, versteht über zwanzig Sprachen, war bei fünf europäischen Ausgrabungen dabei und hat insgesamt zwanzig Bücher und zweihundert Artikel geschrieben, darunter *Goddesses and Gods of Old Europe* und *The Language of the Goddess*. Ihre Schriften über die Jungsteinzeit im – wie sie es nennt – Alten Europa haben viele Menschen auf der ganzen Welt fasziniert. (Auf deutsch ist von Marija Gimbutas das Buch *Die Balten. Volk im Ostseeraum* erschienen.)
Die weitaus meisten Skulpturen der europäischen Jungsteinzeit, von denen einige sogar aus der Zeit um 30 000 vor Christus stammen sollen, stellen Frauenkörper dar. Nach Gimbutas' Auffassung handelt

es sich dabei um Kultgegenstände, mit denen weibliche Gottheiten verehrt wurden, und nicht – wie ursprünglich angenommen – um erotische Kunst.

Für Gimbutas gibt es eindeutige Beweise dafür, daß die Göttinnenanbeter der damaligen Zeit ein sehr friedfertiges Volk waren, denn **die Forscher fanden bei ihren Ausgrabungen keinerlei Hinweise darauf, daß es von 7000 bis 3000 vor Christus in Südosteuropa und von 4500 bis 2500 vor Christus in Westeuropa Waffen, Schutzwälle oder andere Mittel zur Verteidigung gab.**

Gimbutas schreibt dazu: »Die Tatsache, daß es keinerlei Befestigungen gab, beweist, daß diese gleichberechtigte Zivilisation in friedlichem Miteinander lebte.« Sie weist darauf hin, daß die Alten Europäer ihre Tempel und Wohnhäuser an den landschaftlich schönsten Stellen errichteten, ohne sich um verteidigungsstrategische Gesichtspunkte zu kümmern.

Gimbutas' Studien lassen Zweifel aufkommen, ob die Menschen der Jungsteinzeit tatsächlich so unzivilisiert und primitiv waren, wie immer behauptet wird. Laut Gimbutas haben sie bereits Ackerbau betrieben und Haustiere gehalten und die Webkunst sowie das Töpfern erfunden. Es habe sogar schon eine, wenn auch rudimentäre, Form der Schrift gegeben.

Die Schlußfolgerungen Gimbutas', die als unumstrittene Kapazität auf ihrem Gebiet gilt, haben die Fachwelt beeindruckt. Dennoch gab es einige Experten, die Zweifel anmelden.

Gimbutas erklärt sich die Skepsis ihrer Kollegen damit, daß die meisten Archäologen sich zu sehr auf ihre Ausgrabungen beschränken und Angst davor haben, weiterreichende Schlußfolgerungen zu ziehen. Vor allem mangele es ihnen an Intuition und Leidenschaft. Besonders verärgert seien sie deshalb immer dann, wenn – wie im Fall Gimbutas – Rückschlüsse auf das geistige und religiöse Leben der jeweiligen Kulturen gezogen würden, denn das sei in der Archäologie vollkommen tabu.

Gimbutas fand jedoch bei zwei renommierten Wissenschaftlern Unterstützung. Der Anthropologe Ashley Montagu sagte über ihre zuletzt veröffentlichte Arbeit, sie sei »ein Meilenstein in der Geschichte der Zivilisation und der Wissenschaft«. Joseph Campbell, der inzwischen leider verstorben ist, war Gimbutas während seiner letzten Lebensjahre freundschaftlich verbunden. Es verglich die Bedeutung ihrer Arbeit mit der Entzifferung des Steins von Rosette.

Die Revolution des Patriarchats

Etwa um 4200 oder 4300 vor Christus fiel die göttinnengläubige Gesellschaft einem massiven Angriff aus dem Osten zum Opfer. Ein mächtiges, kriegerisches Volk aus den russischen Steppen fiel in Europa ein. Die »Kurgan«, wie Gimbutas sie nennt, besaßen Pferde und Schwerter und gewannen schnell die Oberhand über die wehrlosen Alten Europäer. Eine ganze Zivilisation wurde samt ihrer Tempel und Wohnhäuser ausgelöscht. Die letzte Invasion der Kurgan, die eine Spur der Gewalt, Plünderung und Zerstörung durch das Land zog, fand um 3000 vor Christus statt.

Mit der Zerstörung des Alten Europa gingen auch »tausendjährige Traditionen verloren«, schreibt Gimbutas. »Siedlungen und Dörfer verfielen, kunstvoll bemalte Keramikgegenstände verschwanden ebenso spurlos wie Heiligtümer, Fresken, Skulpturen, Symbole und Schriften.«

Riane Eislers Buchtitel *The Chalice and the Blade* ist eine treffende Umschreibung für den Kontrast zwischen Kurgan und Europäern. Der Kelch der Alten Europäer, ein Symbol für das Weibliche, fiel der »tödlichen Macht der Klinge«, die den Invasoren heilig war, zum Opfer.

»Die Macht, Leben zu nehmen, statt zu geben, ist eine wichtige Voraussetzung für die Unterdrückung anderer Menschen«, schreibt Eisler.

»Die Kurgan ... haben die starken, heroischen Kriegsgötter des leuchtenden, donnernden Himmels verehrt«, schreibt Gimbutas, »... Dolch und Kriegsbeil zählten zu den wichtigsten Symbolen dieses Volkes, das ... die tödliche Macht der scharfen Klinge glorifizierte.«

Die Kurgan reduzierten die Große Göttin, Spenderin allen Lebens, auf die Funktionen der Gattin, des Sexualobjekts und des unterworfenen Weibes. An ihre Stelle trat ein Aufmarsch an männlichen Kriegsgöttern, deren Symbole meist Waffen waren. Die Kriegshelden dieser neuen, gewalttätigen Gesellschaft wurden häufig sogar mit ihren Waffen begraben.

»Waffen, Waffen, nichts als Waffen«, seufzt Marija Gimbutas. »Funde von Dolchen und Schwertern aus der Bronzezeit gibt es massenhaft. Es war eine grausame Periode.«
Die kläglichen Reste des Alten Europa wurden in das neue Patriarchat integriert und verschwanden bald völlig.
»Der Niedergang des Römischen Reiches, die finstere Zeit des Mittelalters, die Pest, der Erste und der Zweite Weltkrieg und alles andere, was die Menschen bisher durchmachen mußten, ist nichts im Vergleich zu dem, was damals geschah«, schreibt Eisler. Erst der Humanismus des antiken Griechenland habe es vermocht, dem kulturellen und geistigen Niedergang ein Ende zu setzen. Aber, so Gimbutas und Eisler, auch das antike Griechenland, das als Wiege der zivilisierten westlichen Welt gelte, habe seinen Ursprung im Alten, die Göttinnen verehrenden Europa.

Theologie und Göttin

Das Patriarchat hat nicht zuletzt durch das jüdisch-christliche Erbe enorme Rückenstärkung erhalten. Als die Hebräer in den Mittleren Osten kamen, fanden sie in Kanaan eine göttinnenverehrende Kultur vor. Dem Alten Testament zufolge setzten sie alles daran, die Göttin durch ihren männlichen Gott Jahwe zu ersetzen (die Experten streiten noch über Hinweise darauf, daß die Hebräer neben Jahwe auch die Göttin Asherah, eine Form der Großen Göttin, verehrten).
Riane Eisler sieht die Vertreibung aus dem Paradies als Symbol für den Kampf zwischen Jahwe und der Göttin. Sowohl der Baum der Erkenntnis als auch die Schlange, die dank ihrer Fähigkeit zur Häutung ein uraltes Symbol für Wiedergeburt und Umwandlung ist, seien Metaphern für die Große Göttin. Die Bibelschreiber seien bemüht gewesen, den neuen Hebräergott Jahwe über die Göttin zu stellen; aus diesem Grund hätten sie die Schlange als Symbol für die Weiblichkeit und die Göttin diffamiert.
Seit 2000 Jahren wird die Unterdrückung der Frauen damit gerechtfertigt, daß Adam zuerst erschaffen wurde. Feministische Theologinnen haben wiederholt darauf hingewiesen, daß die Bibel an zwei Stellen von der Erschaffung der Menschen berichtet: Einmal heißt

es, daß Adam und Eva gleichzeitig erschaffen wurden (Genesis 1, Vers 26-31), ein anderes Mal heißt es, Adam sei zuerst erschaffen worden (Genesis 2, Vers 4-23).
Das Christentum steht dem Judentum in puncto Männerdominanz in nichts nach. Dieser Umstand entbehrt nicht einer gewissen Ironie, denn Frauen spielten im frühen Christentum eine bedeutende Rolle, was oft genug vergessen wird (siehe Kapitel 4). Christus war eigentlich ein Mann, wie Feministinnen ihn sich wünschen. In der frühchristlichen Literatur findet man viele Beispiele für in der Öffentlichkeit auftretende weibliche Gläubige, Predigerinnen und Lehrerinnen. Erst im 4. Jahrhundert nach Christus gelang es den Männern, die Herrschaft endgültig und vollständig zu übernehmen. Die Kirchenväter verboten gnostische Traditionen, entfernten alle Hinweise, die auf weibliche Aspekte des Göttlichen hätten schließen lassen können, und versperrten den Frauen Führungspositionen. Fortan war es nur den Männern gestattet, Priester zu werden, und es war nur Priestern gestattet, als Mittler zwischen Gott und den Menschen aufzutreten und Erlösung von den Sünden zu geben. Die Göttinnenverehrung wurde als heidnischer Kult gebrandmarkt, als Ausdruck des Bösen stigmatisiert und in die Nähe des Teufels gerückt. Tatsächlich findet man in Europa noch heute vielerorts geschundene Göttinnen: In der Malerei wurden ihre Körper durch Kröten und Schlangen verunstaltet, von antiken Statuen alle weiblichen Merkmale abgerissen. Es dauerte nicht lange, und die Macht des Weiblichen wurde als Gefährdung der gesellschaftlichen Ordnung angesehen.

Jungfrauen und Hexen

In einer kürzlich erschienen Ausgabe der *Time* wurde Maria, die Mutter Gottes, als meistgefeierte Frau der Geschichte bezeichnet. Elinor Gadon, US-amerikanische Buchautorin, geht sogar noch einen Schritt weiter und sagt: »Die Jungfrau Maria ist das Götterbild, das in der westlichen Welt am meisten verehrt wird.« Und doch grenzt es fast schon an ein Wunder, daß sie die Zeit überdauert hat. Sie ist Sinnbild dafür, wie groß die Sehnsucht der Menschen nach einer weiblichen Gottheit ist.
Ganz im Gegensatz zu den Apokryphen enthält die »offizielle«

(kanonische) Bibelversion der Kirchenväter aus dem 4. Jahrhundert kaum Hinweise auf die Mutter Jesu.

Erst im Mittelalter, Jahrhunderte später also, setzte sich die Sehnsucht nach der Göttin, ihrer Erdenweisheit und ihrer heilenden Kraft wieder durch und fand ihren Ausdruck im wiedererwachten Interesse an Maria. Pilger und Kreuzfahrer hatte nach ihrer Rückkehr aus Byzanz um 1200 die Sitte der Marienverehrung eingeführt. Ebenfalls im 12. Jahrhundert sammelte Jacobus de Voragine Geschichten über Maria und faßte sie in seiner Schrift *Legenda Aurea* zusammen, die weite Verbreitung fand.

Ihren Höhepunkt erreichte die Marienverehrung im 12. und 13. Jahrhundert. Alleine in Frankreich wurden von 1170 bis 1270 achtzig Kathedralen für *Note-Dame* Maria gebaut, darunter die Kathedrale von Chartres.

Gadon: »Die Heilige Jungfrau rückte nach und nach in die Position einer Göttin auf. Die Heiligtümer und Tempel, die ursprünglich der Göttin gehörten, wurden ihr gewidmet.« Alle großen gotischen Kathedralen seien an Stellen erbaut worden, die der Göttin heilig gewesen seien. Für die Normalbürgerin machte es keinen Unterschied, statt der Großen Göttin nun die Jungfrau Maria anzubeten.

Für die Theologen dagegen stellte Maria ein echtes Problem dar. Was tun mit ihren weiblichen Körpermerkmalen? Kompliziert wurde die Sache noch zusätzlich dadurch, daß Brust und Gebärmutter schon immer die Symbole der Großen Göttin gewesen waren, deren Andenken man doch radikal auslöschen wollte. Der einzige Ausweg war, aus der Mutter Jesu ein vollkommen geschlechtsloses Wesen zu machen. Das erstaunliche Phänomen der jungfräulichen Geburt war erfunden.

Ursprünglich hatte der Begriff »jungfräulich« dic Bedeutung »ganzheitlich, selbstgenügsam, unabhängig vom Mann«. Venus, Ischtar, Astarte und viele andere Göttinnen (die sehr wohl sexuelle Beziehungen zu Männern hatten) galten nach dieser Definition schon immer als »jungfräulich«. Im Christentum, das eine neue, körperlose und asexuelle Spiritualität propagierte, wurde ein Begriff völlig neu definiert; durch die Zusatzbedeutung »sexuell unberührt« wollte man vor allem Frauen von der Sexualität ausklammern.

Gadon schreibt: »Marias Asexualität und jungfräuliche Mutterschaft verhindern, daß eine Frau zugleich tugendhaft, mächtig und sexuell aktiv sein kann.« Der Kontrast zwischen der Jungfrau Maria und Maria Magdalena, die immer noch als Prostituierte verschrien ist, hat mit schuld daran, daß Frauen ihre natürliche Sexualität als inneren Widerstreit zwischen Jungfrau und Hure erleben. Die wichtige Apostelrolle, die Maria Magdalena spielte, wird dagegen auch heute noch beharrlich ignoriert.

Der Muttergotteskult ist stark vom Vorbild antiker Göttinnen geprägt. Die ägyptische Göttin **Isis** beispielsweise, die auf Abbildungen meist ihren Sohn Horus stillt, war den vorchristlichen Europäern wohlbekannt und könnte den Franzosen als Vorbild für den Kult der Schwarzen Jungfrau gedient haben. Die griechische Göttin **Demeter** ist – ebenso wie Maria – Mutter eines Menschen, der Tod, Abstieg in die Unterwelt und Wiederauferstehung durchmacht. Eine Verbindung besteht auch zwischen **Artemis** und Maria: Maria soll ihre letzten Lebensjahre am Grab von Artemis in Ephesus (in der heutigen Türkei) verbracht haben und von dort in den Himmel aufgefahren sein. Der Rat von Ephesus hat sie im Jahr 431 zur »Mutter Gottes« erklärt.

Wie man sieht, haben also auch Christen – oder zumindest Katholiken – eine Göttin, auch wenn sie diese nicht unter diesem Namen verehren und sie zu einem geschlechtslosen Wesen degradiert haben.

In ihrem Buch *The Chalice and the Blade* geht Eisler auch darauf ein, daß es nach dem 13. Jahrhundert, einer Hoch-Zeit der Marienverehrung, zu einer Periode der Frauenfeindlichkeit kam, die schließlich im 16. und 17. Jahrhundert einen traurigen Höhepunkt in der Hexenverfolgung fand. Gadon schreibt dazu: »Die Männer projizierten ihre Angst vor Sexualität und Fleischeslust auf das andere Geschlecht.«

Ende des 15. Jahrhunderts erklärte Papst Innozent VIII. die Hexenkunst zur Ketzerei. Im Jahr 1486 veröffentlichten zwei dominikanische Mönche den *Malleus Maleficarum*, auch Hexenhammer genannt, der in den darauffolgenden zwei Jahrhunderten als Handbuch der Hexenverfolgung diente. Schätzungsweise neun Millionen Menschen, größtenteils weiblichen Geschlechts, wurden zur damaligen Zeit wegen »Irrglaubens und der Durchführung von Praktiken, die der Göttin dienen«, gefoltert und hingerichtet.

Starhawk: »Es herrschte ein unvorstellbarer Terror. Jede Frau, die als Hexe denunziert worden war, wurde ohne Vorwarnung festgenommen und durfte nicht einmal mehr nach Hause zurückkehren... jede nur denkbare Foltermethode fand Anwendung... Streckbank, Daumenschrauben, ›Stiefel‹, mit denen die Beinknochen gebrochen wurden, Prügelorgien... Hexenjäger und Informanten erhielten Kopfgeld, so daß die Verfolgung zu einer lukrativen Hauptbeschäftigung wurde.«
Hebammen, Kräuterweiber, Weise Frauen, Witwen und alte Jungfern wurden zum Freiwild. Aber auch Dorfschönheiten wurden gejagt, so Starhawk, falls sie es wagten, sich den Annäherungsversuchen der Mächtigen zu widersetzen. Die Menschen lebten in einem Klima des absoluten Terrors. Jede Frau, die ein wenig anders als die anderen war, lief Gefahr, als Hexe verdächtigt zu werden. Wenn sie erst einmal angeklagt war, gab es kein Entrinnen mehr vor Folter, Galgen, Verbrennung bei lebendigem Leibe oder, falls sie Glück hatte, vorheriger Strangulierung.
Starhawk schreibt: »In der Diözese Trier gab es zwei Dörfer, in denen nach den Tribunalen von 1585 nur noch jeweils eine Frau lebte.« In manchen Dörfern blieb keine einzige Frau übrig.
Die Hexentribunale von Salem, Massachusetts, aus dem Jahr 1692 gelten als die letzten dieser grausamen Periode.

Die Renaissance der Jungfrau

Im 19. und 20. Jahrhundert, als das schreckliche Treiben der Hexenjäger schon wieder vergessen war, erreichte die Verehrung der Jungfrau Maria einen neuen Höhepunkt in der Theologie. Papst Pius IX. prägte 1854 das Schlagwort von der »unbefleckten Empfängnis« und wollte damit zum Ausdruck bringen, daß die Jungfrau Maria »als einziger Mensch frei vom Makel der Erbsünde ist« und daß sie »schon von Anbeginn der Zeit für diese Rolle auserkoren« war.
Papst Pius XII. verkündete im Jahr 1950 das Dogma der Himmelfahrt Marias, die von der Kirche alljährlich am Tag Maria Himmelfahrt begangen wird. Der italienische Maler Tizian allerdings war Papst Pius XII. voraus gewesen, denn er hatte schon 1518 ein Bild von der »Himmelfahrt Marias« gemalt.
Vor dem Zweiten Vatikanischen Konzil hatte Maria noch als Miterlö-

serin gegolten, nach 1965 aber wurde ihr dieser Status, der sie fast auf eine Stufe mit Jesus gehoben hatte, wieder aberkannt. Maria Warner, Autorin von *Alone of All Her Sex: The Myth and Cult of the Virgin Mary*, ist der Meinung: »Die große Sorge der Kirche ist, daß die Menschen sie eines Tages mehr verehren könnten als ihren Sohn.«

Im Zweiten Vatikanischen Konzil sollte sichergestellt werden, daß Maria in den Lehren der Kirche »eine niedrigere Stellung als ihr Sohn zugewiesen bekommt«.

Trotz allem scheint die Marienverehrung heute auf einen neuen Höhepunkt zuzusteuern:

- Millionen von Menschen, vor allem jüngere, beten zu ihr in Marienkirchen und -kapellen.
- Aus Denver in Colorado, aus dem kalifornischen Santa Ana, aus dem nicaraguanischen Cuapa, aus dem jugoslawischen Medjugorje und aus der Ukraine häufen sich Berichte über Marienerscheinungen.
- Papst Johannes Paul II. soll davon überzeugt sein, daß sowohl der Niedergang des Kommunismus als auch die neu entflammte Religiösität der Menschen in der ehemaligen Sowjetunion der Heiligen Jungfrau zuzuschreiben sind.

Sandra Schneiders, Professorin an der Graduate Theological Union in Berkeley, ist überzeugt: »Die Forschung über die historische Verehrung einer Göttin hat enormen Auftrieb erfahren, und die Vorstellung von Gott als Frau findet immer stärkeren Anklang. Der enorme Popularitätszuwachs der Jungfrau Maria, den wir zur Zeit erleben, kommt nicht von ungefähr.«

Die Magie der Weisen Frauen

In Avebury, Großbritannien, gedachte man im 3. Jahrtausend vor Christus der Großen Göttin an drei Tagen im Jahr, und zwar jeweils zum Beginn einer neues Jahreszeit: Anfang Februar feierte man Candlemas, im Frühjahr Beltane, eine Art Maifeiertag, und im November Samhaim. Samhaim stand für den Beginn des Winters, den die Göttin unter der Erde verbrachte. Die Kelten verehrten ihre Große Göttin in Gestalt einer Heiligen Dreifaltigkeit: Mädchen, Mutter und altes Weib.

Das alte Weib wurde bei den Kelten oft in Gestalt einer Hexe dargestellt; und Hexen wurden schon immer mit Kräuterlehre und Heilkunst assoziiert. Für die moderne Frau von heute dürfte aber das Urbild der Weisen Frau, das Erfahrung und geistige Reife symbolisiert, mehr Aussagekraft haben.

Für Führungspositionen, wie Frauen sie heute in Politik, Kunst und Wirtschaft anstreben, sind Alter, Erfahrung und Reife der Weisen Frau *unabdingbare* Voraussetzungen. Vierzig bis fünfzig Millionen US-Amerikanerinnen der Babyboomer-Generation werden innerhalb der nächsten zwei Jahrzehnte in die Wechseljahre kommen und das Bild der Weisen Frau zu neuem Leben erwecken. Dann wird ihr endlich die Anerkennung zuteil, die sie seit langem verdient.

Frauen über 45 Jahren sehen sich zwangsläufig mit Klischeevorstellungen über das Alter konfrontiert. Welche Identität hat eine Frau, deren Kinder aus dem Haus gegangen sind? Inwiefern hat sich ihre Sexualität geändert? Wie bewältigt sie es, wenn ihr fünfzig Jahre alter Ehemann plötzlich mit einer Dreißigjährigen auf und davon geht?

In den vergangenen zwei Jahrzehnten haben Frauen diese Probleme erstaunlich gut bewältigt; sie haben sich eine neue Identität erkämpft und ein Exempel statuiert, an dem sich auch kommende Generationen orientieren werden. Nicht selten waren harte Schicksalsschläge die Auslöser für Veränderungen: Scheidung, Tod des Partners, Krankheit oder Verlust der Arbeit. Jede Frau kann solche Situationen meistern, wenn sie sich intuitiv auf die ihr innewohnende mystische Kraft der Weisen Frau besinnt.

Mit zunehmendem Selbstbewußtsein der Frauen hat auch der »Begriff Hexe als Leitwort, das auf Verfolgung und Unterdrückung von Frauen in einer patriarchalischen Gesellschaft – damals wie heute – aufmerksam machen sollte«, mittlerweile eine Wandlung erfahren, schreibt die deutsche Journalistin Gisela Graichen in ihrem Buch *Die neuen Hexen* und fährt fort: Hexe wurde »zum mythischen Begriff für uraltes Wissen und Macht von Frauen«.

Manche Frauen, die von ihren Exehemännern einst als unfähig beschimpft worden waren, leiten heute millionenschwere Unterneh-

men. Andere schöpfen aus dem Ideal der Weisen Frau die Kraft, Tabus zu brechen: Sie ziehen mit ihrer alten Jugendliebe zusammen oder nehmen sich einen zehn Jahre jüngeren Liebhaber – oft genug zum größten Entsetzen ihrer erwachsenen Kinder.
Diese Frauen, die zum Teil noch die Mütter der Babyboomer-Generation sind, haben enorme psychologische Vorarbeit geleistet. Sie haben den Boden bereitet, auf dem ihre Töchter auch nach zwanzig Jahren Beruf und Karriere noch ein dynamisches und erfülltes Leben führen können. Es ist ein großes Geschenk der einen Generation an die nächste.
Die Fortschritte in der Medizin und der Fitneßtrend werden ein übriges tun, damit Frauen über 45 noch weitere 25 aktive Jahre vor sich haben. Das ist viel Zeit, um an der geschäftlichen oder politischen Karriere zu basteln, um Großelternfreuden zu genießen, um lang ersehnte Reisen zu machen, um zweite (oder dritte) Karrieren in Angriff zu nehmen oder auf andere Art und Weise aktiv am Leben teilzuhaben. Frauen werden endlich zu ihrem Alter stehen können und sich mehr denn je auf einen aktiven, erfüllten Lebensherbst freuen.
Die neunziger Jahre bringen uns eine modernisierte, jugendlichere Version der Weisen Frau. **Die Fernsehwerbung hat sich ihrer schon angenommen und strahlt Bilder attraktiver, grauhaariger Frauen aus, die sich aufs Motorrad schwingen.** Eingebunden in ihre beruflichen oder vielfältigen anderen Tätigkeiten, werden Frauen die Angst vor den Wechseljahren überwinden und sich voller Enthusiasmus auf die Zeit »danach« stürzen. Eine vor Energie überschäumende Frau wird dann das leere Nest, an das sich frühere Generationen noch so verzweifelt klammerten, verlassen und in eine neue, abenteuerliche Lebensphase eintreten.

Der Weg zur Weisheit ist beschwerlich

Eine Frau kann allerdings erst dann zu Weisheit und Reife gelangen, wenn sie sich den Herausforderungen ihres Lebens stellt. Die Mythologie enthält viele Hinweise darauf. Die Eleusinischen Mysterien beschreiben die Verwandlung Persephones vom unschuldigen Mädchen zur Königin der Unterwelt. Gleichzeitig wird dargestellt, wie Persephones Mutter Demeter zu einer alten Frau wird.

Schriftstellerinnen und Künstlerinnen werden sich bald verstärkt mit ihren eigenen Erfahrungen auf dem Weg zur Weisheit beschäftigen und den *Rite de Passage* in Film, Literatur und bildender Kunst verarbeiten.

Demeter befindet sich in den Eleusinischen Mysterien auf dem Weg in eine neue Lebensphase. Ihre Tochter will kein kleines Mädchen mehr sein und beginnt, sich für Männer zu interessieren – ein erstes äußeres Anzeichen dafür, daß Demeter vor den Wechseljahren steht. Die Mythologie will es, daß Persephone in die Unterwelt »entführt« wird. Es gibt jedoch noch eine andere Version, die besagt, daß Persephone ihre Sexualität erkunden will und daher aus freien Stücken geht. Für Demeter macht es keinen Unterschied, ob ihre Tochter freiwillig oder unter Zwang geht; die Tage, in denen sie liebende, sorgende Mutter sein kann, sind in jedem Fall gezählt.

Demeter macht sich auf, ihre Tochter zu suchen, und durchstreift dabei die ganze Welt.

Die Philosophin Beatrice Bruteau schreibt dazu: »Mit der Suche nach dem Mädchen versucht die Mutter gleichzeitig, ihren eigenen früheren Status, ihr früheres Selbst, ihren Ursprung wiederzufinden. Wir alle sind auf der Suche nach unserem ursprünglichen jungfräulichen ... und ganzheitlichen Selbst und erfahren durch die Wiedervereinigung mit unserem eigentlichen Ich Erlösung.«

In Wirklichkeit sucht Demeter also nicht ihre Tochter, sondern sich selbst. Sie muß zu ihrer eigenen Individualität zurückfinden, die sie als Mutter teilweise aufgegeben hatte. Selbsterkenntnis, auch über die Mutterrolle hinaus, ist der erste Schritt auf dem Wege zur Weisheit.

Ein Teil der Selbstfindung besteht für Demeter darin, sich der mächtigen, männlichen Figur des Zeus und damit gleichzeitig dem Patriarchat zu widersetzen. Es ist symptomatisch für die Weise Frau, daß sie die Angst vor männlichen Autoritätspersonen wie Vater, Ehemann oder männlichem Gott verloren hat.

Vielleicht ist dies einer der Gründe dafür, warum unsere männerdominierte Gesellschaft das Schönheitsideal der jungen, noch unreifen Frau so hochhält.

Wenn dem so ist, dann kann das Alter nur dann zu einem gesellschaftlich anerkannten Status werden, wenn Frauen lernen, sich

selbst und anderen Frauen angemessene Wertschätzung entgegenzubringen.
Charakteristisch für die Weise Frau ist, daß sie über die Mutterschaft hinauswächst, zu ihrem ursprünglichen Selbst zurückfindet und den Mut besitzt, zu ihren Überzeugungen zu stehen. Darum ist dieser Archetyp gerade für Frauen in Führungspositionen so wichtig wie nie zuvor. Wenn reife Frauen sich als stark, kompetent, liebevoll und schön empfinden, können sie ihr Verhältnis zu männlichen Kollegen, Konkurrrenten und Liebhabern nach eigenen Regeln gestalten.
»Das Leben hat schon so mancher jungen Frau übel mitgespielt«, schrieb Dorothy Sayers, »aber einer reifen alten Frau kann nichts und niemand mehr etwas anhaben.«

Welche Werte wiegen mehr?

Geschlechtsspezifische Klischees werden seit den sechziger Jahren zunehmend hinterfragt und – zum Teil – verworfen. Was versteht man unter einem »richtigen« Mann? Sind Karrierefrauen »unweiblicher« als ihre Geschlechtsgenossinnen? Auf die Gesellschaft als Ganzes übertragen, könnte man fragen: Werden »männliche« Eigenschaften in einer männerdominierten Gesellschaft überbewertet? Wie sähe eine Gesellschaft aus, die ganz auf weiblichen Werten aufgebaut wäre? Gibt es ein universelles, weibliches Prinzip? Letzteres hat sich auch Merlin Stone, Autorin von *Als Gott eine Frau war*, gefragt. Sie glaubt, daß viele Frauen unter dem Wort »weiblich« die männliche Definition dessen verstehen, wie Frauen zu sein haben: hilflos, zerbrechlich, weich, selbstlos, zart etc. und – nicht zuletzt – unterwürfig. Dies sei, so Stone, »der krasse Gegensatz zu dem, wie wir (Frauen) eigentlich sein wollen«.
Stone stellte für ihr Buch eine Liste »männlicher« und »weiblicher« Eigenschaften zusammen. Auch wenn man solche Listen in einer Zeit der zunehmenden Rückbesinnung auf die Individualität des einzelnen mit Vorsicht genießen sollte, bieten sie eine nützliche Diskussionsgrundlage – vorausgesetzt, man ist sich darüber im klaren, daß es sich um kulturspezifische Stereotypen handelt und daß jeder

Mensch sowohl »männliche« als auch »weibliche« Eigenschaften besitzt.

Die »männlichen« Eigenschaften sind: Aggressivität, Wettbewerbsgeist, rationales Denken und Verhalten, Einsicht, praktische Veranlagung, Objektivität, Beschützerinstinkt, Heldentum, Zielorientiertheit, Mut, Risikobereitschaft, lineares Denken, Kreativität auf höchster Ebene und die Fähigkeit zu langfristiger Planung und komplexer Organisation.

Den Frauen wird unterstellt, sie seien passiv, mitfühlend, fürsorglich, intuitiv, kooperativ, emotional, subjektiv, unpraktisch veranlagt, versöhnlich, abhängig, beziehungsorientiert, einfühlsam, emphatisch, kreativ im kleinen Bereich – beispielsweise in handwerklichen Dingen oder bei der Wohnungsausstattung – und besäßen ein Gespür für natürliche Prozesse und Entwicklungen.

Die meisten Frauen werden die Eigenschaften »passiv«, »nicht gerade praktisch veranlagt« und »kreativ im kleinen Bereich« natürlich als negativ, als von männlicher Denkweise bestimmt oder einfach als unzutreffend zurückweisen. Aber auch die Liste der »männlichen« Eigenschaften enthält Negatives, etwa Aggressivität oder Wettbewerbsgeist, sofern damit das Verhalten in zwischenmenschlichen Beziehungen gemeint ist.

Beide Geschlechter haben jedoch ebenso ihre guten Seiten. Bei den Frauen sind dies vor allem Eigenschaften, die für den Umgang mit Menschen wichtig sind. Obwohl die männliche Liste auf den ersten Blick die extrovertierterten und gewinnorientierteren Eigenschaften zu enthalten scheint, werden viele Wesenszüge, die man gerade auf den *obersten* Managementebenen braucht, den Frauen zugesprochen. Welche Führungskraft kann es sich schon leisten, auf Kooperation zu verzichten, die Belange der Mitarbeiter zu mißachten oder plötzlich Eingebungen zu ignorieren?

Auf den Punkt gebracht heißt das, daß *jeder erfolgreiche Mensch eine Kombination aus männlichen und weiblichen Charakterzügen besitzt.* Überdurchschnittlich kreative Menschen verfügen zumeist über eine ganze Palette scheinbar widersprüchlicher Eigenschaften: Sie sind wettbewerbsorientiert und mitfühlend, zielorientiert und fürsorglich, intuitiv und risikobereit. Schablonenhefte, eindimensionale Menschen dagegen sind für Mißerfolge prädestiniert, ob sie nun männlichen oder weiblichen Geschlechts sind.

Die Evolution der Eigenschaften

Inwieweit haben sich Männer im Laufe der Evolution positive, weibliche Eigenschaften angeeignet, und inwieweit ist dies umgekehrt auch den Frauen gelungen?
Es sieht ganz danach aus, als seien Frauen in diesem Punkt weitaus erfolgreicher gewesen als Männer.
Zugegeben: Vielleicht ist es tatsächlich einfacher, sich extrovertierte, männliche Eigenschaften anzueignen und mit ihrer Hilfe ein Unternehmen aufzubauen, als der Lebenspartnerin die eigene Verletzlichkeit einzugestehen.
Sogenannte »weibliche« Eigenschaften waren außerdem in unserer Gesellschaft lange Zeit herzlich gering angesehen, so daß Männer sie alles andere als erstrebenswert fanden. Die Furcht, als »feminin« zu gelten, war einfach zu groß.
Frauen hatten es da natürlich einfacher, denn »männliche« Eigenschaften genießen in unserer Gesellschaft von jeher höchste Wertschätzung.
Wie dem auch sei: Frauen sind bei der Entwicklung einer ganzheitlichen Persönlichkeit ein gutes Stück vorangekommen.
Wie hat sich die Veränderung nun vollzogen?
Inwiefern hat der erfolgreich geführte Kampf um eine bessere gesellschaftliche Stellung der Frau dazu beigetragen, daß die weiblichen Eigenschaften größere Attraktivität erlangten? Hat vielleicht erst die Entwicklung der sogenannten männlichen Eigenschaften den Frauen zur Rückbesinnung auf ihre ureigenen weiblichen Stärken und Werte verholfen? Mußten Frauen vielleicht erst Charakterstärke, Unabhängigkeit vom anderen Geschlecht und finanzielle Selbständigkeit beweisen, damit ihr Eintreten für Ökologie, Gewaltlosigkeit und Umweltschutz endlich Gehör fand?
Die neunziger Jahre werden uns vielleicht Antworten auf Fragen wie diese bringen.
Interessant wäre auch zu wissen, ob Frauen ihre neugewonnenen männlichen Privilegien – Selbständigkeit, wirtschaftliche Unabhängigkeit und größere politische Macht – überhaupt auf Dauer behalten wollen. Sie meinen: »Ja natürlich, was soll diese dumme Frage«?
Aber sie kommt nicht von ungefähr, denn die Göttinnenbewegung

schießt manchmal übers Ziel hinaus und ist derartig damit beschäftigt, »weibliche Werte« zu preisen, daß das Ideal eines ganzheitlichen, sich im Gleichgewicht befindlichen Menschen ganz in Vergessenheit zu geraten scheint.

Die Litaneien *strikt* weiblicher Eigenschaften, die in einigen Büchern über die Göttin zu finden sind, lassen so mancher Frau die Haare zu Berge stehen. Es fällt schwer, sich mit der »besorgten, mitfühlenden und fürsorglichen Übermutter« zu identifizieren, die um Gnade für ihren Sohn bettelt, nachdem dieser schon zum sechsten Mal wegen Dealerei verhaftet wurde. Mitgefühl ist schön und gut, aber man sollte es stets mit einer guten Prise Objektivität würzen.

In diesem Zusammenhang kann es schon wieder beruhigend sein, die japanische Göttin Kannon – eine Version der gnadenvollen Göttin Kuan-yin – auf einem Gemälde des zeitgenössischen japanoamerikanischen Malers Mayumi Oda mit einem Schwert dargestellt zu sehen; ein Schwert, mit dem »der ganze Mitleidsquatsch zersäbelt werden kann«. Der Künstler weiter: »Wer Mitleid empfindet, muß auch unbarmherzig sein können; er muß sich genau überlegen, ob und wie er dem Leidenden am besten helfen kann.«

Beatrice Bruteau, die für Shirley Nicholsons Buch *The Goddess Reawakening* den Artikel »The Unknown Goddess« schrieb, meint dazu: »Der neue Frauentypus muß sich, sofern er für gesellschaftliche Weiterentwicklung steht«, auch männliche Eigenschaften zu eigen machen und die »Früchte der Rationalität, der Intelligenz und der Sprachgewalt« ernten.

Das wiedererwachte Interesse an der Göttinnenmythologie, das wir heute erleben, reflektiert die großen gesellschaftlichen Umwälzungen der letzten 20 bis 25 Jahre. Weltweit haben Millionen von Frauen die ihnen gesetzten Grenzen überwunden, indem sie in Rollen geschlüpft sind, die einst nur Männern vorbehalten waren. Frauen brauchen ihre Weiblichkeit nicht aufzugeben, aber sie sollten auf keinen Fall den Fehler begehen, nützliche Eigenschaften nur deshalb zu verwerfen, weil sie als »männlich« gelten.

Die Therapeutin Jean Napoli und die Drehbuchautorin Donaleen Saul, beide aus Vancouver, haben ein provokantes Stück über die Göttinnenbewegung geschrieben, die in ihren Augen »die Sehnsucht nach dem goldenen Zeitalter« verkörpert.

Sie sagen: »Wir wollen uns nichts vormachen. Im Grunde genommen soll mit dieser neuen Weltanschauung doch nur die These propagiert werden, daß Männer schuld am furchtbaren Zustand unseres Planeten sind und daß die Menschheit in Friede und Eintracht leben würde, wenn nur Frauen die Macht hätten.«

Auf Treffen von Anhängern der Göttinnenbewegung herrsche meist eine Atmosphäre der übertriebenen Fürsorge füreinander. Man fühle sich stark an gewisse Frauengruppen erinnert, deren einziger Lebenszweck die gegenseitige Bemitleidung sei. Die Göttin dieser Bewegung drohe vor »Stärke, Schönheit, Fruchtbarkeit, Liebe, Harmonie und Frieden« geradezu zu platzen.

»Was ist mit den dunklen Seiten der Göttin?« fragen Napoli und Saul. »Mutter Erde ist schließlich nicht nur ein gewaltiger Busen, an dem man Schutz suchen kann ... Sie hat auch furchterregende und zerstörerische Seiten ... und manchmal ist sie so ehrfurchteinflößend und wild wie ein ausbrechender Vulkan.«

Ihrer Auffassung nach wollen die Frauen der Göttinnenbewegung einfach nicht wahrhaben, daß tief in ihrem Inneren ähnlich zerstörerische Gewalten schlummern. Deshalb »projizieren sie diese Kräfte auf den Mann« – ein bequemer Weg, sich aus der Verantwortung zu stehlen.

»Es ist in höchstem Maße kindisch, sich hinter dem Rockzipfel der Göttin zu verstecken, um von da aus gezielte Angriffe auf die von Männern dominierte Zivilisation zu starten, auch wenn es unter einem akademischen Gütesiegel geschieht«, so die Theaterautorinnen. Sowohl Männer als auch Frauen seien Teil des gleichen kollektiven Unbewußten. Beide müßten sich auf dem Weg zur Reife den kreativen und zerstörerischen Kräften stellen, die jedem von uns innewohnten.

»Wir müssen endlich einsehen, daß wir alle Züge eines Hexenjägers, Mörders, Feiglings, eines mißhandelten Kindes oder eines Hungernden *in uns* tragen, und wir müssen versuchen, diese dunklen Seiten in positive Energie umzuwandeln; wenn wir immer bloß jammern und die Bastionen männlicher Neurotiker für alles verantwortlich machen, wird uns dies nicht gelingen. Um umwälzende Veränderungen durchzusetzen, brauchen wir den ganzen Einsatz unseres Körpers, unseres Herzens und unseres Geistes; wir müssen weich und hart zugleich sein. Die Göttin kann das für uns nicht übernehmen.«

Sie haben recht, denn ein Zurück zur Göttin der Steinzeit kann es nicht geben. Solange Kriege und Waffen noch existieren, ist der Traum vom friedlichen Miteinander aller Menschen Utopie. Die Welt kann nur geheilt werden, wenn es uns gelingt, die Konflikte zwischen Mann und Frau, Rechten und Linken, Schändern und Geschändeten, Abtreibungsbefürwortern und -gegnern zu *lösen*. Aufgabe der Zukunft wird es sein, eine neue Kultur zu schaffen, in der weibliche Werte ebenso hochgehalten werden wie positive männliche Eigenschaften. Der größte Fehler, den das Alte Europa beging, war der, sich nicht um seine Verteidigung gekümmert zu haben. Nur eine ausgewogene Kombination aus männlichen und weiblichen Werten versetzt uns in die Lage, genügend Kreativität für Veränderungen und genügend Mut zur Wahrung des Erreichten zu entwickeln.

10 Frauen für eine bessere Welt

Überall dort, wo Not und Bedürftigkeit gelindert werden, sind Menschen am Werk, die die weiblichen Werte der Fürsorge und der Anteilnahme verkörpern. Frauen bringen das Erbe der Göttin zur Entfaltung, bewerten ihre Umwelt unter neuen Aspekten, sehen das Elend auf der Welt mit anderen Augen. Frauen sind am Werk, wo es um mehr Gerechtigkeit und um die Lösung der drängenden Probleme der Gegenwart geht.

In diesem Kapitel wollen wir deshalb zeigen, in welchen Bereichen und mit welchen Mitteln Frauen als Aktivistinnen in Erscheinung treten, als Göttinnen und Heldinnen der modernen Mythologie. Dabei kommen viele Themen zur Sprache, die für Frauen heute von großer Bedeutung sind: Von der Überbevölkerung bis zur Gewalt, von der Wohnungsnot bis zur wirtschaftlichen Entwicklung an der Basis.

Im Kampf für »eine bessere Welt«, der meist vor der eigenen Haustür anfängt, sind Frauen die Katalysatoren, die den Ausschlag zur kritischen Masse geben. Erst durch sie wird gesellschaftlicher Wandel überhaupt möglich.

An der Basis der Gesellschaft, ob in den Großstädten der industrialisierten Welt oder in den Dörfern der Entwicklungsländer, bringen Frauen ihre Macht ein, um sich und anderen ein menschenwürdiges Leben zu ermöglichen. In der ganzen Welt gründen sie Mieterselbsthilfegruppen oder Bürgerinitiativen und organisieren Wachdienste in der Nachbarschaft. In den Entwicklungsländern nehmen sie ihr Schicksal in die Hand, indem sie Familienplanung betreiben und sich als Gewerbetreibende eine unabhängige Existenz aufbauen. Die Frauen in der dritten Welt halten den Schlüssel in den Händen, um die Bevölkerungsentwicklung zu stabilisieren und ein gesundes Wirtschaftswachstum in Gang zu setzen.

Frauen, die täglich am eigenen Leib mit der Gewalt in der Familie, mit Vergewaltigung, Armut und miserablen Wohnbedingungen konfrontiert werden – aber auch die anderen, die sich glücklicher schätzen dürfen –, weisen die Opferrolle zurück und wollen handeln. Denn es ist eine Tatsache: Viele Frauen, die ihre Hand anderen reichen, die als Kinder mißbraucht, geschlagen oder vergewaltigt wurden, sind selbst einmal Opfer der Gewalt gewesen. Frauen wie Brenda Muhammad, deren Kind auf der Straße eines Großstadtviertels getötet wurde, lenken die Energie ihres Zorns in konstruktive Bahnen und werden aktiv, getrieben vom Wunsch, daß ihr Schicksal anderen erspart werden möge.

Die Deutsche Uta Würfel begann mit ihrem politischem Engagement, weil sie nicht länger über Mißstände in der Gesellschaft nur klagen, sondern aktiv etwas tun wollte. Heute ist sie FDP-Bundestagsabgeordnete und tritt höchst engagiert für die Rechte der Frauen ein.

Wohltätige Einrichtungen werden immer häufiger darum gebeten, Geldspenden von Frauen wieder für Frauen zu verwenden – für Frauenhäuser oder für Projekte, in denen schwangeren Teenagern ein Schulabschluß ermöglicht wird. Engagierte Unternehmerinnen wie Mary Houghton etwa gewinnen Investoren mit sozialem Bewußtsein aus den Vereinigten Staaten und dem Ausland und investieren in ein Innenstadtviertel von Chicago.

Frauen definieren ihre traditionelle, unterbewertete Rolle als ehrenamtliche Mitarbeiterinnen neu, um sich um die Unterpriviligierten zu kümmern. Sie reorganisieren den Einsatz freiwilliger Helfer und Helferinnen, indem sie die wohltätigen Organisationen zwingen, auf deren Bedürfnisse einzugehen, ihnen sinnvolle Projekte anzubieten und akzeptable Arbeitszeiten zu ermöglichen.

Schätzungen für (West-)Deutschland haben ergeben, daß rund 1 bis 1,2 Millionen Frauen ehrenamtlich tätig sind. Die Frauen leben überwiegend in Städten mir mehr als 50 000 Einwohnern und gehören der Altersgruppe der Vierzig- bis Fünfzigjährigen an. Besonders interessant ist, daß sich primär die berufstätigen Frauen ehrenamtlich engagieren.

Wir wissen, daß wir keinen Anspruch auf Vollständigkeit erheben können. Wir unternehmen nicht einmal den Versuch, die vielfältigen Bedürfnisse von Kindern und Teenagern anzusprechen, haupt-

sächlich deswegen, weil unser Platz für die Frauen schon kaum ausreicht. Es gibt so viele erfolgreiche Aktivistinnen, daß wir nur wenige beschreiben und ihre Arbeit nicht erschöpfend darstellen können.
Zumindest aber wollen wir versuchen, ein neues Element in die Diskussion über die Probleme unserer Zeit einzubringen: Wir plädieren dafür, mit der ständigen Beschwörung des Elends aufzuhören und die Aufmerksamkeit statt dessen auf mögliche Lösungen zu richten. Wir beschreiben einige Frauen, die solche Lösungen schon verwirklicht haben, und gehen dann auf die Frage ein, welche Strategien bei der Durchsetzung gesellschaftlicher Veränderungen am erfolgsversprechendsten sind. Wir werden fünf Grundsätze des effektiven Wandels zur Diskussion stellen und sie anhand von Projekten illustrieren, die von und für Frauen initiiert wurden. Schließlich befassen wir uns noch mit dem Thema der ehrenamtlichen Arbeit in gemeinnützigen Organisationen.

Vom Fatalismus zum Handeln

Wollte man all das Schlechte auf der Welt aufzählen, man fände gar kein Ende: Die Gewalt gegen die Wehrlosesten, die bittere Armut der Menschen in vielen Entwicklungsländern, die Drogenkriege, unheilbare Krankheiten und die Zerstörung der wertvollen Ressourcen der Erde sind nur einige Beispiele. Natürlich müssen wir über diese Probleme informiert sein, wenn wir sie lösen wollen. Die Medien leisten hier gute Arbeit.
Aber wenn wir ständig nur mit Informationen über das Elend bombardiert werden, entwickeln sich bald Gefühle der Hilflosigkeit und dann stumpfe Resignation. Die meisten Menschen empfinden Mitgefühl, wenn andere leiden müssen. Weil wir aber nicht genau wissen, wie wir helfen können und ob unsere Anstrengungen überhaupt etwas nützen würden, verdrängen wir unser Mitleid: Wir vergessen. Das Leben muß weitergehen, sagen wir uns.
Amartya Sen, Professor für Wirtschaft und Philosophie an der Harvard University, beschäftigt sich mit dem Hunger auf der Welt und beklagt den »*Pessimismus und Defätismus*«, der die Diskussion darüber beherrscht. »Die Bilder der verhungernden Menschen rufen zwar auf der ganzen Welt Mitleid hervor«, sagt er, »aber häufig wird

es für selbstverständlich gehalten, daß man eben nicht viel dagegen tun könne.«

Carolyn Long ist Vice President von InterAction, einer Vereinigung von 32 privaten Freiwilligenorganisationen, zu denen die bekannte Organisation Save the Children, aber auch kleine, innovative Gruppen gehören. »In unserer Gesellschaft wird ausgiebig über Probleme geredet«, meint sie. »Aber wenn es um Lösungen geht, sind wir mit unserem Latein schnell am Ende.«

Wie wäre es, wenn wir mehr Informationen über erfolgreiche Bemühungen erhielten, und über die Menschen, viele von ihnen Frauen, die es sich zur Aufgabe gemacht haben, in einem bestimmten Winkel der Erde Verbesserungen in Gang zu setzen? Was würde geschehen, wenn der Schwerpunkt der öffentlichen Diskussion auf Rollenmodellen, gelungenen Projekten und den Grundsätzen der gesellschaftlichen Veränderung läge?

Wir glauben, daß dann mehr Menschen zu aktiverem Handeln bereit wären.

Frauen als soziale Aktivistinnen

George Bush sprach einmal von »tausend Lichtern – den Menschen und Institutionen, die zusammenarbeiten, um die Probleme vor ihrer eigenen Haustür zu lösen«. Ob ihm dabei bewußt war, wie viele von ihnen Frauen sind?

1985 bekannte **Oprah Winfrey** in ihrer TV-Show, daß sie als Kind mißbraucht worden war. 1991 legte sie einen Entwurf zum National Child Protection Act vor, mit dem die Bundesstaaten verpflichtet werden, wegen Kindesmißbrauchs verurteilte Straftäter in eine nationale Datei aufzunehmen. Damit soll ihnen die Möglichkeit versperrt werden, einfach in einen anderen Staat zu ziehen und dort wieder Zugang zu Kindern zu gewinnen. Die Leiter von Kinderbetreuungseinrichtungen könnten beispielsweise diese Datei abfragen, bevor sie einen Bewerber oder eine Bewerberin einstellen.

In Deutschland hat das Bundesministerium für Frauen und Jugend unter der Federführung von Ministerin **Angela Merkel** Gewaltanwendung gegen Kinder in das Bewußtsein der Öffentlichkeit gerückt: Im Sommer 1992 startete eine Kampagne mit dem Ziel, Symptome von Gewalt gegen Kinder zu erkennen und auf Hilfesignale angemessen reagieren zu können.

Die Visagistin **Kim Foley** aus Washington, D.C., wollte etwas für Kinder mit entstellenden Narben, Verbrennungen und angeborenen Deformationen tun und zeigte ihnen, wie sie sich schminken konnten. Ihr erster Patient, Terrence Taylor, war sechs Jahre alt. Sein Gesicht war vollständig mit Hauttransplantationen rekonstruiert worden. Die Hälfte seines Körpers war mit Brandnarben übersät. Als er sich mit seinem neuen Make-up im Spiegel betrachtete, sagte er, er sehe »zum ersten Mal normal aus«. In ihrer Arbeit mit Kindern und Erwachsenen hat Foley Portweinmale, Gaumenspalten und große Narben überdeckt. Für die Kinder, deren Eltern die Behandlung nicht bezahlen konnten, organisierte sie eine Wohltätigkeitsveranstaltung in einem Restaurant in Georgetown, die 7000 Dollar einbrachte.

Dr. Cynthia James, Priesterin in einer Gemeinde in der Innenstadt von Oakland, nahm eine Hypothek auf ihr Haus auf, um ein Gebäude in der Gegend zu kaufen, in dem mit Crack gehandelt wurde. Die Gemeinde renovierte es und richtete Notunterkünfte darin ein. Dr. James organisierte abendliche Protestmärsche, um die Drogenhändler aus dem Viertel zu vertreiben. Nach achtzehn Monaten wurden vier weitere Häuser, in denen mit Crack gehandelt wurde, geschlossen und die Drogenaktivitäten gingen beträchtlich zurück.

An dem Abend, als **Pauline Hopkinson** in ihrem eigenen Haus vergewaltigt wurde, schwor sie sich: »Ich werde etwas dagegen tun.« Sie meldete sich beim Fairfax Victim Assistance Network in Virginia als freiwillige Helferin. Nach ihrem Umzug nach Gaithersburg, Maryland, absolvierte sie ein vierzig Stunden umfassende Trainingsprogramm für ehrenamtliche Mitarbeiterinnen bei der Organisation Sexual Assault Service (SAS). Wenn sie um halb zwei Uhr nachts angerufen wird, weil eine Frau vergewaltigt wurde, kommt Hopkinson sofort ins Krankenhaus, um Trost zu spenden, Rat zu geben und saubere Kleidung zur Verfügung zu stellen. 1991 wurde Hopkinson für ihren Einsatz mit dem jährlich verliehenen Preis der SAS ausgezeichnet. »Ein Blick in die Zeitung genügt mir, um wütend darüber zu werden, daß es täglich weitergeht«, sagt sie. »Ich möchte wenigstens das Gefühl haben, einem Menschen geholfen zu haben ... darum geht es doch in der ehrenamtlichen Arbeit.«

In ihrer Heimat in Saigon war **Theresa Do** Kindergartenerzieherin und Französischlehrerin, doch in den Vereinigten Staaten mußte sie feststellen, daß ihre Qualifikation nicht gefragt war. Aus eigener Erfahrung kannte sie die Schwierigkeiten, mit denen Flüchtlinge aus Indochina in den Vereinigten Staaten zu kämpfen hatten. Sie wußte auch, daß Frauen es oft noch viel schwerer hatten. 1983 lud sie deshalb hundert Frauen zum ersten Treffen der Refugee Women's Association ein. 99 Frauen folgten ihrer Einladung. Heute hat ihre Vereinigung in San Diego 400 Mitglieder, und auf der Adressenliste stehen 5 000 Namen. Sie kämpft für die Menschenrechte und für wirtschaftliche Unabhängigkeit und fördert die gegenseitige Hilfe der Frauen aus Indochina.

Margaret Iwanaga-Penrose, Präsidentin der Union of Pan Asian Communities, lobt Therese Dos Verdienste: »Die Flüchtlingsfrauen zeigen, daß sie ihre Lage verbessern können und sind dadurch Vorbilder für andere, die ihr Schicksal teilen.«

Winnie Kelly aus Washington, Missouri, hat in zwanzig Jahren mehr als 200 Pflegekinder aufgenommen. »Am besten ist es immer, sie zu fragen, was sie gerne essen«, erzählt Kelly. Die Kinder werden vom Familiengericht, von Kirchengemeinden, von der Polizei oder von anderen Pflegeeltern geschickt. »Wenn ein Kind zu ihr kommt ... nimmt sie es zuerst einmal in den Arm«, sagt die Sozialarbeiterin Tamee Bruenderman. »Mrs. Kelly ist die einzige im Bezirk, die wir Tag und Nacht anrufen können. Sie sagt nie nein.«

Brenda Muhammad hatte einen Sohn, der im Streit über seine teure Jacke erschossen wurde. Im Oktober 1990 gründete sie Mothers of Murdered Sons (MOMS) in Atlanta, um ihre Wut und ihren Schmerz besser bewältigen zu können. Der Verein hat in Georgia über 600 Mitglieder, auf nationaler Ebene sind es 3 000. MOMS hat Ortsgruppen in Detroit, Boston und New York und will demnächst nach Los Angeles gehen. »Wir müssen die Öffentlichkeit auf das Problem aufmerksam machen, daß schwarze Jugendliche sich gegenseitig umbringen«, erklärt sie. Muhammad hatte vor dem Tod ihres Sohnes zwölf Jahre lang ein Geschäft in ihrem Viertel geführt. Mit Entsetzen hatte sie zugesehen, wie Gewalt und Kriminalität sich ausbreiteten. »Ich dachte, es könnte jeden treffen, und dann war es auch so.«

MOMS bietet Hilfe bei Krisen, leitet zur Gründung von Selbsthilfegruppen an, unterhält Beratungsstellen für psychologische und rechtliche Probleme und hilft bei der Bestellung eines Vormundes. Der Verein verweist Hilfesuchende auch an psychologische Zentren, an denen schwarze Psychologen und Psychologinnen freiwilligen Dienst leisten.

Die Gewalt unter Schwarzen hat solche Ausmaße angenommen, daß sie ähnlich gefährlich wie Krebs oder Aids ist, heißt es bei MOMS. Der Verein fordert deshalb auch finanzielle Unterstützung von der Regierung. »Gott hat mir diesen Auftrag gegeben«, sagt Muhammad. »Nur wenn die Menschen das Ausmaß der Gewalt kennen, werden sie etwas dagegen tun. In meinem Innersten weiß ich, daß unsere Arbeit nicht umsonst ist.«

Elizabeth Flood aus Newark kümmerte sich um Kinder, die nach der Schule nur die Straße zum Spielen hatten. 1978 gründete sie deshalb in ihrer Wohnanlage mit 540 Wohnungen eine Initiative. Die Gebäudeverwaltung stellte einige Räume zur Verfügung, und Flood organisierte: Die Kinder konnten spielen, sich handwerklich betätigen, Musik hören. Floods Zentrum wird mittlerweile von über 250 Kindern zwischen vier und achtzehn Jahren besucht. Viele ältere Teenager kommen freiwillig, um sich um die jüngeren zu kümmern. Flood sucht mit den Kindern Ostereier und veranstaltet Halloween-Parties.

Nach einem Leben, das der Arbeit mit den Armen gewidmet war, erhielt **Maria Varela** vor der MacArthur Foundation einen Zuschuß über 305 000 Dollar. Sie hatte zwanzig Jahre lang im Chama Valley im Norden von New Mexico bei den Schäfern, Webern und Hausfrauen gelebt und ihnen geholfen, rentable Kleinbetriebe aufzubauen, in denen Wolle zu Garn, Kleidung und Teppichen verarbeitet wurde. »Was nützt es, die Ungerechtigkeit der Welt nur mit Gebeten, Protestmärschen oder immer neuen Forschungsarbeiten zu beantworten?« fragt sie. »Man muß handeln! Es dauert mindestens zwei Generationen, bis Veränderungen wirklich fest verankert sind«, sagt Varela. »Deshalb tun wir auch gezielt etwas für die Kinder. In ihnen liegt die Zukunft jeder Gesellschaft.«

Das Geld der Stiftung, das zur persönlichen Verwendung bestimmt war, kommt ihr sehr gelegen, weil die Betriebe, die sie aufgebaut hat, bisher noch keine Rentenkassen einrichten konnten. Mit einem

Teil des Zuschusses müssen aber auch offene Rechnungen beglichen werden. Varela wohnt mit ihrem Mann und ihrer Tochter in einem Wohnwagen – ohne fließendes Wasser. »Ich werde mich um die Leute hier kümmern, solange ich dazu in der Lage bin«, sagt sie. »Dann höre ich auf. Am liebsten würde ich dann ans Meer ziehen, irgendwohin, wo es warm ist.«

»Die Polizei kann nicht überall sein«, meint **Tonda Brown**, Verwalterin einer Wohnanlage mit 810 Wohneinheiten in Price George's County in Maryland. Die Gegend war mit Drogenhändlern überschwemmt gewesen. Brown organisierte siebzig Bewohner, die mit Sprechfunkgeräten ausgerüstet durch den Komplex gingen und Drogenaktivitäten melden konnten. »Wir, das Management und die Bewohner, erkannten, daß wir den Kampf selbst führen mußten«, erzählt Brown. Heute können sich Fußgänger und Schulkinder auf der Straße sicher fühlen. Eine Fahne verkündet: »Wir, die Bewohner von Kent Village Apartments, erobern unser Wohngebiet von den Drogenhändlern zurück.«

Dr. Mimi Silbert ist die Gründerin von Delancey Street in San Francisco, dem weltbekannten und wohl auf effektivsten Rehabilitations- und Ausbildungszentrum für Schwerkriminelle. Die Kriminologin Dr. Silbert hatte als Gefängnispsychologin gearbeitet und war zum Schluß gekommen: »Dieses System der Bestrafung konnte einfach nicht funktionieren.«

1971 begann sie, mit vier Drogenabhängigen zu arbeiten, gemeinsam mit John Mahner, einem Kollegen und Partner, der mittlerweile verstorben ist. Heute betreibt sie ein kostendeckendes Unternehmen mit einem Jahresumsatz von 3 Millionen Dollar. Das Zentrum in San Francisco hat 500 Bewohner, in drei weiteren Städten gibt es Delancey-Street-Zentren mit insgesamt 500 Bewohnern. Mittlerweile haben 10 000 Delinquenten das Zweijahresprogramm durchlaufen, dabei mindestens drei auf dem Arbeitsmarkt verwendbare Qualifikationen erworben und ein dem High-School-Abschluß vergleichbares Examen abgelegt.

Die Straftäter stammen häufig »aus Familien, in denen seit vier oder fünf Generationen Armut herrscht und seit zwei oder drei Generationen Gefängnisstrafen an der Tagesordnung sind«. Sie haben Gewaltverbrechen begangen und waren meist auch Opfer solcher Verbrechen. Im Delancey-Street-Zentrum, wo extrem rigide Verhal-

tensregeln herrschen, lernen sie allmählich, selbständig zu werden und Verantwortung für sich selbst und die anderen Bewohner zu übernehmen.
Dr. Silbert hat schon ein neues Projekt im Auge: Sie will eine Ausbildungseinrichtung gründen, in der vermittelt wird, wie das Delancey-Street-Modell nachgeahmt werden kann.

Hast du mal 'ne Mark für mich?

Eine Mark und noch viel mehr. Immer mehr Frauen möchten mit ihren Spenden Frauenobjekte unterstützen. Sie wollen geschlagenen Ehefrauen, unverheirateten Teenagern und obdachlosen Hausfrauen helfen. Quer durch Deutschland hindurch sind die Frauen aktiv, um anderen das Leben zu erleichtern: Längst etabliert sind die Frauenhäuser oder die unterschiedlichsten Selbsthilfegruppen. Bundesweit setzen sich Netzwerke und Arbeitsgemeinschaften wie Wildwasser oder Zartbitter gegen den sexuellen Mißbrauch ein, Agrisma beispielsweise engagiert sich gegen internationale sexuelle und rassistische Ausbeutung, Frauen kämpfen gegen Prostitutionstourismus und Frauenhandel genauso wie sie sich für den Frieden auf der Welt einsetzen.
Im National Network of Women's Funds sind 37 US-amerikanische Fonds zusammengeschlossen, die ihre Mittel hauptsächlich oder ausschließlich an Frauen- und Mädchenprojekte weitergeben. Im Jahr 1990 haben sie 12 Millionen Dollar an Spenden eingenommen (ohne die Spenden von privaten Stifungen und wohlhabenden Einzelpersonen oder Familien). Obwohl die meisten dieser Frauenfonds vor zehn Jahren noch nicht existierten (viele wurden Mitte der achtziger Jahre gegründet), verfügten sie 1990 schon über insgesamt 27 Millionen Dollar. Im gleichen Jahr zahlten die Frauenfonds 5 Millionen Dollar an Einrichtungen und Projekte für Frauen und Mädchen. Das Netzwerk rechnet damit, daß die Frauenfonds im kommenden Jahrzehnt noch beträchtlich wachsen werden.
»Bisher haben immer Männer an von Männern kontrollierte Organisationen gespendet«, sagt Terry Person, Präsidentin des Boston Womens's Fund. »Jetzt spenden Frauen für Frauen.«
Vor kurzem hat Women's Way aus Philadelphia einem Zentrum für vergewaltigte Frauen 62 000 Dollar gespendet. Ein Teil der Mittel

stammte aus dem städtischen *Lohn- und Gehaltsabzugsprogramm*, einer neuen Finanzierungsmethode, die sicher auch für viele andere Frauenfonds interessant ist.
Swanee Hunt spendet etwa 1 Million Dollar jährlich für Frauenprojekte und half 1986 bei der Gründung der Women's Foundation in Colorado mit. Zweck dieser Stiftung ist die Förderung von Frauenobjekten. Das Ziel des ersten Jahres, 1 Million Dollar Spendengelder zu sammeln, wurde gleich um das Doppelte übertroffen. Bis 1992 hatte sie schon die Hälfte des langfristigen Ziels von zehn Millionen Dollar erreicht.
Manche Helferinnen, die in der Spendenbeschaffung tätig sind, klagen darüber, daß zu viele Frauen das Spenden lieber ihren Männern überlassen. Bei den Berufstätigen sei die Spendenbereitschaft noch am größten. »Wir müssen die Frauen dazu erziehen, sich als Philanthropinnen zu begreifen«, sagt Jane. B. Ransom, Präsidentin von Women + Foundations.
Women's Funds, eine Zeitschrift des National Committee for Responsive Philanthropy in Washington, D.C., führt sechzig Fonds auf, die den Zweck haben, Geld für Frauen- und Mädchenorganisationen und -projekte zu sammeln.

Frauen als Umweltschützerinnen

1990 riefen die Gesetzgeber aus 42 Ländern zum »globalen Marshallplan« auf. Damit sollten die Industrieländer den Entwicklungsländern helfen, wirtschaftliches Wachstum ohne Umweltzerstörung zu erreichen. Das dreitägige Treffen stand unter Ägide von Senator Al Gore (D-Tenn.). Attiya Inayatullah, damals Mitglied des pakistanischen Parlaments, erzählte, daß sie bei ihrer Abreise eine neue globale Vision mitnahm: »Im 20. Jahrhundert heißen die beherrschenden Themen noch Demokratie und Sicherheit, im 21. Jahrhundert werden es die Umwelt und ein umweltverträgliches Wachstum sein.«
Diese Vision wird schon heute umgesetzt. Im November 1991 brachte die Global Assembly of Women and the Environment Frauen aus der ganzen Welt an einen Tisch. 218 Fälle wurden vorgestellt, in denen ganz normale Frauen aus der dritten Welt in ihrer unmittelba-

ren Umgebung etwas für die Umwelt getan hatten. Die meisten hatten ihre Heimat noch nie zuvor verlassen. Eine Teilnehmerin sagte: »Es sind ganz gewöhnliche Frauen mit einer außergewöhnlichen Einstellung zu Problemen.«

Gute Nachrichten über die Umwelt

»Es gibt mehr Positives als die meisten Menschen vermuten«, schreibt Linda Stark in *Signs of Hope*, einem Katalog *erfolgreicher* Umweltmaßnahmen aus dem Zeitraum zwischen 1987 und 1990. Wir wollen nur einige Beispiele nennen:

- Südkalifornien hat einen umfassenden Entwurf zur Verbesserung der Luftqualität vorgelegt.
- Nach dem Abkommen von Montreal wird die Produktion von Chemikalien, die die Ozonschicht beschädigen, halbiert.
- Brasilien und Thailand haben gewerbliche Holzfällungsgenehmigungen aufgehoben.
- Dänische Bauern erhalten Zuschüsse, wenn sie auf biologische Anbaumethoden umstellen.
- Ein internationales Abkommen über den Transport von Gefahrgütern wurde unterzeichnet.
- In den Niederlanden gibt es weltweit die erste »Kohlesteuer« auf fossile Brennstoffe.

»Ich habe versucht, so viele positive Nachrichten wie nur möglich zu finden, um den Menschen das Gefühl zu vermitteln, daß etwas in Bewegung gekommen ist«, erklärt Stark, die meint, daß im Jahr 1989 eine Wende eingetreten sei. Davor gab sie den »State of the World«-Bericht des World Watch Institute heraus.

Die Green-Belt-Bewegung

Die prominenteste Umweltschützerin der Welt dürfte Dr. Wangari Maathai aus Kenia sein. Ihre Initiative hat das Ziel, so vielen Menschen wie möglich klarzumachen, wie wichtig Bäume für die Umwelt sind. Vor fünfzehn Jahren gründete Dr. Maathai, eine Biologin, die in den Vereinigten Staaten studiert hatte, die Green-Belt-

Bewegung. Deren Mitglieder pflanzen »Baumgürtel« auf leeren Plätzen, in der Nähe von Schulen und am Straßenrand. Ihr langfristiges Ziel heißt, die Bodenerosion in Kenia zum Stillstand zu bringen, Wassersysteme zu schützen und Brenn- und Baumaterial nachwachsen zu lassen.
99 Prozent der Mitglieder der Green-Belt-Initiativen sind Frauen. Dr. Maathai glaubt, daß Frauen in ihrem Land drei Ziele anstreben müssen: Unabhängigkeit, Wissen und praktische Fertigkeiten wie Selbstbewußtsein. Die 50 000 Frauen und Kinder, die der Bewegung angehören, haben 10 Millionen Bäume gepflanzt, 1 500 Baumschulen gegründet und 38 000 Haushalte mit Sämlingen versorgt.
Wangari Maathai erhält breite internationale Unterstützung: Als die kenianische Regierung versuchte, ihren Protest gegen den geplanten Bau eines Hochhauses für die Parteizentrale im Erholungsgebiet Uhuru Park in Nairobi abzuschmettern, war ein internationaler Aufschrei zu hören. Die Weltbank zog sogar ihre Finanzierungszusage zurück.
1991 erhielt Dr. Maathai neben anderen den Africa Prize for Leadership in Höhe von 50 000 Dollar, der von Hunger Project verliehen wird, einer gemeinnützigen US-Organisation mit über 6,2 Millionen Mitgliedern in 152 Ländern. Hunger Project will zur weltweiten Bewußtseinsbildung beitragen und eine »Welle des Engagements« auslösen – und wird von einer Frau geleitet.

Von Problemen zu Lösungen

Frauen bleiben beim Mitgefühl nicht stehen, sondern sie rufen nach konkreten Ergebnissen und gründen deshalb Initiativen. Den erfolgreichen Projekten sind oft bestimmte Ansätze oder Prinzipien gemeinsam. Natürlich garantiert die Anwendung dieser Prinzipien keinen zuverlässigen Erfolg, aber sie macht ihn immerhin wahrscheinlicher. Welches sind nun die Grundsätze erfolgreicher gesellschaftlicher Veränderungen?
Auf diese Frage kann niemand eine gesicherte Antwort geben, weil es kaum Untersuchungen darüber gibt. Es ist bisher noch niemandem gelungen, aus den geglückten Projekten Faktoren und Regeln herauszufiltern, die verallgemeinert werden könnten.

In seinem Bestseller *Auf der Suche nach Spitzenleistungen* hat Tom Peters solche Regeln erarbeitet, und zwar für das Unternehmertum. So hatte er als ein gemeinsames Merkmal vieler erfolgreicher Firmen festgestellt, daß sie »bei ihren Leisten blieben«. Damit hatte er eine nützliche, wenn auch nicht unfehlbare Leitlinie vorgegeben: Unternehmen, die sich an ihr Kerngeschäft halten anstatt sich in unüberlegte und breitgestreute Diversifizierungen zu verzetteln, sind letztendlich die erfolgreicheren.
Natürlich können und wollen wir keine Patentrezepte erstellen, zumal wir keine Experten in Sachen Wirtschafts- und Gesellschaftsentwicklung sind. Aber als Forscher und Generalisten schlagen wir trotzdem einige Prinzipien erfolgreicher gesellschaftlicher Veränderungen vor:

Vom Gewinner-/Verliererprinzip zum Gewinner-/Gewinnerprinzip
Vom Ruf nach dem Staat zur Entwicklung an der Basis
Vom politisch Korrekten zum Machbaren
Vom Opfer zum Handelnden
Von Prestigeprojekten zur Hilfe für Kleinunternehmer

Natürlich haben wir keineswegs die Absicht, Sozialarbeitern, Entwicklungshelferinnen oder ehrenamtlichen Helfern, die täglich ihre eigenen Erfahrungen mit dem Elend machen, unsere Prinzipien als das Nonplusultra anzupreisen. Wir möchten nur zum Ausdruck bringen: »Man kann die Dinge auch so sehen: Auf welche Ideen bringen Sie die Leitsätze?« Wenn Sie effektivere Grundsätze entdeckt haben, dann ist das wunderbar. Wir würden gerne etwas darüber hören.

Vom Gewinner-/Verliererprinzip zum Gewinner-/Gewinnerprinzip
Im klassischen kapitalistischen Sinn muß Geld sich vermehren. In der »Nullsummen«-Theorie bedeuten Gewinne des einen jedoch immer Verluste für den anderen. Im Spielcasino und beim Lotto hat dieses Prinzip jedenfalls Gültigkeit.
Fest steht auch, daß Kapital und Geld entscheidende Faktoren für gesellschaftliche Veränderungen sind. Neuerdings aber mehren sich die Stimmen, die andere Positionen als das »Gewinner-/Verliererdenken« vertreten und für die Geldverdienen nicht der alleinige

Zweck wirtschaftlichen Handelns ist. Sie plädieren statt dessen für ein »Gewinn-Gewinn«-Denken, für soziale Investitionen und soziales Unternehmertum.

Der Unternehmer mit sozialem Verantwortungsbewußtsein

Es gibt eine neue »Gattung von Unternehmern«, stellt Peter Drukker fest. »Sie suchen sich ein gesellschaftliches Anliegen, warten eine passende Gelegenheit ab und verknüpfen dann das Geldverdienen mit dem Gemeinwohl.« Für diejenigen, die unser Wirtschaftssystem als zu rücksichtslos und profitorientiert geißeln, sind das ganz neue Gesichtspunkte. Die folgenden Beispiele zeigen, wie gesellschaftliche Interessen mit unternehmerischen Zielen zum beiderseitigen Wohl vereinbart werden können.

Carol Bateson gründete aus Besorgnis über die asbestverseuchten Schulen das Asbestbeseitigungsunternehmen Dec-Tam Corp. in Andover, Massachusetts. Chief Executive Officer Bateson meint: »Wenn wir eine Schule verlassen und wissen, daß die Kinder sich wieder ungefährdet in den Räumen aufhalten können, fühle ich mich rundherum gut.«

Dec-Tam hat 1991 mit hundert Beschäftigten 19 Millionen Dollar umgesetzt. Bateson hält es für wichtig, die Mitarbeiter zu belohnen, »wenn sie ihren harten Job gut erledigen«. Dec-Tam gilt als Pionier in einer Branche, die wegen ihrer mageren Zusatzleistungen berüchtigt ist, und investiert 35 Prozent des Umsatzerlöses in Schutzkleidung für die Mitarbeiter. Das Unternehmen arbeitet im Nordosten und hat die Genehmigung, an der gesamten Ostküste tätig zu werden.

Yvonne Scruggs-Leftwich, ehemalige Investmentbankerin, hat die erste Bank der Vereinigten Staaten gegründet, die sich speziell an Niedrigverdiener richtet, die normalerweise nicht viel mit dem Dienstleistungsangebot von Banken am Hut haben. »Ich wollte ein Unternehmen gründen, das für die Menschen da ist«, erklärt sie. Die Kunden und Kundinnen lösen Schecks ein, überweisen Geld, tätigen Zahlungsanweisungen und bezahlen Rechnungen ein. »Anstelle eines gesellschaftlichen Problems«, erzählt sie, »sah ich eine Chance zum Geldverdienen.« Nachdem ihr erstes Unternehmen in Buffalo Gewinne abwarf, eröffnete sie zwei weitere im Staat New York.

Mary Houghton, Präsidentin der Shorebank Corporation in Chicago, meint, daß Banken »soziales Verantwortungsbewußtsein zeigen und trotzdem auf solidem finanziellem Boden stehen« können. 1973 gelang es Houghton und drei Kolleginnen, Investoren mit »sozialem Bewußtsein« zu gewinnen. Sie kauften die sanierungsreife Soth Shore Bank und machten sie zur ersten US-amerikanischen Geschäftsbank, die ihr Geld für die Wiederbelebung von heruntergekommenen Stadtvierteln einsetzte.
Heute ist die Bank in fünf Stadtteilen tätig, sie kann ein Vermögen von 200 Millionen Dollar und eine jährliche Wachstumsrate von 10 Prozent vorweisen. Die Hälfte der Einlagen stammt von etwa 16 000 Sparern am Ort. Der Rest kommt von etwa 2 500 Einzelpersonen aus allen fünfzig Bundesstaaten und aus sechzehn Staaten aus dem Ausland. Wie gelingt es der Bank, so viele »sozial gesinnte Investoren« anzuziehen? Die Antwort ist einfach: Sie kann ihren Kunden und Kundinnen genau sagen, wofür ihr Geld verwendet wird – beispielsweise für den Kauf eines Hauses, das an einkommensschwache Familien vermietet werden soll.
»Wir wollen verhindern, daß die Sparer ihre Einlagen aus den armen Gegenden abziehen und sie des besseren Ertrags wegen woanders anlegen«, sagt Houghton. Deshalb wird das Geld der Sparer »direkt vor ihrer Haustür wieder investiert«.
South Shore hatte für viele andere soziale Unternehmer Modellfunktion: So wurde nach dem Vorbild von South Shore im Jahr 1990 Community Capital in Brooklyn gegründet. Auch der Socially Responsible Banking Fund in Vermont, der zur Vermont National Bank in Brattleboro gehört, orientierte sich an South Shore. An der Gründung der Elk Horn Bank in Arkadelphia, Arkansas, wirkte ein Management-Team von South Shore mit.
Soziale Investitionen sind gut fürs Gewissen; wie aber sieht es mit den Erträgen aus? Die Rückzahlungsquote bei South Shore liegt bei erstaunlichen 98 Prozent, und das bei Krediten in Höhe von 190 Millionen Dollar – von denen die meisten auch noch als riskant eingestuft wurden.
Lisa Conte gelang es schon mit Mitte Dreißig, über 10 Millionen Dollar von traditionellen Wagniskapitalgesellschaften zu bekommen. Sie gründete damit Shaman Pharmaceuticals in Kalifornien, ein Arzneimittelunternehmen, das »gesellschaftliches Verantwortungsbewußt-

sein« und Umweltbewußtsein beweist. Sie arbeitet mit renommierten Botanikern zusammen, um in den Regenwäldern Pflanzen zu suchen, die schon die Medizinmänner der Eingeborenenstämme zum Heilen verwendet haben. Conte kauft die Pflanzen, womit sie den Bewohnern der Regenwälder ein Einkommen verschafft, importiert sie, extrahiert die Wirkstoffe und führt neue Arzneimittel auf dem Markt ein. Ein wichtiger Grund für die Investitionsbereitschaft ihrer Geldgeber war der, daß ihre Genehmigungsanträge bei der für ihre langwierigen Verfahren bekannten US-Bundesgesundheitsbehörde überdurchschnittlich schnell genehmigt wurden.

Vom Ruf nach dem Staat zur Entwicklung an der Basis
Lokale Initiativen, die von staatlichen Zuschüssen und überhaupt von allen Zuwendungen von außen unabhängig sind, entwickeln starke, feste Wurzeln. Sie müssen nicht gleich um ihr Überleben bangen, wenn die Regierung Sparmaßnahmen ergreift oder ein Fonds seine Prioritäten neu bestimmt.

Gleaners

In Las Vegas gibt es einen Supermarkt, der Lebensmittel, die andere Händler auf die Müllhalde befördert hätten, zu stark reduzierten Preisen an Bedürftige verkauft. Sein Name, »Gleaners«, bedeutet soviel wie »Nachlese«. Die Idee dazu stammt von Celeste Tate, die es nicht hinnehmen wollte, daß so viele unverdorbene Lebensmittel auf der Müllkippe landeten. Sie überredete also den Geschäftsführer eines Ladens, ihr seine Artikel nach Ablauf des Haltbarkeitsdatums zu überlassen. Gemeinsam mit David McKinley eröffnete sie 1982 einen Laden in einer Garage.
Heute befindet sich der Supermarkt in Las Vegas in einer Lagerhalle, und monatlich bezahlen 20 000 Menschen etwa 2 Dollar für einen Einkaufswagen voller Lebensmittel. Er unterscheidet sich in der Aufmachung nicht von jedem anderem Lebensmittelgeschäft. Die Kunden und Kundinnen nehmen sich einen Einkaufswagen und schieben ihn durch die Gemüse-, Tiefkühl- und Backwarenabteilung.
In Las Vegas werden die meisten Artikel von den Spielcasinos und damit verbundenen Hotels geliefert. Bei Gleaners in Youngtown

dagegen kommen die Lebensmittel fast direkt von den Feldern Ohios. Die Lieferanten sind Großhändler, Gemüsegeschäfte, Partyservice-Unternehmen; aber auch aus den Verpflegungsmagazinen des Militärs landet vieles bei Gleaners. Die Mehrzahl der Kunden und Kundinnen sind alte Menschen mit schmaler Rente und alleinerziehende Mütter.

Heute gibt es in den Vereinigten Staaten, in Großbritannien, Australien, Holland und China 194 Geschäfte, die nach dem Vorbild von Gleaners betrieben werden.

In Las Vegas wird sogar ein Kurs angeboten, in dem interessierte Unternehmer und Unternehmerinnen erfahren, wie ein Gleaners-Supermarkt eröffnet wird. Das Gesundheitsministerium nannte Gleaners vor kurzem das hervorragendste Lebensmittelprogramm der Vereinigten Staaten.

Gutschein-Systeme

In Berkeley, Kalifornien, verkaufen etwa dreißig Geschäfte Gutscheine für Lebensmittel, Buskarten oder Waschsalons. Diese können an Obdachlose vergeben und an fünfzehn Stellen eingelöst werden, etwa beim Berkeley Emergency Food Project, das Mahlzeiten für 25 Cents ausgibt. Wendy Georges, die das Food Project acht Jahre lang geleitet hat, berichtet von einer zunehmenden Zahl von Obdachlosen, die froh über diese Mahlzeiten sind. Das Gutschein-System, genannt Berkeley Cares, wird teilweise von freiwillig tätigen Studenten betreut.

SHARE

Die Self-Helf Association for a Regional Economy (SHARE) in Great Barrington, Massachusetts, will die Bewohner einzelner Regionen davon überzeugen, daß sie mit ihren Ersparnissen die Gewerbetreibenden in ihrer Gegend fördern können. SHARE übernimmt die Sparbücher von den lokalen Banken und verwendet sie als Sicherheiten für Kredite bis zu 3 000 Dollar. So konnte Sue Sellew ihren Betrieb, in dem sie biologischen Ziegenkäse herstellte, erweitern; die Strickerin Bonnie Nordoff senkte ihre Kosten, indem sie Wolle in größeren Mengen einkaufte. Die Kleinunternehmer müssen nicht nur ihren Kredit zurückzahlen, sondern auch nachweisen, daß sie Arbeitsplätze geschaffen oder die wirtschaftliche Selbständigkeit ihrer Region auf andere Weise gefördert haben.

Vom politisch Korrekten zum Machbaren
Es gibt effektive Lösungen, die von Stadtteilgruppen, Bürgerinitiativen, Kirchengemeinden, ja sogar (man höre und staune) von der US-Regierung initiiert wurden. Wichtig ist nicht, wer sie entwickelt hat, sondern ob sie funktionieren. Das zeigen die nachstehenden Beispiele aus dem schwierigen Bereich der Wohnungsverwaltung und des Wohnungsbaus. Alle beschriebenen Programme werden vom Bund bezuschußt.

Wohnen

Women's Development Corporation (WDC), eine gemeinnützige Organisation in Rhode Island, wurde 1979 gegründet, als Architektinnen aus New York und Boston sich vornahmen, Wohnraum für einkommensschwache Mütter zu schaffen. Die Gründerinnen Alma Felix Green und Susan Aitcheson wählten die Stadt Providence dafür, weil hier bisher noch kein Bauträger für einkommensschwache Familien tätig geworden war.
Als Cheryl Leary mit ihren sechs Kindern in eine Wohnung der WDC im Indian Village in Providence einzog, hatten sie allen Grund zur Freude: Von nun an brauchte sie nicht mehr 80 Prozent ihres Einkommens für eine Wohnung auszugeben, in der der Putz von den Wänden bröckelte. Alles war perfekt, selbst die Fenster schlossen problemlos.
WDC erschließt, plant, finanziert, baut und verwaltet Wohnungen für Mütter mit niedrigem Einkommen und erhält dafür bundesstaatliche, einzelstaatliche, kommunale und private Mittel. 1992 hatte WDC 13 Millionen Dollar investiert und 200 Wohneinheiten neu gebaut oder renoviert. Weitere hundert befanden sich gerade im Bau.

Wohlfahrt ade!

»Unsere Erfahrung ist die, daß die meisten Frauen keine Sozialhilfe wollen, sondern einen Job«, sagt Mary Nelson, Präsidentin der Initiative Bethal New Life in Chicago, die im Rahmen eines Projekts, das Wohlfahrtsempfänger ins Berufsleben führen soll, Häuser baut.

Nora Bryant, Mutter von drei Kindern, war fünfzehn Jahre lang immer wieder auf Sozialhilfe angewiesen. Sie wollte zwar arbeiten, sagt sie, aber entweder war keine Betreuungsmöglichkeit für die Kinder da, oder sie hatte keine Möglichkeit, zur Arbeit zu gelangen. Jetzt will sie in ihrer neuen Wohnung in West Garfield Park tagsüber Kinder betreuen. Bethal New Life plant fünfzig weitere Häuser, von denen die Hilfe so konzipiert ist, daß eine größere Anzahl von Kindern darin betreut werden können. Mit ihrem Einkommen als Tagesmutter kann Nora Bryant die Raten für das Haus bezahlen und ihre Kinder ernähren.

Vorher bezahlte Nora »375 Dollar monatlich für ein Kellerloch, aus dem ungeklärtes Abwasser aus den Wänden drang«, erzählt Mary Nelson. »Können Sie sich so etwas vorstellen, Tag für Tag? Was für ein Gegensatz zu jetzt! Der Umzug und diese neue schöne Wohnung hat ihr ganzes Leben verändert, ihr Selbstvertrauen gestärkt und die Zukunftsperspektiven ihrer Kinder verbessert.«

Ein beispielhaftes Modell aus Washington, D.C.

Kimi Gray und andere Mieter im Wohnungsprojekt Kenilworth-Parkside in Washington, D.C., gelangten zu nationaler Berühmtheit, weil sie die Drogenhändler vor ihrer Haustüre los wurden, 600 Halbwüchsige aufs College schickten und einem Stadtbezirk neues Leben einhauchten, in dem einmal 85 Prozent aller Familien Sozialhilfe bezogen hatten.

Als Gray vor zwanzig Jahren den Vorsitz des Mieterrats übernommen hatte, war es an der Tagesordnung, daß die Heizung nicht funktionierte und kein warmes Wasser aus dem Hahn kam. Die Verbrechensraten im Viertel gehörten zu den höchsten in der Stadt. Gray fand, daß die Mieter die Wohnanlage allemal besser verwalten könnten als die Verwaltungsgesellschaft. »Schlimmer konnte es jedenfalls

nicht werden«, erinnert sie sich. Vor zehn Jahren übernahmen Gray und einige Mitarbeiter nach einer neunmonatigen Ausbildung die 464 Wohneinheiten des Komplexes. Kenilworth-Parkside ist *das* Beispiel für eine gelungene Mieterselbsthilfe. »Es gibt überall eine Kimi Gray«, sagt Gray. »Man muß sie nur entdecken.«
Die Zahl der Selbsthilfeinitiativen wächst explosionsartig an. Über 1 300 Gruppen nahmen 1991 an der Konferenz der National Association of Resident Management Corporations teil; siebzehn Projekte im öffentlichen Wohnungsbau werden von Mietern verwaltet. Etwa 200 Mietergruppen sind am dualen Management oder im Training zur Leitung von Mieterprojekten beteiligt.

Vom Opfer zum Handelnden

Das Ausmaß der Gewalt gegen Frauen ist erschreckend. Über die Hälfte der Frauen wird irgendwann in ihrem Leben Opfer einer sexuellen Gewalttat oder der Gewalt in der Familie.
Aus einer Studie des Crime Victims Research and Treatment Center (von dem noch die Rede sein wird) hat ergeben, daß 61 Prozent der vergewaltigten Frauen jünger als siebzehn Jahre waren.
Wir wollen unser Augenmerk zwar auf die Gewalt gegen Frauen richten, dürfen aber das Problem des sexuellen Mißbrauchs von Kindern nicht totschweigen. Experten schätzen, daß ein Drittel aller Kinder unter achtzehn Jahren sexuell mißbraucht werden. Das National Committee for the Prevention of Child Abuse spricht von einer jährlichen Zahl von über 2,7 Millionen Kindern, kann aber nicht sagen, wie viele von ihnen vergewaltigt werden.
Heidi Vanderbilt, Autorin eines umfassenden und bahnbrechenden Berichts über den Inzest, der im Februar 1992 in der Zeitschrift *Lear* erschien, definiert Inzcst als den »sexuellen Mißbrauch eines Kindes durch einen Verwandten oder eine andere Person, der das Kind Vertrauen schenkt und Autorität zuschreibt«.
Inzest bedeutet immer auch einen Vertrauensbruch, meint Vanderbilt. Sie zitiert die Psychiaterin Judith Lewis Herman, Autorin von *Father-Daughter Incest*, die schreibt, jeder Inzest sei »stets und unausweichlich destruktiv für ein Kind«.
Frauen, die das Glück haben, mit all diesen Erscheinungsformen der Gewalt nicht in Berührung zu kommen, könnten daraus schließen, daß die Medien mal wieder übertreiben. Die Opfer wissen es besser.

Sind Schmerz, Verrat, Brutalität und Ungerechtigkeit etwas, womit Frauen und ihre Töchter eben leben müssen? Ist die Gewalt gegen sie unausweichlich? Oder haben Frauen und die Männer auf ihrer Seite doch die Möglichkeit, zielgerichtet zu handeln, um das gesellschaftliche Bewußtsein für das Problem zu schärfen? Könnten sie etwas dafür tun, daß Männer mit solch krankhaften Neigungen angemessen bestraft und die Frauen vor ihnen geschützt werden? Nur so wären Frauen sicher. Vielleicht könnten diese Männer dann sogar lernen, ihre Handlungen zu verstehen und sich zu heilen.
Die ehemalige NOW-Präsidentin Eleanor Smeal, Gründerin und Präsidentin des Fund for the Feminist Majority, sagte der *USA Today*: »Alle reden über das Problem. Wir sollten anfangen, uns endlich einmal über Lösungen zu unterhalten.« Wir können ihr nur zustimmen. Zunächst aber müssen wir einige demprimierende Statistiken anführen. Den Opfern ist damit nicht geholfen, aber wir können zumindest die Öffentlichkeit aufrütteln und so den ersten Schritt zu möglichen Lösungen tun.

Gewalt in der Familie

Über zwei Millionen Frauen erstatten jährlich gegen ihre männlichen Partner Anzeige wegen Gewaltanwendung, so die American Medical Association. Wie viele Vorfälle werden gar nicht gemeldet? In den Vereinigten Staaten werden jeden Tag vier Frauen totgeprügelt. Durch Schläge erleiden mehr Frauen Verletzungen als durch Autounfälle, Straßenüberfälle und Vergewaltigungen zusammengenommen.

Vergewaltigung

Im April 1992 gab das US-Justizministerium bekannt, daß im Vorjahr 207 610 Frauen vergewaltigt worden waren. Nur wenige Tage später veröffentlichte das Crime Victim's Research and Treatment Center einen eigenen Bericht: Es sprach von 683 000 vergewaltigten Frauen und nannte damit eine dreimal höhere Zahl als das Justizministerium. In der Untersuchung des Crime Victims Center hieß es, daß über die Hälfte der Opfer Kinder und Mädchen gewesen seien.

Der Koautor der Studie, Dean Kilpatrick, der sich nationalen Ruf mit seiner Arbeit erworben hat, meint, daß die vorliegende Untersuchung die einzige sei, die »sämtliche Altersstufen berücksichtige«. Sie erstreckte sich über einen Zeitraum von drei Jahren; 4008 erwachsene Frauen und 370 Zentren für vergewaltigte Frauen waren beteiligt gewesen.

Die häufig zitierte und immer wieder erschreckende Statistik des Justizministeriums, derzufolge alle sechs Minuten eine Frau vergewaltigt werde, ist völlig überholt. Nach den neuesten Zahlen wird in den Vereinigten Staaten jede Minute mindestens eine Frau vergewaltigt.

Die Wurzel der Aggression

In der Forschung ebenso wie in der praktischen Sozialarbeit hat man versucht, den Ursachen für die Gewalt gegen Frauen auf die Spur zu kommen. An Erklärungsversuchen mangelt es denn auch nicht: Die einen machen ein allgemeines Klima der Gewaltbereitschaft in der Gesellschaft aus, die anderen entdecken versteckte Zorngefühle gegen die Mutter, wieder andere sehen in der Arbeitslosigkeit die Wurzel allen Übels, und manchmal muß gar die zunehmende Freiheit der Frauen als Erklärung herhalten. Letzlich bleibt nur festzustellen, daß es so viele »Gründe« für die Gewalt wie Gewalttakte gibt.

Eines steht jedoch fest: Vergewaltigungen und die Gewalt in der Familie sind ein unmittelbarer Ausdruck männlicher Aggression. Deshalb muß jeder Lösungsansatz mit einer Analyse dessen beginnen, wie die Gesellschaft mit Aggressionen umgeht.

Ein Grundelement unserer Gesellschaftsordnung ist es, den einzelnen vor der Aggression »weniger sozialer«, ihn gefährdender Menschen zu schützen. Wenn ihnen beispielsweise auf der Straße die Handtasche geklaut und der Dieb gefunden und von Zeugen identifiziert wird, urteilt das Gericht zu Ihren Gunsten.

Wenn jedoch eine Frau von ihrem Ehemann verprügelt oder von einem Kommilitonen vergewaltigt wird, kommen die beiden Männer wahrscheinlich ungestraft davon. Die Gewalt in der Familie und die Vergewaltigung durch Männer aus dem Bekanntenkreis spielen sich im privaten Bereich der Wohnung oder einer persönlichen

Beziehung ab. Die meisten Frauen (zwischen 60 und 85 Prozent) werden von »Bekannten« vergewaltigt. Bisher hat sich die Gesellschaft einer »Einmischung« in diesen privaten Bereich gegenüber ambivalent verhalten. Das Vermächtnis der Sexismus will es eben, daß Eigentumsrechte ein größeres Gewicht haben als das Recht einer Frau auf körperliche Unversehrtheit. (Selbst wenn eine Frau von einem Fremden vergewaltigt wurde, der schon fünfmal überführt wurde, wird dies möglicherweise nicht als Beweismittel zugelassen.)

Ein Gewalttäter könnte sich keine einfachere Plattform als eine persönliche Beziehung aussuchen, um seine brutalen Instinkte auszuleben, die er nicht unterdrücken kann oder will. Deshalb ist es auch so ungerecht, immer wieder nach Gründen zu fahnden, warum »das Opfer mitschuldig war«. Eine solche Schuldzuweisung ist zutiefst sexistisch, sie verletzt die Menschenrechte und den grundlegenden Gesellschaftsvertrag.

Solange die Gesellschaft die Gewalttäter nicht angemessen bestraft und die Opfer nicht schützt, arbeitet sie den Tätern in die Hände und setzt die Opferrolle der Frauen fort.

Strategien gegen die Gewalt

Im folgenden nennen wir fünf Strategien zur Bekämpfung der Gewalt gegen Frauen, die heute epidemische Ausmaße angenommen hat. Ihnen allen ist die Absicht gemeinsam, den Opfern/Überlebenden Mut zu machen. Sie sollen erkennen, daß man etwas gegen die Gewalt tun kann.

① *Neue Gesetze und strengere Strafen*

Gewalttäter dürfen gar nicht erst auf Milde hoffen. Untersuchungen haben ergeben, daß Straftäter um so einsichtiger sind, je weniger die Gewalt in der Familie gesellschaftlich toleriert wird. Eleanor Smeal forderte in *USA Today* »obligatorische Haftstrafen beim ersten Delikt«, weil dann die Wahrscheinlichkeit viel höher sei, daß es bei dem einen Mal bliebe.

Die Zahl der verurteilten Vergewaltiger ist schockierend niedrig: sie liegt bei *einem* Prozent. Frauen müssen also ihre politische Macht einsetzen, um Gesetze zu verändern, die Vergewaltiger ungestraft davonkommen lassen. Dabei muß auch das Register der Vorstrafen wegen ähnlicher Gewalttaten als Beweismittel zugelassen werden. Senator Joseph Biden hat Gesetzentwürfe vorgelegt, nach denen die auf Bundesebene verhängten Strafen für Vergewaltigungen drastisch verschärft werden, die Opfer selbst Klage erheben können und 300 Millionen Dollar für die lokalen Strafverfolgungsbehörden zum Kampf gegen Sexualverbrechen bewilligt werden sollen.

② *Selbstverteidigung*

Die Angst der Frauen sowie die körperliche Überlegenheit des Angreifers sind die schwierigsten Hindernisse für eine effektive Gegenwehr. Aber sie sind trotzdem kein Grund zur Resignation. Immer mehr Frauen lernen, sich selbst zu verteidigen und werfen damit den alten Rat über Bord, der ihre Wehrlosigkeit besiegelte: Widerstand ist lebensgefährlich. Nicht. Wenn eine Frau weiß, wie.

In Washington, D.C., gibt es ein außerordentlich erfolgreiches, seit drei Jahren bestehendes Kursprogramm namens IMPACT/Model Mugging. Es kann jeder größeren Stadt nur zur Nachahmung empfohlen werden. In den Kursen werden realistische Gefahrensituationen nachgestellt, und die Frauen erlernen effektive und zuverlässige Strategien, um in solchen Situationen zu überleben.

Das Programm wurde vom Karateexperten Matt Thomas ins Leben gerufen. Er hatte Polizeiberichte durchforstet, um herauszufinden, auf welche Weise Vergewaltiger und Straßenräuber Frauen überfallen. Die Kurse werden von männlichen Kursleitern durchgeführt, die 20 Kilo schwere gepolsterte Schutzkleidung tragen und gefährliche Situationen so echt wie möglich nachstellen. Nachdem die Frauen erfahren haben, daß sie in den Beinen fünfmal mehr Kraft als in den Armen haben, setzen sie sich zur Wehr, indem sie gegen die verletztlichsten Stellen des Angreifers treten – Augen, Kinn, Leistengegend, Knie und Füße. Die Schutzpolster schützen die *männlichen Lehrer*, wenn die Frauen ihren Angriff mit voller Kraft abwehren.

Wenn man bedenkt, daß den meisten Frauen jahrzehntelang eingebleut wird, daß sie nicht aggressiv sein dürfen, nicht einmal zur Selbstverteidigung, wird deutlich, wieviel Neues die Kursteilnehmerinnen lernen müssen. Wenn sie sich darauf einlassen, gewinnen sie Zugang zu einer neuen Macht, die ihnen das Leben retten könnte.

Bis zum Winter 1991 waren fünfzig ehemalige Kursteilnehmer Opfer eines Überfalls geworden – 37 von ihnen schlugen ihre Angreifer innerhalb von fünf Sekunden nieder. Elf konnten fliehen und entgingen einem Kampf, und zwei verzichteten auf jede Gegenwehr, weil ihre Gegner bewaffnet waren.
Die Kurse werden in Kalifornien, Boston, New York und Kansas City unter der nationalen Bezeichnung IMPACTSelf Defense durchgeführt. Demnächst sollen sie auch in London angeboten werden.
Der Trend zur Selbstverteidigung erhält zusätzlichen Aufwind, weil immer mehr Frauen Sport treiben und dabei erfahren, wieviel Kraft und Energie in ihrem Körper steckt.
Nachdem Shelley Reecher von vier Männern beim Joggen überfallen worden war, traute sie sich nicht mehr, ihrem Lieblingshobby nachzugehen. Die Angst war übermächtig geworden. Dann aber bekam sie Jake, einen für den Personenschutz ausgebildeten Dobermann. Heute betreibt sie das Unternehmen Project Safe Run, das trainierte Hunde an Frauen verleiht, die ohne Angst joggen wollen. »Es sind keine Kampfhunde«, sagt Reecher, die 39 Hunde besitzt und im Jahr 1992 bundesweit expandieren will. »Sie beantworten nur Aggression mit Aggression.«

③ *Mehr Frauen zur Polizei*
Der brasilianische Ausschuß für Frauenrechte forderte im Rahmen einer Kampagne die Regierung dazu auf, dreißig nur mit Frauen besetzte Polizeireviere einzurichten. »Die Opfer von Vergewaltigung, Brutalität und Inzest sollen auf Verständnis treffen, wenn sie die Straftat anzeigen«, schreibt Lori Heise in »Crimes of Gender« einem Artikel in der Zeitschrift *World Watch*, die von der privaten Forschungseinrichtung World Watch Institute herausgegeben wird.
Über einen solchen Vorschlag sollte auch in der »entwickelten« Welt einmal nachgedacht werden. In den Vereinigten Staaten sind 10 Prozent der Polizisten weiblich. Eigentlich wären viel mehr Frauen in den Strafverfolgungsbehörden wünschenswert, meint Eleanor Smeal.
Es gibt etwa 1500 Einrichtungen, die geschlagene Frauen aufnehmen, aber das sind viel zu wenige. Die einhellige Forderung der engagierten Frauen lautet daher, mehr Frauenhäuser zu eröffnen.

④ *Von der Kunst lernen*

Spielen auch Kunst und Kultur eine Rolle, wenn es darum geht, die Gesellschaft zu verändern und Ungerechtigkeiten zu beseitigen? Wir beantworten diese Frage mit einem klaren Ja. Warum sollten Künstler und Aktivisten nicht zusammenwirken, um Aufklärungsarbeit zu leisten, den Boden für Veränderungen zu bereiten und gleichzeitig zu unterhalten? Es gibt viele Beispiele dafür, daß die Kunst gesellschaftlich relevante Fragen gestellt und emotionale Veränderungen bei ihrem Publikum eingeleitet hat.

Die Besetzung des Theaterstücks *Please Listen to Me* besteht aus Frauen, die von ihren Männern geschlagen wurden, bis sie den Sprung in ein neues Leben schafften. Autorin des Stücks, in dem die realen Erfahrungen dieser Frauen nachgespielt werden, ist Angela M. Lockhart, Theaterwissenschaftlerin und Sozialarbeiterin in der Drogentherapie. Im Publikum sitzen auch Sozialarbeiter und Bewährungshelfer. In einer Szene leugnete eine Frau den Grund für ihre Verletzungen ab, bis sie auf einem Auge erblindete. Nach einer Vorstellung erkundigten sich gleich zwei Frauen nach Hilfsmöglichkeiten.

Im preisgekrönten *Illusion Theatre* in Minneapolis arbeiten Schauspielerinnen und Schauspieler mit Sozialarbeitern und Psychologen zusammen. Zum Repertoire der Theatergruppe gehören das Stück »Touch« für Grundschulkinder, das sexuellen Mißbrauch verhüten helfen soll, »No Easy Answers«, das sich an Teenager richtet und die Bereiche Vergewaltigung und Inzest anspricht, und »Family«, in dem es um die Gewalt in der Familie geht. »Both Sides Now« behandelt das Problem der sexuellen Belästigung am Arbeitsplatz. Bisher haben eine Million Menschen aus allen fünfzig Staaten mindestens eines der Stücke gesehen.

⑤ *Mehr Männer gegen die Gewalt*

Mehr Männer als bisher müssen sich dafür einsetzen, daß die Gewalt gegen Frauen ein Ende hat. Mit gutem Beispiel gehen die Lehrer im IMPACT-Programm voran. Sie lassen sich k.o. schlagen, damit die Frauen lernen, wie sie überleben können. Wir wollen aber nicht mißverstanden werden: Keinesfalls sprechen wir uns für die völlige Vernichtung aller aggressiven Regungen aus. Viele Männer wissen sehr gut, wie und wann Aggressionen im Berufsleben, im Sport oder sogar im Kampf sinnvoll sind. Diese Männer haben die Pflicht, die Gewalttäter aus der Gesellschaft auszugrenzen. Gemeinsam müssen sie Druck auf andere ausüben, damit sie lernen, »nicht auf schwächere loszugehen«.

Schockierend ist auch der Zusammenhang zwischen den großen Sportereignissen und der Gewalt gegen Frauen. Frauenhäuser berichten, daß in den Tagen nach dem Super Bowl, dem Entscheidungsspiel der Football-Ligen an Neujahr, die Zahl der hilfesuchenden, geschlagenen Frauen regelmäßig einen Höchststand erreicht. »Die Männer regen sich auf und werden zu Machos«, vermutet Margaret Caven, Direktorin des Abused Women's Support Group in St. Louis. »Es entsteht eine Atmosphäre, in der die Hemmschwelle sinkt, bis sie ihre Aggressionen an den Frauen abreagieren.«

Nehmen Sie den merkwürdigen Fall eines Frauenhauses in Philadelphia, das siebenundzwanzig Betten hatte. In zwölf Jahren war es nur einmal einen Monat lang leer – als nämlich die Phillies Jahresmeister im Baseball wurden.

Gewalt in der dritten Welt

In den folgenden Abschnitten wollen wir beschreiben, wie die Frauen in den Entwicklungsländern maßgeblichen Einfluß auf wirtschaftliche und gesellschaftliche Entwicklungen nehmen können. Dabei ist die Gewalt, mit der sie es im Alltag zu tun haben, ungleich brutaler als die, mit der die Frauen in den Industrienationen konfrontiert werden. Wir wollen nur einige Beispiele nennen: In Indien werden Tausende von Bräuten ihrer Mitgift wegen ermordet; in China werden weibliche Säuglinge getötet; in der arabischen Welt werden vergewaltigte Mädchen oder Frauen von einem Verwandten ermordet, damit die Familienehre gerettet wird.

Afrikanische Frauen kämpfen dafür, daß eine systematische Form der Gewalt gegen Frauen aufhört, die in weiten Teilen Afrikas, einschließlich Ägypten, und in einem Teil der arabischen Halbinsel praktiziert wird: die Klitorisbeschneidung, wie sie euphemistisch genannt wird. In Wahrheit ist es blutige Schlachterei. Die Klitoris wird teilweise oder ganz entfernt, manchmal auch die Schamlippen. Diesen Preis muß ein Mädchen bezahlen, um verheiratet werden zu können.

In Zusammenarbeit mit der Weltgesundheitsorganisation kämpfen Frauen in mindestens vierzehn afrikanischen Ländern dafür, das Bewußtsein der Öffentlichkeit zu schärfen, Workshops zu organisieren und die grausame Praxis auszurotten. Frauen auf der ganzen Welt unterstützen sie, wo sie nur können.

Statt Glitzerprojekten mehr Hilfe für die Kleinunternehmer/innen

Die großen Regierungsprogramme, seien es die Great-Society-Programme von Präsident Johnson gegen Armut und Diskriminierung oder manche prestigeträchtigen Entwicklungshilfeprojekte im Ausland, waren bisher nicht gerade von Erfolgen gekrönt. Allzu häufig waren sie nur Aushängeschilder, oder sie luden zur Korruption geradezu ein. Entwicklungshilfe nach alter Machart festigt oft Abhängigkeiten und schwächt die Eigeninitiative.

Dabei wäre es am wichtigsten, den Menschen Hilfe zur Selbsthilfe zu geben. Die Hilfsprogramme der Vereinigten Staaten nehmen sich bedauerlicherweise viel zu sozialistisch aus: Vierzig Jahre lang haben die Vereinigten Staaten den Entwicklungsländern eine zentrale Wirtschaftsplanung auferlegt, wie sie der Sowjetunion zum Verhängnis wurde.

Warum fördern die Industrienationen als überzeugte Verfechter eines kapitalistischen Wirtschaftssystems das Unternehmertum nicht auch in armen Regionen, im eigenen Land ebenso wie im Ausland?

Kleinunternehmer werden immer mehr von privaten Initiativen wie etwa dem Trickle Up Program gefördert. Warum aber sollten – so muß man sich ernsthaft fragen – nicht staatliche Mittel aus den bürokratisch geführten Großobjekten abgezogen und an die kleinen Gruppen vergeben werden?

Wirklicher Wohlstand entsteht nur, wenn Selbständige – Bauern, Handwerkerinnen, Kleinunternehmer – in ihrem Dorf oder Stadtteil so gefördert werden, daß sie sich eine stabile Existenz aufbauen können. Ein solcher dezentralisierter Ansatz benötigt viel Zeit, bis er sich auf eine große Anzahl von Menschen ausgewirkt hat. Aber vom wirtschaftlichen Standpunkt aus gesehen ist er realistisch, und daß er erfolgreicher ist, haben die Erfahrungen der letzten Jahre hinlänglich bewiesen. Er erreicht genau die Menschen, die Hilfe brauchen, und die ersten Erfolge werden relativ bald sichtbar.

Frauen und die globale Wirtschaftsentwicklung

Die Rolle der Frauen in der wirtschaftlichen Entwicklung der Dritten Welt sollte nicht unterschätzt werden:

- Weltweit sind in jedem dritten Haushalt die Frauen die Brötchenverdiener.
- Siebzig Prozent der Kleinunternehmen werden von Frauen betrieben.
- In Afrika erzeugen Frauen 80 Prozent der Lebensmittel, in Asien liegt ihr Anteil bei 60 Prozent, und in Lateinamerika bei 40 Prozent.

Die indische **Self-Employed Women's Association (SEWA) Bank** bietet armen Frauen, die ein selbständiges Gewerbe als Weberinnen, Näherinnen, Stickerinnen und Hausmädchen betreiben, Kredite an. Sie werden mit erstaunlichen 96 Prozent zurückgezahlt, obwohl anderen Banken das Geschäft zu »riskant« wäre. Die SEWA Bank verfügt über etwa 1 Million Dollar Betriebskapital und 25000 Sparkonten. Die Bank bietet ihren Mitarbeitern beachtliche Nebenleistungen: Prozeßkostenhilfe, Produktivitätstraining, Sozialleistungen und Kinderbetreuungshilfen.

Die fünfzehn Jahre alte **Grameen Bank** in Bangladesh, weltweit eines der erfolgreichsten Entwicklungshilfeprojekte, verleiht 6 Millionen Dollar monatlich und bedient 700000 Dorfbewohner mit Darlehen, die im Durchschnitt mit monatlich 67 Dollar getilgt werden. Die Rückzahlungsrate beträgt 98 Prozent! Was nur wenige wissen: **90 Prozent der Darlehensnehmer in dieser »Erfolgsgeschichte« sind Frauen!**

Die Foundation for International Community Assistance (FINCA), eine gemeinnützige private Organisation, schafft in armen Dörfern Fonds für Revolvingkredite. Die Kreditnehmer bauen sich eine eigene Existenz auf, sie werden unabhängig und gewinnen an Selbstachtung. FINCA hat bisher an über 35000 Familien Darlehen vergeben.

Die abhängigsten, produktivsten und kreativsten Mitglieder der unterentwickelten Gesellschaften sind Frauen, stellte FINCA fest. Das unternehmerische Potential von Frauen gehört zu den am wenigsten genutzten Ressourcen der heutigen Entwicklungshilfeprogramme, glaubt die Organisation. Aus diesem Grund vergibt sie vermehrt Kredite an Frauen und verschafft ihnen Zugang zu Ausbildungseinrichtungen.

Das **Trickle Up Program** hat sich darauf spezialisiert, Darlehen an die Ärmsten der Welt zu vergeben, damit sie sich eine eigenständige Existenz aufbauen können. 1991 hatte Trickle Up Darlehen an 120 000 Menschen in neunzig Ländern vergeben und die Gründung von etwa 19 000 Betrieben ermöglicht. **Frauen stellen knapp zwei Drittel der kreditnehmenden Gewerbetreibenden**.

Trickle Up wurde von Unternehmerpaar Glen und Mildred Robbins Leet ins Leben gerufen. In den ersten zehn Jahren arbeiteten sie noch von ihrer New Yorker Wohnung aus. Sie glauben, daß die Arbeitslosigkeit die wichtigste Ursache für die Armut ist. Das mag einleuchten, aber wie viele Entwicklungshilfeprogramme gibt es denn, die sich auf die Schaffung von Arbeitsplätzen konzentrieren?

Trickle Up will mit den Krediten Arbeitsplätze schaffen, damit ein Wirtschaftswachstum in Gang kommt. Die Arbeitslosen sollen ihre Fähigkeiten und ihren Erfindungsreichtum nutzen. Ihr Kapital heißt Schweiß. Die Kredite in Höhe von 100 US-Dollar, rückzahlbar in zwei Raten zu je 50 Dollar, werden an Gruppen von fünf oder mehr Bewerbern vergeben, die mindestens 1 000 Arbeitsstunden investieren wollen. Sie verpflichten sich, mindestens 20 Prozent ihres Anfangsgewinns zu sparen oder wieder zu investieren.

Eine typische Kreditnehmerin ist Grace Mbakwa aus Tugi, Kamerun. Sie führt den Betrieb Aniyen Fashions, in dem sie aus den traditionellen Stoffen der Gegend Kleidung herstellt. Mit dem ihr von Trickle Up gewährten Kredit über 100 Dollar konnte sie eine Nähmaschine sowie einen Stand auf dem Markt mieten, Werbung betreiben und Material einkaufen.

Wenn alle Unterbeschäftigten der Welt einen eignen Betrieb hätten, so hat Trickle Up ausgerechnet, würde der Wert ihrer investierten Zeit (bei einem Stundensatz von 40 Cents) in einem Jahrzehnt die Gesamthöhe der offiziellen Entwicklungshilfe übersteigen. Die Kosten sind so niedrig und die Methode gleichzeitig so leicht anwendbar, meint Trickle Up, daß es möglich wäre, die Armut auf der Welt bis zum Jahr 2000 zu beenden.

Die meisten landwirtschaftlichen Ausbildungsangebote in Afrika richten sich an Männer, obwohl die Frauen 80 Prozent der Nahrungsmittel erzeugen. **Dr. Esther Afua Ocloo**, Geschäftsführerin von Nkulenu Industries, dem ersten Unternehmen der Nahrungsmittelproduktion in Eingeborenenhand, das auch exportiert, möchte das verändern. Die Unternehmerin, Industrielle und Philanthropin Dr. Occlo bildet Tausende von Frauen in den Methoden der Lebensmittelkonservierung aus und bietet ihnen Kredite als Starthilfe in die Selbstständigkeit an.

»Ich versichere Ihnen, wenn man den *Bäuerinnen* die richtigen Bedingungen und Anreize bieten könnte, und wenn man etwas gegen die schwierigsten Probleme unternehmen würde, denen sie gegenüberstehen, dann wäre das dauerhafte Ende des Hungers greifbar nahe«, sagte sie, als sie 1990 den Africa Prize for Leadership der US-Organisation Hunger Project entgegennahm. Mit dem Preis werden alljährlich Afrikaner und Afrikanerinnen ausgezeichnet, die sich um die Beendigung des Hungers verdient gemacht haben.

Dr. Ocloo ist auch Gründerin von Women's World Banking. Die Bank wird heute von **Nancy Barry** geleitet, die zuvor fünfzehn Jahre bei der Weltbank tätig war, und bürgt für Darlehen von Kleingewerbetreibenden in durchschnittlicher Höhe von 200 Dollar. In über vierzig Ländern wurden fünfzig Filialen gegründet. In nur acht Monaten konnte Barry Zusagen über 12 Millionen Dollar neues Kapitel einholen, mehr als in den vergangenen zehn Jahren zusammen. Barrys neuestes Projekt: Sie will Frauen aus sechs lateinamerikanischen Ländern mit italienischen Kleidungs- und Lederwarenherstellern in Kontakt bringen.

Frauen: Der Schlüssel zur Stabilisierung der Weltbevölkerung

Daß Frauen der Schlüssel zur Stabilisierung der Weltbevölkerung sind, versteht sich von selbst. Trotzdem ziehen nur wenige Konsequenzen daraus. Die meisten Menschen fühlen sich dem Problem der Überbevölkerung hilflos ausgeliefert. Wir scheinen uns mit einem Weltuntergangsszenario abgefunden zu haben, das ungefähr so aussieht: 1990 leben 5,3 Milliarden Menschen auf der Welt; ihre Zahl wird sich in 39 Jahren verdoppeln, danach wird sie noch einmal um *über das Doppelte* wachsen, so daß gegen Ende des 21. Jahrhunderts 27 Milliarden Menschen auf der Erde wohnen. Vielen erscheint diese Entwicklung unabwendbar.

Nicht jedoch Dr. Sharon L. Camp, Senior Vice President des Population Crisis Committee, einer gemeinnützigen Vereinigung in Washington, D.C.

Sie hält es für möglich, daß die Weltbevölkerung sich im 21. Jahrhundert bei 9 oder 10 Milliarden stabilisiert, falls bis zum Jahr 2000 Verhütungsmittel allgemein verfügbar sind. »Die notwendigen Voraussetzungen sind doch alle da: die finanziellen Mittel und das Wissen... wir könnten es schon in der kommenden Generation schaffen«, meint sie.

Der Schlüssel ist die Empfängnisverhütung. Wenn 75 Prozent aller Paare Kontrazeptiva verwenden, wird eine Familie zu Beginn des nächsten Jahrtausends durchschnittlich etwa zwei Kinder haben. Um dieses Ziel zu erreichen, muß die entwickelte Welt bis zum Jahr 2000 jährlich 20,5 Milliarden Dollar für die Familienplanung, also für Aufklärung und Verhütungsmittel, ausgeben. Das mag auf den ersten Blick teuer erscheinen, aber letztendlich sind es nur 16 Dollar pro Paar, ganz abgesehen davon, daß eine ungebremste Bevölkerungsentwicklung viel höhere Kosten verursacht.

Dr. Malcolm Potts, Präsidentin der gemeinnützigen Organisation Family Health International, meint voller Überzeugung: »Wir haben damit eine klare, erfolgversprechende Strategie. Niemand kann mehr die Hände zum Himmel heben und behaupten, das Problem sei unlösbar.«

Die Krise bewältigen

Im größten Teil der entwickelten Welt verläuft die Bevölkerungsentwicklung stabil. In 29 Staaten, einschließlich der Vereinigten Staaten, Kanada, Europa, Japan, Taiwan, Singapur, Hongkong, Südkorea, Neuseeland, Australien und in einigen osteuropäischen Ländern haben die Familien durchschnittlich zwei Kinder. In weiteren 41 Ländern, in denen beinahe die *Hälfte der Weltbevölkerung* wohnt, ist die Bevölkerungsentwicklung fast unter Kontrolle: Über 60 Pro-

zent der Paare verwenden Verhütungsmittel, und die Familien haben im Durchschnitt weniger als drei Kinder.
Bevölkerungsexperten wissen genau, wo sie ihre Bemühungen ansetzen müssen: Die Zunahme der Weltbevölkerung ist zu 97 Prozent den Ländern in Afrika, Asien und Lateinamerika zuzuschreiben. Seit 1950 ist die Bevölkerung der Entwicklungsländer von 1,7 Milliarden auf 4,1 Milliarden gewachsen. Im Jahr 2000 wird sie beinahe 5 Milliarden betragen, und das bei einer Weltbevölkerung von 6,26 Milliarden Menschen.
Aber die Entwicklungsländer sind zu unterschiedlich, als daß Verallgemeinerungen gerechtfertigt wären. In Mexiko beispielsweise ist der Anteil der Paare, die Verhütungsmittel verwenden, von 13 Prozent im Jahr 1987 auf 53 Prozent im Jahr 1987 angestiegen (vermutlich liegt ihre Zahl heute noch höher, aber leider liegen keine aktuellen Angaben vor).
Wenn die Frauen nur Wunschkinder bekommen würden, so der Bevölkerungsfonds der Vereinten Nationen (UNFPA), würden die Geburtenraten in Afrika um ein Viertel und in Asien und Lateinamerika um etwa ein Drittel zurückgehen. Von entscheidender Bedeutung ist es dabei, den Frauen bessere Bildungschancen zu eröffnen. In Brasilien haben Frauen ohne einen Schulabschluß durchschnittlich 6,5 Kinder; Frauen mit einer weiterführenden Schulbildung haben durchschnittlich 2,5 Kinder. In Liberia betreiben Frauen, die eine weiterführende Schule besucht haben, mit einer *zehnmal höheren* Wahrscheinlichkeit Familienplanung als Frauen ohne Schulbildung.
Schon heute beginnen die Maßnahmen der Familienplanung zu greifen, sogar in Afrika und Asien:

- Innerhalb von fünfzehn Jahren ist die durchschnittliche Zahl der Kinder einer thailändischen Familie von 6,5 auf 3,5 gesunken. Das Bevölkerungswachstum liegt bei 2,2 Prozent.
- In Indonesien wandten im Jahr 1987 48 Prozent der Paare empfängnisverhütende Mittel und Methoden an, gegenüber 19 Prozent im Jahr 1976.
- Im Zimbabwe verwenden 43 Prozent der Paare Empfängnisverhütungsmittel – das ist eine der höchsten Prozentzahlen auf dem afrikanischen Kontinent.

Die Bevölkerungsentwicklung in Afrika

Auf dem afrikanischen Kontinent stoßen Initiativen für ein Eindämmen der Bevölkerungsexplosion auf die größten Widerstände. Das läßt sich an Statistiken ablesen:

- In Afrika wenden 77 Prozent der Paare, *die keine Kinder mehr wollen, keine* Empfängnisverhütungsmittel an. (In Asien sind es 57 Prozent, in Lateinamerika 43 Prozent.) Nur etwa die Hälfte der Frauen in den Entwicklungsländern hat Zugang zu Informationen über die Familienplanung und zu Verhütungsmitteln.
- 1990 hatten Frauen in vierzig afrikanischen Ländern südlich der Sahara 5,8 bis 8,3 Kinder.
- In Kamerun wenden weniger als 6 Prozent der Paare Empfängnisverhütungsmittel an.

Trotzdem sind schon einige Veränderungen eingetreten. Die meisten afrikanischen Frauen wünschen sich kleinere Familien, und 42 Regierungen unterstützen die Familienplanungsmaßnahmen direkt, sechs weitere Länder indirekt. In Zimbabwe wendet ein relativ hoher Anteil der Paare Methoden der Empfängnisverhütung an, ebenso in Mauritius. In Ghana, Botswana und Kenia sinken die Geburtenraten.
Die Vereinten Nationen schätzen die Kosten für die Kontrolle der Weltbevölkerung im Jahr 2000 auf 9 Milliarden Dollar, das sind etwa doppelt so viel wie die derzeitigen 4 bis 4,5 Milliarden Dollar jährlich.
Aber mit Geld allein ist es nicht getan. Eine endgültige Wende in der Bevölkerungsentwicklung kann nur eintreten, wenn die Frauen ihr Schicksal in die Hand nehmen und selbst nach kreativen Lösungen suchen. In dieser Hinsicht verdient die Dominikanische Republik einen ersten Preis.
Schönheitssalons gehören in Santa Domingo zu den wenigen Orten, an denen sich Frauen außerhalb des Hauses privat treffen. Damit sind sie ein idealer Ort für die Familienplanung. Die Kosmetikerinnen wurden entsprechend ausgebildet, können über Empfängnisverhütungsmethoden beraten und die Mittel austeilen. Seit 1988 haben fast 200 Kosmetikerinnen über 5 000 Frauen mit Verhütungsmitteln

versorgt. Maria Estella Guzman Suazo meint, daß ihre Kundinnen »froh sind, daß sie hier Antibabypillen bekommen. Sie finden das viel angenehmer als zum Arzt zu gehen.«
In den ärmsten Ländern der Welt gibt es zwar keine Schönheitssalons, dafür aber Märkte und andere von Frauen beherrschte Institutionen. Auch dort ist es also relativ einfach möglich, Frauen mit Verhütungsmitteln zu versorgen.
In Zimbabwe machen Frauen per Fahrrad Hausbesuche auf dem Land und werben – mit beachtlichem Erfolg – für Familienplanungsprogramme.
Bei der Asociacion Desarrollo de la Mujer in Lima, Peru, können Frauen an Führungsseminaren teilnehmen, Kredite aufnehmen und sich über Familienplanung informieren – und alles unter einem Dach. Das Motto der Organisation: »Drei Dinge brauchen Frauen: Selbstachtung, wirtschaftliche Macht und die Freiheit, über die Zahl ihrer Kinder selbst zu entscheiden.«
Ähnliche Projekte gibt es in den Städten Ägyptens. Sie wurden vom Center for Development und Population Activities in Washington, D.C., initiiert und kombinieren Familienplanung ebenfalls mit Managementtraining.

Die Rolle der Medien in der Familienplanung

Mitte der siebziger Jahre beeinflußte eine Seifenoper im peruanischen Fernsehen, *Simplemente Maria*, das Verhalten der Zuschauerinnen auf erstaunliche Weise. Die Heldin, Maria, zieht nach Lima, um für eine wohlhabende Familie als Hausmädchen zu arbeiten. Weil sie mit einer Singer-Nähmaschine sehr gut umgehen kann, gelingt es ihr, der Armut zu entkommen und Karriere zu machen. Junge Frauen meldeten sich in Scharen für Nähkurse an, und Singer-Nähmaschinen fanden reißenden Absatz. Als die Serie in anderen lateinamerikanischen Ländern ausgestrahlt wurde, hatte sie genau dieselbe Wirkung.
Wenn eine Seifenopfer den Absatz von Nähmaschinen fördern kann, warum sollte sie dann nicht die Familienplanung populär machen können?
Das haben sich die Sozialdemographen auch schon gesagt. Es gibt zwei Milliarden Radios auf der Welt, etwa eines für drei Menschen,

und immer mehr Fernsehgeräte. In Gegenden und Ländern mit einer hohen Analphabetenrate könnten TV-Serien, Musiksendungen und Live-Telefongespräche die Ziele der Familienplanung propagieren. Es gibt schon etliche ermutigende Beispiele, und es werden immer mehr.

- Eine mexikanische Seifenoper brachte Tausende von Menschen in Familienplanungskliniken.
- In Nigeria wurden die Ziele der Familienplanung in eine TV-Serie integriert.
- In Ägypten wurden in TV-Serien Informationen zur Familienplanung vermittelt.
- In der Türkei sahen 55 Prozent der erwachsenen Zuschauer eine Serie über Familienplanung an.
- 1986 bedienten sich die Population Communication Services der Johns Hopkins University populärer Musik, um ihre Botschaft zu vermitteln.
- Die mexikanische Sängerin Tatiana ermutigt junge Menschen, zu »warten«. Ihre Lieder führen die Hitlisten in Mexiko an.
- Die nigerianische Sängerin Onyeka Onwenu singt auch über Sex und Verantwortung.
- Die philippinische Sängerin Lea Salonga, die später im Film *Miss Saigon* mitspielte, singt über die Familienplanung. Ihre Lieder und Videofilme mit den Menudo-Singers führen die philippinischen Hitparaden an.

Dr. Phyllis T. Piotrow, Direktorin des Center for Communication Programs an der Johns Hopkins School of Hygiene and Public Health, meint, daß die Gesundheitsaufklärung der Öffentlichkeit vier Voraussetzungen erfüllen müsse: Sie muß persönlich, populär, überzeugend und flächendeckend sein.
Die erste internationale Konferenz »Entertainment for Social Change« fand 1989 in Kalifornien statt. Fast 200 Menschen aus dreißig Ländern beratschlagten über einen Brückenschlag zwischen Unterhaltung und Aufklärung; sie kamen aus der Unterhaltungsindustrie, dem Gesundheitswesen, Familienplanungsprojekten und den Medien.

Neues Interesse für die ehrenamtliche Arbeit

Schon immer waren die amerikanischen Hausfrauen das Rückgrat der Organisationen, die Gerechtigkeit in einer ungerechten Welt zu schaffen suchten. Von den fünfziger Jahren bis in die siebziger hinein räumten Frauen aller Schichten der ehrenamtlichen Mitarbeit einen hohen Stellenwert ein. Aber als sie in die Berufswelt eintraten, war es damit vorbei. Eine ganze Generation von egoistischen Yuppies, auch Frauen, kümmerte sich nur noch um das eigene Fortkommen und Wohlergehen.

Natürlich muß man auch sehen, daß die Frauen, die in den siebziger Jahren in die Berufswelt eintraten, vollauf damit beschäftigt waren, ihre Kompetenz zu beweisen. Viele sagen, daß sie doppelt so viel leisten mußten als ihre männlichen Kollegen, um auch nur annähernd so viel Anerkennung zu bekommen. Familie, Ehe und Freundschaften litten darunter. Die Karriere wurde eine Zeitlang zum Lebensmittelpunkt.

Aber in den neunziger Jahren lebte der Wunsch, etwas für das Gemeinwohl zu tun, wieder auf, und zwar bei den Hausfrauen genauso wie bei den Berufstätigen. Frauen engagieren sich für ein breites Spektrum von gesellschaftlichen Anliegen, und sie haben mittlerweile am Arbeitsplatz genügend Selbstvertrauen gewonnen, um neue Prioritäten zu setzen – den Dienst am Nächsten. Junge Frauen erklären in Esprit-Anzeigen, wie sie die Welt verändern wollen.

Freiwillige vor

Aber der Wunsch, etwas fürs Gemeinwohl zu tun, scheitert nach wie vor oft an Zeitmangel. Organisationen, die auf ehrenamtliche Mitarbeiter angewiesen sind, müssen aus diesem Grund neue Wege beschreiten.

Die neue Ehrenamtliche wünscht Flexibilität: »Es gibt keine typischen Helfer oder Helferinnen«, meint Richard F. Schubert, President und Chief Executive Officer von Points of Light Foundation in Washington, D.C. »Die Hilfsorganisationen bieten deshalb flexible Einsatzzeiten an, und sie verlegen viele Aktivitäten in die Abendstunden.«

Judy Maggrett, Executive Director der General Federation of Women's Clubs, meint: »Es hat wenig Sinn, eine Besprechung tagsüber anzusetzen. Die Frauen können nicht teilnehmen, weil sie am Arbeitsplatz sind.«
Die Hilfsorganisationen müssen sich mehr und mehr darauf einstellen, daß der weitaus größte Teil der ehrenamtlichen Mitarbeiter und Mitarbeiterinnen berufstätig ist, meint auch Susanne Favretto, ehemalige Mitarbeiterin beim National Volunteer Center in Arlington, Virginia, und jetzt Helferin bei Points of Light Foundation.
Ihre Erfahrung: »Die Ehrenamtlichen sind größtenteils berufstätig – sie leisten die freiwillige Arbeit nach Büroschluß, von 18 bis 21 Uhr. Das Wochenende wird immer beliebter für ehrenamtliche Tätigkeiten ... Viele Ehrenamtliche sind berufstätige Frauen, aber die Männer holen schon auf.«
Eine Veränderung ist auch bei den Inhalten der ehrenamtlichen Arbeit zu verzeichnen: »Die neuen Helfer haben keine Lust, Briefe zu tippen, Umschläge zu beschriften und Briefmarken zu kleben«, meint Leigh Wintz, ehemalige Executive Director der General Federation of Women's Clubs.
»Die Leute möchten das Gefühl, daß sie etwas gegen die Probleme tun, mit denen sie täglich konfrontiert werden«, meint Favretto. »Sie möchten das alltägliche Elend bekämpfen, etwa die Obdachlosigkeit.«
Die freiwilligen Mitarbeiter möchten ihre Fähigkeiten einbringen oder Kontakte knüpfen. »Ehrenamtliche Tätigkeiten setzen Talente frei, sie sind ein hervorragendes Führungstraining, und sie ermöglichen den Aufbau von Netzwerken«, erläuter Magrett. »Das macht sich doch in jedem Lebenslauf gut.«
Nancy Lukitsch, Unternehmensberaterin bei McKinsey and Company, würde dieser Aussage sicherlich zustimmen. Sie ist seit 1986 Vorstandsmitglied von March of Dimes und meint, daß die Mitgliedschaft sich schnell rentiert habe – sie gewann einen neuen Mandanten.
Zu den neuen Freiwilligen gehören Yuppies und Schulkinder, Manager und Senioren, und hie und da findet man mittlerweile auch Angehörige der oberen Zehntausend, die ihre soziale Ader entdeckt haben.

New York Cares

Suzette Brooks, Absolventin der Harvard Law School, gründete mit einigen früheren Kommilitoninnen New York Cares, eine Einrichtung zur Organisation des ehrenamtlichen Einsatzes von Bankern, Rechtsanwälten und Führungskräften. »Wir hatten genug von den prunkvollen Wohltätigkeitsveranstaltungen, zu denen wir dauernd eingeladen wurden«, sagt sie.

Brooks Freiwilligenorganisation stieß auf große Nachfrage. »Die traditionellen Mitarbeiter sind bekanntermaßen größtenteils Teenager, Hausfrauen oder Rentner«, sagt sie. »So viel Zeit wie sie haben wir natürlich nicht, aber die Qualität unserer Arbeit ist dafür exzellent.«

Die über 3000 ehrenamtlichen Mitarbeiter von New York Cares arbeiten in Obdachlosenheimen, Fürsorgeheimen, Suppenküchen und über 200 sozialen Einrichtungen. Manche arbeiten einmal im halben Jahr, andere zweimal wöchentlich.

»Der ehrenamtliche Einsatz ist wünschenswert oder zumindest akzeptabel geworden«, meint Brooks und beschreibt damit im Hinblick auf soziales Engagement einen grundsätzlichen Wandel unter jungen Berufstätigen. »Ich kenne viele junge Menschen, die das Gefühl haben, daß sie zu sehr mit sich selbst und ihrer Karriere beschäft sind ... und mit ihren Klienten. Sie möchten auch einmal etwas geben.«

Ein Beispiel macht Schule: D.C. Cares

»Wir versuchen, jedem, der Interesse daran hat, eine ehrenamtliche Tätigkeit zu ermöglichen«, sagt der Rechtsanwalt Jeffrey Keitelman, der nach dem Vorbild der New Yorker Gruppe **D.C. Cares** gründete. Die Organisation unterstützt Berufstätige dabei, Zeit für die Freiwilligenarbeit zu finden, um »Häuser für Obdachlose zu renovieren, Mahlzeiten an alte Menschen auszuliefern, Aids-Patienten zu trösten, in Kinderheime zu gehen«. 2500 Freiwillige arbeiten in über siebzig Organisationen mit.

In Washington, D.C., wurde im Juli 1991 die erste »Kontaktbörse« im Fernsehen veranstaltet. 5000 Menschen meldeten sich für den Dienst in ihrem Vorort oder Stadtteil.

Eine klassisch konservative Frauenorganisation: die Junior League

In den Reihen der ehrenamtlichen Helferinnen stehen Frauen aus ärmlichen Verhältnissen Seite an Seite mit reichen Erbinnen. Beide bewirken viel. Susan Gatten, ehemalige Präsidentin der San Francisco Junior League, ist der Meinung, daß es für betuchte Frauen Wichtigeres zu tun gibt als die Pflege gesellschaftlicher Kontakte und fand in der Aids-Aufklärung ein neues Betätigungsfeld. »Ich bin weder Eleanor Roosevelt noch Florence Nightingale«, sagt Gatten. »Aber ich konnte nicht einfach zusehen. Ich wollte etwas tun – organisieren und aufklären.«

Missy Staples Thompson, Erbin des Peavey-Konzerns, gab ihre Mitarbeit in der Minneapolis Junior League und im Symphony Orchestra auf und gründete ein Unternehmen, das einkommensschwachen Familien die Finanzierung eines eigenen Heims ermöglichen sollte. Im hispanischen Viertel von St. Paul kauft und renoviert sie leerstehende Häuser in städtischem Besitz.

»Jeder muß etwas tun, ob mit Geld, Zeit, Know-how oder Platz«, sagte die ehemalige First Lady Barbara Bush. »Heute kann niemand mehr sagen: ›Ich mache mir Sorgen um das Drogenproblem‹, oder ›um die Kriminalität‹, oder ›um das Analphetentum‹. Wer sich Sorgen macht, muß etwas tun.«

Soziales Engagement von Unternehmensangehörigen

Die Zentrale von Esprit de Corps in San Francisco stellt ihre Mitarbeiter bis zu zehn Stunden monatlich frei, damit sie einer ehrenamtlichen Tätigkeit nachgehen können. »In den achtziger Jahren waren es Französischkurse, Abenteuertrips – all diese persönlichen Dinge, die unsere Mitarbeiterinnen und Mitarbeiter interessierten«, erklärt Susie Tompkins, Mitgründerin und Creative Director bei Esprit. »Jetzt möchten wir ihnen die Chance geben, sich sozial zu engagieren.«

Konsequenterweise geht es in den Werbeanzeigen von Esprit eher um soziale Fragen denn um Mode. »Der Trend der neunziger Jahre geht dahin, Gutes zu tun«, kommentiert Tompkins.

Gutes zu tun wird auch in der amerikanischen Geschäftswelt immer mehr ›in‹. Manche Firmen haben gesonderte Abteilungen mit eigenem Budget und Personal, die den Einsatz der Mitarbeiter für soziale Einrichtungen organisieren. Andere stellen ihre Mitarbeiter zeitweise frei, damit sie etwas zum Gemeinwohl beitragen können.

- Bei der NCNB Corporation können Mitarbeiter während der Arbeitszeit in Schulen gehen, um Schüler zu beaufsichtigen, in Lebensmittelausgabestellen mitarbeiten oder bei Katastrophenfällen helfen.
- An jedem zweiten Donnerstag kommen 25 Beschäftigte des Hard Rock Cafe in New Orleans früher zur Arbeit, um 200 Essen für Obdachlose zu kochen.
- Nach drei Jahren bei der Wells Fargo Bank kann jeder Beschäftigte eine Beurlaubung beantragen, um für eine gemeinnützige Organisation zu arbeiten.

1990 haben Unternehmen 5,9 Milliarden Dollar für wohltätige Zwecke gespendet; das sind 1,9 Prozent der Gewinne vor Steuern. Das ist eine ziemlich dürftige Bilanz. Unternehmen mit einem ausgeprägteren Sinn für das Gemeinwohl spenden 5 Prozent – und in Ausnahmefällen auch einmal 10 Prozent.

Das Engagement der Schüler und Schülerinnen

In der Chadwick School, einer angesehenen Privatschule in Südkalifornien, nehmen 95 Prozent der High-School-Schüler an einem freiwilligen Community Program ihrer Schule teil. Die Schüler und Schülerinnen leisten im Durchschnitt eine bis eineinhalb Stunden freiwillige Arbeit pro Woche.
»In der Somerset-Grundschule in Chevy Chase, Maryland, spielen Vorschulkinder mit alten Menschen Bingo, die Erstkläßler helfen den Obdachlosen, und die Zweitkläßler bauen ein Recycling-Center auf«, steht in einem Bericht in der *Washingtonian* zu lesen. Der Schulausschuß von Maryland zog darüber hinaus sogar eine neue Zulassungsvoraussetzung für die High Schools des Staates in Betracht: Jeder Schüler sollte 75 Stunden Einsatz für gemeinnützige Zwecke nachweisen.

Alte Menschen

Im vergangen Jahr haben 41 Prozent der über sechzigjährigen Menschen ehrenamtlich gearbeitet; ein Viertel von ihnen wäre sogar bereit, noch mehr Zeit für ehrenamtliche Tätigkeiten aufzuwenden, ergab eine Untersuchung von Marriot Senior Living Services und der U.S. Administration on Aging. Weitere 37 Prozent sagten, sie würden ehrenamtlich tätig werden, wenn man in einer speziellen Sache auf sie zukäme.

»Das wichtigste ist, den alten Menschen eine Gelegenheit zu geben, ihre Fähigkeiten und Talente einzusetzen«, sagt Ann Helgeland, Direktorin des Davidson County Retired Senior Volunteer Program in Tennessee.

Der Anteil der ehrenamtlichen Mitarbeiter und Mitarbeiterinnen über 65 Jahren ist in den USA von 8 Prozent im Jahr 1974 auf fast 13 Prozent im Jahr 1989 gestiegen.

Delma Docket, eine über achtzigjährige Urgroßmutter, bringt im Capital Children's Museum in Washington, D.C., Kindern den mexikanischen Huttanz bei. Docket begann ihre ehrenamtliche Tätigkeit vor fast zwanzig Jahren, als sie nach dem Tod ihres Mannes nach einer neuen Aufgabe suchte. Bis dahin hatte sie nie daran gedacht, sich sozial zu engagieren, erzählt sie. Daneben arbeitet sie auch für »Essen auf Rädern«.

Elizabeth Dole, ehemalige Verkehrs- und Arbeitsministerin, ist seit der Gründerin Clara Barton wieder die erste weibliche Leiterin des Roten Kreuzes. Sie führt 2 700 Ortsgruppen, verwaltet ein Budget von 1 Milliarde Dollar, gibt einer Belegschaft von 23 000 Menschen und 1 Million Freiwilligen Anweisungen. »Ehrenamtliche Mitarbeiter sind das Herz und die Seele des Roten Kreuzes«, sagt Dole. »Wie könnte ich ihnen das besser vermitteln, als indem ich selbst ehrenamtlich arbeite . . . Deshalb werde ich in meinem ersten Jahr als Präsidentin kein Gehalt annehmen.«

Von allen Kapiteln dieses Buches hat uns das vorliegende am meisten Mühe in der Auswahl bereitet. Wir wußten von vornherein, daß wir das Thema nicht erschöpfend abhandeln konnten. Trotzdem haben wir versucht, die Bedeutung der folgenden Strategien deutlich zu machen:

① *Weg von der Dramatisierung der Weltprobleme, hin zur Konzentration auf Lösungen*

Der Tenor in der Diskussion über gesellschaftliche und umweltpolitische Probleme lautet, daß es nur einen Weg gibt, um Bewußtsein zu bilden, Spenden zu sammeln und politische Unterstützung zu gewinnen: nämlich, den Horror zu dramatisieren. Die Spendenkonten füllen sich angeblich nur, wenn Not und Elend immer wieder eindringlich beschworen werden. Das bedeutet, daß Menschen, die in der besten Absicht handeln, negative Energien nutzen müssen.

Wenn dann noch die Wohltätigkeitsorganisationen, ebenfalls in bester Absicht, ständig mit Bildern hungernder Kinder in Afrika aufwarten, erhalten wir vollends ein verzerrtes Bild des Kontinents. Die großartige Kultur der afrikanischen Völker geht völlig unter, und ihre wichtigsten eigenen Anstrengungen, um die Probleme zu lösen, werden nicht gewürdigt.

Es reicht eben nicht, der Öffentlichkeit, sofern sie es überhaupt noch hören will, immer wieder dieselben Probleme vorzubeten. Statt dessen müssen wir verstärkt nach Strategien und Methoden suchen, die realisierbar und erfolgsversprechend sind.

Wir wissen natürlich alle, daß noch viel Geduld und Engagement nötig sind, um wichtige Entwicklungen in Gang zu setzen. Außerdem brauchen wir fundiertes Informationsmaterial als Entscheidungsgrundlage. Leider gehen gute Lösungen häufig wieder in der Flut der Analysen unter. Wir brauchen mehr als Informationen; wir brauchen Wissen – Daten, die zum Ausgangspunkt für zielgerichtete Veränderungen werden.

② *Definition von Prinzipien, die sich auf die Mehrzahl der Situationen anwenden lassen*

Wie bereits erwähnt, hat Tom Peters solche Prinzipien für die Unternehmerwelt schon identifiziert.

Dasselbe müßte nun im Bereich der Menschenrechte, der Obdachlosenpolitik, der Wirtschaftsentwicklung an der Basis und in vielen anderen Bereichen geschehen. Man müßte eindrucksvoll aufzeigen, welche Methoden funktionieren und welche zum Scheitern verurteilt sind, damit nicht immer wieder die gleichen Fehler wiederholt werden. Wie ein Freund oft sagt: »Zur Hölle mit den alten Fehlern, ich will *neue* machen.«

③ *Hilfe zur Selbsthilfe*

Gesellschaftliche Veränderungen müssen die Betroffenen aus der Abhängigkeit herausführen und ihnen die Chance zur Unabhängigkeit geben. Darüber herrscht allgemeines Einverständnis.

Mitleid alleine genügt nicht, es muß mit dem Bemühen um konkrete Ergebnisse verknüpft werden. Das ist besonders für Frauen von Bedeutung. Der Wunsch, ein Baby zu umsorgen und ganz für das kleine Wesen dazusein, ist legitim. Ein solches Verhalten können wir jedoch nicht auf Erwachsene übertragen; bei ihnen treten neue Aspekte hinzu. Wir müssen ihnen den Zugang zu ihrer eigenen Macht und ihren Fähigkeiten erschließen. Andernfalls führen wir keine dauerhaften und tiefgreifenden Veränderungen herbei, sondern wir inszenieren Hilfsaktionen, die zwar wertvoll sind, aber immer nur begrenzte Zeit wirken. Langfristiger gesellschaftlicher Wandel vollzieht sich in einem organischen Prozeß, in dem es um Macht, Unabhängigkeit und Wohlstand geht.

Die Frauen, die wir in diesem Kapitel beschrieben haben, arbeiten unter schwierigen Umständen und finden doch genügend Liebe in sich, um sich Tag für Tag wieder neu zu engagieren. Diese Liebe schöpfen sie oft aus den Menschen, für die sie da sind, und aus dem Gefühl, daß sie im Leben anderer Menschen etwas bewirken konnten. Möge ihr Beispiel uns dazu anregen, es ihnen gleichzutun – oder ihnen zumindest unsere politische, wirtschaftliche und emotionale Unterstützung zu geben.

Der Platz der Frauen in der neuen Weltordnung – Eine Bestandsaufnahme

In den vergangenen drei Jahren hat sich unsere Welt mit atemberaubender Geschwindigkeit verändert.

Man denke nur an den Zusammenbruch des Kommunismus, den Aufstieg des pazifischen Raums und die bahnbrechenden Neuerungen auf dem Gebiet der Telekommunikation. Die alten Konstellationen sind überholt, einer neue Weltordnung zeichnet sich ab. Frauen werden in dieser neuen Weltordnung eine wichtigere Rolle spielen als je zuvor.

Die alte Nachkriegsordnung bestand aus zwei Supermächten und den jeweils mit ihnen verbündeten Staaten. Daneben gab es noch die blockfreien Staaten, die daran interessiert waren, beide Lager möglichst geschickt gegeneinander auszuspielen. Die Politik Gorbatschows, der Zusammenbruch des Kommunismus und die staatenübergreifende Kooperation im Kampf gegen Sadam Hussein haben die Welt inzwischen verändert.

Mittelpunkt der neuen Weltordnung ist ein kreativer Verband demokratischer Staaten. Noch vor wenigen Jahren wäre ein weltweiter Siegeszug der Demokratie von Polen über Taiwan, von Rumänien über Südkorea unvorstellbar gewesen.

Die Vereinigten Staaten sind die einzige Supermacht in der neuen Weltordnung, allerdings eine, die zur Kooperation verpflichtet ist. Die Gruppe der Sieben – USA, Großbritannien, Deutschland, Japan, Frankreich, Italien und Kanada – hat die alte Zweiteilung ersetzt; die Zusammenarbeit zwischen ihr und den anderen demokratischen Staaten der Welt wird in Zukunft immer enger werden.

Mehrparteiensysteme, der Grundsatz der individuellen Entscheidungsfreiheit, freier Handel, die Privatisierung der Wirtschaft und die Einführung marktwirtschaftlicher Prinzipien sind charakteristische Kennzeichen der neuen Weltordnung. Nur einige wenige Länder, darunter Nordkorea und Birma, haben sich der Demokratisierungswelle bislang noch nicht angeschlossen, werden dies aber mit Sicherheit bald tun.

Der Trend zu mehr Demokratie bietet Frauen die Chance, stärker als bisher an der politischen Gestaltung ihres Landes mitzuarbeiten. Viele Frauen in Osteuropa haben schon politische Führungspositionen übernommen. In den skandinavischen Ländern, die ihrer militaristischen Abenteuerlust bereits vor langer Zeit abgeschworen haben, ist die politische Gleichberechtigung zwischen Mann und Frau endgültig und unwiderruflich zur Realität geworden.

Und wie sieht es in den Vereinigten Staaten aus? Ein Land, das zu den fortschrittlichsten der Erde zählt und das sich zudem die Forderung nach Gleichberechtigung auf die Fahne geschrieben hat, gilt angesichts der immer länger werdenden internationalen Liste weiblicher Staatspräsidenten und Premierminister bei vielen US-Bürgerinnen als höchst unterentwickelt auf diesem Gebiet. Sie blicken neidvoll auf die Länder Nordeuropas, die in Sachen politischer Gleichberechtigung immer noch als Vorreiter gelten.

- Die Isländerin Vigdis Finnbogadottir ist das erste weibliche vom Volk gewählte Staatsoberhaupt der Welt. Seit 1980 lenkt sie als Staatspräsidentin von Island die Geschicke ihres Landes. Die geschiedene Mutter einer adoptierten Tochter ist gleichzeitig die einzige alleinerziehende Frau der Welt in diesem hohen politischen Amt. Ihre enorme Popularität läßt sich alleine schon daran ermessen, daß sie bei den letzten Wahlen 95 Prozent der Stimmen bekam. Von den vier höchsten politischen Positionen Islands – Präsident, Premierminister, Parlamentspräsident und oberster Richter – werden drei von Frauen bekleidet.
- Edith Cresson wurde 1991, nachdem sie schon verschiedene Ministerposten im französischen Kabinett innehatte, zur ersten Premierministerin Frankreichs ernannt.
- Die Norwegerin Gro Harlem Brundtland konnte ihren Sessel als Ministerpräsidentin schon zum dritten Mal verteidigen. Norwegen gilt als »weiblichste Demokratie Europas«. Acht des achtzehn Mitglieder umfassenden Kabinetts sind Frauen. Ihr internationales Format konnte Brundtland bereits als Vorsitzende der UN-Kommission für Umwelt und Entwicklung unter Beweis stellen.
- Aber auch Finnland kann sich sehen lassen. 1991 gingen 40 Pro-

zent der Parlamentssitze an Frauen. Die meisten Finnen und Finninnen gehen davon aus, daß Finnland bald von einer Staatspräsidentin geführt wird.

- In Schweden, das häufig noch im Schatten seiner Nachbarländer steht, wenn es um die Repräsentation der Frauen in der Politik geht, werden immerhin 38 Prozent der Parlamentssitze von Frauen belegt. Die kritische Masse ist somit bereits erreicht. Verglichen mit den USA, die es bisher nur auf einen Frauenanteil von mageren 6 Prozent gebracht haben, steht Schweden also keineswegs schlecht da.
- Margaret Thatcher war und ist eine der dominierendsten politischen Persönlichkeiten Großbritanniens. Ein Comeback à la Churchill wäre ihr durchaus zuzutrauen.
- Reichlich bestürzt dürfte die Eiserne Lady allerdings über die Wahl Mary Robinson zur Präsidentin von Irland gewesen sein. Die Wahl dieser ultraliberalen Politikerin war für irische Verhältnisse geradezu revolutionär.

Frauen in politischen Machtpositionen werden nur zu leicht in die Schublade Indira Gandhi/Golda Meir gesteckt. Sie seien konservativer als die Männer, so wird behauptet, und bei Machtkämpfen nicht gerade zimperlich. Auch Margaret Thatcher schien in dieses Klischee zu passen. Trotzdem dürften sich solche Stereotypen nicht mehr lange halten: Frauen, die heute nach politischer Macht streben, sind nämlich zumeist links von der Mitte anzusiedeln.

Frankreich

François Mitterrand sagte über Edith Cresson anläßlich ihrer Ernennung zur Ministerpräsidentin, niemand könne Frankreich besser auf den Europäischen Binnenmarkt vorbereiten als sie. Mitterrand hatte allen Grund zum Lob, denn schon am ersten Tag ihrer Amtszeit präsentierte ihm Cresson ein eindrucksvolles Programm mit zwei zentralen Punkten: 1) einschneidende Maßnahmen gegen die japanische Konkurrenz, 2) Modernisierung der französischen Wirtschaft mit dem Ziel, deutsches Niveau zu erreichen und ein ausgewogenes Kräfteverhältnis in Europa zu schaffen. Cresson hatte nur ein knappes Jahr Zeit, ihre Pläne zu verwirklichen. Nachdem die Sozialisten

herbe Verluste bei den Regionalwahlen hinnehmen mußten, trat sie im Frühjahr 1992 von ihrem Amt zurück. Im Jahr 1975 war Cresson als erste Frau in das ansonsten von Männern dominierte Exekutivkomitee der Sozialistischen Partei Frankreichs aufgenommen worden. Nachdem sie im Kabinett Mitterrands zunächst als Ministerin für Landwirtschaft und Handel und später als Ministerin für Europäische Angelegenheiten gearbeitet hatte, hing sie ihren Ministerposten im Jahr 1990 an den Nagel, um in die private Wirtschaft zu wechseln. Ihre vorrangige Aufgabe als Ministerpräsidentin war es gewesen, Frankreichs innere Angelegenheiten zu überwachen und die Oberaufsicht über den riesigen französischen Verwaltungsapparat zu führen.
Mit Cressons Ernennung hatten die Sozialisten gehofft, ihr Image bei den zwanzig Millionen französischen Wählerinnen aufzubessern; sie stellen immerhin 53 Prozent der gesamten Wählerschaft. Dennoch belegen Frauen bislang nur 6 Prozent der Sitze in der französischen Nationalversammlung.
Cresson ist der Inbegriff gallischer Kompetenz und Selbstsicherheit. Sie wirkt wie eine Frau, die stets weiß, was sie tut, und die sich selbst sehr genau kennt. Ihre Kleidung ist schick, unterliegt aber keinem Modediktat. Zu ihrem persönlichen Stil, den sie um keinen Preis der Welt aufgeben will, gehört auch ihre direkte, offene Art. Sie läßt sich von niemandem einschüchtern, schon gar nicht von japanischen Geschäftsmännern. Über Cressons Wirtschaftspolitik mag man streiten, und für unsere Begriffe ist sie ein wenig zu protektonistisch, aber ihr Auftreten gegenüber den Japanern ist bewunderswert. Wer den Chauvinismus japanischer Wirtschaftsbosse schon einmal erlebt hat, den wird die Art und Weise, wie Cresson es ihnen mit gleicher Münze zurückzahlte, mit großer Genugtuung erfüllen.
»Ich habe manchmal das Gefühl, daß Männer mit Absicht so herablassend sind. Aber es amüsiert mich mehr, als daß es mich ärgert«, so Cresson, die über sie selbst sagt, sie sei »keine Feministin im üblichen Sinne«, was immer das heißen mag. Cresson: »Unersetzbar sind Männer nur im privaten Bereich.«

Thatchers irischer Gegenpol

»Irlands Zeit ist gekommen. Man spürt die Energie und das neue Selbstvertrauen ... Irland ist auf dem besten Weg, sich in der Indu-

strie, in der Kunst und im Sport einen internationalen Namen zu machen.« So lautete ein Wahlplakat für Mary Robinson, die feministische Rechtsanwältin mit Harvard-Diplom. »In einem Land, das sich im Umbruch befindet, bleiben Schwache und Arme leicht auf der Strecke. Darum braucht Irland eine Präsidentin, die für Gerechtigkeit kämpft . . . Das habe ich mein ganzes Leben lang getan.«
Mit diesen ebenso klaren wie einfachen Worten brachte Mary Robinson 52,8 Prozent der Wähler und Wählerinnen hinter sich und wurde Irlands erste Staatspräsidentin. Ihrem unermüdlichen Einsatz während des Wahlkampfs und ihrer sprichwörtlichen Integrität war es zu verdanken, daß sie trotz ihres geringen Budgets einen so überlegenen Sieg davontragen konnte.
Irische Wettbüros handelten ihre Chance auf einen Wahlsieg mit 100:1. Irlands größte Partei, Fianna Fáil, schrieb man mit 10:1 schon mehr Chancen zu. Während Robinsons Kontrahenten sich mit einem zweimonatigen Wahlkampf begnügten, war sie sechs lange Monate unermüdlich im Einsatz. Die *Financial Times* schrieb über sie: »Bis zu dreimal besuchte Robinson alle wichtigen Städte und Dörfer.« Auch in einer Zeit der mediengeschützten Wahlwerbung, so die *Financial Times*, »geht eben nichts über den guten, alten Straßenwahlkampf«.
In einem so konservativen und erzkatholischen Land wie Irland, in dem Politik traditionell Männersache ist, setzte Robinson sich öffentlich für die Rechte der Frau ein und forderte die Liberalisierung der Gesetze über Verhütung, Scheidung und Homosexualität. Und die Bevölkerung hört ihr zu, sehr zum Entsetzen der alteingesessenen politischen Elite.
Robinson selbst führt ihren Erfolg vor allem auf weibliche Wählerstimmen zurück. »Die Frauen haben sich auf ihre politische Macht besonnen und das Establishment in seinen Grundfesten erschüttert«, sagte sie. Die *Financial Times* stimmte ihr zu und schrieb, Robinsons Wahl sei vor allem »ein Sieg der irischen Frauen«.

Norwegerinnen auf dem Vormarsch

Norwegen gilt zu Recht als »weiblichste Demokratie der Welt«: Das Land hat eine Ministerpräsidentin, und fast 50 Prozent der Kabinettsmitglieder sind Frauen. Doch damit nicht genug, denn alle drei großen Parteien Norwegens werden ebenfalls von Frauen geführt:

- Ministerpräsidentin Gro Brundtland steht seit nunmehr fast zehn Jahren an der Spitze der norwegischen Arbeiterpartei.
- Kaci Kullmann Five ist Chefin der Konservativen Partei.
- Anne Enger Lahnstein ist Vorsitzende der bauernnahen Zentrumspartei.

Anders ausgedrückt: Alle drei politischen Spitzenpositionen sind von Müttern mit jeweils vier, zwei und drei Kindern besetzt.

Die Auffassung, Frauen sollten in den politischen Institutionen angemessen repräsentiert sein, ist in Norwegen weit verbreitet. Schon vor fast zehn Jahren bekannte sich die Arbeiterpartei unter Führung von Dr. Brundtland (sie ist Ärztin und hat an der Harvard University studiert) zu dem Grundsatz, daß »der Anteil der weiblichen Kandidaten nicht unter 40 Prozent und nicht über 60 Prozent liegen sollte«. Andere Parteien schlossen sich an. Weder die demokratische noch die republikanische Partei der USA konnte sich bislang auf einen solchen Nenner einigen. In Norwegen dagegen ist Gleichberechtigung angesichts der Vielzahl weiblicher Politikerinnen seit langem schon kein Reizthema mehr.

An einer kürzlich im norwegischen Fernsehen ausgestrahlten Diskussion zum Thema »Norwegen und die Europäische Gemeinschaft« (der Norwegen nicht angehört) nahmen Ministerpräsidentin Brundtland, Anne Enger Lahnstein und Kaci Kullmann Five teil. Der Politologe Bernt Aardal sagte nach dieser Sendung: »Wenn man heutzutage Politikerinnen im Fernsehen sieht, fragt man nicht mehr automatisch: ›Wo bleiben die Männer?‹« Ihm fiel auf, daß »sie sich beim Vornamen nannten. Männer wären viel förmlicher miteinander umgegangen.« Womit wieder einmal bewiesen wäre, daß Frauen bei der Eroberung von Männerbastionen ihre eigenen, persönlichen Werte einbringen.

Gro Brundtlands Ehemann Arne Olav war früher Mitglied der Konservativen Partei. Diesen Umstand wollten sich die Konservativen bei den letzten norwegischen Wahlen zunutze machen, und sie warben mit ihrem Slogan: »Machen Sie es wie Gro – wählen Sie konservativ!« Brundtlands prompte, schlagfertige Antwort war: »Machen Sie es wie Arne Olav – wählen Sie Gro!«

59 der insgesamt 165 norwegischen Parlamentarier sind Frauen. Bis vor kurzem war Norwegen noch weltweit die Nummer eins in Sachen Frauenquote, doch Finnland hat inzwischen gleichgezogen.

Die Finninnen

Die Wahlen in Finnland im Jahr 1991 waren in zweierlei Hinsicht bemerkenswert: Zum einen verfehlten die Sozialdemokraten zum ersten Mal nach 25 Jahren den Einzug ins Parlament, und zum anderen fielen 40 Prozent der Parlamentssitze an Frauen. Das entspricht ungefähr der Quote in Norwegen.

Das Durchschnittsalter der Abgeordneten im neuen Parlament liegt bei vierzig Jahren. »Ich glaube, daß wir sehr viel Spaß haben werden«, freute sich die frischgewählte 23jährige Minna Karhunen, Finnlands jüngste Vertreterin des 200 Mitglieder umfassenden Parlaments. Die Leiterin des finnischen Gleichstellungsrates, Eeva-Liisa Tuominen, prophezeite: »Wir werden uns von den Männern nicht länger sagen lassen, wo es langgeht. Die Zeit ist reif für grundsätzliche politische Veränderungen.«

Das Kabinett von Ministerpräsident Esko Aho besteht aus insgesamt siebzehn Ministern; sieben davon sind Frauen. Eva Kuuskoski-Vikatmaa ist eine der führenden Persönlichkeiten der finnischen Zentrumspartei. Sie wird von vielen als würdige Nachfolgerin für Mauno Koivisto angesehen, den starken Mann an Finnlands Staatsspitze. Finnland hat übrigens als erster europäischer Staat mit Elisabeth Rehn eine Verteidigungsministerin.

Es hat fast den Anschein, als seien die Norweger neidisch auf diese Besonderheit der Finnen. Auf die Frage, warum das Amt des Verteidigungsministers in Norwegen an einen Mann ging, gab Brundtland die wenig humorvolle Antwort: »Für uns Norweger steht Verteidigung eben nicht unbedingt über Gerechtigkeit.«

Es wäre tatsächlich eine Ironie der Geschichte, wenn der Posten des Verteidigungsministers jetzt zum unwichtigsten Amt des gesamten Kabinetts würde.

Leider melden sich angesichts der zunehmenden politischen Präsenz der Norwegerinnen auch mißgünstige Stimmen.

So behauptet der Soziologe Andreas Hompland: »Die Männer ziehen sich aus der Politik zurück; Frauen rücken auf Posten nach, die

Männer nicht mehr haben wollen.« Für die meisten Männer liege »wirkliche Macht« woanders, so der Soziologe weiter. Außerdem seien die Gehälter der Politiker in den vergangenen fünfzehn Jahren enorm gesunken.

Hompland: »In den siebziger und achtziger Jahren sind viele jüngere Männer lieber in die Privatwirtschaft als in die Politik eingestiegen. Je mehr das Ansehen und die Dotierung des Politikerberufes sinken, um so stärker steigt der Frauenanteil in der Politik.«

Viele sind da allerdings anderer Auffassung, und kaum jemand – ob Mann oder Frau – würde Brundtland als politisches Leichtgewicht bezeichnen.

Mit Kommentaren wie von Hompland und Co. sollen letztendlich nur die politischen Erfolge der Frauen geschmälert werden, meint Hege Skegeie, Mitarbeiterin am Institut für Sozialforschung in Oslo. Der Kampf für die Gleichberechtigung und für eine Verbesserung der wirtschaftlichen Situation des Landes habe in Norwegen dazu geführt, daß »Frauen in die Politik integriert wurden. Niemand würde heute ernsthaft bestreiten, daß ihnen eine wichtige Rolle auf der politischen Bühne zusteht«, sagt sie.

Die Konservativen sind Brundtlands stärkste politische Widersacher. Als die ehemalige Handelsministerin Kaci Kullmann Five die Führung der Konservativen Partei übernahm, versprach sie, »frischen Wind in eine Partei zu bringen, die in den vergangenen fünf Jahren unter der Führung dreier älterer Herren völlig demoralisiert wurde«, so die Londoner *Finincial Times*. Sie scheint bereits Bewegung in den politischen Alltag gebracht zu haben: Anfang 1991 war die Konservative Partei in der Wählergunst auf ein historisches Tief von 14,4 Prozent gerutscht. Alleine durch die Bekanntgabe ihrer Kandidatur für den Parteivorsitz kletterte diese Zahl auf 22,5 Prozent.

Alles spricht also dafür, daß die politische Landschaft Norwegens auch in Zukunft entscheidend von Frauen geprägt wird.

Deutschland

Auch in Deutschland sind mittlerweile einige Spitzenpositionen von Frauen besetzt. Mit in der ersten Riege steht da sicherlich die 1937 geborene Hamburgerin Birgit Breuel. Als Chefin der Treuhandanstalt ist sie verantwortlich für die Verwaltung und Privatisierung aller ehemaligen DDR-Betriebe. Insgesamt sind dies mehr als 9000 Unternehmen mit rund vier Millionen Beschäftigten. Nur wenige Monate vor ihrer Ernennung zur Präsidentin war sie zur Treuhandanstalt gekommen. Davor hatte sie sich zunächst als Ministerin für Wirtschaft und Verkehr des Landes Niedersachsen, später als Ministerin der Finanzen – ebenfalls in Niedersachsen – einen Namen gemacht. Jeder Kult um ihre Person ist ihr zuwider. Schließlich geht es ihr nicht darum, sich als Frau im wirtschaftspolitischen Leben des Landes zu profilieren, sondern um die Aufgaben und Ziele, für die sie sich einsetzt.

Eine ähnlich machtvolle Position bekleidet Ellen R. Schneider-Lenné. Sie ist die einzige Frau im Vorstand der Deutschen Bank. Nachdem sie 1967 zu dem Bankriesen gekommen war, durchlief sie mehrere Ebenen innerhalb des Unternehmens (im In- und Ausland), bis man sie 1988 als stellvertretendes und 1990 als ordentliches Mitglied in den Vorstand holte. Hier ist sie verantwortlich für den Geschäftsbereich Financial Institutions und verdient genausoviel wie ihre männlichen Kollegen, Vorstandssprecher Hilmar Kopper oder Personalvorstand Ulrich Weiss, nämlich 1,5 Millionen Mark jährlich.

Im deutschen Gewerkschaftsleben spielen Frauen ebenfalls eine wichtige Rolle. Gleichermaßen bewundert wie umstritten ist Monika Wulf-Mathies, Vorsitzende der Gewerkschaft Öffentliche Dienste, Transport und Verkehr. Hauptberuflich war die promovierte Philologin zunächst im Bundesministerium für Wirtschaft und dann im Bundeskanzleramt beschäftigt. 1971 trat sie der Gewerkschaft bei, 1976 wurde sie dort in den geschäftsführenden Hauptvorstand gewählt, sechs Jahre später zur Vorsitzenden. Seither kämpft sie in vorderster Front für die Löhne und Arbeitsbedingungen der Busfahrer, Müllmänner und Krankenschwestern. Insbesondere im Jahr 1992 wurde sie zur Buhfrau der Nation. Nach harten Tarifverhandlungen im Frühjahr des Jahres einigten sich Arbeitgeber und Gewerkschaft auf eine Erhöhung der Löhne und Gehälter um durchschnittlich 5,4 Prozent. In einer Urabstimmung am 14. Mai lehnten die ÖTV-Mitglieder den Tarifbeschluß ab. Dennoch unterzeichnete Monika Wulf-Mathies die Vereinbarung und setzte sie damit in Kraft. Von da an glaubte kaum jemand mehr an ihre Wiederwahl zur Vorsitzenden. Und dann wurde sie mit 68,5 Prozent der

Stimmen im Juni doch wieder im Amt bestätigt. Zweifelsohne hat die ÖTV-Chefin in dieser Phase mehr als je zuvor gelernt, was es bedeutet, in einer harten Männerwelt bestehen zu müssen. Ihre Erfahrung: »Wenn ein Mann kraftvoll etwas tut, auch etwas tut, was mir weh tun könnte, paßt das irgendwie noch in die Konvention. Wenn dasselbe aber eine Frau tut, wenn die sich also quasi einen künstlichen Bizeps zulegt, indem sie das Drohpotential ihrer Mitglieder nutzt, wird das als höchst unangenehm empfunden«, wie in einem Interview im *Stern* zu lesen war.

Eine etwas weniger exponierte Stellung nimmt Frau Engelen-Kefer als stellvertretende Vorsitzende des Deutschen Gewerkschaftsbundes ein. Für sie war die berufliche Richtung, in die sie marschieren wollte, schon früh erkennbar, interessierte sie sich doch während ihres Studiums der Volkswirtschaft insbesondere für den Bereich Sozialpolitik. Nach dem Studium ging sie für drei Jahre nach New York, arbeitete als freie Journalistin und schrieb ihre Dissertation über Sozial- und Arbeitsmarktprobleme in den USA. Anschließend kam sie sofort zum DGB, zunächst als Referentin für Arbeitsmarktanalyse und Arbeitsmarktpolitik. Vier Jahre später trat sie in den DGB-Bundesvorstand ein. Dort übte sie verschiedene Funktionen aus, bis sie 1990 schließlich zur stellvertretenden Vorsitzenden gewählt wurde. Ihr besonderes Anliegen ist es zu zeigen, daß die Gewerkschaften als soziale Bewegung auch heute noch ihre Daseinsberechtigung haben.

Unter den Politikerinnen sind in erster Linie die Bundestagspräsidentin Rita Süssmuth sowie ihre Vertreterin, die Vizepräsidentin Renate Schmidt, zu nennen. Rita Süssmuth studierte Romanistik, Geschichte, Erziehungswissenschaft, Soziologie und Psychologie. 1964 promovierte sie zum Dr. phil., danach erhielt sie diverse Lehraufträge sowie Professuren in Bochum und Dortmund. Erst 1981, das heißt im Alter von 44 Jahren, trat sie der CDU bei. Doch bereits vorher war sie Mitglied des Wissenschaftlichen Beirats für Familienfragen beim Bundesminister für Jugend, Familie und Gesundheit. 1983 wurde sie dann Vorsitzende des Bundesfachausschusses für Familienpolitik der CDU und drei Jahre später Bundesvorsitzende der Frauen-Union der CDU. Zwischen 1985 und 1988 war sie Bundesministerin für Jugend, Familie, Frauen und Gesundheit, bis sie am 25. November 1988 zur Präsidentin des Deutschen Bundestages gewählt wurde.

Rita Süssmuth steht zu ihren humanistisch-christlichen Werten und Prinzipien. Dafür wagt sie es auch schon einmal, sich von der offiziellen Linie ihrer Partei zu entfernen, wie beispielsweise bei der Diskussion um den § 218. Ihren stetigen Einsatz für eine menschenwürdige Politik hält Rita Süssmuth für typisch weiblich, denn bei Frauen sei das Kriterium der »Menschenverträglichkeit« – wie sie es nennt – unverhältnismäßig stärker ausgeprägt als bei Männern. Diese seien wesentlich mehr systemorientiert. Das heißt, sie fragen im allgemeinen nicht »wie löse ich das Problem möglichst menschenverträglich?« sondern »Wie ist das System, und wie paßt dieses Problem in das System?«

Die 1943 in Hanau geborene Renate Schmidt erlernte – nachdem sie als Schwangere das Gymnasium in der 12. Klasse abbrechen mußte – den Beruf einer Programmiererin und Systemanalytikerin im Versandhaus Quelle. Drei Jahre später wurde sie freigestellte Betriebsrätin und begann ihre politische Karriere: 1975 Mitglied des Gesamtbeirats, 1976 Mitglied im Landesvorstand der Gewerkschaft Handel, Banken und Versicherungen. 1972 traten sie und ihr Mann in die SPD ein, gemeinsam nahmen sie aktiv teil am politischen Leben ihrer Stadt, 1980 dann der Sprung in den Bundestag. Sieben Jahre später wurde sie stellvertretende Vorsitzende der SPD-Bundestagsfraktion, mittlerweile ist sie nicht nur Vizepräsidentin des Deutschen Bundestages, sondern auch Landesvorsitzende der Bayerischen Sozialdemokraten. »Mehr Power für die Bayern-SPD« heißt eines ihrer vorrangigen Ziele. Sicher kein einfaches, hat es die SPD in dem traditionell konservativen Bayern doch bekanntermaßen ganz besonders schwer. Doch die »jüngste Oma im Bundestag« – wie sie wegen ihres ansehnlichen Nachwuchses oft genannt wird – ist sich sicher, daß ihr all das, was sie sich in den Kopf gesetzt hat, auch gelingt.

Anderswo in Europa

Auch in anderen Teilen Europas sind Frauen auf dem Vormarsch. Carmen Romero etwa, die Ehefrau des spanischen Premiers Felipe Gonzalez, ist Abgeordnete des linken Flügels. Als Verfechterin der Frauenrechte setzt sie sich unter anderem für eine Liberalisierung der Abtreibungsgesetze ein. Im Land mit dem höchsten katholischen Bevölkerungsanteil Europas löst eine solche Forderung natürlich heftige Reaktionen aus. Und auch osteuropäische Frauen ergreifen die Chancen, die ihnen der politische Umbruch bietet:

- Jarju Lauristin ist stellvertretende Sprecherin des estnischen Parlaments. Zuvor war sie Leiterin der Estnischen Volksfront, deren Mitbegründerin sie ist. Sie war unter anderem ins Blickfeld der Öffentlichkeit gerückt, als sie sich vehement für den Bruch mit Moskau einsetzte.
- Die litauische Ministerpräsidentin Kazimiera-Danute Prunskiene hatte entscheidenden Anteil am Ausgang der Unabhängigkeitsverhandlungen mit Moskau. Während Präsident Vytautas Landsbergis sich in feurigen Reden erging, brachte Prunskiene den Vertrag unter Dach und Fach. Lauristin und Prunskiene war es zu verdanken, daß der baltische Konflikt seinen Platz auf der weltpolitischen Tagesordnung bekam.
- Malgorzata Niezabitowska war offizielle Sprecherin der polnischen Regierung.
- Die 34jährige Klara Ungarn ist Mitglied des ungarischen Parlaments. Ihre Partei, der Bund Junger Demokraten, hat insgesamt 21 Parlamentssitze und verfolgt ein hochgestrecktes Ziel: »In zehn Jahren werden wir die Regierung stellen«, sagte Klara Ungarn vor zwei Jahren, »soviel Zeit werden wir allerdings auch brauchen.« Im Gegensatz zu manchen anderen Politikern, die gierig nach der Macht schielen, besitzt sie die notwendige politische Reife. Sie sagt, daß die Frauen in den neuen Demokratien »das politische Metier erst noch erlernen müssen. Es ist eben ein großer Unterschied, ob man in der Opposition sitzt oder Regierungsverantwortung trägt.«

Die Türkei

Die Türkei hat schon immer mit einem Auge gen Westen und mit dem anderen gen Osten geblickt. Die Macht der islamischen Fundamentalisten nimmt zu, doch gleichzeitig möchte die Türkei den Anschluß an den Europäischen Binnenmarkt nicht verpassen. Semra Özal, die Ehefrau des türkischen Staatsoberhaupts Turgut Özal, drängt auf eine stärkere Europäisierung des Landes und

seines komplexen gesellschaftlichen, religiösen und kulturellen Gefüges.
Im Jahr 1991 wurde sie Leiterin der Istanbuler Sektion der türkischen Mutterlandpartei. In einer vom Staatsfernsehen ausgestrahlten Sendung nahm ihr Mann Turgut Özal sie vor all jenen in Schutz, die ihre Kandidatur bekämpft hatten. Der Sieg Semra Özals wirkte auf die männerdominierte moslemische Gesellschaft wie eine Kampfansage. Semra Özal gilt in der Türkei als Teil jener weltlichen Kräfte, die versuchen, die Rechte der Frau zu stärken.

- 1986 gründete sie die Stiftung für die Stärkung und Anerkennung der türkischen Frauen. Aufgabe der Stiftung ist es, türkische Frauen über ihre verfassungsmäßig garantierten Rechte aufzuklären.
- Sie half Frauen aus ländlichen Gegenden bei der Abfassung von Eheverträgen, die den Frauen bessere Erb- und Sorgerechte garantieren.

Semra Özal: »Ich bin keine der üblichen Präsidentengattinnen. Ich kann nicht still in der Ecke sitzen und tun, was das Protokoll von mir verlangt.«
Alle drei großen türkischen Parteien – die Mutterlandpartei, die rechtsgerichtete Partei des Rechten Weges und die Sozialdemokratische Volkspartei – bemühen sich inzwischen verstärkt um weibliche Wählerstimmen. »Wir haben jetzt ein ähnliches Quotensystem wie die skandinavischen Länder; 20 Prozent der Parteiposten gehen bei uns an Frauen«, so der Generalsekretär der Sozialdemokratischen Volkspartei.
Der Wirtschaftsexperte Tansu Ciller von der Partei des Rechten Weges, der inzwischen zum Staatsminister für wirtschaftliche Angelegenheiten aufgestiegen ist, sagt: »Es ist das erste Mal, daß Frauen in der Politik eine derart wichtige Rolle spielen.«
Es gibt sogar Stimmen, die behaupten, daß Semra Özal die Nachfolge ihres Mannes antreten wolle.

Rußland

Immer mehr russische Frauen beteiligen sich an Kampagnen, Demonstrationen und Kundgebungen. Sie sind die Unterdrückung

und Ungerechtigkeiten leid, unter denen sie im früheren Sowjetsystem zu leiden hatten. Viele von ihnen befürworten die Gründung einer reinen Frauenpartei.
Der politische Zirkel, der sich in Moskau um die Journalistin Larisa Kuznetsowa und die Politologin Tatjana Ivanowa gebildet hat, verfolgt klar gesteckte Ziele. Er möchte:

- Frauen auf die Durchführung politischer Aktionen vorbereiten;
- Frauen helfen, Führungsqualitäten zu entwickeln;
- politische Schlagkraft gewinnen;
- eine Quotenregelung für Frauen durchsetzen, damit ihre Präsenz in Wahlämtern und öffentlichen Institutionen gewährleistet ist.

Es scheint, als hätten die Frauen im ehemaligen Staatspräsidenten Gorbatschow einen Verbündeten gefunden. In einer Rede aus dem Jahr 1990, die er auf dem Kongreß der Kommunistischen Partei hielt, beklagte Gorbatschow das immense Arbeitspensum der sowjetischen Frau auf der einen und die geringe gesellschaftliche Anerkennung ihrer Leistungen auf der anderen Seite.
Gorbatschow: »Es ist eine Schande für unser Volk; in vielen anderen Ländern der Erde sind Frauen heute an allen wichtigen politischen Entscheidungen beteiligt. Schauen Sie sich doch nur einmal um, und zählen Sie, wie viele der hier anwesenden Delegierten Frauen sind.«
Die 54jährige Journalistin Galina Semjonwa wurde noch zu Zeiten der alten Sowjetunion in das Zentralkomitee der Kommunistischen Partei gewählt. Das war ein spektakulärer Erfolg, denn die Aufnahme weiblicher Mitglieder in das damals oberste Entscheidungsorgan der Partei war nicht gerade üblich.
»Wir müssen uns darüber klarwerden, daß die Gesellschaft den Frauen sehr viel schuldet, und wir müssen Mittel und Wege finden, um sie zu unterstützen; andernfalls werden wir auf diesem Planeten nicht überleben«, sagt Semjonwa. »Wir brauchen eine Politik des gesellschaftlichen Konsens, und wir brauchen die politische Mitarbeit der Frauen. Es gibt einen Aphorismus, der den politischen Status der Frau sehr gut ausdrückt: Wir waren zum Festmahl geladen, und man bot uns eine halbe Mahlzeit. Schüchtern, wie wir waren, begnügten wir uns mit einem Viertel.«
Die 38jährige Ella Pamphilowa ist die einzige Frau im ersten Kabi-

nett des russischen Präsidenten Boris Jelzin. Die bis dato unbekannte ehemalige Ingenieurin eines Moskauer Betriebes wurde zur Ministerin für soziale Aufgaben ernannt und ist für die Wahrung der Interessen von Kindern und Rentnern zuständig.

Der Mittlere Osten

Die Frau, die derzeit in der Politik die meisten Schlagzeilen macht, ist Hanan Ashrawi, offizielle Sprecherin der palästinensischen Delegation bei den Nahost-Friedensgesprächen. Ashrawi, die in Bir Zeit als Professorin für Englisch tätig ist, wertet ihre Rolle als großen Sieg der Frau im allgemeinen und der Araberin und Palästinenserin im besonderen. »Meine politischen Visionen und Zielsetzungen sind eindeutig feministisch geprägt«, sagt sie. »Meine Position gibt Frauen die Legitimation, weiter für ihre Rechte zu kämpfen; ich kann meine Stimme für all diejenigen Frauen erheben, die bislang kein Gehör fanden. Meine Arbeit ist ein Gemeinschaftswerk, keine Aneinanderreihung leerer Phrasen.«

Die neue Macht der asiatischen Frauen

Auch die traditionell zu Zurückhaltung und Passivität erzogenen Frauen Asiens greifen heute nach der politischen Macht. Zwei islamische Staaten in Asien werden bzw. wurden schon von Frauen geführt. Vor einigen Jahren wäre das noch unvorstellbar gewesen.
Auf den Philippinen, in Bangladesch und – zumindest zeitweise – in Pakistan haben demokratisch gewählte Frauen die alten Diktaturen und Militärregime ersetzt. Corazon Aquino kann sich der jubelnden Begeisterung ihrer großen Anhängerschar immer noch sicher sein. Sie hatte sich die Lösung der immensen sozialen Probleme des Landes zur Aufgabe gemacht, an die sich ihre politischen Gegner nicht einmal mit Handschuhen gewagt hatten.
Am 30. Juni 1992 übernahm jedoch der frühere Verteidigungsminister Fidel Ramos nach von Betrugsvorwürfen überschatteten Wahlen das Präsidentenamt.
Im Februar 1991, als die Welt gebannt auf den Konflikt am Persischen Golf blickte, gewann Khaleda Zias Nationalpartei in Bangladesch die Mehrheit der Parlamentssitze. Mit der Unterstützung der

Wirtschaft schaffte Khaleda Zia es, als erste Frau Ministerpräsidentin dieses konservativen und islamischen Staates zu werden. Es war die erste friedliche Machtübernahme in der blutigen Geschichte Bangladeschs. Zias größte politische Widersacherin, Sheik Hasina, ist ebenfalls eine Frau.

Bangladesch bemüht sich seit den Wahlen um einen politischen und wirtschaftlichen Neuanfang. Premierministerin Zia hat sich viel vorgenommen. Sie hat sich zum Ziel gesetzt, die Souveränität des Landes zu schützen, die Demokratie zu fördern und einen Beamtenapparat aufzubauen, der nicht korrupt ist. »Um unser Land aus der wirtschaftlichen und sozialen Misere befreien zu können, müssen wir nicht zuletzt die Selbständigkeit des einzelnen fördern, die Produktions- und Beschäftigungszahlen steigern, den Bevölkerungszuwachs eindämmen, für die fünf Grundbedürfnisse (Essen, Kleidung, Wohnung, medizinische Versorgung und Bildung) Sorge tragen, mehr Umweltschutz betreiben und die Frauen stärker am Entwicklungsprozeß beteiligen«, sagt Zia.

Die pakistanische Ministerpräsidentin Benazir Bhutto war die erste Regierungschefin eines islamischen Landes. 1990 wurde sie jedoch vom pakistanischen Staatspräsidenten abgesetzt, da ihre Regierung, wie es hieß, korrupt sei. Viele machen Ehemann Asif Ali Zardari, der laut *Financial Times* »Mr. Zehn Prozent« genannt wird, für ihren Sturz verantwortlich. (Soviel zum Thema arrangierter Ehen).

»Warum bitte schön, kann mir niemand Fakten dafür nennen, daß ich korrupt gewesen sein soll?« fragt Bhutto. »Ich bin die einzige Premierministerin, die ihren Verwandten keine Industriebetriebe zugeschustert hat . . . aber die Profiteure, die sich an diesem Land bereichert haben, zeigen jetzt mit Fingern auf mich.«

Das sollte man ihr zugute halten, selbst wenn ihr Ehemann zu Recht beschuldigt wurde. Vielleicht war ihre Regierung tatsächlich weniger korrupt als die vorherigen. Doch sie hatte auch Feinde im Land, und für sie waren die Vorwürfe natürlich ein gefundenes Fressen. Christina Lamb schrieb dazu in der *Financial Times*: »Die Geschäftswelt reagierte äußerst mißtrauisch auf ihr sozialistisches Programm, und den einflußreichen, religiösen Kreisen des Landes war diese Frau an der Spitze der Regierung ohnehin ein Dorn im Auge.«

Dennoch genießt Bhutto weiterhin großes Ansehen in Pakistan und

der westlichen Welt. Doch ob das für einen erneuten Wahlsieg reichen wird, ist ungewiß. Aber derartige Überlegungen sind müßig, weil die Opposition nach wie vor die Fäden in der Hand hält.
Pakistan hat jedoch noch eine weitere Politikerin in petto, nämlich Abida Hussain, die seit mehr als zwanzig Jahren auf lokaler wie auf nationaler Ebene politisch tätig ist. Sie war Vorsitzende eines lokalen Bezirksrates, Mitglied der pakistanischen Nationalversammlung und gilt gemeinhin als »fähigste Frau« auf Pakistans politischer Bühne. Zur Zeit ist Abida Hussain pakistanische Botschafterin in den USA.

Japan

Der japanische Ministerpräsident Sousuke Uno mußte den Rücktritt einreichen, nachdem eine außereheliche Liebesbeziehung in der Öffentlichkeit bekanntgeworden war. Das Schockierendste war aber weder die Affäre selbst noch ihre Aufdeckung, sondern die Tatsache, daß der Premier deswegen zurücktrat. Mangelnder Respekt gegenüber Frauen war also tatsächlich ein Rücktrittsgrund, und das in einem Land, in dem Männer normalerweise so ziemlich alles tun und lassen können, was sie wollen.
Die Japanerinnen konnten sich um so mehr freuen, als der Amtsnachfolger Toshiki Kaifu zwei Frauen in sein Kabinett berief. Seit Jahren schon ist die Wahlbeteiligung der Frauen in Japan höher als die der Männer; Kaifu wußte das, und er war sich im klaren darüber, daß er ohne die weiblichen Wählerstimmen keine Chance auf einen Sieg hatte. Nachdem die Wahlen dann zu seiner Zufriedenheit verlaufen waren, vergaß er alle Versprechungen und komplimentierte beide Frauen wieder aus dem Kabinett hinaus.
»Ich wünschte, wir Japanerinnen hätten eine ähnliche Organisation wie die National Organization of Women in Amerika«, sagt Kaiko Higuchi, Professorin für Frauenstudien an der Kasei-Universität in Tokio. »Wir brauchen eine Organisation, die weibliche Politiker unterstützt und ihnen zu Wahlerfolgen verhilft. Es ist wichtig, daß die Frauen sich organisieren; ohne eine stärkere Beteiligung der Frauen am politischen Entscheidungsprozeß wird in Japan noch lange alles beim alten bleiben, ganz gleich wie lautstark wir mit unseren Forderungen an die Öffentlichkeit gehen.«

Aber auch ohne eine solche Frauenorganisation hat in Japan ganz allmählich ein Veränderungsprozeß eingesetzt.

- 1989 gab es sage und schreibe 146 Kandidatinnen für die Sitze im japanischen Oberhaus.
- »Die Frauen werden in Zukunft stark an Einfluß gewinnen«, phrophezeite Takako Doi, ehemalige Chefin der Sozialistischen Partei, Japans führender Oppositionspartei.
- Japans höchstes internationales Amt wird von einer Frau bekleidet, nämlich von Sadako Ogata. 1991 wurde die Universitätsdekanin für ausländische Studien zur ersten UN-Hochkomissarin für Flüchtlingsfragen ernannt.

»Was kann eine einzige Frau schon für die siebzehn Millionen Menschen tun, die auf unserer Erde vor Kriegen, Verfolgung oder anderen von Menschen verursachten Katastrophen flüchten?« fragte damals die *Financial Times* und blieb die Antwort nicht schuldig: »Falls sie Sadako Ogata heißt, sehr, sehr viel.« Ihre erste Aufgabe bestand darin, irakische Staatsbürger nach dem Golfkrieg vor ihrem Machthaber zu schützen.
Ogata hat eigene Vorstellungen von der neuen Weltordnung. Die internationale Staatengemeinschaft erwartete von der UNO, daß sie sich »sehr viel stärker als bisher engagiert«, meint sie. »Große Kriege gehören vielleicht endgültig der Vergangenheit an«, fährt sie fort, »aber es wird noch viele Bürgerkriege und Unruheherde geben; die Welt erwartet von der UNO, daß sie in diesen Fällen ihre friedensstiftenden, friedenserhaltenden und humanitären Aufgaben erfüllt.«
Makiko Hamada kandidierte im Jahr 1991 für das Gouverneursamt von Tokio. Sie konnte zwar nur 1 Prozent der Wählerstimmen auf sich vereinen, lag damit aber immer noch deutlich vor den meisten anderen unabhängigen Kandidaten. Jetzt plant sie die Gründung einer eigenen Partei, der Neuen Demokraten. Sie ist überzeugt, daß sie dic Unzufriedenheit, die viele japanische Hausfrauen angesichts der schlechten Vertretung ihrer Interessen verspüren, zu einer neuen politischen Bewegung ummünzen kann.
Seit April 1991 ist Harue Kitamura Bürgermeisterin von Ashiya City und damit gleichzeitig die erste und einzige Bürgermeisterin in ganz Japan. Die Frauen in Ashiya City, die äußerst besorgt über die

sinkende Qualität des Schulunterrichts waren, hatten sie zur Kandidatur gedrängt. Kitamura, die zwölf Jahre lang in der Schulbehörde tätig gewesen war, hatte sich vorher nie politisch engagiert.
Japans Medien sprechen immer häufiger vom Anbruch der »*Onna no Jidai*«, der Ära der Frauen.

Frauen in Nicaragua

Zum großen Erstaunen der Weltöffentlichkeit gewann Violeta Chamorro im Jahr 1990 die ersten freien Wahlen Nicaraguas und wurde Staatsoberhaupt eines vom Krieg schwer gezeichneten Landes. Sie ist die erste demokratisch gewählte Staatspräsidentin, seit der landwirtschaftlich geprägte 4-Millionen-Staat Nicaragua vor 170 Jahren die Unabhängigkeit von Spanien erlangte. Chamorro macht ohne Umschweife deutlich, daß ihrer Meinung nach auch die Sandinisten eine Mitschuld an der Misere des Landes tragen. Nicaragua hat eine Staatsverschuldung von 13 Milliarden US-Dollar; die Hauptstadt Managua wurde nach dem schweren Erdbeben im Jahr 1972 nie wieder aufgebaut.
»Die Zukunft dieses Landes liegt im Handel, nicht in der Entwicklungshilfe«, so Außenminister Enrique Dreyfus. »Aber bis es soweit ist, werden wir auf Hilfe von außen angewiesen sein.« Chamorro konnte die Vereinigten Staaten dazu bewegen, ab 1991 jährlich 200 Millionen US-Dollar für den Wiederaufbau des Landes zu zahlen.
Violeta Chamorros verstorbener Ehemann Pedro Joaquin Chamorro, Chefredakteur der Zeitschrift *La Prensa*, hatte gegen das rechtsgerichtete Somoza-Regime gekämpft, war aber im Jahr 1978 bei einem Anschlag ums Leben gekommen. Sein gewaltsamer Tod hatte die Menschen in Nicaragua mit tiefer Abscheu erfüllt und verhalf den Sandinisten im Juli 1979 zur Machtübernahme. Für kurze Zeit arbeitete Dona Violeta, wie sie von ihren Landsleuten genannt wird, in Ortegas Regierung. Von den Sandinisten enttäuscht, übernahm sie aber schon bald die Zeitschrift *La Prensa*, um ihren Kampf auf anderem Wege fortzuführen. Im armutsgeplagten Nicaragua herrscht heute Pressefreiheit.
Die 62jährige Mutter von vier Kindern hat sich inzwischen in der Rolle der »La Presidenta« und der obersten Befehlshaberin zurechtgefunden. Sie sagt: »Ich bin ganz gelassen und zuversichtlich. Nicht

umsonst bin ich Mutter und Großmutter.« Chamorro hat das Bankensystem stabilisiert und privatisiert, Gesetze geschaffen, mit denen ausländische Investoren angelockt werden sollen, und den Cordoba, die nicaraguanische Währung, gefestigt. »Der Cordoba hat jetzt wieder einen Wert, er wird mit 5 US-Dollar gehandelt. Vorher war das Verhältnis drei Millionen zu eins gewesen.«

Brasilien

Brasilien ist bekannt als Land, in dem rauhe portugiesische Machositten herrschen. Sprosse für Sprosse erklimmen nun aber die Frauen des Landes die politische Karriereleiter.

- Luiza Erundina de Souza ist Bürgermeisterin der 18-Millionen-Metropole São Paulo. Ihre Wahl im Jahr 1988 gilt in Brasilien als historisches Ereignis. Zum ersten Mal war in Brasilien eine Frau in ein Bürgermeisteramt gewählt worden, noch dazu als Kandidatin der linksgerichteten Arbeiterpartei. São Paulo ist die größte Industriestadt des Landes und gilt gemeinhin als sehr konservativ. Nach einer schwierigen Anfangszeit genießt de Souza inzwischen das Vertrauen weiter Kreise der Bevölkerung. Sie charakterisiert sich selbst als »eine ehrliche und authentische Persönlichkeit, die bei Ungerechtigkeiten kein Pardon kennt«. Sie hat den in Politikerkreisen eher unüblichen Wunsch, ihre Machtbefugnisse im Laufe ihrer Amtszeit abzubauen. De Souza: »Im Klartext heißt das, daß ich einen Teil meiner Macht auf die gesellschaftlichen Institutionen unseres Landes übertragen will. Ich möchte damit einen Prozeß in Gang bringen, der nicht mehr rückgängig zu machen sein wird.«
- Telma de Souza ist Bürgermeisterin von Santos, einer der wichtigsten Städte im Bundesstaat São Paulo.
- Die Kongreßabgeordnete Rita Camata, die aus dem Bundesstaat Espirito Santo stammt, ist mit dreißig Jahren jüngste Frau in der Geschichte des Nationalkongresses.
- Die ehemalige Bildungsministerin Esther de Figueriredo Ferraz war die erste Universitätsdekanin in ganz Lateinamerika.
- Die bereits mehrfach wiedergewählte Kongreßabgeordnete Sandra Cavalcanti war Kandidatin bei den Gouverneurswahlen von Rio de Janeiro.

Zélia Cardoso de Mello war Präsident Fernando Collor de Mellos erste Wirtschaftsministerin; sie war die erste Frau in der Geschichte Brasiliens, die das zweitwichtigste Amt im Staat bekleidete. Man sagt ihr nach, sie sei vom Geiste Margaret Thatchers inspiriert. Sie war verantwortlich für die Ausführung ehrgeiziger Regierungspläne, mit denen beabsichtigt wurde, den aufgeblähten brasilianischen Verwaltungsapparat abzubauen und große Teile der Industrie zu privatisieren. Doch leider war der Widerstand gegen die Reformversuche zu groß, so daß Zelia Cardoso de Mello nach zweijähriger Amtszeit zurücktrat.

Panama

Im Frühjahr 1991 wurde Mayin Correa Bürgermeisterin von Panama City. Von 1978 bis 1984 war sie Stadträtin gewesen und danach Mitglied der Nationalversammlung. Manuel Noriega zwang sie für zwei Jahre ins Exil. Nach der US-amerikanischen Invasion von 1989 kehrte Correa als Heldin ins Land zurück. Sie beginnt ihren Arbeitstag um 7 Uhr morgens, indem sie sich in einer zweistündigen Radiosendung zu Wort meldet. Anschließend nimmt sie unzählige Termine wahr. Sie ist ein wahres Energiebündel: 18-Stunden-Arbeitstage sind bei ihr keine Seltenheit. Die heute 56jährige, die aus einer ländlichen Gegend stammt und schon mit sechs Jahren Waise wurde, ist heute eine der mächtigsten Politikerinnen Panamas. Man sagt ihr Ambitionen auf das Präsidentschaftsamt nach. Der Verleger der Zeitung *La Prensa*, Roberto Eisenmann, meint über sie: »Sie sieht sich als Margaret Thatcher der Zukunft.« In ihrer allmorgendlichen Radiosendung wettert sie gegen alles und jeden: »Das größte Problem in diesem Land ist, daß hier niemand arbeitet – wirklich niemand! Ich dagegen arbeite und bekomme prompt politische Ambitionen unterstellt«, sagt sie.

Kanada

Der überwältigende Wahlsieg der kanadischen Neuen Demokratischen Partei bescherte der Provinz Ontario im Jahr 1990 erstmals eine sozialistische Regierung. Unter den 26 Ministern, die die NDP ernannte, waren elf Frauen – ein landesweiter Rekord. Zu den

frischgebackenen Ministerinnen zählten die ehemalige Leiterin der kanadischen »Essen-auf-Rädern«-Organisation, die Direktorin eines kanadischen Frauenhauses, eine Krankenschwester und eine Angestellte einer Berufsgenossenschaft. 31 der 73 Abgeordneten der NDP sind Frauen. Damit liegt diese Partei weit über dem landesüblichen Durchschnitt von 14 Prozent.
David Agnew, ein enger Mitarbeiter von Ontarios Premier Bob Rae, sagt über die starke weibliche Präsenz: »Die Frauen passen sehr genau auf, was wir tun. Wenn wir eine vernünftige Frauenpolitik betreiben, werden sie uns dafür belohnen, wenn nicht, bekommen wir die Rechnung präsentiert.«
Im November 1991 erließ die NDP als erste kanadische Partei einen Beschluß, nach dem 50 Prozent ihrer Kandidaten für die Unterhauswahlen Frauen sein müssen.

Thatcher

Als Margaret Thatcher 1979 zur Premierministerin gewählt wurde, glich dies einer politischen Revolution. Die Kinder der achtziger Jahre empfanden ihre Präsenz in Downing Street Nummer 10 bereits als ganz normal. Als nach ihrer Absetzung durch die konservative Partei öffentlich über die Nachfolge spekuliert wurde, soll ein englisches Kind seinen Vater erstaunt gefragt haben: »Können Männer denn überhaupt Premierminister werden?«
Thatcher hatte sich über lange Zeit hinweg brillanter, fähiger und mächtiger als jeder Mann in der politischen Szene erwiesen. Sie verschaffte sich mehr internationalen Respekt als alle anderen Premierminister seit Churchill. Zum ersten Mal seit 160 Jahren war es einem britischen Premierminister gelungen, drei aufeinanderfolgende Wahlen zu gewinnen.
Liberal gesinnten Frauen war ihre konservative Politik jedoch ein Dorn im Auge. Thatcher sei den Frauen alles andere als wohlgesonnen, so lautete ihr Argument. Die Kritik der Frauen war berechtigt, denn keine einzige Frau war während ihrer Amtszeit ins Kabinett berufen worden.
Unbestritten ist aber, daß die Eiserne Lady enorme Führungsqualitäten gezeigt hat, von denen sich auch die Gegner des Thatcherismus eine Scheibe abschneiden können:

- Sie konzentrierte sich immer auf die anstehenden Probleme und verzettelte sich nicht. Ihren klar definierten Positionen blieb sie bis zum – manchmal bitteren – Ende treu.
- Sie war eine brillante und ausdauernde Rednerin.
- Kritik störte sie nicht im geringsten, im Gegenteil, sie liebte hitzige politische Auseinandersetzungen. Und sie bewahrte stets Haltung.

Sie war bekannt für ihre etwas rauhe Art, mit der sie Kabinettsmitglieder und andere, die ihr die Stirn zu bieten wagten, öffentlich bloßstellte oder gar ganz aus dem Amt entfernte. Ihr Führungsstil war jedoch weniger als Sinnbild konservativer Politik als vielmehr Ausdruck ihrer starken Persönlichkeit. In dieser Hinsicht kann Thatcher allen Frauen als Vorbild dienen. Auch linksgerichteten Politikern stünde es gut an, sich mit einigen der besten politischen Qualitäten dieser Frau zu schmücken.

Thatcher arbeitete nicht selten neunzehn Stunden am Tag und sieben Tage in der Woche. Im Gegensatz zu anderen politischen Führungspersönlichkeiten, die im Laufe ihrer Amtszeit zusehends altern, sah sie mit jedem Tag jünger aus. Die Arbeitslosenrate ging zurück, das Privateigentum wuchs, die Wirtschaft florierte, die Zahl der Privatisierungen nahm zu, und der Sieg im Falklandkrieg erfüllte die Briten mit Stolz. Thatcher setzte drastische Steuersenkungen durch und machte dem Sozialismus den Garaus.

Das Land hatte während ihrer Amtszeit an wirtschaftlicher Stärke gewonnen. »Nichts wird ihre glanzvolle Leistung je trüben können«, schrieb die *Financial Times*.

Peggy Noonan, Redenschreiberin für Ronald Reagan und George Bush und Autorin des Bestsellers *What I Saw at the Revolution*, fand die passenden Worte, als sie sagte: »Sie ist eine großartige Frau, die Großartiges für uns geleistet hat. Schon allein ihre Anwesenheit hat dafür gesorgt, daß Frauen der Zugang zu wichtigen Ämtern erleichtert wurde.«

Diese Aussage ist in der Tat nicht von der Hand zu weisen. Am 16. Dezember 1991 saß zum ersten Mal in der Geschichte Großbritanniens eine Frau auf dem Chefsessel des Spionageabwehrdienstes M15. Dieser Geheimdienstbereich unterliegt in Großbritannien höchster Geheimhaltungsstufe. Am gleichen Tag verlautete aus dem Verteidigungsministerium, daß Frauen sich demnächst auch als Kampfflugzeugpilotinnen ausbilden lassen könnten.

Einen vorerst krönenden Höhepunkt dieser Entwicklung erlebten die Briten im Februar 1992, als das britische Unterhaus zum ersten Mal in 615 Jahren eine Frau zur Sprecherin wählte, nämlich Betty Boothroyd.

Die Gestaltung der Neuen Weltordnung

Der weltweite Siegeszug der Demokratie – die bedeutenste Entwicklung des ausgehenden 20. Jahrhunderts – eröffnet den Frauen die Chance, aktiver als bisher am politischen Geschehen und an der Regierungsverantwortung teilhaben zu können.
Wenn China sich in der zweiten Hälfte dieses Jahrzehnts noch in die Riege der demokratisch regierten Staaten einreiht – spätestens jedoch, wenn sich die alte Männergarde auf natürlichem Weg aus der Politik verabschiedet –, werden 90 Prozent der Weltbevölkerung in einer Demokratie leben. Vor drei Jahren noch waren es nur 50 Prozent gewesen.
Demokratie eröffnet neue Chancen. Die Zahl weiblicher Staats- und Regierungschefs wächst, ebenso wie die politische Durchsetzungskraft der Frauen.
Weibliche Spitzenpolitiker von Gro Brundtland bis Violeta Chamorro wollen ihre Politik keinesfalls am Vorbild männlicher Vorgänger festmachen. Statt dessen bemühen sie sich darum, ihre persönlichen Wertvorstellungen und ihre weibliche Indentität in Themen wie Umweltschutz, Pressefreiheit, Handel, staatliche Kinderbetreuung und einer ganzen Palette innen- und außenpolitischer Probleme einzubringen. Die weiblichen Führungskräfte haben ja auch ihre eigenen Spielregeln geschaffen, wie im Kapitel über die Frauen im Berufsleben deutlich wurde.
Die Bedeutung des Begriffs »Neue Weltordnung« wird sich mit der Zeit wandeln. Im Rückblick wird er einen Zeitpunkt in der Geschichte bezeichnen, mit dem die Integration der Frauen in neue, globale Machtstrukturen begann. Diese Strukturen werden von den positiven Eigenschaften beider Geschlechter geprägt.
Die Frauen unserer Tage haben die große Chance, an der Gestaltung der Neuen Weltordnung aktiv mitzuwirken. Im neuen politischen Gefüge der Welt werden ihnen mehr Möglichkeiten offenstehen, als sie sich je hätten träumen lassen.

Schlußbetrachtung

Frauen haben die Schranken, die man ihnen jahrtausendelang setzte, überwunden und Rollen übernommen, die bis dahin ein Privileg der Männer waren.
Kein Mann hat, sagen wir im Jahr 1964, innere Einkehr gehalten und gesagt: »Im Beruf und im Geschäftsleben, auf dem Golfplatz und auf den Kriegsschauplätzen haben wir Männer uns bis jetzt ziemlich gut geschlagen. Aber wir werden trotzdem das Gefühl nicht los, daß uns irgend etwas fehlt. Wir können keine Kinder bekommen, wir tun uns schwer damit, tiefe Beziehungen einzugehen und wir müßten zu mehr Fürsorge und Spiritualität in der Lage sein.«
Die Frauen sind vor einer kritischen Bestandsaufnahme jedoch nicht zurückgeschreckt.
Irgendwann in den letzten zwanzig Jahren sagten Millionen von Frauen: »Ich bin eine gute Mutter, Ehefrau und Freundin. Ich sorge für andere Menschen und helfe ihnen, wenn es nötig ist. Ich lege Wert auf schöne Kleidung, und ich kann ganz gut kochen. Aber das kann doch nicht alles gewesen sein. Ich möchte ein Zeichen setzen. **Ich möchte etwas aus mir machen. Ich möchte dazugehören.**«
Eine Frau, die so dachte, befand sich schon mitten in einem Veränderungsprozeß. So schaffte es, ihr Leben nach ihren Vorstellungen zu gestalten, obwohl es nicht immer einfach war, Kinder und Ausbildung, Job und Ehe unter einen Hut zu bringen (und obwohl sie den Tag, an dem sie sich für den Neuanfang entschied, sicher mehr als einmal verfluchte). Das war vor vielen Jahren. Inzwischen ist diese Frau Anwältin oder Modedesignerin, Ärztin oder Lehrerin, Systemanalytikerin oder Leiterin einer Marketingabteilung *und* eine gute Mutter, Ehefrau oder Freundin.
Sie hat die Fähigkeiten erworben, die nötig sind, um in der Welt »dort draußen« zu bestehen, und vernachlässigt trotzdem die nach

innen gerichtete, persönliche und geistige Seite des Lebens nicht. Mit dieser Kombination aus Logik und Intuition, aus Emotionalität und Intelligenz wird sie es schaffen, die Welt zu verändern. Die Frauen unserer Tage sind mächtig; sie besitzen eine ganzheitliche Persönlichkeit, die ausgewogener und reifer ist als die der meisten Männer.

Zusammenfassung der wichtigsten Punkte

Was nun? Diese Frage haben wir im Vorwort unseres Buches schon gestellt. Bevor wir eine Antwort darauf geben, möchten wir die wichtigsten Gedanken noch einmal aufgreifen.

Die Zahl der Männer und Frauen, die für die Gleichberechtigung kämpfen, hat die kritische Masse erreicht. Die Frauenbewegung hat sich zu einem gesellschaftlichen Prozeß entwickelt, der sich verselbständigt hat und unaufhaltsam ist, auch wenn Rückschläge nicht ausbleiben. Frauen verändern die Welt. Daran ändert auch die Tatsache nichts, daß weltweit noch immer viel zu viele Frauen unterdrückt werden.

In den Vereinigten Staaten werden Frauen über Wahlämter in ihren Einzelstaaten mehr und mehr Zugang zur Macht gewinnen; Ende der neunziger Jahre werden zehn bis fünfzehn US-Staaten von Gouverneurinnen regiert werden. Spätestens im Jahr 2008 wird eine bislang vielleicht noch unbekannte Frau Präsidentin der Vereinigten Staaten sein.

Der Sport hilft den Frauen, neue, in Politik und Wirtschaft unentbehrliche Führungsqualitäten zu entwickeln; Ausdauer, Mut und Disziplin gehören ebenso dazu wie Sportgeist. Dabei zu sein und die eigenen Kräfte zu erproben, ist wichtiger als der Sieg über die Gegner.

Auch im religiösen Leben und in der Theologie kommt die wachsende politische und wirtschaftliche Stärke der Frauen zum Ausdruck. Sie lehnen in immer größerer Zahl die Vorstellung von einem männlichen Gott ab.

Viele Männer und Frauen wollen nicht mehr den ganzen Tag getrennt sein und vereinen deshalb ihre kreativen Talente, um eine neue und befriedigendere Lebensform zu verwirklichen: Sie gründen ein Unternehmen oder arbeiten auf andere Weise im Team zusammen. Dieser Trend zur Zusammenarbeit bei Paaren ist vielleicht nichts anderes als der wirtschaftliche Ausdruck dessen, was Riane Eisler, Autorin von *The Chalice and the Blade*, das »Partnerschaftsmodell« der Gesellschaft nennt.

Viele Frauen im mittleren Alter stehen heute seit fünfzehn bis zwanzig Jahren im Berufsleben. Sie haben das deprimierende Gefühl kennengelernt, für gleiche Arbeit nicht das gleiche Gehalt zu bekommen, und sie wissen, welche Ausmaße das Problem der sexuellen Belästigung am Arbeitsplatz tatsächlich hat. Heute sind die Topführungspositionen der Wirtschaft endlich in greifbare Nähe für sie gerückt. Längst schon sind die Anwärterinnen auf diese Posten keine Kopien ihrer männlichen Vorgänger mehr; sie haben einen eigenen Führungsstil entwickelt, der sich bewährt hat. Es ist ein Führungsstil, der auch ausreichend Raum für Familie und Freizeit läßt.

Diese neue Frauenorganisation wird ein gesellschaftliches Tabu brechen und die Probleme der Wechseljahre und die damit verbundenen Gesundheitsrisiken nicht mehr totschweigen. Sie wird dafür kämpfen, daß ihr die bestmögliche Gesundheitsfürsorge zuteil wird, damit sie ihren »postmenstrualen Energieschub« voll auskosten und auch nach den Wechseljahren ein erfülltes, von Krankheiten so wenig wie möglich bedrohtes Leben führen kann.

Die Mode und der Einzelhandel werden sich in Zukunft nach den Frauen richten und nicht mehr umgekehrt. Die Kleidung der neunziger Jahre trägt bereits den Stempel der Modedesignerinnen, die die Zeichen der Zeit erkannt haben: Sie ist bequem, einfach und elegant. Durch das vielfältigere Angebot in den Übergrößen und die bequemen Einkaufsmöglichkeiten via Fernsehen, Telefax oder Computer wird es für die vielbeschäftigte Frau von heute einfacher, trotz eines vollgestopften Terminkalenders modisch schick gekleidet zu sein. Kundinnen und Designerinnen ist es zu verdanken, daß auf die figurbetonte Mode der achtziger Jahre, für die eine Frau gar nicht mager genug sein konnte, ein lässigerer und natürlicherer Stil folgte.

Frauen verändern unsere Welt – auch innerhalb der Familie. Mütter und Väter sollen zu gleichberechtigten Partnern in der Kindererziehung werden. Gemeinsam mit den Männern streben Frauen heute die Erneuerung der Familie an, damit sie weiterhin eine Keimzelle der Gesellschaft und Grundstein aller sozialen Institutionen bleibt. Doch dazu brauchen sie Hilfe und Unterstützung: eine familienfreundlichere Unternehmens- und Regierungspolitik ist das Gebot der Stunde.

Vor dem Entstehen der jüdisch-christlichen Tradition gab es die Große Göttin. Dem lebensspendenen weiblichen Körper, Symbol der Erde und ihrer Früchte, wurde höchste Verehrung zuteil. In der modernen Frau von heute, die die politische und wirtschaftliche Macht Athenes mit der Barmherzigkeit der chinesischen Kuan-yin vereint, ist die Göttin wieder zu neuem Leben erwacht.

Überall dort, wo Not und Bedürftigkeit gelindert werden, sind Menschen am Werk, die nach den weiblichen Werten der Fürsorge und des Mitgefühls handeln. Frauen haben ihre ehemals unterpriviligierte Rolle als freiwillige Helferinnen abgelegt und mit dem Status der sozialen Aktivistin vertauscht. Auf der ganzen Welt engagieren sie sich für die Lösung der brisanten Themen unserer Zeit – von der Überbevölkerung bis hin zur Wohnungsnot.

Die häßlichste und deprimierendste Form männlicher Machtausübung ist die Gewalt gegen Frauen. Gewalttätige Männer schöpfen ihre Macht einzig aus der Androhung und Ausübung von Gewalt. Riane Eisler benutzte für diese Art von Macht den Begriff der »Klinge«.

Doch bald schon werden Frauen ihre wachsende politische und wirtschaftliche Stärke und nicht zuletzt auch ihre steigende Präsenz im Rechtswesen und in den medizinischen Berufen nutzen können, um gegen Vergewaltigung und Mißbrauch massiv Front zu machen. Viele Männer werden sie dabei unterstützen, so daß die Gewalttäter über kurz oder lang von der Gesellschaft geächtet und ausgestoßen werden.

Die mächtigsten Verbündeten der Frauen im Kampf um gesellschaftliche Veränderungen sind die weiblichen Staats- und Regierungschefs, die heute schon in Nordeuropa, in Teilen Asiens, in Osteuropa und stellenweise auch in Südamerika und Afrika amtieren. Durch ihre Präsenz in wichtigen politischen Ämtern von internationaler Bedeutung tragen diese Frauen dazu bei, daß ihren Geschlechtsgenossinnen in Zukunft mehr Respekt entgegengebracht und mehr Kompetenz zugetraut wird. Die Neue Weltordnung wird auch eine »Neue Frauenordnung« sein.

Wie die Mutter, so die Tochter

Doch was nutzen die großen Erfolge der Vergangenheit, wenn es den Frauen nicht gelingt, ihre neu erworbenen Führungsqualitäten und ihren Kampf für Gleichberechtigung an die nächste Generation weiterzugeben? Es ist an der Zeit, daß beruflich erfolgreiche Frauen nunmehr den Übergang in einen zweiten Lebensabschnitt vollziehen und sich verstärkt ihrer Rolle als Mentorinnen zuwenden. Kinder und Jugendliche sind unsere Zukunft, und sie brauchen positive Vorbilder.

Die berufstätige Frau sollte das neue Idol der Jugend sein und die Rockstars, Film- und Fernsehschauspieler und Mannequins ablösen. Mädchen sollten nicht mehr nur auf ihre Rolle als Frau vorbereitet werden, sondern gleichzeitig auch auf die Rolle als berufstätiges Mitglied der Gesellschaft. Dazu brauchen sie erfolgreiche Vorbilder.

Auf Mädchen im Teenageralter lauern viele Gefahren, die sie oftmals noch gar nicht richtig einschätzen können: ungewollte Schwangerschaft, Drogen-, Alkohol- und Nikotinabhängigkeit, Vergewaltigung, Eßstörungen und seit neuestem auch Aids. Schon ein schlechter Schulstart kann das Selbstvertrauen eines jungen Mädchens derart zerstören, daß sie nie wagen wird, ihre Leistungsfähigkeit auszuschöpfen.

Der Grund dafür ist, daß die meisten weiblichen Teenager ein äußerst niedriges Selbstwertgefühl haben. Hier könnten selbstsichere, erwachsene Frauen auf den Plan treten und Vorbildfunktion übernehmen.

Eine Studie der American Association of University Women, an der 3 000 Mädchen und Jungen teilnahmen, ergab, daß das Selbstwertgefühl der Mädchen zwischen der Grundschule und der Mittelschule um 23 Prozent abnimmt. Nur 29 Prozent der High-School-Schülerinnen waren laut Studie mit sich selbst zufrieden, aber 46 Prozent der männlichen Schüler.

Die Studie kam zum Schluß, daß Erwachsene, Eltern und Lehrer mehr Einfluß auf das Selbstwertgefühl weiblicher Teenager haben als Gleichaltrige.

Carol Gilligan, Professorin für Erziehungswissenschaften an der Harvard-Universität und Autorin von *Die andere Stimme*, stellte fest, daß Mädchen im Alter von etwa elf Jahren ein sehr ausgeprägtes Selbstbewußtsein haben. Ihr Selbstwertgefühl nehme im allgemeinen jedoch bis zum Alter von sechzehn Jahren stetig ab. Gilligan glaubt, daß viele Lehrerinnen, ohne es zu wollen, das Selbstbewußtsein ihrer Schülerinnen untergraben. Andererseits, so die Überzeugung von Gilligan, sind sie auch durchaus in der Lage, die jungen Mädchen *zu bestätigen und ihre Persönlichkeitsenwicklung entscheidend zu fördern*.

Beruflich erfolgreiche Frauen könnten den positiven Einfluß der Lehrerinnen auf die Mädchen noch verstärken.

Zwischen der Lehrerin, die normalerweise keine engeren Kontakte zur Geschäftswelt unterhält, und der Geschäftsfrau, die ebenso wenig Berührungspunkte mit der Schule hat, sollten neue Allianzen geschmiedet werden, am besten kurz bevor oder kurz nachdem sie eigene Kinder bekommen haben.

Die meisten Frauen hatten in ihrer Jugend keine Mentorinnen. Sie wissen daher, wie schwierig ein beruflicher Aufstieg ohne Anleitung und Zuspruch ist, und sollten jungen Mädchen entsprechend helfen.

»Horizons 2000«

Cheryl Bartholomew, Forschungsmitarbeiterin an der George Mason University, konzipierte ein auf sechs Monate angelegtes Seminar namens »Horizons 2000«, das sie 1990 an der Fairfax High School in Virginia abhielt. Zweck des Kurses ist es, das Selbstbewußtsein junger Mädchen aufzubauen und zu stärken. Im Rahmen dieses Seminars, dem sechsjährige Forschungsarbeiten an staatlichen Schulen quer durch die USA zugrunde liegen, werden Videoaufnahmen erfolgreicher Frauen gezeigt. Die Mädchen sollen dazu angeregt werden, sich ihre berufliche Zukunft auszumalen, und sie erhalten fachkundige Beratung.

Jedes Mädchen erhält die Gelegenheit, eine erfolgreiche Vertreterin ihres Wunschberufes kennenzulernen. Am weiteren Werdegang der Mädchen, den Bartholomew aufmerksam verfolgen will, läßt sich dann der Erfolg des Seminars messen. Alle Schülerinnen waren sich einig, daß eine berufliche Karriere sehr zu Steigerung des Selbstbewußtseins beiträgt.

Führungschancen

»Was nun?« so lautete die Frage, die wir zu Anfang dieses Buches gestellt haben.
Nachdem wir gezeigt haben, wie Frauen heute in fast allen Bereichen unseres Lebens einen grundlegenden Wandel eingeleitet haben, möchten wir nun die Antwort auf unsere eingangs gestellte Frage geben.
Drei verschiedene Dinge werden auf uns zukommen: 1) Frauen werden in den höchsten Positionen in Wirtschaft, Gesellschaft, Politik, Kultur und Religion gleichberechtigt vertreten sein; 2) Weibliche Werte werden in alle Lebensbereiche integriert, von der Familie über den Sport bis hin zur Religion; und 3) Eine Neue Weltordnung bildet sich heraus, in die positive Eigenschaften beider Geschlechter einfließen, so daß ein neues Partnerschaftsmodell und ein neuer politischer Führungsstil entstehen.
Wir leben in einer Welt, die sich ständig verändert. Täglich entstehen neue Initiativen, Organisationen und Entwicklungen, während die patriarchalischen Machtstrukturen nach und nach zusammenfallen und sich mit der Suche nach dem Sündenbock selbst noch den Todesstoß versetzen.

So wird niemand etwas erreichen

Schuldzuweisungen verbessern die Lage nicht. Statt dessen sind eine neue Vision und eine neue Gesellschaftsordnung notwendig. Die Menschen sind der alten Etiketten müde, sie wollen die Gräben zwischen Links und Rechts überwinden, sie rufen nach einer Politik, die von gesellschaftlichem Verantwortungsbewußtsein und finanziellem Sachverstand getragen wird, sie verlangen Sozialprogramme, die es ihnen ermöglichen, von staatlicher Hilfe unabhängig zu werden.
Wir sind überzeugt davon, daß Frauen, die ihre Fähigkeiten in der »Männerwelt« erprobt und bewiesen haben, gemeinsam mit gleichgesinnten Männern die Speerspitze neuen gesellschaftlichen Handelns bilden werden. Dieses wird von gegenseitiger Fürsorge, konkreter Hilfe und finanziellem Verantwortungsbewußtsein geprägt sein.

Allerdings werden den Frauen die neuen Chancen nicht in den Schoß fallen

Jede Frau muß für sich persönlich beschließen, daß sie die Chance zum gesellschaftlichen Handeln ergreifen will. Eines der wichtigsten Ziele dieses Buches ist es, die Frauen dazu zu ermutigen.
Mut und Hoffnung sind dabei wichtige Begleiter. Sie werden nie eine Führungsrolle innehaben, und Sie werden nie etwas verändern, wenn Sie herumsitzen und denken: **Ich werde meine Ideen nie verwirklichen können. Ich werde nie Macht haben.**
Um Chancen zu nutzen, muß man optimistisch sein. Über Nacht werden Sie nichts erreichen. Realistischer ist es, einen Fünf-bis-sieben-Jahres-Plan zu erstellen und darin festzuschreiben, wie Sie sich auf eine Führungschance im Jahr 1998 oder 2002 vorbereiten wollen. Das könnte bedeuten, daß Sie schon jetzt anfangen:

- sich in den Bereichen Geldbeschaffung und/oder Marketing firm zu machen;
- sich mit bestimmten Themenkomplexen eingehend auseinanderzusetzen;
- verstärkt in der Öffentlichkeit aufzutreten.

Wenn Sie glauben, daß Sie noch nicht genügend Macht haben, um die notwendigen Dinge zu veranlassen, dann fangen Sie trotzdem damit an. Experimentieren Sie, sammeln Sie Fakten, analysieren Sie Erfolge. So schaffen Sie eine Basis für die Führungsposition, die Sie später einmal einnehmen wollen.
Für die Frauenbewegung ist es an der Zeit, den Blick von der Vergangenheit abzuwenden, in der sie sich – zu Recht – auf die Frage konzentrierte: Wie, wo und warum wurde Frauen Unrecht angetan? Statt dessen sollte sie in die *Zukunft* blicken und überlegen: Wie können wir unsere neue Freiheit und Macht sinnvoll und nutzbringend einsetzen?
Sind Frauen tatsächlich soweit, daß sie die Repressionen und Schikanen der Vergangenheit vergessen und sich statt dessen aktiv an der Gestaltung der Zukunft beteiligen können? Frauen haben bislang hauptsächlich mit Negativargumenten operiert, indem sie etwa immer wieder auf die weltweite Unterdrückung der Frau hinwiesen.

Dabei waren sie äußerst erfolgreich, doch es nützt nichts, an diesem Punkt stehenzubleiben. Es reicht nicht aus, auf Mißstände hinzuweisen, sondern man muß überlegen, wie sie zu beseitigen sind.
Natürlich ist es entmutigend, einem scheinbar übermächtigem Gegner gegenüberzustehen. Aber die jüngste Geschichte hat wieder einmal demonstriert, daß sich eine Idee, deren Zeit gekommen ist, durch nichts und niemanden aufhalten läßt. Man braucht nur an das Ende der Apartheid, die Grenzöffnungen in Osteuropa und die Demokratisierung der ehemaligen Sowjetunion zu denken. Apropos Übermacht: Trotz KGB, Kommunistischer Partei und totalitärem Staatssystem kam es in der ehemaligen Sowjetunion zum demokratischen Durchbruch, den – so hofft die Welt – keine Gegenrevolution mehr zu Fall bringen wird.
Sind Frauen heute schon soweit, daß sie eine andere Gangart einschlagen und genügend positive Energie aufbringen können, um etwas Neues an die Stelle der jahrtausendealten Unterdrückung zu setzen?
Vielleicht stehen wir heute, wo die Gleichberechtigung in der Gesellschaft Fuß gefaßt hat und Früchte trägt, an einem Wendepunkt. Wir können das Kapitel der Bewußtseinsbildung abschließen und beginnen, ein neues zu schreiben, in dem es um konkrete Maßnahmen, um Lösungen und um Initiativen geht.
Vielleicht wird es bald nicht mehr heißen: »Das ist ja furchtbar!« sondern: »Dies gedenken wir *konkret* dagegen zu tun. Werden Sie uns dabei unterstützen?«
Megatrends: Frauen handelt auch von Frauen, die in dieser Hinsicht Pionierarbeit geleistet haben. Es sind Frauen, die die Prinzipien der Fürsorge und *Liebe* als Quelle ihrer Weiblichkeit wiederentdeckt haben und gleich noch einen Schritt weitergehen: Sie integrieren diese Werte in die einstigen Männerdomänen Politik, Sport, Wirtschaft, Medizin und Recht.
Das Ergebnis heißt gelebte Liebe. Mit ihr verändern Frauen die Welt.
Bis zum modernen »Partnerschaftsmodell der Gesellschaft«, das Riane Eisler in ihrem Buch *The Chalice and the Blade* entwickelte, ist es noch ein weiter Weg.
In fünfzig Jahren werden die entwickelten Länder das Ideal einer gleichberechtigten Gesellschaft verwirklicht haben, und weite Teile

der dritten Welt werden auf dem Weg dorthin sein. Als der entscheidende Wendepunkt werden im Rückblick die neunziger Jahre gelten.

Doch bis dahin bleibt noch viel zu tun. Eine neue Frauengeneration ist ausgezogen, die Welt zu verändern. Sie hat bereits einen vielversprechenden Anfang gemacht.

Dank

Wir hören oft den Satz: »Bestimmt haben Sie einen großen Stab für all die Recherchen zu Ihren Büchern.« Darauf können wir nur antworten, daß wir Joy van Elderen haben. Sie arbeitet soviel wie ein ganzer Stab. Von einer Mitarbeiterin wie ihr können andere Autorinnen und Autoren nur träumen. Sie zaubert aus einem Berg von Zeitungsausschnitten und anderem Informationsmaterial verwertbare Unterlagen. In der Kongreß-Bibliothek kennt sie sich aus wie in ihrer Jackentasche. Es gibt so gut wie niemanden, dem sie am Telefon nicht die letzte noch fehlende Information entlocken könnte, die wir brauchen. Es ist eine glatte Untertreibung, aber ohne Joy van Elderen wäre *Megatrends: Frauen* nicht geschrieben worden.
Linda McLean Harned, die für unser Büro und die Geschäftsreisen zuständig ist, hat das Manuskript und die Druckfahnen gelesen, sie hat wichtige Änderungsvorschläge gemacht und uns bei der Überprüfung des Datenmaterials geholfen. Ihre Zuverlässigkeit und kompetente Unterstützung haben uns in der hektischen Zeit der Entstehung dieses Buches immer wieder Kraft gegeben.
Unser Literaturagent, Ed Victor, spielte schon zu einem früheren Zeitpunkt eine entscheidende Rolle. Als Pate des Projekts begleitete er das Buch in jeder Phase. Sonst heißt es immer: »Hinter jedem erfolgreichen Mann steht eine tüchtige Frau.« Hinter *Megatrends: Frauen* steht ein hilfreicher Mann.
Unsere Erfahrungen mit dem Verlagshaus Villard waren in jeder Hinsicht erfreulich. Es gibt nichts, was Peter Gethers, Diane Reverand oder Maureen McMahon nicht getan hätten, um uns zu helfen und zu unterstützen. Wie viele Autoren haben dieses Glück?
Corinne Kuypers-Denlingers umfangreiche Notizen über die Gesundheitsfragen der Frauen bildeten die Grundlage für den ersten Entwurf zu Kapitel 5 »Menopause«. Everett Rogers und

Wendy Brooks haben uns geholfen, die Gesetze der kritischen Masse zu verstehen. Von Carolyn Long stammen wichtige Beiträge zum Kapitel 10 »Frauen für eine bessere Welt«. Frauen in der Politik, und Sue Cobb und Donna und Jack Coombs das Kapitel über Frauen im Sport vorgenommen. Claire Schwadron ließ ihren Sachverstand im Kapitel über die Religion walten. Elizabeth Sherwood, William Ury und Bill Leigh haben das gesamte Manuskript gelesen. Ihnen allen sind wir dankbar für ihre Vorschläge, ihre konstruktive Kritik und ihr lebhaftes Interesse an unserem Projekt.
Ein kleines Team, das sich durch höchste Kompetenz in Frauenfragen auszeichnet, hat das Manuskript redigiert. Es bestand aus Frances Lear, Barbara Grogan, Mary Rowe, Riane Eisler, Susan Davis und Carol Anderson Taber. All diese Frauen haben sich eingehend mit dem Text beschäftigt. Wir werten es als Zeichen der Unterstützung für unsere Arbeit, daß vielbeschäftigte, erfolgreiche Geschäftsfrauen sich die Zeit zu dieser Lektüre und zur Auseinandersetzung damit genommen haben. Wir sind ihnen aufrichtig dankbar. Sie wurden vom gleichen Motiv getrieben wie wir auch: alles zu tun, was in ihren Kräften steht, um die Zukunft der Frauen mitzugestalten.

Literatur

Aburdene, Patricia/Naisbitt, John: *Megatrends des Arbeitsplatzes*, München 1989.

Diess.: *Megatrends 2000*. Zehn Perspektiven für den Weg ins nächste Jahrtausend, Düsseldorf [5]1992.

Bolen, Jean Shinoda: *Göttinnen in jeder Frau*, Basel 1991.

Dorris, Michael/Erdrich Louise: *Die Krone des Kolumbus*, Reinbek 1991.

Fricke, Peter/Smith, Trevor: *Homöopathie gynäkologischer Erkrankungen*. Regensburg 1984.

Gilligan, Carol: *Die andere Stimme*. München 1991.

Heller, Nancy: *Meisterwerke Künstlerinnen. Von der Renaissance bis zur Gegenwart*. Köln 1989.

Hochschild, Arlie/Machung, Anne: *Der 48-Stunden-Tag. Wege aus dem Dilemma berufstätiger Eltern*. Darmstadt 1990.

Johnson, Buffie: *Die große Mutter in ihren Tieren*. Freiburg 1990.

Ranke-Heinemann, Uta: *Eunuchen für das Himmelreich*. München 1988.

Schüssler E. Fiorenza: *Zu ihrem Gedächtnis*. München 1988.

Sheely, Gail: *In der Mitte des Lebens. Die Bewältigung vorhersehbarer Krisen*. München 1989.

Stone, Merlin: *Als Gott eine Frau war*. München 1989.

Ury, William L./Brett, Jeanne M./Goldberg, Stephen B.: *Konfliktmanagement*. Wirksame Strategien für den sachgerechten Interessenausgleich. Frankfurt/M. 1991.

Wolf, Naomi: *Der Mythos Schönheit*. Reinbek 1991.

Voragine, Jacobus de: *Legenda aurea*. Zürich 1990.

Personenregister

Sachregister

Arthur D. Little (Hrsg.)

Der vernetzte Manager

Geschäftserfolge durch Supercomputing und High-Speed-Datenzugriff

336 Seiten, 50 Grafiken, 10 Tabellen, gebunden, mit Schutzumschlag

Ihr Autotelefon klingelt. Ein japanischer Geschäftspartner ist in der Klemme: Sein Lager ist bei einem Großfeuer vernichtet worden, und er braucht dringend wichtige Ersatzteile, um seine Produktionsstätten am Laufen zu halten. Sie steuern den nächsten Parkplatz an, und mit Ihrem Aktentaschencomputer, mit dem Sie Ihrer Niederlassung in Übersee die entsprechenden Anweisungen gegeben haben, können Sie in Minutenschnelle die Sorgenfalten Ihres Kunden in Tokio glätten. Sein nächster Auftrag ist doppelt so groß. Ein kleines Beispiel nur, das so heute aber schon oft Realität ist: Technologie als Werkzeug, als Gedächtnis, als Zeitplaner und Entscheidungshelfer des Managers. Das Arthur-D.-Little-Team aus Management- und Technologieexperten zeigt, wie der sinnvolle Einsatz geschäftsintegrierter Innovationen den Alltag von Ballast befreien helfen und die Umsatzkurve hochschnellen lassen kann. Die konkreten Beispiele sind anwendbar für Firmen unterschiedlichster Betriebsgröße.
Ein zusätzliches Plus dieses Titels sind Grafiken und Piktogramme, die wichtige Zusammenhänge verdeutlichen und gerade technisch bisher nicht vorbelasteten Lesern einen Einstieg in die komplexe Welt der kommerziellen Technologieanwendung erlauben. Denn wer heute nicht auf den Innovationszug aufspringt, wird sich schon morgen im Schlafwagen rückläufiger Umsatzerfolge wiederfinden.

Titel der Originalausgabe: Megatrends for Women. Original Verlag: Villard Books. Übersetzt von Maria Bühler.

Wenn Sie Fragen, Anregungen oder Beschwerden haben, rufen Sie uns bitte an: Bettina Eltner, ECON Verlagsgruppe, Telefon 02 11/43 90 60, Fax 02 11/ 4 39 06 68.

Die Deutsche Bibliothek – CIP-Einheitsaufnahme

Aburdene, Patricia: Megatrends: Frauen / Patricia Aburdene; John Naisbitt. Dt. von Maria Bühler. – Düsseldorf; Wien; New York; Moskau: ECON Verl., 1993. Einheitssacht.: Megatrends for women <dt.>. ISBN 3-430-11007-6. NE: Naisbitt, John:

 Lektorat: Bettina Eltner. Gesetzt aus der Times, Linotype. Satz: Lichtsatz Heinrich Fanslau, Düsseldorf. Papier: Papierfabrik Schleipen GmbH, Bad Dürkheim. Druck und Bindearbeiten: Bercker Graphischer Betrieb GmbH Kevelaer. Printed in Germany, ISBN 3-430-11007-6.